로마서

오직 믿음으로
이르는 하나님의 의

로마서, 오직 믿음으로 이르는 하나님의 의

발행일   2024년 6월 20일
지은이   유선화

펴낸 곳   도서출판 길과생명
등록 번호   제2022-000057호

주 소   고양시 덕양구 충장로 118-30 224-305(샘터2단지)
전 화   010-4389-1600

표지 디자인   김인애
본문 디자인   이명희
ISBN   979-11-979881-2-7
정 가   19,500 원

로마서

오직 믿음으로
이르는 하나님의 의

ROMANS
od's righteousness that leads only to faith

목 차

ROMANS

시작하는 말   10

추천사   12

서문   18
  1. 로마서의 배경과 가치   18
  2. 로마서의 복음   22

1부 불의함으로 심판 아래 놓인 인류   35

Ⅰ. 서신의 시작(롬 1:1~17)
  1. 첫인사(롬 1:1~7)   36
  2. 로마에도 복음 전하기를 원하는 바울(롬 1:8~15)   41
  3. "이 복음은"(롬 1:16,17)   45

Ⅱ. 이방인의 불의함(롬 1:18~32)
  1. 하나님의 진노가 나타남(롬 1:18~23)   50
  2. 그러므로 하나님께서 내버려 두사(롬 1:24~32)   55

Ⅲ. 하나님의 심판(롬 2:1~16)
  1. 누구도 피할 수 없는 하나님의 심판(롬 2:1~5)   63
  2. 진리대로 되는 하나님의 심판(롬 2:6~16)   68

Ⅳ. 유대인의 불의함(롬 2:17~29)
  1. 유대인의 실상과 그 결과(롬 2:17~27)   75
  2. 이면적 유대인과 마음의 할례(롬 2:28,29)   83

V. 유대인의 반문과 답변 그리고 죄의 선언(롬 3:1~18)

1. 유대인의 반론과 답변(롬 3:1~8)   88
2. 모든 인류를 향한 죄의 선언(롬 3:9~18)   96

2부 하나님의 의   101

Ⅰ. 율법과 이제 나타난 하나님의 의(롬 3:19~31)

1. 의에서의 율법 (롬 3:19,20)   102
2. 이제 나타난 하나님의 의(롬 3:21~30)   105
3. 율법과 하나님의 의(롬 3:31)   114

Ⅱ. 아브라함의 의와 믿음, 믿음으로 말미암는 상속자(롬 4:1~25)

1. 믿음의 조상 아브라함의 의와 할례(롬 4:1~12)   117
2. 믿음으로 말미암는 상속자(롬 4:13~16)   125
3. 많은 민족의 조상 아브라함의 믿음(롬 4:17~22)   129
4. 의로 여기심을 받을 우리도 위함(롬 4:23~25)   135

Ⅲ. 의의 결과 그리스도로 말미암아 누리는 화평 (롬 5:1~11)

1. 화평과 자랑(롬 5:1~8)   143
2. 진노하심에서의 구원과 지금의 자랑(롬 5:9~11)   155

ROMANS

3부 그리스도와 연합된 우리   159

I. 아담과 그리스도로 말미암아(롬 5:12~21)

1. 아담은 오실 자의 모형(롬 5:12~14)   160
2. "같지 아니하니"(롬 5:15~17)   164
3. "한 것 같이"(롬 5:18~21)   169

II. 그리스도와 연합된 자의 죄의 문제(롬 6:1~23)

1. 은혜를 더하게 하려고 죄에 거할 것인가(롬 6:1~3)   174
2. 그리스도와 함께 죽은 목적(롬 6:4~7)   179
3. 죄에 거하지 않는 방법(롬 6:8~14)   183
4. 죄를 지으리요(롬 6:15,16)   188
5. 의에게 종이 된 우리(롬 6:17~19)   190
6. 죄의 노예와 의의 노예의 열매(롬 6:20~23)   194

III. 그리스도와 연합된 자의 율법의 문제(롬 7:1~25)

1. 사람이 살 동안만 주관하는 법(롬 7:1~3)   197
2. 율법에 대하여 죽임을 당한 우리(롬 7:4~6)   199
3. 율법과 죄, 율법과 육신(롬 7:7~14)   205
4. 그것을 행하는 자는 육신 속의 죄(롬 7:15~20)   212
5. 마음의 법과 육신 속에 있는 법(롬 7:21~25)   215

IV. 그리스도와 연합된 자의 육신의 문제(롬 8:1~14)

1. "육신에 죄를 정하사"(롬 8:1~4)   220
2. 육신을 따르는 자와 영을 따르는 자(롬 8:5~11)   225
3. "영으로써 몸의 행실을 죽이면 살리니"(롬 8:12~14)   231

V. 영을 따르는 자가 승리할 수 있는 이유(롬 8:15~39)

   1. 하나님의 아들, 하나님의 상속자(롬 8:15~18)   236
   2. 몸의 속량을 기다리는 탄식과 성령님의 도우심(롬 8:19~28)   240
   3. 하나님의 경륜 : 두 가지 예정(롬 8:29~30)   249
   4. "그런즉 이 일에 대하여 누가"(롬 8:31~36)   257
   5. 우리를 넉넉히 이기게 하시는 사랑(롬 8:37~39)   261

4부 유대인과 이방인의 구원   265

I. 하나님의 구원의 섭리(롬 9:1~33)

   1. 바울의 큰 근심과 이스라엘(롬 9:1~5)   266
   2. 약속과 택하심에 따른 긍휼(롬 9:6~18)   269
   3. 토기장이와 그릇(롬 9:19~24)   281
   4. 이방인과 유대인의 구원에 대한 말씀들(롬 9:25~29)   288
   5. 의를 얻은 이방인과 이르지 못한 이스라엘(롬 9:30~33)   292

II. 사람이 의에 이르고 구원에 이르는 방법(롬 10:1~21)

   1. 하나님의 의에 복종하지 않는 이스라엘(롬 10:1~5)   296
   2. 의에 이르고 구원에 이르는 방법(롬 10:6~15)   302
   3. 듣고도 믿지 않은 이스라엘(롬 10:16~21)   312

ROMANS

III. 하나님의 구원의 신비(롬 11:1~36)

1. 하나님이 그들을 버리셨습니까?(롬 11:1~10)   317
2. 그들이 넘어지기까지 실족하였습니까?(롬 11:11,12)   325
3. 꺾인 가지와 믿음으로 접붙임 받은 가지(롬 11:13~21)   329
4. 하나님의 인자하심과 준엄하심(롬 11:22~24)   335
5. "이 신비는 …"(롬 11:25~32)   340
6. "하나님의 지혜와 지식의 풍성함이여"(롬 11:33~36)   350

5부 그리스도 안에 있는 자로 어떻게 살 것인가?   355

I. 몸과 마음, 생각 그리고 모든 사람(롬 12:1~21)

1. 몸과 마음, 생각에 대하여(롬 12:1~3)   356
2. 그리스도의 몸의 지체로서의 삶(롬 12:4~13)   363
3. 모든 사람 앞에서 선한 일을 도모하라(롬 12:14~21)   368

II. 사랑 빚 외에는 아무 빚도 지지 말라(롬 13:1~14)

1. 권세들에게 복종하라(롬 13:1~7)   378
2. 사랑은 율법의 완성(롬 13:8~10)   384
3. 빛의 갑옷을 입자(롬 13:11~14)   393

III. 비판하지 말고 서로 받으라(롬 14;1~15:13)

1. 비판하지 말라(롬 14;1~12)   403
2. 형제 앞에 거칠 것을 두지 말라(롬 14:13~23)   414
3. 약점을 서로 담당하고 서로 받으라(롬 15:1~13)   426

Ⅳ. 서신의 마무리(롬 15:14~16:27)

1. 사역보고와 방문계획(롬 15:14~33)   440
2. 마치는 인사(롬 16:1~27)   448

부록: 하나님의 언약   459

1. 창조 언약   461
2. 아담 언약   462
3. 아브라함 언약   464
4. 모세 언약   470
5. 그리스도의 언약   483

마치는 말   500

시작하는 말

할렐루야!

모든 것이 은혜입니다.

삶의 모든 것을 뒤로하고 긴 터널로 들어가는 시간이 있었습니다. 다시는 그 밖으로 나오지 못할 것 같은, 더 이상 봄은 오지 않을 것 같은 시간이 있었습니다. 도시 한복판에 있지만, 사막 한가운데 머무는 시간이었습니다. 쉽지만은 않은 시간이었습니다. 안락함도 시간의 여유도 필연적인 관계나 의무조차도 멀리하고 씨름하는 시간이었습니다. 하지만 참으로 후회 없고 감사하기만 한 시간입니다.

제가 올린 동영상, 책들은 그 시간들의 열매입니다. 한 말씀을 알기 위해 많은 말씀을 읽고 쓰고 원어를 찾아보고 방언으로 끊임없이 기도하였습니다. 성경 연구만도 아니고 방언 기도만도 아닙니다. 그 둘 아니 그 이상의 산물입니다. 바울이 말한 것처럼 사람에게서 받은 것도 아니요 배운 것도 아닙니다. 그 열매가 세상 속으로 나오다니 얼마나 감사한 일인지요.

로마서는 의의 복음을 체계적으로 설명하는 성경입니다. 율법과 이제 나타난 하나님의 의, 아브라함과 그 자손에게 동일하게 이르는 믿음의 의, 아담과 그리스도로 말미암은 두 결과, 그리스도와 연합된 자들의 죄와 율법과 육신의 문제, 의에 이르고 구원에 이르는 방법, 이스라엘과 이방인의 구원의 섭리와 비밀 등을 말씀합니다. 바울은 철저하게 구약의 말씀으로 그 비밀들을 논리정연하게 풀어갑니다.

그러므로 본 저서도 난외주의 말씀 등 말씀의 배경이 되는 언약과 신구약의 말씀 그리고 원어의 뜻을 적용하였습니다. 하나님께서는 철저하게 언약의 약속에 따라 구원을 이루셨으므로 언약을 부록에서 한 번 더 다루었습니다.

우리의 믿음은 하나님의 말씀을 믿는 믿음입니다. 그러나 많은 경우 하나님의 말씀보다는 누가 말한 것으로, 누가 들은 것으로 믿음을 세우려 합니다. 누구의 말이 아니라 내가 말씀 속으로 들어가서 그분의 뜻을 찾아야 합니다. 에베소 교회를 위한 바울의 기도(엡 1:17~23)는 우리의 기도입니다.

2024년 봄

유 선 화

추천사

의인의 관점에서 풀어낸 책

주님 안에서 사랑하고 존경하는 유선화 사모님의 로마서 출간을 축하드립니다. 『요한계시록, 교회와 함께하시는 하나님의 구속사』를 통해서도 참 감사했던 부분이 복음으로 계시록을 풀어내셨던 점입니다. 그런데 이번 책도 복음으로 풀어주셔서 얼마나 감사한지요.

여기서 말씀드리는 복음이란 예수님께서 얼마나 고난을 당하셨는지만을 설명하는 걸 넘어섭니다. 예수님께서 십자가에서 완성하신 일들을 성도가 누리면서 살아간다는 새로운 피조물의 정체성을 의미합니다. 여전히 죄인이라는 관점에서 삶과 신앙을 바라보고 해석하는 가르침들이 있는데요. 로마서의 핵심이자 사모님께서 계속 강조하시는, 즉 의인의 관점에서 모든 것을 바라보고 해석하도록 설명해주십니다. 그래서 인격적이신 하나님의 사랑이 내 영혼을 따뜻하게 품어주심을 느낍니다.

영혼 깊은 곳을 어루만져서 복음에 합당한 삶으로 인도하는 말씀이 되려면 기도라는 기름을 부어야만 합니다. 그것도 평소에 주님과 친밀하게 동행하는 교제의 기도가 풍성해야 하는데요. 유선화 사모님께서 바로 그런 기도의 사람이십니다. 날마다 직접 성경을 펼치시고 말씀 앞에 오랜 시간 멈춰 계시고요. 그 말씀 연구 위에 기름 부어주시도록 오랜 시간 기도의 즐거움을 누리십니다.

이토록 말씀과 기도의 균형을 중요하게 여기시는 사모님이셔서요. 책을 통해서 나눠주시는 말씀도 영혼을 터치하시는 것을 경험합니다. 무엇보다 로마서를 통해 나누시는 복음을 따라가다 보면요. 어느샌가 온전히 믿음으로 예수님을 바라보게 해주십니다.

그냥 읽으셔도 은혜를 누리시겠지만요. 좀 더 이 책의 진가를 얻고 누리시도록 소견을 말씀드리고 싶습니다. 누군가에게 설명해드리기 위해서 공부하신다는 마음으로요. 사모님 유튜브 강의를 들으시면서 함께 책을 살펴보시면 더욱 풍성한 복음의 은혜를 누리시리라 생각합니다. 그 유익함은 이루 말할 수 없습니다.

보다 많은 분이 이 책을 읽고 참고하셔서 로마서의 핵심, 그 정수를 깊이 누리시길 소망합니다. 더불어서 하나님 앞에서 유명하신 사모님의 복음 가득 담긴 책의 출간을 다시금 축하드립니다. 할렐루야!

조태성 목사 / NEW LIFE 새생명교회

복음의 진수를 알고 자유를 누리게 할 책입니다

오랜 세월 말씀과 기도로 말씀을 공부하고 연구하신 유선화 사모님께서 요한계시록에 이어 두 번째 책인 로마서를 출간하게 됨을 먼저 축하드립니다.

이 책의 특징은 로마서의 모든 절을 원어를 중심으로 자세하게 풀어서 설명해주고 있다는 것입니다. 그리고 성경은 성경으로 푼다는 말처럼 원어뿐만 아니라 각 절의 내용을 풀 때 다른 성경들을 참고하여 자세하게 설명해주고 있음을 발견하게 됩니다.

책을 읽다 보면 복음이 무엇인지, 그리스도 안에서 내가 누구인지, 어떻게 하면 죄에서 승리하고 영으로 살 수 있는지 등의 질문들에 대한 답을 얻게 될 것입니다. 성령님의 도우심을 구하며 한 절 한 절 묵상하는 마음으로 읽으신다면 복음의 진수를 알고 복음이 주는 자유를 얻고 누리게 될 것이라 확신합니다.

다시 한번 로마서 책 출간을 축하하며 기쁨으로 추천합니다.

문요한 목사 / 선한목자교회

명쾌하게 풀어낸 예수 그리스도의 구원 이야기

복음은 예수 그리스도다. 저자는 예수 그리스도의 구원 이야기를 명쾌하게 정리했다. 방대한 분량이지만 겁먹지 말고, 천천히 곱씹어 읽어가기만 하면 된다. 심오한 복음의 진수를 담백하게 담아냈다. 신학자의 글(?)이 아니기에 더 이해하기 쉽다. 그렇다고 결코 가볍지 않다. 수많은 시간을 책 한 권 안고 피흘린 흔적이 고스란히 느껴진다. 산고의 고통 없이 생명이 탄생하겠는가?

저자가 썼던 『요한계시록, 교회와 함께 하시는 하나님의 구속사』와 동일하게 이번 로마서 역시 성경을 성경 말씀으로 풀었다. 다른 어떤 사상도 전혀 가미되지 않았다. 애써 맛을 내기 위한 기교를 부리지도 않았다. 말씀 앞에서 묵상하고 또 묵상하고 연구한 흔적을 볼 수 있다. 긴 산고의 고통 끝에 한 권의 로마서를 세상에 내놓았다. 오직 복음이 복음 되기를 소망하며…

김성태 기자 / 풀가스펠뉴스

모든 영혼들의 필독서입니다

성경은 신령한 언어입니다. 성경은 성령으로 열어주셔야만 읽을 수 있고, 깨달아 알 수 있는 비밀의 정원입니다. 이 비밀은 복음 안에 있는 신비한 자유입니다.

바울 편지들의 신비는 교리나 논리적 접근으로는 다 이해할 수 없다는 점입니다. 신학적 해설만으로는 설명될 수 없는 것이 성경 말씀입니다. 귀 있는 사람만 들을 수 있고, 눈이 있는 사람만이 읽을 수 있는 계시적 음성입니다.

유선화 사모님이 바울이 정리한 천국 복음을 속삭이며 읽으시듯 들려주셨습니다. 사모님의 로마서 해석의 관점은 전적으로 부어주신 성령의 기름 부으심의 산물입니다. 사모님의 전편 저서 『요한계시록 교회와 함께 하시는 하나님의 구속사』에 이어 로마서에 이르도록 관통되는 관점의 주제는 오직 복음, 오직 믿음 그 자체임을 발견할 수 있습니다. 신앙의 본질에 충실한 해석과 주석을 적용하여 주셨습니다.

로마서를 풀어가면서 교리적 해석의 간섭을 피하고 '계시'의 영으로 로마서를 읽기 쉽고, 이해하기 쉽도록 정돈하여 기록하신 저자의 '복음에 대한' 신학적 지식과 연구와 노력에 감탄하면서, 하나님 나라를 사모하는 모든 이들을 위한 천국 복음의 안내서로 추천합니다. 강단 설교자들, 교회공동체의 리더들은 물론 복음의 삶을 갈급하는 모든 영혼들의 필독서라고 소개합니다. 계시의 영이 이 책을 읽는 모든 이들에게 함께 하시기를 축원합니다.

윤세중 목사 / (사)한국개신교미래연합 상임이사, KUPA 사무총장

로마서를 배우고 나서~

성경을 읽어도 그 뜻을 바로 알지 못하고 그저 막막할 뿐이었는데 『요한계시록, 교회와 함께 하시는 하나님의 구속사』를 통해 계시록은 장차 어느 시점이 아니라 지금 우리 믿는 자들에게 하시는 말씀이라는 사실에 벅찬 감동과 환희로 두렵고 무서웠던 계시록이 아님을 알았습니다. 구약의 예언의 말씀들과 계시록의 말씀들이 정확하게 맞아떨어지는 사실에 더욱 놀라웠습니다.

이번에 유트브 동영상으로 로마서를 사모님과 함께 공부하면서 자막 한 줄 한 줄의 말씀들이 너무 소중해 노트에 받아 적으며 공부했습니다.

사모님은 믿음으로 죄인에서 의인이 된 우리가 자유함으로 이 땅에서 누려야 할 권세들과 믿는 자로써 어떻게 살아야 할지를 자세하게 풀어내셨습니다. 본인의 생각이 아닌, 오직 신약과 구약의 말씀들과 원어들도 비교 분석하시면서 그 어휘들의 쓰인 이유 등을 설명해주셨습니다. 동영상과 함께 하는 동안 저에겐 너무 즐겁고 행복한 시간들이었습니다. 말씀이 꿀처럼 달다는 것이 무엇인지 알게 되었고, 그 기쁨은 세상이 주는 것과 다르다는 것을 알아가는 시간들이었습니다.

여러분도 사모님의 로마서 책을 성경과 함께 서문부터 한 줄 한 줄 천천히 읽으신다면 그동안 경험하지 못했던 하나님 아버지의 무한하신 사랑과 한량없는 은혜를 누리시는 놀라운 여정이 되시리라 확신합니다. 그동안 이해하지 못했던 말씀들이 풀리게 되면서 누리는 환희와 기쁨을 만끽할 거라 믿습니다.

사모님, 많은 시간 수고하셔서 이 진리를 나눠 주셔서 진심으로 감사합니다!!

최경숙 전도사 / 하늘의기쁨교회

진정한 복음이 아닌 나의 의로 살았던 것을 깨닫게 합니다

지난해에 유선화 사모님께서 펴내신 『요한계시록, 교회와 함께 하시는 하나님의 구속사』를 통해 계시록은 종말론이 아니라는 것을 알게 되었습니다. 또한 예수 그리스도를 더 깊이 생각하게 되었습니다. 그런데 올해에는 사모님께서 로마서를 해석한 책을 발간하신다는 소식을 듣고 하나님께서 일하심에 놀랐습니다.

예수를 그리스도로 영접한 후 처음 성경공부반에서 배운 로마서는 초신자로서 그 책의 단어들이 갖는 의미를 이해하기가 쉽지 않았습니다. 신학자들의 로마서 성경 강해도 말씀을 이해하는데 많은 도움이 되었지만 쉽게 접해지지는 않습니다. 유선화 사모님께서 해석한 『로마서, 오직 믿음으로 이르는 하나님의 의』를 기대하는 것은, 그분의 삶이 말씀과 깊이 연결되어 있기 때문입니다.

성경의 원어의 뜻을 확인하며 공부하고 그 말씀으로 주님과 깊은 교제를 나누는 저자는 로마서의 이해를 밝게하여 의의 복음의 비밀을 알게 합니다. 하나님의 의가 아니라 '나의 의'를 이루려는 진정한 복음의 삶이 아닌 열심으로 살아가는 그리스도인에게 도전이 될 것입니다.

원저자가 되시는 하나님께서 바울을 통해 로마서를 기록하시고 그 말씀을 듣는 사람들이 예수 그리스도의 은혜를 알게 되고 또 전파하게 하시는 하나님을 찬양합니다.

권현순 / 한국머시쉽(Mercy Ships Korea) 대표

서문

1. 로마서의 배경과 가치

1) 로마서의 저자와 기록 시기

로마서는 1장에서 밝히듯 사도 바울이 로마의 성도들에게 보내는 편지입니다(롬 1:1). 기록 시기는 겐그리아 교회의 뵈뵈를 추천한다는 말에서 찾을 수 있습니다(롬 16:1). 바울은 로마서를 기록하여 뵈뵈를 통해 전달하였습니다. 그러므로 바울이 고린도를 비롯한 헬라 지역에 있을 때 기록하였을 것입니다. 이 지역은 바울이 2차, 3차 여행에서 사역했던 곳입니다.

그런데 로마서에는 로마의 성도들에게 브리스길라와 아굴라에게 문안할 것을 말합니다(롬 16:3). 그러므로 바울의 3차 전도 여행 당시 헬라에 3개월 머무를 때 기록하여 보냈음을 알 수 있습니다(행 20:3). 또한 "이제는 내가 성도 섬기는 일로 예루살렘에 가노니"라고 기록하기 때문에 그 3개월의 끝나는 시기임도 알 수 있습니다(롬 15:25).

2) 로마서의 기록 배경

당시 로마는 세계의 중심이었습니다. 바울은 유대인이었지만 날 때부터 로마의 시민권을 가지고 있었습니다. 예루살렘에서부터 두루 행하여 일루루곤까지 그리스도의 복음을 편만하게 전한 그는 이방인의 사도로서

로마에도 복음을 전하여야 할 필요를 느꼈습니다(롬 15:16,19).

바울은 2차 전도 여행 때 복음을 전하려고 고린도에 이르렀습니다. 그때 글라우디오의 명령에 따라 로마를 떠나 그곳에 온 브리스길라와 아굴라를 만났습니다. 아굴라는 바울과 생업이 같았습니다. 그러므로 그들은 함께 일하면서 로마 교회에 대한 이야기도 나누었을 것입니다(고전 18:1~3).

3차 여행 때 에베소에서 날마다 강론하여 놀라운 부흥을 이룬 바울은 마게도냐와 아가야를 거쳐 예루살렘으로 갔다가 로마로 갈 것을 말합니다(행 19:21). 로마서를 통해서도 바울은 서바나로 갈 때 로마로 가기를 여러 해 전부터 여러 번 바라고 있었지만 길이 막혔었다고 말합니다(롬 1:13, 15:22,23). 이 말씀을 통해 로마서를 써서 보내기 전에도 그가 로마로 가서 전하려 했었던 것과 그것이 여러 번 막혔음을 알 수 있습니다.

또한 로마서에서 바울은 연보를 예루살렘에 전하고 로마로 갈 것을 말하며 유대의 순종하지 않는 자들로부터 건짐을 받도록 그리고 로마의 성도들에게 가서 편히 쉴 수 있도록 함께 기도할 것을 부탁합니다(롬 15:30~32). 그는 예루살렘에서 유대인들로부터 당할 일들로 로마로 가는 길이 쉽지 않을 것과 더뎌질 것을 알았습니다. 그는 먼저 로마의 성도들에게 편지를 써서 보냅니다. 그래서 기록되어 나온 성경이 로마서입니다.

이것이 감사한 일입니다. 그가 로마로 먼저 가서 이 복음을 가르쳤다면 우리는 진정한 의의 복음을 접하지 못했을 것입니다. 바울의 2차 여행 때 성령이 아시아에서 말씀을 전하지 못하게 하셨고, 비두니아로 가고자 애쓰되 예수의 영이 허락하지 아니하였다고 사도행전은 말씀합니다(행 16:6,7). 성령이, 예수의 영이 그를 인도하였고 하나님의 성령의 감동으로 그는 로마서를 기록하였습니다.

3) 바울의 다른 서신서와 로마서의 다른 점

바울의 다른 서신들은 바울과 그의 일행이 복음을 전한 다음 어떤 필요에 의해 기록하여 보낸 편지입니다. 하지만 로마서는 그가 가보지 못한 지역의 성도들에게 보내는 편지입니다. 그러므로 당시 보편적인 문제와 그가 다니면서 교회들에게 전한 복음을 기록하여 보냈을 것입니다.

그렇다면 당시 보편적인 문제는 무엇입니까? 당시 유대인들은 아브라함의 자손으로 율법을 의지하며 하나님을 자랑하였습니다. 그들은 스스로 생각하기를 자신들은 율법의 교훈을 받아 하나님의 뜻을 알고 지극히 선한 것을 분간하는 자들이라고 여겼습니다. 그러므로 할례와 율법을 가지지 못한 이방인을 멸시하였습니다. 그런데 율법에 능통한 바울이 나타나 유대인들이 죽인 예수가 그리스도라고 전합니다. 또한 하나님께서는 율법을 가진 그들이 아니라 나무에 달려 저주받은 자를 믿는 자를 의롭게 한다고 전하고 다닙니다. 그들이 자랑으로 여기는 율법 행위가 아니라 믿는 믿음의 행위가 사람을 의롭게 한다고 말합니다. 그러므로 그들은 바울의 가르침에 화가 났고 가는 곳마다 따라다니며 비난하고 죽이려 했습니다. 그들에게 기독교는 이단이었습니다.

예수님을 거절한 유대인만이 아니라 당시 예루살렘에 있는 유대인 중에 믿는 자들도 다 율법에 열성을 가진 사람들이었습니다(행 21:20). 믿는 형제 중에 할례를 받지 않으면 구원받을 수 없다는 가르침은 갈라디아 교회들에도 바울이 있는 안디옥에도 들어왔습니다. 그들은 그리스도의 복음을 받아들였음에도 그 율법과 할례를 버릴 수가 없었습니다. 바울은 예루살렘에 올라가 그가 가르친 복음을 제시하였고, 같은 말로 미혹당하는 갈라디아 지역의 교회들에도 언약과 율법, 행위와 믿음에 대해 편지를 보냈습니다.

그러나 그 문제는 안디옥과 갈라디아 지역만의 문제가 아니었습니다. 바울은 어느 곳에서든 먼저 유대인의 회당에서 전하였습니다. 당시 각 성의 회당에서는 모세를 전하는 자가 있었습니다(행 15:21). 그러므로 율법과 할례의 문제는 유대인이나 이방인이나 믿는 자들에게 중요한 문제였습니다.

로마 교회도 오순절에 예루살렘을 방문했던 유대인과 유대교에 들어온 사람들 그리고 예루살렘에 큰 박해가 있을 때 흩어진 유대인 성도들로부터 시작되었을 것입니다(행 2:10, 8:1). 그러므로 그들도 율법을 지키기에 열성적이었을 것입니다. 그러므로 바울은 당시 보편적인 문제인 할례를 비롯한 율법 행위가 사람을 의롭게 하는 것이 아니라 오직 그리스도를 믿는 믿음이 의롭게 한다는 말씀을 가르쳐야 했을 것입니다.

4) 로마서의 가치

그렇다면 유대인이 없는 현대의 교회는 어떠합니까? 할례는 아닐지라도 많은 경우 구원에서 율법의 행위를 말합니다. 의롭게 되는 것이 행위냐 믿음이냐는 교회의 시작부터 계속되어 온 논제임을 알 수 있습니다. 우리는 약속의 말씀인 구약 성경을 가지고 있습니다. 하지만 그 말씀을 잘못 적용하면 당시 교회들과 같은 혼란을 겪을 수 있습니다. 로마서는 그 모든 혼란을 종식시키는 분명한 복음의 말씀입니다. 오직 믿음으로 의롭게 되는 복음입니다.

또한 단순히 의롭다 함을 받아 앞으로 천국에 가는 복음이 아니라 그분과 연합되어 죄와 율법과 육신에 대해 죽었으므로 현재 그리스도와 연합된 새 생명으로 영으로 사는 자임을 말씀하는 복음입니다. 그리스도의 죽으심과 장사됨과 부활의 생명에 연합된 우리의 정체성을 분명하게 말씀합니다.

로마서가 로마의 성도들에게 필요한 말씀이라면 우리에게도 필요한 말씀입니다.

2. 로마서의 복음

"이 복음은 하나님이 선지자들을 통하여 그의 아들에 관하여 성경에 미리 약속하신 것이라"(롬 1:2).

1장 처음 인사에서부터 바울은 복음을 말합니다. 그가 전하는 하나님의 복음은 하나님이 선지자들을 통하여 그의 아들에 관하여 성경에 미리 약속하신 것이라고 말합니다. 하나님께서 우리에게 주시는 좋은 소식은 그분의 아들에 관한 것입니다. 그러므로 그는 그리스도의 복음이라고 말합니다. 하나님의 복음, 그리스도의 복음입니다.

"내가 복음을 부끄러워하지 아니하노니 이 복음은 모든 믿는 자에게 구원을 주시는 하나님의 능력이 됨이라 먼저는 유대인에게요 그리고 헬라인에게로다 복음에는 하나님의 의가 나타나서 믿음으로 믿음에 이르게 하나니 기록된 바 오직 의인은 믿음으로 말미암아 살리라 함과 같으니라"(롬 1:16,17).

유대인에게는 거리끼는 것이고 이방인에게는 미련한 것으로 보이는 십자가에 못 박히신 그리스도를 전하는 복음을 바울은 부끄러워하지 않는다고 바울은 말합니다. 그 이유는 이 복음은 모든 믿는 자에게 구원을 주시는 하나님의 능력이 되기 때문이라는 것입니다. 복음은 모든 믿는 자에게 구원을 주시는 하나님의 능력입니다.

  바울은 왜 복음이 하나님의 능력이 되는지를 말합니다. 복음에는 하나님의 의가 나타나서 믿음으로 믿음에 이르게 하기 때문입니다. 복음을 통하여 의로운 방법으로 인류를 구원하시는 하나님의 의가 드러납니다. 또한 의롭게 되는 방법을 알게 됩니다. 복음의 말씀을 들음으로 믿음이 생기고 구원받는 믿음에 이르게 됩니다. 또한 믿음에서 믿음에 이르는 삶을 살게 됩니다.

1) 불의함으로 심판 아래 놓인 인류

  그는 먼저 하나님께서 주시는 의가 절대적으로 필요함을 말하기 위해 먼저 하나님을 거절한 인류의 불의함과 하나님의 진노와 심판을 말합니다(롬 1:18~3:18). 율법을 가진 유대인도 율법이 없는 이방인도 하나도 예외 없이 전적으로 타락하여 모두 심판 아래 있습니다. 율법은 모든 입을 막고 온 세상으로 하나님의 심판 아래 있게 하였습니다(롬 3:19). 구원에 하나님께서 개입하셔야만 합니다. 그러나 하나님은 의롭게 그 일을 이루셔야 합니다.

2) 이제 나타난 하나님의 의

"그리스도 예수 안에 있는 속량으로 말미암아 하나님의 은혜로 값 없이 의롭다 하심을 얻은 자 되었느니라 이 예수를 하나님이 그의 피로써 믿음으로 말미암는 화목제물로 세우셨으니 … 자기의 의로우심을 나타내려 하심이니 곧 이 때에 자기의 의로우심을 나타내사 자기도 의로우시며 또한 예수 믿는 자를 의롭다 하려 하심이라"(롬 3:24~26).

이제는 율법 외에 하나님의 한 의가 나타났습니다. 그것은 예수 그리스도를 믿음으로 말미암아 모든 믿는 자에게 미치는 하나님의 의로 차별이 없습니다(롬 3:21,22). 예수 그리스도를 믿는 모든 자에게 도달하는 하나님의 의입니다. 모든 사람이 죄를 범하여서 하나님의 영광에 이르지 못하였습니다(롬 3:23).

그러나 이제 나타난 믿는 자에게 미치는 하나님의 의는 그리스도 예수 안에 있는 속량을 통하여 하나님의 은혜로 값 없이 얻게 됩니다. 하나님은 예수님을 우리의 죄들을 위한 화목 제물로 세우셨습니다. 그분의 피를 믿음으로 하나님과 화목하게 하는 의를 얻게 됩니다. 하나님은 십자가를 통하여 자기의 의로우심을 나타내셨습니다. 그분은 자기도 의로우시며 또한 예수 믿는 자를 의롭게 하셨습니다. 그러므로 바울은 결론을 내립니다.

"그러므로 사람이 의롭다 하심을 얻는 것은 율법의 행위에 있지 않고 믿음으로 되는 줄 우리가 인정하노라"(롬 3:28).

로마서는 한 마디로 오직 예수 그리스도를 믿음으로 말미암아 모든 믿는 자에게 미치는 하나님의 의입니다. 로마서 전체에서 한결같이 말씀하는 것은 오직 믿음으로 누구나 의롭게 된다는 말씀입니다. 할례자도 믿음으로 말미암아 또한 무할례자도 믿음으로 말미암아 의롭다 하심을 얻습니다. 그러므로 하나님은 이방인의 하나님도 되십니다.

4장에서는 믿음으로 의롭다 함을 얻은 믿음의 조상 아브라함을 예로 3장에서 말한 사실들을 설명합니다. 아브라함의 자손도 조상 아브라함과 같은 방법으로 의를 얻을 것입니다.

5장 11절까지는 의롭게 된 자들이 의의 결과 한 분 그리스도로 말미암아 누리는 하나님과의 화평과 은혜, 구원 등을 말씀합니다.

3) 그리스도와 연합된 자

"그런즉 한 범죄로 많은 사람이 정죄에 이른 것 같이 한 의로운 행위로 말미암아 많은 사람이 의롭다 하심을 받아 생명에 이르렀느니라"(롬 5:18).

5장 12절부터는 한 사람 아담과 한 사람 그리스도와 연합되어 동일시된 인류를 말씀합니다. 아담은 오실 자의 모형입니다. 모든 인류가 아담과 연합되어 그의 죄와 사망, 정죄에 참여했던 것처럼 믿는 자는 그리스도의 의와 생명, 은혜, 왕 노릇에 참여하게 됩니다. 이는 본질에 대한 말씀입니다.

6장부터 8장은 그리스도와 연합된 자의 죄와 율법 그리고 육신의 문제에 대해서 말씀합니다. 먼저 6장은 죄의 문제로 두 가지 질문으로 시작됩니다.

"그런즉 우리가 무슨 말을 하리요 은혜를 더하게 하려고 죄에 거하겠느냐"(롬 6:1).

첫 번째 질문은 "은혜를 더하게 하려고 죄에 거하겠느냐"라고 묻는 질문입니다. 죄에 거하는 문제입니다. 절대로 그럴 수 없습니다. 이유는 그리스도와 연합되어 죄에 대해 죽었기 때문입니다. 죄를 짓는 우리의 옛사람은 그리스도와 함께 죽었고 함께 새 생명으로 살리심을 받았기 때문입니다. 그러므로 죄에 대해 죽고 그리스도 안에서 하나님께 대하여 산 자로 여기라고 말씀합니다(롬 6:11). 그리고 지체를 몸의 사욕인 죄에게 내주지 말고 의의 부기로 하나님께 드리라고 말씀합니다. 이것이 죄에 머물지 않는 방법입니다.

> "그런즉 어찌하리요 우리가 법 아래에 있지 아니하고 은혜 아래에
> 있으니 죄를 지으리요 그럴 수 없느니라"(롬 6:15).

두 번째 질문은 "은혜 아래 있으니 죄를 지으리요?"라는 질문입니다. 죄를 짓는 문제입니다. 그럴 수 없습니다. 왜냐하면 자신을 종으로 내주면 그 순종함을 받는 자의 종이 되기 때문입니다. 우리는 그리스도와 연합된 의의 종으로 더 이상 죄의 종이 아니기 때문입니다. 믿는 자는 영생을 가졌습니다. 7장은 율법의 문제를 다룹니다.

> "이제는 우리가 얽매였던 것에 대하여 죽었으므로 율법에서
> 벗어났으니 이러므로 우리가 영의 새로운 것으로 섬길 것이요 율법
> 조문의 묵은 것으로 아니할지니라"(롬 7:6).

율법이 죽은 것이 아니라 육신을 따라 살던 우리의 옛 사람이 죽었으므로 우리는 율법에서 벗어났습니다. 그러므로 율법 조문이 아니라 영의 새로운 것으로 섬길 것을 말씀합니다. 율법에 대한 두 번째 이야기입니다.

> "그런즉 우리가 무슨 말을 하리요 율법이 죄냐 그럴 수 없느니라…"
> (롬 7:7).

그렇다면 "율법이 죄냐?"라는 질문으로 율법과 육신과 죄의 관계를 설명합니다. 이 부분은 바울이 스스로 자신의 곤고함을 말하는 내용이 아닙니다. 율법이 무엇인지 설명하기 위한 것입니다. 거듭나지 못한

이스라엘 중에도 그 긴 시간 동안 한 사람도 율법의 행위로 의롭게 되지 못하였습니다. 그러나 거듭난 자도 율법을 적용하면 죄가 드러납니다. 율법의 역할은 죄가 죄로 드러나게 하여 죄로 심히 죄 되게 하는 것이기 때문입니다. 법이 있으면 지킬 것 같은데 죄가 기회를 타서 나를 속여 죄로 사로잡습니다. 그러므로 바울은 말합니다.

"율법은 거룩하고 계명도 거룩하고 의로우며 선하도다"

예수님과 연합된 내 속사람은 하나님의 법을 즐거워하고 죄를 범하기를 원하지 않습니다. 그런데 지체 속에 악이 있어 한 다른 법인 죄의 법으로 나를 사로잡습니다. 이는 아담의 타락 후 모든 인류가 가진 육신의 연약함입니다.

바울이 외치는 것은 "이 사망의 몸에서 누가 나를 건져내랴"입니다. 즉 몸에 대한 것입니다. 그러나 그리스도로 말미암아 하나님께 감사를 드립니다. 마음으로는 하나님의 법을 육신으로는 죄의 법을 섬깁니다. 하지만 나는 육신에 대해 죽은 자이기 때문입니다. 그리스도와 연합된 그리스도 안에 있는 자는 결코 정죄함이 없습니다(롬 8:1).

8장은 7장 6절에서 영의 새로운 것으로 섬겨야 한다고 말씀한 내용에서 이어지는 말씀입니다.

"만일 너희 속에 하나님의 영이 거하시면 너희가 육신에 있지 아니하고 영에 있나니 누구든지 그리스도의 영이 없으면 그리스도의 사람이 아니라"(롬 8:9).

그리스도의 영이 있는 자는 그리스도의 사람으로 영에 있는 자입니다. 영이 본질이 되었습니다. 몸은 죄로 말미암아 죽은 것이지만 영은 의로 말미암아 하나님을 향하여 살아 있는 자입니다(롬 8:10). 그러므로 육신대로 살지 말고 영으로써 몸의 행실을 죽이라고 말씀합니다(롬 8:12).

"무릇 하나님의 영으로 인도함을 받는 사람은 곧 하나님의 아들이라"
(롬 8:14).

하나님의 영이신 성령님의 인도를 받는 사람은 하나님의 아들이라고 말씀합니다. 우리는 양자의 영을 받았으므로 하나님을 아빠 아버지라 부릅니다. 양자의 영을 받은 우리는 그리스도와 함께 한 상속자입니다. 그리스도와 공동 상속자로 그분과 함께 영광을 받기 위하여 고난도 함께 받을 것을 말씀합니다(롬 8:17). 영으로는 하나로 연합되어 있지만, 몸은 세상에 있어 고난 가운데 있습니다. 그러므로 속으로 탄식하여 양자 될 것 곧 우리 몸의 속량을 기다립니다(롬 8:23). 그러나 성령님은 우리의 연약함을 도우셔서 모든 것이 합력하여 선을 이루게 하십니다.

하나님은 우리를 의롭게 하셨고 영화롭게 하셨습니다(롬 8:30). 그러므로 아무도 우리를 대적하거나 정죄할 수 없습니다. 우리는 모든 고난에도 넉넉히 이깁니다. 그 어떤 것도 그리스도의 사랑에서, 그리스도 안에 있는 하나님의 사랑에서 우리를 끊을 수 없습니다.

4) 유대인과 이방인의 구원

로마서는 구원의 복음이지만 유대인과 이방인에 대해서 말씀합니다. 1장에서 3장까지에서 사람의 불의함과 하나님의 진노와 심판을 말할 때도 하나님을 모르는 자들 즉 이방인의 불의함과 유대인의 불의함을 말하였습니다. 모든 사람이 불의합니다. 로마서 9장에서 11장도 유대인과 이방인의 구원의 이야기입니다. 먼저 9장은 하나님의 구원의 섭리에 대한 말씀입니다.

> **"그러나 하나님의 말씀이 폐하여진 것 같지 않도다 이스라엘에게서 난 그들이 다 이스라엘이 아니요 또한 아브라함의 씨가 다 그의 자녀가 아니라…"(롬 9:6,7).**

바울은 "하나님의 말씀이 폐하여진 것 같지 않도다"라고 먼저 말합니다. 그리고 "이스라엘에게서 난 그들이 다 이스라엘이 아니요 또한 아브라함의 씨가 다 그의 자녀가 아니라"라고 말합니다. 이 말씀은 유대인이 던질 수 있는 질문에 대한 답변입니다. 3장 앞부분에도 유대인이 바울에게 던지며 비방하였을 질문에 답하는 말씀들이 기록되었습니다.

그들의 말은 아브라함의 자손이 다 약속의 자녀가 아니라면 하나님의 말씀은 폐하여진 것이 아니냐는 것이었습니다. 그들은 아브라함의 자손으로 할례의 증표를 가지고 있었습니다. 할례를 가진 아브라함의 자손이 다 약속의 자녀가 아니라면 아브라함과 세운 하나님의 약속을 파기하는 것이므로 하나님의 말씀이 폐하여졌다는 것입니다. 이것은 그가 수없이 받은 비방의 말이었을 수도 있습니다.

이에 대해 바울은 아브라함의 자녀 중 육신의 자녀가 아니라 약속의 자녀인 이삭으로부터 난 자가 씨로 여기심을 받음을 말하고, 이삭의 자녀 중 하나님께서 택하신 야곱만이 하나님의 사랑을 입었음을 말합니다. 즉 아브라함의 자손인 이스라엘 사람이 믿지 않아 다 구원받지 못해도 하나님의 약속은 폐하여진 것이 아니라는 것입니다.

바울은 율법을 말하는 모세의 이야기를 합니다. 하나님께서는 모세에게 긍휼히 여길 자를 긍휼히 여기고 불쌍히 여길 자를 불쌍히 여길 것을 말씀합니다. 또한 바로를 완악하게 놔두셨음을 말씀합니다. 모세의 율법은 행하는 자는 산다고 하였습니다. 그러나 이스라엘은 율법을 지켜서 긍휼을 입은 것이 아닙니다. 그분이 택한 백성이기에 긍휼을 입었습니다. 하나님의 구원의 섭리는 약속의 자녀, 그리스도 안에서 택하신 새 언약의 자녀에게 베푸는 긍휼입니다.

> **"이 사람아 네가 누구이기에 감히 하나님께 반문하느냐? …
> 토기장이가 진흙 한 덩이로 하나는 귀히 쓸 그릇을 하나는 천히 쓸
> 그릇을 만들 권한이 없느냐"(롬 9:20,21).**

이 말씀은 하나님 마음대로 하신다는 말씀이 아닙니다. 모든 인류가 토기장이의 손에서 파상하였습니다. 하나님은 임의로 그분이 원하시는 그릇을 만드십니다. 사람이 아니라 오직 하나님께서 구원을 이루셔서 약속하신 자를 택하여 긍휼히 여기십니다. 하나님의 약속과 택하시는 방법은 구약에서부터 계속 말씀해 왔습니다. 그러므로 바울은 호세아와 이사야의 말씀을 인용하여 하나님의 약속과 택하심을 말합니다.

그분의 백성이 아닌 자들이 주의 이름을 부르고 나아와 그분의 백성이라, 사랑한 자라, 하나님의 아들이라 불릴 것입니다. 이스라엘 자손이 바다의 모래 같을지라도 모두 구원받는 것이 아니라 남은 자만 구원을 받을 것입니다. 바울은 결론을 내립니다.

> **"의를 따르지 아니한 이방인들이 의를 얻었으니 곧 믿음에서 난
> 의요 의의 법을 따라간 이스라엘은 율법에 이르지 못하였으니 어찌
> 그러하냐 이는 그들이 믿음을 의지하지 않고 행위를 의지함이라
> 부딪칠 돌에 부딪쳤느니라"(롬 9:30~32).**

이방인은 믿음으로 의를 얻었지만, 이스라엘은 믿음을 의지하지 않고 행위를 의지함으로 율법이 말하는 의에 이르지 못하였습니다. 하나님께서 택하시는 방법은 율법이 아니라 믿음입니다.

10장은 이스라엘은 하나님의 의를 모르고 자기 의를 세우려고 하나님의 의에 복종하지 않았다고 말합니다. 그리고 믿음으로 말미암는 의와 구원을 얻는 방법을 말합니다.

> **"네가 만일 네 입으로 예수를 주로 시인하며 또 하나님께서 그를 죽은 자 가운데서 살리신 것을 네 마음에 믿으면 구원을 받으리라 사람이 마음으로 믿어 의에 이르고 입으로 시인하여 구원에 이르느니라"(롬 10:9,10).**

예수님을 주님으로 시인, 인정하는 것입니다. 그리고 하나님께서 그를 죽은 자 가운데서 살리신 것을 믿으면 구원을 받는다고 말씀합니다. 구약성경에 "누구든지 그를 믿는 자는 부끄러움을 당하지 아니하리라"라고 하셨으므로 유대인이나 헬라인이나 차별이 없습니다. 주의 이름을 부르는 자는 누구든지 구원을 받습니다. 10장 뒷부분에서는 그러나 이스라엘이 듣고도 믿지 않았다고 말합니다.

11장은 하나님의 구원의 신비에 대한 말씀입니다. 하나님이 자기 백성인 이스라엘을 버리지 아니하셨습니다. 또한 이스라엘도 멸망하기까지 실족하지 않았습니다.

> **"그들은 믿지 아니하므로 꺾이고 너는 믿으므로 섰느니라 높은 마음을 품지 말고 도리어 두려워하라…그러므로 하나님의 인자하심과 준엄하심을 보라 넘어지는 자들에게는 준엄하심이**

**있으니 너희가 만일 하나님의 인자하심에 머물러 있으면 그
인자가 너희에게 있으리라 그렇지 않으면 너도 찍히는 바 되리라"**
(롬 11:20,22).

이스라엘은 믿지 아니하므로 꺾이고 이방인인 너는 믿으므로 섰다고
말합니다. 그들은 참 감람나무 가지였는데 믿지 않음으로 꺾였습니다.
그러나 돌 감람나무인 너는 믿음으로 참 감람나무에 접붙이심을
받았습니다. 그러므로 자랑하지 말라고 합니다. 넘어지는 자에게
준엄하심이 있습니다. 그 인자에 머물러 있지 않으면 즉 믿음 가운데 계속
있지 않으면 우리도 찍힐 것을 말합니다.

바울은 이스라엘이 순종하지 아니함으로 이방인이 긍휼을 얻은 것처럼
하나님은 순종하지 않는 이스라엘에도 긍휼을 베푸실 것을 말합니다.
하나님은 순종하지 않는 모든 사람에게 긍휼을 베풀기를 원하십니다.

5) "그러므로" 어떻게 살 것인가?

**"그러므로 형제들아 내가 하나님의 모든 자비하심으로 너희를
권하노니 너희 몸을 하나님이 기뻐하시는 거룩한 산 제물로 드리라
이는 너희가 드릴 영적 예배니라 너희는 이 세대를 본받지 말고 오직
마음을 새롭게 함으로 변화를 받아 하나님의 선하시고 기뻐하시고
온전하신 뜻이 무엇인지 분별하도록 하라"**(롬 12:1,2).

이 말씀은 로마서 8장과 이어지는 말씀입니다. 그리스도 안에 있는
자들은 영을 따라 살아야 합니다. 이 세대를 본받지 말고 마음을 오직
말씀으로 변화시키고 몸은 쳐서 하나님의 말씀에 복종시켜야 합니다.

그리고 이어서 구체적인 행동들을 말합니다.

이렇게 로마서가 말씀하는 복음을 간략하게 살펴보았습니다. 로마서를 통하여 성도의 예정을 말하지만, 바울의 서신에서 주요한 쟁점은 율법의 행위냐 믿음으로냐 하는 것이었습니다. 바울이 전한 복음은 오직 믿음의 법으로 얻는 하나님의 의입니다. 하나님은 예수님을 화목제물로 삼으셔서 그 피를 믿는 자를 의롭다 하십니다. 유대인이나 헬라인이나, 할례자나 무할례자나 동일하게 사람이 의롭게 되는 것은 믿음으로입니다.

또한 우리는 그리스도의 죽음에 연합되어 옛사람이 죽었고 그리스도 안에서 새 생명으로 사는 자들입니다. 그러므로 죄가 우리를 주장할 수 없습니다. 우리는 율법을 따라 사는 자가 아니라 영을 따라 사는 하나님의 자녀들입니다.

ROMANS
God's righteousness that leads only to faith

1부   불의함으로 심판 아래 놓인 인류

Ⅰ. 서신의 시작

Ⅱ. 이방인의 불의함

Ⅲ. 하나님의 심판

Ⅳ. 유대인의 불의함

Ⅴ. 유대인의 반문과 답변 그리고 죄의 선언

Ⅰ. 서신의 시작(롬 1:1~17)

이 부분은 편지의 서론으로 바울이 로마 교회에 보내는 첫인사와 로마에도 복음 전하기를 원하는 바울, 그리고 그 복음입니다.

1. 첫인사(롬 1:1~7)

로마서는 복음을 말씀하지만 편지입니다. 그러므로 편지 형식에 따라 첫 인사가 기록되었습니다. 본문 말씀입니다.

> 1절 예수 그리스도의 종 바울은 사도로 부르심을 받아 하나님의
>   복음을 위하여 택정함을 입었으니
> 2절 이 복음은 하나님이 선지자들을 통하여 그의 아들에 관하여
>   성경에 미리 약속하신 것이라
> 3절 그의 아들에 관하여 말하면 육신으로는 다윗의 혈통에서
>   나셨고
> 4절 성결의 영으로는 죽은 자들 가운데서 부활하사 능력으로
>   하나님의 아들로 선포되셨으니 곧 우리 주 예수 그리스도시니라
> 5절 그로 말미암아 우리가 은혜와 사도의 직분을 받아 그의 이름을
>   위하여 모든 이방인 중에서 믿어 순종하게 하나니

6절 너희도 그들 중에서 예수 그리스도의 것으로 부르심을 받은
　　자니라
7절 로마에서 하나님의 사랑하심을 받고 성도로 부르심을 받은 모든
　　자에게 하나님 우리 아버지와 주 예수 그리스도로부터 은혜와
　　평강이 있기를 원하노라

　먼저 편지의 발신자인 바울은 자신은 하나님의 복음을 위하여 택정함을 입은 사도라고 말합니다. 그리고 하나님의 복음을 설명합니다. 이 복음은 하나님의 아들에 관하여 성경에 미리 약속하신 것입니다. 다음은 그의 아들을 설명합니다. 그의 아들에 관하여 말하면 육신으로는 다윗의 혈통에서 나셨고 성결의 영으로는 죽은 자들 가운데서 부활하셔서 능력으로 하나님의 아들로 선포되신 분으로 우리 주 예수 그리스도이십니다.

　이제 그는 편지를 보내는 자신을 예수님과 관련하여 다시 설명합니다. 그는 우리 주 예수 그리스도로 말미암아 은혜와 사도의 직분을 받은 자로 이방인에게 전하여 믿게 하는 자입니다.

　그리고 수신자에 대해서 말합니다. 그들도 로마에서 예수 그리스도의 것으로 부르심을 받은 자들이고, 하나님의 사랑하심을 받고 성도로 부르심을 받은 자들입니다. 바울은 그들에게 하나님 우리 아버지와 주 예수 그리스도로부터 은혜와 평강이 있기를 기원합니다. 한 절씩 다시 살펴보겠습니다.

　1절은 발신자에 대한 설명입니다. 편지를 보내는 자신을 소개합니다.
　첫 번째로 그는 "예수 그리스도의 종 바울"이라고 말합니다. "종"은 헬라어로 '둘로스'인데 노예를 의미합니다. 그는 자신을 예수 그리스도의

노예라고 말합니다.

두 번째로 그는 사도로 부르심을 받았다고 말합니다. 이는 예수 그리스도의 종 바울의 직임입니다. 그는 사도입니다. "사도"는 보냄을 받은 자를 의미합니다. 예수님은 그에게 "내가 너를 멀리 이방인에게 보내리라"라고 하셨고(행 22:21), 안디옥 교회는 바울과 바나바를 안수하여 보냈습니다(행 13:3). 그는 사도로 부르심을 받았습니다.

세 번째로 그는 하나님의 복음을 위하여 택정함을 입었다고 말합니다. "택정함을 입었으니"는 헬라어 '아포리조'가 사용되었습니다. '아포리조'의 뜻은 '경계선에 의해 규정하다, 지명하다, 구별하다, 나누다 등'입니다. 이 단어는 "바울과 바나바를 따로 세우라"(행 13:2), "내 어머니의 태로부터 나를 택정하시고"(갈 1:15)에 기록되어 바울과 관련하여 세 번 사용되었습니다. 이는 구원에 대한 것이 아니라 소명에 대한 것입니다. 그는 하나님의 복음을 위하여 어머니의 태로부터 택정함을 입어 사도로 부르심을 받은 자입니다.

2절에서는 복음이 무엇인지 설명합니다. "이 복음" 즉 하나님의 복음은 하나님이 선지자들을 통하여 그의 아들에 관하여 성경에 미리 약속하신 것입니다. "복음"은 '유앙겔리온'으로 '좋은 소식'을 의미합니다.

창세기 3장 15절의 여자의 후손으로부터 하나님은 그의 아들에 관하여 우리에게 미리 약속하셨습니다. 그러므로 예수님께서도 "이 성경이 곧 내게 대하여 증언하는 것이니라"라고 말씀하셨습니다(요 5:39). 바울도 모세의 율법과 선지자의 말을 가지고 예수님에 대하여 권하였습니다(행 28:23). 즉 모세의 율법과 선지자의 말은 예수님에 대하여 말씀합니다. 복음은 그의 아들에 관하여 성경에 미리 약속하신 것입니다. 그러므로 바울은 그의 아들의 복음, 그리스도의 복음이라고 말합니다(롬 1:9, 15:19).

3절과 4절은 성경에 미리 약속하신 그의 아들에 관한 설명입니다.

"그의 아들에 관하여 말하면"의 첫 번째는 육신으로 다윗의 혈통에서 나셨다고 말씀합니다(3절).

"네 집과 네 나라가 내 앞에서 영원히 보전되고 네 왕위가 영원히 견고하리라 하셨다 하라"(삼하 7:16).

다윗의 자손은 영원한 나라를 세우실 영원한 왕, 메시아를 가리키는 말씀입니다. 당시 사람들은 예수님을 "다윗의 자손"이라고 불렀습니다. 이는 선지자들을 통하여 말씀하신 메시아입니다.

"그의 아들에 관하여 말하면"의 두 번째는 4절입니다. 성결의 영으로는 죽은 자들 가운데서 부활하사 능력으로 하나님의 아들로 선포되셨습니다. "성결의 영"에서 '성결'은 '하기오쉬네'로 '신성함', '거룩함'의 뜻이 있습니다. '거룩함의 영으로는' 입니다. 이 말씀은 3절의 "육신으로는"과 대조되는 말씀입니다. 즉 거룩함의 영으로는 죽은 자 가운데서 부활하셨습니다. 하나님의 능력이 그리스도 안에서 역사하셔서 그분을 죽은 자들 가운데서 다시 살리셨습니다. 하나님은 예수님을 성령의 능력으로 살리셨습니다. 그리고 부활하심으로 그분은 하나님의 아들로 선포되셨습니다.

"여호와께서 내게 이르시되 너는 내 아들이라 오늘 내가 너를 낳았도다"(시 2:7).

하나님은 부활하신 예수님께 "너는 내 아들이라 오늘 내가 너를 낳았도다"라고 말씀하십니다.

또한 그분은 우리 주 예수 그리스도이십니다. 구약에서 주는 하나님을 일컫는 말이었습니다. 그분은 하나님이십니다(롬 9:5). 예수 그리스도는 1절에 이어 두 번째 기록되었습니다. "예수"는 자기 백성을 그들의 죄에서 구원하실 분이십니다(마 1:21). "그리스도"는 헬라어로 '크리스토스'로 '기름부음 받은 자'를 말합니다. 히브리어로 '마쉬야흐' 즉 메시아도 같은 의미입니다. 메시아는 이스라엘이 오랫동안 기다린 구원자입니다. 그분은 이스라엘만이 아니라 온 세상의 구주이십니다.

베드로는 이스라엘 사람들이 못 박은 예수님을 하나님께서 주와 그리스도가 되게 하셨다고 말하였습니다(행 2:36). 그분은 부활하심으로 하나님의 아들로 선포되셨습니다. 그분은 우리의 주와 그리스도가 되셨습니다.

5절은 1절에서 하나님의 복음을 위하여 택정함을 입은 사도임을 말하였던 바울은 자신의 사도직에 대해 그리스도와 관련하여 다시 설명합니다. 그는 그리스도로 말미암아 은혜와 사도의 직분을 받은 자로 그분의 이름을 위하여 모든 이방인 중에서 믿어 순종하게 하는 자입니다.

바울은 그와 그의 동역자들이 사역했던 교회에 써 보내는 다른 서신들에서도 그의 사도직에 대해서 계속 언급하였습니다. 그러나 아직 방문하지 못한 로마에 보내는 서신에서 그는 자신은 어떤 자인지를 분명하게 밝힙니다. 편지를 마치면서도 그로 이방을 위한 그리스도 예수의 일꾼으로 삼으셨음을, 하나님의 복음의 제사장 직분을 맡은 자임을 말합니다(롬 15:16). 그는 확실히 이방인의 구원을 위하여 교회의 머리 되신 예수 그리스도로부터 보내심을 받은 사도입니다(롬 11:13, 갈 2:8).

6절과 7절은 편지를 받는 수신자에 대한 말씀입니다.

로마서의 수신자들인 "너희도 그들 중에서 예수 그리스도의 것으로 부르심을 받은 자"들 입니다. 또한 "로마에서 하나님의 사랑하심을 받고 성도로 부르심을 받은 모든 자"입니다.

"부르심을 받은"은 '클레토스'로 '초대받은', '지명받은', '부르심 받은'의 뜻이 있습니다. 1절에서 바울은 사도로 부르심을 받았다고 하였는데 이때도 '클레토스'가 사용되었습니다. 그들은 그리스도의 것으로 성도로 부르심을 받았습니다. 믿는 자는 속량함을 받아 처음 익은 열매로 하나님과 예수 그리스도의 것으로 부르심은 받은 자들입니다(계 14:.3,4). 또한 이미 거룩한 성도로 지명 받았습니다.

바울은 로마의 모든 성도들에게 "하나님 우리 아버지와 주 예수 그리스도로부터 은혜와 평강이 있기를 원하노라"라고 말합니다. 그는 '하나님 우리 아버지'라고 말합니다. 하나님은 믿지 않는 자들과는 상관이 없습니다. 그러나 그분은 성도로 부르심을 받은 자들의 아버지이십니다. 하나님은 '우리 아버지'이십니다. 또한 예수님은 우리의 '주'이시며, '그리스도'이십니다.

은혜와 평강을 기원하는 인사는 다른 서신에서도 많이 볼 수 있습니다. 값없이 주시는 은혜와 샬롬인 평강은 오직 하나님과 예수 그리스도 안에서 찾을 수 있습니다. 그러므로 하나님 우리 아버지와 주 예수 그리스도로부터 오는 은혜와 평강은 하나님의 사랑하심을 받은 모든 성도의 것입니다.

2. 로마에도 복음 전하기를 원하는 바울(롬 1:8~15)

8절 먼저 내가 예수 그리스도로 말미암아 너희 모든 사람에 관하여 내 하나님께 감사함은 너희 믿음이 온 세상에 전파됨이로다

9절 내가 그의 아들의 복음 안에서 내 심령으로 섬기는 하나님이

　　　나의 증인이 되시거니와 항상 내 기도에 쉬지 않고 너희를 말하며

10절 어떻게 하든지 이제 하나님의 뜻 안에서 너희에게로 나아갈

　　　좋은 길 얻기를 구하노라

11절 내가 너희 보기를 간절히 원하는 것은 어떤 신령한 은사를

　　　너희에게 나누어 주어 너희를 견고하게 하려 함이니

12절 이는 곧 내가 너희 가운데서 너희와 나의 믿음으로 말미암아

　　　피차 안위함을 얻으려 함이라

13절 형제들아 내가 여러 번 너희에게 가고자 한 것을 너희가

　　　모르기를 원하지 아니하노니 이는 너희 중에서도 다른 이방인

　　　중에서와 같이 열매를 맺게 하려 함이로되 지금까지 길이 막혔도다

14절 헬라인이나 야만인이나 지혜 있는 자나 어리석은 자에게 다

　　　내가 빚진 자라

15절 그러므로 나는 할 수 있는 대로 로마에 있는 너희에게도 복음

　　　전하기를 원하노라

　먼저 바울은 로마의 성도들로 인하여 하나님께 감사를 드린다고 말합니다. 그는 그들을 견고하게 하기를 원하였습니다. 그러므로 어떻게 하든지 하나님의 뜻 안에서 그들에게로 갈 좋은 길 얻기를 쉬지 않고 구하고 있다고 말합니다. 또한 다른 이방인 중에서와 같이 그들도 열매를 맺게 하기 위하여 가고자 했었지만 여러 번 길이 막혀 못갔다고 전합니다. 또한 이것을 그들도 알기를 원한다고 말합니다. 하지만 그는 복음의 빚진 자로서 할 수 있는 대로 그들에게도 복음 전하기를 원한다고 말합니다. 이는 로마서를 기록하여 보내는 이유에 대한 설명일 수 있습니다. 좀 더 구체적으로 살펴봅니다.

첫 번째는 로마의 성도에 관한 바울의 감사입니다(8절). 먼저 바울은 로마의 모든 성도들의 믿음이 온 세상에 전파된 것으로 하나님께 감사를 드린다고 말합니다. 로마는 셀 수 없이 많은 신과 신전이 있었으며, 황제를 신으로 숭배할 것을 강요하였습니다. 또한 유대인들은 회당을 중심으로 모였는데 그들은 막강한 세력이었습니다. 그런 가운데 로마 성도들의 믿음이 온 세상에 전파되었다고 바울은 말합니다.

당시 로마는 세계의 중심이었으므로 그들의 소문은 온 세상에 전파되었을 것입니다. 더욱이 글라우디오가 유대인들을 로마에서 떠나게 했을 때 로마를 떠나온 유대인들로부터 그들의 믿음이 전파되었을 것입니다. 바울도 그때 로마에서 고린도에 와서 그와 함께 일하고 사역한 브리스길라와 아굴라로부터 로마 교회의 이야기를 자주 들었을 것입니다.

바울은 그들의 믿음이 온 세상에 전파된 것으로 하나님께 감사드린다고 말합니다. 이 감사는 다음 절들로 이어집니다. 즉 로마의 성도들의 이야기를 듣고 단순히 그들의 믿음이 전파된 것에 대한 감사만이 아니라 그는 그들에게도 가서 전하여야 할 필요를 알게 되었음을 의미합니다.

두 번째는 로마의 성도를 말하는 바울의 기도입니다(9,10절). 바울은 항상 쉬지 않고 그들을 말하며 어떻게 하든지 하나님의 뜻 안에서 그들에게로 갈 좋은 길 얻기를 구하고 있다고 말합니다. 그는 이 기도에 하나님이 증인이심을 말합니다. 그는 어떻게 하든지 로마에 가고자 했지만 먼저 하나님의 뜻을 구하였습니다. 하나님의 뜻 안에서 그들에게로 갈 좋은 길 얻기를 구하였다고 말하기 때문입니다.

13절에서도 여러 번 그들에게 가고자 했지만 길이 막혔다고 말합니다. 서신을 마치면서 그는 여러 해 전부터 언제든지 서바나로 갈 때 그들에게 가기를 바라고 있었다고 말합니다(계 15:23). 또한 앞으로 연보를 예루살렘에 전하고 로마에 들렀다가 서바나로 갈 것을 말하며, 그들도 그의 기도에 힘을 같이 해 줄 것을 부탁합니다(롬 15:28,30). 이 말씀을 통해 그는 그 기도를 오랫동안 하고 있었음을 알 수 있습니다. 그는 어떻게 하든지 하나님의 뜻 안에서 그들에게 가고자 하는 그의 기도를 내려놓을 수가 없습니다.

세 번째는 로마 방문을 원하는 이유입니다(11,12절). 바울이 그들을 보기 원하는 것은 어떤 신령한 은사를 그들에게 나누어 주어 그들을 견고하게 하려 함이라고 말합니다. 이는 성령의 은사들에 대한 것일 수도 있지만, 신령한 말씀을 나누어주기 원함임을 알 수 있습니다. 왜냐하면 바울은 15절에서 그들에게도 복음 전하기를 원한다고 말합니다. 16절에서는 복음이 능력임을 말합니다. 또한 그는 믿음은 들음에서 나며 들음은 그리스도의 말씀으로 말미암는다고 말하기 때문입니다(롬 10:17). 복음의 말씀이 그들을 견고하게 할 것입니다.

바울은 그것은 그들과 바울의 믿음으로 말미암아 '피차 안위함을 받으려함'이라고 말합니다. 그들이 믿음 위에 견고하게 서기를 원하는 바울에게 그것은 위로가 될 것입니다.

네 번째는 로마에 가고자 했지만 여러 번 길이 막혔다는 이야기 입니다(13절). 바울은 여러 번 그들에게 가려 했지만 길이 막혔음은 편지를 마치면서도 말합니다. 이는 그가 로마에 가서 복음 전하기를 얼마나 간절히 원했는지를 보여줍니다. 그러므로 로마의 성도들도 그것을 모르기를 원하지 않는다고 그는 말합니다. 그는 다른 이방인 중에서처럼 그들도 열매를 맺게 하려고 여러 번 로마에 가고자 했다고 말합니다. 그런데 지금까지 길이 막혀 못 가고 있습니다.

다섯 번째 이야기는 빚진 자로 할 수 있는 대로 로마에도 복음 전하기를 원한다는 바울입니다(14,15절). 바울은 헬라인이나 야만인이나 지혜 있는 자나 어리석은 자 즉 모든 사람에게 다 자신은 빚진 자라고 말을 합니다. 빚진 자는 갚아야 합니다. 그러므로 바울은 빚진 자로 할 수 있는 대로 로마에 있는 그들에게도 복음 전하기를 원한다고 말합니다.

바울이 분명하게 밝히지는 않지만, 이 말은 그가 로마서를 쓰는 이유를 설명하는 부분으로 볼 수 있습니다. 그는 로마의 성도들에 대한 소식을 들었습니다. 그는 그들을 복음으로 견고하게 할 필요를 느꼈고 그래서 로마로 가서 복음을 전하고자 했습니다. 그는 끊임없이 기도로 하나님의 뜻을 구하며 그들에게 가서 복음 전하기를 여러 해 동안 기도하고 기회를 보았습니다. 그러나 길이 막혀 못 가고 있습니다. 더구나 그가 연보를 가지고 예루살렘으로 가면 유대인으로부터 당할 일들로 로마로 가는 일은 지연될 것을 알고 있습니다(롬 15:31,32). 그러므로 "할 수 있는 대로" 로마의 성도들에게도 복음 전하기를 원하는 바울은 그 복음을 기록하여 그들에게 보냈음을 알 수 있습니다. 또한 이 말씀 다음 절인 16절부터 "이 복음은" 하고 복음이 무엇인지 간략하게 소개하기 때문입니다. 그 말씀을 살펴봅니다.

3. "이 복음은"(롬 1:16,17)

16절 내가 복음을 부끄러워하지 아니하노니 이 복음은 모든 믿는
자에게 구원을 주시는 하나님의 능력이 됨이라 먼저는
유대인에게요 그리고 헬라인에게로다
17절 복음에는 하나님의 의가 나타나서 믿음으로 믿음에 이르게

**하나니 기록된 바 오직 의인은 믿음으로 말미암아 살리라
함과 같으니라**

앞 절(15절)에서 바울은 로마에 있는 그들에게도 복음 전하기를 원한다고
하였습니다. 바울은 그 복음이 무엇이기에 그들에게 그렇게 전하고자
했는지를 말하기 위해 "왜냐하면 이 복음은"이라고 말합니다. 먼저
바울은 이 복음은 모든 믿는 자에게 구원을 주시는 하나님의 능력이 되기
때문이라고 말합니다. 복음에는 하나님의 의가 나타나서 믿음으로 믿음에
이르게 하기 때문이라고 말합니다. 즉 바울이 전하는 복음은 믿는 자에게
주시는 구원의 복음으로 하나님의 의의 복음입니다.

먼저 바울은 복음에 대한 자신의 태도를 밝힙니다.
"내가 복음을 부끄러워하지 아니하노니"
복음은 십자가에 못 박힌 그리스도를 전합니다(고전 1:21). 그것은
유대인은 거리끼는 것이었고, 이방인에게는 미련한 것이었습니다(고전
1:22). 그는 복음을 부끄러워하지 않는다고 말합니다. 그리고 이어서 그
이유를 말합니다.
"이 복음은 모든 믿는 자에게 구원을 주시는 하나님의 능력이 됨이라
먼저는 유대인에게요 그리고 헬라인에게로다"
이 복음은 모든 믿는 자에게 구원을 주시는 하나님의 능력이 되기 때문에
그는 그 복음을 부끄러워하지 않는다는 것입니다. 이 복음은 구원을
주시는 하나님의 능력입니다. 조건은 믿음입니다. 복음은 유대인이나
헬라인이나 모든 믿는 자에게 구원을 주시는 하나님의 능력입니다.
십자가에 못 박히신 그리스도는 부르심을 받은 자들에게는 하나님의
능력이며 하나님의 지혜입니다(고전 1:23).

17절에서 바울은 왜 복음이 하나님의 능력이 되는지를 말합니다.

"복음에는 하나님의 의가 나타나서 믿음으로 믿음에 이르게 하나니"

그것은 복음에는 하나님의 의가 나타나서 믿음으로 믿음에 이르게 하기 때문입니다. 복음은 모든 믿는 자에게 구원을 주시는 하나님의 능력인데 복음에는 하나님의 의가 나타나서 16절에서 말씀하는 구원받는 믿음에 이르게 되기 때문입니다.

"의"는 헬라어 '디카이오쉬네'로 스트롱코드 사전은 '공정, 기독교의 칭의'라고 정의합니다. 그런데 이 단어는 '디카이오스(공정한, 흠없는, 거룩한, 의로운)'에서 유래된 명사입니다. 그러므로 '디카이오스'의 명사형이라면 '공정, 흠 없음, 거룩, 의'로 번역하여야 할 것입니다. 복음에는 하나님의 의, 공정함이 나타납니다.

하나님은 십자가를 통하여 죄인을 의롭게 하심으로 그분의 의로우심을 나타내셨습니다. 복음에는 의로운 방법으로 인류를 구원하시는 하나님의 의가 드러납니다. 또한 의롭게 되는 방법을 알게 됩니다. 하나님만 의로우실 뿐 아니라 예수 믿는 자를 의롭다 하십니다. 복음의 말씀을 들음으로 믿음이 생기고 구원받는 믿음에 이르게 됩니다.

바울은 "기록된 바 오직 의인은 믿음으로 말미암아 살리라 함과 같으니라"라고 말합니다. 바울이 인용한 하박국의 말씀입니다.

> **"보라 그의 마음은 교만하며 그 속에서 정직하지 못하나 의인은 그의 믿음으로 말미암아 살리라"**(합 2:4).

하나님은 마음의 중심을 보십니다. 그러나 이 말씀에서 "마음"은 마음의 중심을 말하는 히브리어 '레브'가 아니라 혼을 말하는 '네페쉬'가 사용되었습니다. 로마서의 개념으로는 영과 대조되는 육신으로 보는 것이 좋겠습니다. "살리라"는 히브리어로 '하야'입니다. 뜻은 '살다, 재생시키다, 살게 하다, 생명을 주다 등'입니다. 사람의 육신은 교만하여 그 속에 옳음이 없습니다. 그러나 의인은 그의 믿음으로 말미암아 살게 됩니다.

> **"무릇 율법 행위에 속한 자들은 저주 아래에 있나니 기록된 바 누구든지 율법 책에 기록된 대로 모든 일을 항상 행하지 아니하는 자는 저주 아래에 있는 자라 하였음이라 또 하나님 앞에서 아무도 율법으로 말미암아 의롭게 되지 못할 것이 분명하니 이는 의인은 믿음으로 살리라 하였음이라 율법은 믿음에서 난 것이 아니니 율법을 행하는 자는 그 가운데서 살리라 하였느니라"**(갈 3:10~12).

바울은 갈라디아에 보내는 편지에서 율법 행위에 속한 자는 저주 아래 있다고 말합니다. 이유는 율법은 율법 책에 기록된 대로 모든 일을 항상 행하지 아니하는 자는 저주 아래에 있는 자라고 하기 때문이라는 것입니다.

율법은 하나의 체계로 모든 율법을 항상 다 지켜야 합니다. 그중 하나라도 한 번만 어겨도 죄를 범하게 되어 저주 아래 놓이게 됩니다. 큰 죄 작은 죄가 상관없습니다. 율법에 기록된 대로 모든 일을 항상 행할 사람은 아무도 없습니다. 그러므로 사람은 율법으로 의롭게 될 수 없습니다.

그러나 바울은 거기서 그치지 않습니다. 하나님은 하박국 선지자를 통하여 의인은 믿음으로 살리라 하셨으므로 하나님 앞에서 아무도 율법으로 말미암아 의롭게 되지 못할 것이 분명하다고 말합니다. '살리라'는 헬라어 '자오'가 사용되었습니다. 사람이 의인으로 살아 있게 하는 것은 그의 믿음입니다. 그것은 하나님께서 의로 정하시는 방법입니다. 그런데 율법은 믿음에서 난 의가 아니라 행위에서 난 의를 말하기 때문에 하나님 앞에서 율법으로 말미암아 아무도 의롭게 되지 못할 것이 분명하다는 말씀입니다.

복음은 믿음을 말합니다. 복음에는 하나님의 의가 나타나서 믿음으로 구원에 이르게 됩니다. 기록된바 오직 의인은 믿음으로 말미암아 살리라 함과 같습니다. 또한 의인은 계속해서 믿음으로 사는 자들입니다. 믿음에서 믿음에 이릅니다. 그러므로 그는 이 복음을 할 수 있는 대로 로마에 있는 그들에게도 전하고자 합니다.

요약

바울은 첫인사에서 자신이 누구인지, 그가 전하는 복음은 무엇인지, 하나님의 아들은 누구인지 등을 밝힙니다. 그는 여러 해 전부터 로마를 방문하여 복음을 전하고자 했지만 여러 번 길이 막혀 가지 못했다고 전합니다. 그럼에도 빚진 자로 그들에게도 할 수 있는 대로 복음 전하기를 원한다고 말합니다. 그런 이유로 그는 로마서를 통해 그 복음을 그들에게 전함을 알 수 있습니다.

그는 이어서 그 복음은 모든 믿는 자에게 구원을 주시는 하나님의 능력이 됨을 말합니다. 복음에는 하나님의 의가 나타나 믿음에 이르게 하기 때문이라고 말합니다. 그가 전하는 복음은 구원의 복음인데 의의 복음입니다. 바울은 로마에 보내는 서신을 통해 이 복음을 설명합니다.

II. 이방인의 불의함(롬 1:18~32)

이제 로마의 성도들에게 보내는 편지의 본문으로 들어갑니다. 복음에는 하나님의 의가 나타나서 믿음에서 믿음에 이르게 합니다. 그러나 하나님의 의를 이해하려면 인류의 상태와 하나님의 의의 필요성을 알아야 합니다. 바울은 먼저 인류를 진단합니다. 1장 18절부터 3장 20절까지에서 인류의 불의함과 하나님의 진노와 심판을 먼저 말합니다. 2장에서 유대인의 불의함을 말하기 때문에 1장은 하나님을 모르는 이방인의 불의함으로 볼 수 있습니다. 불의함으로 심판 아래 놓인 인류의 첫 번째 이야기는 이방인의 불의함입니다.

1. 하나님의 진노가 나타남(롬 1:18~23)

18절 하나님의 진노가 불의로 진리를 막는 사람들의 모든 경건하지 않음과 불의에 대하여 하늘로부터 나타나나니

이 구절 앞에는 "왜냐하면"을 말하는 '가르'가 사용되었습니다. 하나님의 구원의 복음, 하나님의 의의 복음이 필요한 이유를 설명합니다. 하나님의 의가 필요한 이유는 하나님의 진노가 나타났기 때문입니다.

하나님의 진노는 불의로 진리를 막는 사람들의 모든 경건하지 않음과 불의에 대하여 하늘로부터 나타난다고 말씀합니다. 하나님의 진노와 심판이 있습니다. 그런데 그 대상은 불의로 진리를 막는 사람들입니다. 그들은 모든 경건하지 않음과 불의를 행하는데 그것으로 하나님의 진노가 나타난다고 말합니다. 불의에 대하여 하나님의 진노와 심판이 있다는 말씀은 하나님의 의의 필요성을 알게 하는 중요한 말씀입니다.

"불의"는 헬라어 '아디키아'로 '불의', '사악함', '불공평'으로 '의'와 반대되는 개념입니다. 불의는 이 구절에서 두 번 사용되었습니다. 그런데 그 불의로 진리를 막는다고 말씀합니다.

그렇다면 이 구절에서 진리는 무엇을 의미합니까? 말씀이신 예수님이 진리이시고 하나님의 말씀인 성경이 진리입니다. 그런데 19절부터의 내용으로 보면 불의로 막는 '진리'는 창조주 하나님이 계심을 알고 그분을 영화롭게 하고 감사하며 섬겨야 한다는 진리임을 알 수 있습니다. 즉 하나님과 사람의 관계에서의 진리입니다. 사람은 하나님께서 지으신 피조물로 그분께 마땅한 감사와 영광을 돌려야 한다는 진리입니다. 그러므로 첫 번째로 말씀하는 불의는 단순하게 악한 행동이 아니라 하나님을 향한 불의입니다. 즉 하나님을 인정하고 경외하여야 한다는 진리를 소유하고 붙잡는 것을 거절하는 불의를 말함을 알 수 있습니다.

대부분 "불의"라고 말하면 사람의 악한 행위들에 초점을 맞춥니다. 그리고 자신은 다른 사람보다 덜 불의하다고 생각합니다. 그러나 근본적인 죄는 하나님이 계신 것을 인정하고 그분을 섬기는 것을 거절하는 것입니다. 하나님을 향한 사악함입니다.

하나님의 진노는 그 불의로 하나님에 대한 진리를 거절하는 사람들의 모든 경건하지 않음과 불의에 대하여 나타난다고 말씀합니다. 하나님께 불의함으로 경건하지 않음과 또 다른 불의가 있게 됩니다. "경건하지 않음"은 헬라어 '아세베이아'로 '불경', '사악함'의 뜻이 있습니다. 하나님의 진노는 하나님을 섬기기를 거절하는 자들의 모든 불경함과 사악함 그리고 불의한 일들에 대하여 하늘로부터 나타납니다.

이어서 하나님의 진노가 나타나는 이유를 말합니다. 이유는 하나님 편에서와 사람 편에서입니다.

1) 하나님께서 "이를 그들에게 보이셨느니라"

19절 이는 하나님을 알 만한 것이 그들 속에 보임이라 하나님께서 이를 그들에게 보이셨느니라
20절 창세로부터 그의 보이지 아니하는 것들 곧 그의 영원하신 능력과 신성이 그가 만드신 만물에 분명히 보여 알려졌나니 그러므로 그들이 핑계하지 못할지니라

19절은 "왜냐하면"으로 이어집니다. 그러므로 하나님께서 진노를 내리시는 이유에 대한 설명입니다. 하나님이 계신 것을 알 수 없게 해 놓고 그분을 경외하지 않는다고 심판을 내리신다면 그분은 공정하신 분이 아닙니다. 하나님은 공의의 하나님이십니다. 하나님께서는 하나님을 알 만한 것을 사람들 속에 보이셨다고 말씀합니다(19절).

"보임이라"와 "보이셨느니라"는 '분명한', '공개적으로' 등의 뜻을 가진 '파네로스'가 사용되었습니다. 즉 하나님께서는 그분을 잘 알 수 있도록 분명히 공개적으로 보이셨다는 것입니다. 바울은 2장에서 율법 없는 이방인이 본성과 양심을 말합니다. 하나님을 알만한 것을 본성에 양심에 보이셨습니다. 그러므로 하나님이 계신 것을 모르는 사람은 없다는 말씀입니다. 하나님을 부정하던 사람들도 힘든 일이 생기면 본능적으로 하나님을 말합니다. 어떤 사람은 하나님께 도움을 구하지만 어떤 사람은 하나님을 원망합니다.

또한 20절은 창세로부터 하나님의 보이지 아니하는 것들 곧 그분의 영원하신 능력과 신성이 그가 만드신 만물에 분명히 보여 알려졌다고 말씀합니다. 모든 만물을 보면 창조주 하나님이 계신 것을 알 수밖에 없습니다. 사람들은 하나님을 부정하기 위하여 진화론을 말하고 외계인을 말합니다. 하지만 하나님께서 만드신 만물의 질서와 경이로움은 보이지 아니하는 하나님의 능력과 신성을 분명하게 보여줍니다.

그러므로 하나님의 진노 앞에서 하나님이 계신 것을 몰랐다고 핑계할 수 없다고 말씀합니다. 바울은 아덴에서도 하나님은 우리 각 사람에게서 멀리 계시지 않으므로 더듬어 찾아 발견하게 하셨다고 말하였습니다(행 17:26). 그분은 멀리 계시지 않습니다. 하나님께서는 그들 속에도 그분이 계심을 잘 알 수 있도록 분명하게 하셨고, 만물을 통해서도 그분의 능력과 신성을 보여주셨습니다.

2) 사람들은 "하나님을 알되"

**21절 하나님을 알되 하나님을 영화롭게도 아니하며 감사하지도
아니하고 오히려 그 생각이 허망하여지며 미련한 마음이
어두워졌나니
22절 스스로 지혜 있다 하나 어리석게 되어
23절 썩어지지 아니하는 하나님의 영광을 썩어질 사람과 새와 짐승과
기어다니는 동물 모양의 우상으로 바꾸었느니라**

그러나 사람들은 하나님이 계신 것을 알면서도 하나님을 하나님처럼

영화롭게도 아니하고 감사하지도 않습니다. 사람들은 하나님은 경외의 대상임을 잘 압니다. 그러나 하나님을 영화롭게 하지 않습니다.

"허망하여지며"는 헬라어 '마타이오오'가 사용되었습니다. 뜻은 '어리석게 만들다', '허망하게 하다' 등입니다. 하지만 이 단어는 '우상 숭배하는'의 뜻도 있습니다. 그들은 오히려 우상숭배 하는 생각에 빠져 미련한 마음이 어두워졌습니다. 하나님을 떠난 사람은 하나님이 아닌 다른 우상들을 섬깁니다. 그러므로 마음에 분별이 없어집니다. 이는 이 세상의 신이 그들의 눈을 가리어 보지 못하게 하기 때문입니다(고후 4:4).

이어서 스스로 지혜 있다고 확신하지만 어리석게 되어 썩어지지 아니하는 하나님의 영광을 썩어질 사람과 새와 짐승과 기어다니는 동물 모양의 우상으로 바꾸었다고 말씀합니다(22,23절). 당시 로마를 비롯하여 이방의 땅에는 많은 신상들을 있었습니다. 바울이 머물렀던 아덴에도 우상이 가득하였다고 기록합니다. 그들은 여러 신들을 섬겼고, 심지어 알지 못하는 신이라는 이름의 우상도 만들었습니다(행 17:23).

이런 말씀은 현재의 모습과는 어울리지 않는 것처럼 보입니다. 하지만 지금도 많은 나라들에서 우상을 만들어 섬기기도 합니다. 또한 많은 경우 어떤 형상을 만들어 섬기지는 않을지라도 하나님을 섬기지 않는 사람들은 다른 무엇인가를 마음에 품고 섬깁니다.

"…에브라임아 이제 네가 음행하였고 이스라엘이 더러워졌느니라 그들의 행위가 그들로 자기 하나님에게 돌아가지 못하게 하나니 이는 음란한 마음이 그 속에 있어 여호와를 알지 못하는 까닭이라"(호 5:3,4).

에브라임이 음행하여 이스라엘이 더러워져서 그들의 그 행위가 하나님에게 돌아가지 못하게 한다고 말씀합니다. 타락한 사람의 마음은 우상을 숭배하는 음란한 마음이 있습니다. 그러므로 그들은 하나님 섬기기를 거부하고 하나님의 영광을 썩어질 형상과 썩어질 가치들로 바꾸었습니다.

2. 그러므로 하나님께서 내버려 두사(롬 1:24~32)

이 말씀은 그 결과에 대한 말씀입니다. 24절에서 27절은 18~23절의 결과입니다. 29절에서 31절은 28절의 결과입니다. 하나님의 진리를 막는 불의함의 결과 나타나는 경건하지 않음과 불의에 대한 말씀들입니다. 하나님께서 내버려 두셨음을 세 번 말씀합니다.

1) "그들을 마음의 정욕대로 더러움에 내버려 두사"

**24절 그러므로 하나님께서 그들을 마음의 정욕대로 더러움에 내버려
두사 그들의 몸을 서로 욕되게 하게 하셨으니
25절 이는 그들이 하나님의 진리를 거짓 것으로 바꾸어 피조물을
조물주보다 더 경배하고 섬김이라 주는 곧 영원히 찬송할
이시로다 아멘**

24절은 "그러므로"로 시작됩니다. 그들이 하나님이 계신 것을 알면서도 하나님이 아니라 다른 우상들을 섬겼으므로 하나님께서 그들을 마음의 정욕대로 더러움에 내버려 두셔서 그들의 몸을 서로 욕되게 하게 하셨다고 말씀합니다. 그리고 앞 절에서 말씀한 이유를 다시 말씀합니다. 이는

그들이 하나님의 진리를 거짓 것으로 바꾸어 피조물을 조물주보다 더 경배하고 섬기기 때문이라는 것입니다. 하나님이 계시다는 것 그리고 그분을 섬겨야 한다는 하나님의 진리를 거짓 것으로 바꾸었습니다. 그들은 만물을 창조하신 하나님보다 피조물을 더 경배하고 섬깁니다. 사람은 마음으로 하나님보다 여러 가지 것들을 더 경배하고 섬깁니다.

그러나 오직 하나님만이 영원토록 찬송을 받으실 분이십니다! 아멘!

2) "그들을 부끄러운 욕심에 내버려 두셨으니"

**26절 이 때문에 하나님께서 그들을 부끄러운 욕심에 내버려 두셨으니
곧 그들의 여자들도 순리대로 쓸 것을 바꾸어 역리로 쓰며
27절 그와 같이 남자들도 순리대로 여자 쓰기를 버리고 서로 향하여
음욕이 불 일듯 하매 남자가 남자와 더불어 부끄러운 일을
행하여 그들의 그릇됨에 상당한 보응을 그들 자신이 받았느니라**

하나님께서는 창조주 하나님보다 피조물을 더 경배하고 섬기기 때문에 그들을 부끄러운 욕심에 내버려 두셨다고 말씀합니다. 이 말씀은 앞에서 말한 마음의 정욕 대로와 같은 말씀입니다. 그들의 여자들도 남자들도 순리대로 쓸 것을 바꾸어 여자와 여자가, 남자와 남자가 부끄러운 일을 행합니다. 하나님께서 그들의 마음의 정욕대로 부끄러운 욕심에 내버려 두셨으므로 그들은 그 정욕대로 행합니다. 동성애의 문제는 하나님을 경배하지 않고 다른 것(피조물)을 섬기고 경배하는 데서 시작됨을 볼 수 있습니다.

그리고 그 결과 그 그릇됨에 상당하는 보응을 그들 자신이 받았다고 말씀합니다. "그릇됨"은 헬라어 '플라네'가 사용되었습니다. '플라네'는

'부정', '이탈', '기만', '미혹' 등의 뜻이 있습니다. 마귀는 온 천하를 미혹하는 자입니다(계 12:9). 즉 부끄러운 욕심이지만 사탄의 미혹과도 연결됨을 알 수 있습니다. 하나님을 섬기지 않는 자는 여러 다른 신을 섬기지만 결국은 사탄을 섬기는 것입니다. 예수님이 주가 아니라면 그가 주인 것입니다.

사람은 하나님의 형상으로 지어진 하나님의 영광입니다. 하나님께서는 사람을 남자와 여자로 창조하셔서 가정을 이루게 하셨습니다. 사탄은 동성애를 통하여 하나님께서 세우신 가정을 파괴하고 하나님의 형상인 사람을 훼손합니다.

"상당한"은 '데이'로 '반드시 ~해야 한다, 틀림없다'로 필연적임을 나타냅니다. 그 그릇됨에 반드시 따라오는 필연적인 보응을 받았음을 의미합니다. 지금도 그들은 상당한 보응으로 에이즈와 같은 질병으로 고통당합니다. 말씀이 말하는 그 결과는 분명한 사실임을 알 수 있습니다.

3) "그들을 그 상실한 마음대로 내버려 두사"

28절 또한 그들이 마음에 하나님 두기를 싫어하매 하나님께서 그들을 그 상실한 마음대로 내버려 두사 합당하지 못한 일을 하게 하셨으니

29절 곧 모든 불의, 추악, 탐욕, 악의가 가득한 자요 시기, 살인, 분쟁, 사기, 악독이 가득한 자요 수군수군하는 자요

30절 비방하는 자요 하나님께서 미워하시는 자요 능욕하는 자요 교만한 자요 자랑하는 자요 악을 도모하는 자요 부모를 거역하는 자요

31절 우매한 자요 배약하는 자요 무정한 자요 무자비한 자라

28절은 하나님께서는 그들을 그 상실한 마음대로 내버려 두셔서 합당하지 못한 일을 하게 하셨다고 말씀합니다. 그리고 그렇게 한 이유는 그들이 마음에 하나님 두기를 싫어하기 때문이라고 말씀합니다.

"그들이 마음에 하나님 두기를 싫어하매"에서 "마음"은 '에피그노시스'가 사용되었습니다. 이 단어는 '마음'이 아니라 '인식', '완전한 식별', '인정'의 뜻을 가지고 있습니다. 즉 하나님을 인식하고 인정하는 완전한 지식을 의미합니다. "싫어하매"는 부정을 말하는 '우'와 '도키마조'가 사용되었습니다. '도키마조'는 '입증하다', '구별하다', '시도하다'의 뜻이 있습니다.

그러므로 그들이 마음에 하나님 두기를 싫어하였다는 것은 그들의 인식하고 인정하는 것에 하나님을 붙잡는 것을 시험하여 구별하지 않았다는 것입니다. 즉 하나님을 전적으로 알려 하지 않음을 말씀합니다.

이 말씀은 앞에서 언급한 불의로 진리를 막는 것과 같은 의미의 말씀입니다. 하나님에 대한 진리를 억제하여 거절하는 것입니다. 하나님을 알려 하지 않으므로 그분을 알 수 없습니다. 하나님께서는 내 백성이 지식이 없으므로 망한다고 말씀하셨습니다(호 4:6). 하나님을 아는 것보다 중요한 것은 없습니다. 어리석은 자는 마음에 하나님이 없다고 말합니다(시 14:1, 53:1).

그러므로 하나님께서 그들을 그 상실한 마음대로 내버려 두셨다고 말씀합니다. "상실한"은 '도키모스'의 부정적 의미를 가진 '아도키모스'가 사용되었습니다. "마음"은 지성을 의미하는 '누스'가 사용되었습니다. 즉 하나님께서는 하나님을 거절하여 알려 하지 않는 생각을 그대로 두셨음을 의미합니다. 하나님을 섬기는 것은 그분을 알고 인정하는 것에서 시작됩니다.

이어서 29절부터 31절에 기록된 말씀은 하나님을 마음에 두기를 싫어한 결과 그 상실한 마음대로 내버려 두셔서 나타나는 합당하지 못한 일들입니다. 모든 불의, 추악, 탐욕, 악의가 가득한 자, 시기, 살인, 분쟁, 사기, 악독이 가득한 자, 수군수군하는 자, 비방하는 자, 하나님께서 미워하시는 자, 능욕하는 자, 교만한 자, 자랑하는 자, 악을 도모하는 자, 부모를 거역하는 자, 우매한 자, 배약하는 자, 무정한 자, 무자비한 자입니다. 하나님을 인정하지 않음으로 하나님을 떠난 마음에서 나오는 일들입니다. 하나님을 향한 불의로 진리를 막으므로 모든 불경함과 불의가 나타납니다. 성경은 왜 이런 일들이 일어나는지도 말씀합니다.

> **"그는 허물과 죄로 죽었던 너희를 살리셨도다 그 때에 너희는 그 가운데서 행하여 이 세상 풍조를 따르고 공중의 권세 잡은 자를 따랐으니 곧 지금 불순종의 아들들 가운데서 역사하는 영이라 전에는 우리도 다 그 가운데서 우리 육체의 욕심을 따라 지내며 육체와 마음의 원하는 것을 하여 다른 이들과 같이 본질상 진노의 자녀이었더니"(엡 2:1~3).**

"허물과 죄로 죽었던 너희"라고 말씀합니다. 그 때에 즉 영으로 하나님과 관계없는 죽었던 그때에 너희는 그 가운데 즉 죽음 가운데서 행하여 이 세상 풍조를 따르고 공중 권세 잡은 자를 따랐다고 말합니다. 그리고 그 공중 권세 잡은 자를 설명합니다. 그는 지금 불순종의 아들들 가운데 역사하는 영입니다. 그런데 우리도 다 그 가운데 있어서 육체의 욕심을 따라 지내며 육체와 마음의 원하는 것을 하여 다른 이들과 같이 본질상 진노의 자녀이었다고 말합니다.

하나님이 없는 자는 공중 권세 잡은 자인 사탄을 따라 삽니다. 그러므로 하나님을 마음에 두기 싫어하는 자들에게서 29절에서 31절에 기록된 불경건하고 불의한 행동들이 나오게 됩니다. 그들은 본질상 진노의 자녀입니다. 육체와 마음의 원하는 것을 행하는데, 그것은 사탄의 모습입니다. 그것을 계시록에서는 짐승의 표라고 말씀합니다.

그런데 문제는 하나님을 알고 섬기는 우리에게도 로마서에서 말씀하는 불의한 행동들이 있다는 것입니다. 하나님께서는 죄와 허물로 죽은 우리를 그리스도와 함께 살리셨습니다. 이제 믿는 자는 죽음 가운데 있지 않습니다. 공중의 권세 잡은 자가 아니라 성령님의 인도를 따라 사는 자가 되었습니다. 그런데 우리도 시기하기도 하고 수근수근 하기도 합니다. 비방하기도 하고 교만하여 자랑하기도 합니다. 그러므로 이런 말씀을 읽으면 당혹스러워집니다.

바울은 에베소서에서 "육체의 욕심"을 말하였고 "육체와 마음의 원하는 것"을 말하였습니다. 로마서에서도 영과 육신을 분류하여 말씀합니다. 즉 영에 대한 것이 아니라 육체와 마음에 대한 것입니다. 우리는 거듭날 때 마음과 육체까지 새로 태어나지 않습니다. 그러므로 하나님을 모르는 자들에게서 나오는 불의함이지만 거듭난 자들의 육체와 마음에도 있음을 알 수 있습니다. 로마서는 뒤의 장들을 통해 믿는 자의 육신에 대해서도 말씀하고 육신을 어떻게 다스릴 것인지에 대해서도 말씀합니다.

4) 불의한 행동에 대한 사람의 반응

**32절 그들이 이같은 일을 행하는 자는 사형에 해당한다고 하나님께서
정하심을 알고도 자기들만 행할 뿐 아니라 또한 그런 일을
행하는 자들을 옳다 하느니라**

더 나아가 그런 일을 행하는 자는 사형에 해당한다고 즉 죽음에 이른다고 하나님께서 정하신 것을 알고도 자신도 행하고 또한 그런 일을 행하는 자들을 옳다고 말한다고 말씀합니다. 이 말씀은 그들이 진리를 거절한 결과 그들 자신에게 어떤 결과를 가져 왔는가를 설명하는 말씀입니다. 사람들은 자기 행위가 악하므로 빛보다 어둠을 더 사랑합니다(요 3:19).

그들은 하나님이 계신 것을 알면서도 영화롭게 하지 않은 것처럼 그런 일들에 심판이 있다는 것을 알면서도 사람에게 불의하며 그렇게 행하는 자들을 옳다고 찬성합니다. "알고도"는 충분히 아는 것을 말하는 '에피기노스코'가 사용되었습니다. 그들은 이러한 불의를 행하는 자는 사형에 해당한다고 하나님께서 정하셨다는 것을 잘 알고 있습니다. 그러나 하나님 없는 마음은 부패하여 하나님을 인정하지 않고, 하나님의 법을 두려워하지 않습니다.

세상 문화를 이끄는 미디어들은 이런 일을 행하는 자들의 죄를 미화시켜서 사람들로 하여금 감각이 둔하여지게 합니다. 사람들은 하나님께 대한 불경건함과 사람에 대한 불의함과 죄들에 대하여 함께 좋게 생각하고 만족해하기까지 합니다. 하나님의 기준만이 아니라 일반적인 도덕의 기준에서 벗어난 행동들도 법적으로 보호되고 죄로 여겨지지 않는 일들이 벌어집니다.

동성애는 로마서에서 우선시하여 자세하게 말씀한 경건하지 않음과 불의한 일에 대한 것입니다. 그러나 현재 선진국을 중심으로 여러 나라에서 인권이라는 명목으로 법적 보호를 넘어 하나의 가정 형태로 인정되었습니다. 심지어 교회 안에서도 동성애 목사 안수와 동성결혼 허용 문제까지 언급되고 있습니다.

하나님의 진노는 불의로 진리를 막는 사람들의 모든 경건하지 않음과 불의에 대하여 하늘로부터 나타납니다(19절). 하지만 사람들은 하나님을 인정하려 하지 않습니다. 그분을 영화롭게 하지 않고 섬기지도 않습니다. 그들은 스스로 어리석게 되어 우상을 섬깁니다. 하나님은 그들을 그 정욕대로 그 더러움에, 그들의 부끄러운 욕심에, 그리고 그 상실한 마음대로 내버려 두셔서 합당하지 못한 일을 하게 하셨습니다. 그들은 온갖 죄와 불의 가운데 있습니다. 하나님의 진노는 그런 자들에게 나타납니다. 하나님의 의가 아니면 그들 스스로 구원을 얻을 수 없습니다.

Ⅲ. 하나님의 심판(롬 2:1~16)

바울은 하나님의 의가 절대적으로 필요한 인류의 상태를 먼저 진단한다고 하였습니다. 하나님을 모르는 이방인들은 불의로 하나님에 대한 진리를 거절하고 모든 경건하지 않음과 불의를 행합니다. 2장에서 하나님의 진노는 하나님의 심판으로 나타남을 말씀합니다.

1. 누구도 피할 수 없는 하나님의 심판(롬 2:1~5)

1절 그러므로 남을 판단하는 사람아, 누구를 막론하고 네가 핑계하지
  못할 것은 남을 판단하는 것으로 네가 너를 정죄함이니 판단하는
  네가 같은 일을 행함이니라
2절 이런 일을 행하는 자에게 하나님의 심판이 진리대로 되는 줄
  우리가 아노라
3절 이런 일을 행하는 자를 판단하고도 같은 일을 행하는 사람아 네가
  하나님의 심판을 피할 줄로 생각하느냐
4절 혹 네가 하나님의 인자하심이 너를 인도하여 회개하게 하심을
  알지 못하여 그의 인자하심과 용납하심과 길이 참으심이 풍성함을
  멸시하느냐
5절 다만 네 고집과 회개하지 아니한 마음을 따라 진노의 날 곧

하나님의 의로우신 심판이 나타나는 그 날에 임할 진노를 네게 쌓는도다

2장의 시작은 "그러므로 남을 판단하는 사람아"라는 말로 시작합니다. 이 말씀은 1장 마지막 절과 연결되는 말씀입니다. 하나님께서 사형에 해당한다고 정하심을 잘 알고도 자기들만 행할 뿐 아니라 그런 일을 행하는 자들을 옳다 하며 즐거워합니다. "그러므로"입니다. 그러므로 남을 판단하는 사람은 1절의 그 사람입니다.

그는 이어서 누구를 막론하고 남을 판단하는 사람은 그것으로 자신을 정죄하는 것이라고 말합니다. 도덕주의자도 아니고 유대인도 아닙니다. "누구를 막론하고"입니다. 불의한 일들에 박수를 보내고 함께 행하는 누구나입니다.

"판단"은 '크리노'로 '(마음으로, 사법상으로) 구별하다, 판단하다'의 뜻이 있습니다. "정죄"는 '카타크리노'로 '거스려 판단하다', '유죄라고 선언하다', '비난하다' 등의 뜻을 가지고 있습니다. 즉 판단이 구별하는 것이라면 정죄는 반대하여 구별하는 것 즉 유죄라고 판단하는 것입니다.

모든 사람은 다른 사람에 대해 옳고 그름으로 구별하여 판단합니다. 비판은 타락한 육신에게서 나타나는 대표적인 모습입니다. 그런데 문제는 그릇된 시각으로 남을 판단하고 정죄한다는 것입니다. 죄에 대해 함께 좋게 생각하고 만족해하며 그렇지 않은 사람을 비방하기도 합니다.

사람의 행위가 자기 보기에는 모두 정직하고 모두 깨끗하여 보인다고 성경은 말씀합니다(잠 16:2, 21:2). 예수님께서도 비판하는 문제를 말씀하셨습니다. 예수님은 자신의 눈에 들보가 있는데 다른 사람의 눈에서 티를 빼라 하는 자로 비유하셨습니다. 사람은 자신의 큰 죄는 보지 못합니다. 그리고 자신의 행위를 옳다고 생각하여 다른 사람의 그릇됨을 말해도 된다고 생각합니다.

그러나 죄는 사망 안에서 왕 노릇합니다(롬 5:21). 즉 하나님을 떠난 사망 안에서는 죄를 지을 수밖에 없습니다. 그러므로 자신을 옳다고 생각하고 남을 판단하여도 결국은 자신을 정죄하는 것이 됩니다.

2절은 그런 사람에게 하나님의 심판이 진리대로 되는 줄 우리가 안다고 말합니다. 즉 다른 사람을 판단하며 같은 불의한 일을 행하는 사람에게 하나님의 심판은 진리대로 이루어지는 것을 안다는 말씀입니다.

사람의 판단은 거짓되지만, 하나님의 심판은 진리대로 편견 없이 이루어집니다. 우리는 그것을 압니다. 믿지 않는 사람들도 하나님이 계신다면, 그분은 모든 것을 아시며 공정하게 판단하시는 분이실 것이라고 생각합니다. 그러므로 때로 자신이 생각하기에 도를 넘는 악한 일을 하는 자에게 "하늘이 무섭지 않느냐", "하나님이 두렵지 않느냐"라는 말들을 하기도 합니다. 불의를 행하고 그런 자를 판단하는 자에게 하나님의 심판은 진리대로 이루어집니다.

3절은 "이런 일을 행하는 자를 판단하고도 같은 일을 행하는 사람아"라는 말로 시작됩니다. 1절에서도 "남을 판단하는 사람아", "판단하는 네가 같은 일을 행함이니라"라고 하였습니다. 그가 3절에서 말하는 "이런 일을 행하는 자를 판단하고도 같은 일을 행하는 사람"입니다. 1장에 나오는 불경건함과 불의를 행하면서 다른 사람을 판단하는 그 사람입니다. 그리고 5절까지 그에게 하는 말이 이어집니다.

"네가 하나님의 심판을 피할 줄로 생각하느냐"

당연히 하나님의 심판을 피할 수 없습니다. 그들만이 아니라 모든 사람이 하나님의 판단을 받을 것입니다. 그런데 그는 하나님의 정하심을 알고도 하나님의 진리를 거절하고 불의하며 그런 자를 판단합니다.

이어서 4절에서 말씀합니다.

"혹 네가 하나님의 인자하심이 너를 인도하여 회개하게 하심을 알지 못하여 그 인자하심과 용납하심과 길이 참으심이 풍성함을 멸시하느냐"

남을 판단하며 같은 일을 행하는 것은 하나님의 인자하심과 용납하심과 길이 참으심이 풍성함을 멸시하는 것이라고 말합니다. "용납하심"은 헬라어 '아노케'입니다. '아노케'의 뜻은 '절제, 자제'입니다. 이 단어는 로마서 3장 25절에 "하나님께서 길이 참으시는 중에"에도 사용되었습니다. 하나님께서는 길이 참으시는 중에 전에 지은 죄들을 간과하셨음을 말씀합니다. 즉 마땅히 심판을 행하셔야 하지만 그것을 자제하심을 나타냅니다.

"풍성함"은 '충만함으로 부유함'을 말합니다. 하나님은 사람의 죄에 대하여 관대하게 길이 참고 심판을 자제하심이 풍성합니다. 만약 하나님께서 죄를 용납하지 않고 바로 형벌로 심판하셨다면 이 세상에 존재할 사람은 아무도 없었을 것입니다. 온 세상은 소돔과 고모라와 같았을 것입니다.

그러나 모든 것을 아시면서도 하나님은 심판하지 않으시고 자제하시며 길이 참고 기다리십니다. 그분은 인자하심과 용납하심과 길이 참으심으로 충만하십니다. 그분의 인자하심이 사람을 회개에 이르게 한다고 말씀합니다. 죄를 심판하지 않고 회개하기를 기다리십니다. 그런데 자신도 같은 죄를 지으면서 다른 사람을 판단합니다. 그것은 나의 죄들을 낱낱이 아시면서도 심판을 자제하시고 길이 참으시는 하나님의 인자하심의 풍성함을 멸시하는 것입니다. 이 말씀은 주인으로부터 만 달란트 빚을 탕감받고 백 데나리온 빚진 동료에게 빚을 갚도록 옥에 가둔 용서할 줄 모르는 종을 생각나게 합니다. 그것은 주인의 풍성한 은혜를 멸시하는 행동이므로 주인은 그에게 노하여 옥졸들에게 넘겼다고 예수님은 말씀하셨습니다.

5절은 그의 고집과 회개하지 아니하는 마음을 따라 하나님의 의로우신 심판이 나타나는 그 날에 임할 진노를 쌓아간다고 말씀합니다. 하나님은 용납하고 참으시면서 인자함으로 회개에 이르기를 기다리시지만, 그는 고집과 회개하지 않는 마음을 따릅니다.

고집은 완고함을 말합니다. 마음은 마음의 중심을 말하는 '카르디아'가 사용되었습니다. 하나님을 떠난 사람의 마음의 중심은 하나님을 향하여 완고하여 하나님께 돌이키기를 거부합니다. 그는 그 마음을 따라 여전히 죄 가운데 살면서 같은 일을 행하는 다른 사람을 판단합니다.

그것은 진노의 날 곧 하나님의 의로우신 심판이 나타나는 그 날에 임할 진노를 쌓는 것이라고 말씀합니다. 하나님의 의로우신 심판의 날은 그들에게 진노의 날입니다. 5절의 이 말씀은 1장의 말씀을 마무리하고 다음에 전개되는 하나님의 심판을 연결하여 주는 구절입니다. 하나님의 진노는 불의로 하나님을 섬겨야 한다는 진리를 막고 경건하지 않고 불의한 일들을 행하는 자에게 임합니다. 사람들은 하나님을 거절함으로 온갖 죄와 불의를 행합니다. 그리고 그런 자들에게 죽음이 있다고 하나님께서 정하신 것을 알면서도 다른 사람의 그 죄를 좋게 판단합니다. 하나님의 진리를 거절한 그런 자들에게 하나님의 심판은 진리대로 이루어집니다. 그들은 하나님의 의로우신 심판이 나타나는 그 날에 임할 진노를 쌓아가고 있는 것입니다.

하나님의 진노의 심판인 백보좌 심판은 계시록에 기록되어 있습니다. 생명책과 행위책이 있어 영이 죽은 자들이 그 행위에 따라 심판을 받는다고 말씀합니다. 그리고 생명책에 이름이 없는 자는 누구든지 불 못에 던져진다고 말씀합니다(계 20:12,15). 그러므로 행위에 따라 심판을 받는다고 말씀하지만, 진노의 대상은 생명책에 이름이 없는 자임을 알 수 있습니다. 중심의 문제입니다. 사람의 악한 행위들은 진리를 거절함으로 발생 됩니다. 이제 다음 절부터 진리대로 행하시는 하나님의 심판을 설명합니다. 진리는 하나님의 말씀에 기록된 진리를 의미합니다.

2. 진리대로 되는 하나님의 심판(롬 2:6~16)

1) 각 사람의 행위대로 이루어지는 두 가지 심판

6절 하나님께서 각 사람에게 그 행한 대로 보응하시되
7절 참고 선을 행하여 영광과 존귀와 썩지 아니함을 구하는 자에게는
　　영생으로 하시고
8절 오직 당을 지어 진리를 따르지 아니하고 불의를 따르는 자에게는
　　진노와 분노로 하시리라

먼저 하나님께서 각 사람에게 그 행한 대로 보응하신다고 말씀합니다. 그리고 심판의 두 종류를 말씀하십니다. 하나님께서는 행한 대로 심판하신다고 구약에서부터 계시록에 이르기까지 계속 말씀하시는 진리입니다. 영생을 받는 자도 있겠고 수치를 당하여서 영원히 부끄러움을 당할 자도 있을 것입니다(단 12:2). 선한 일을 행한 자는 생명의 부활로, 악한 일을 행한 자는 심판의 부활로 나오게 될 것입니다(요 5:,29). 하나님의 심판은 말씀하신 진리대로 이루어집니다.

먼저 8절 말씀을 살펴봅니다. 오직 당을 지어 진리를 따르지 아니하고 불의를 따르는 자에게는 진노와 분노로 하실 것을 말씀합니다. 진노와 분노의 대상은 당을 지어 진리를 따르지 아니하고 불의를 따르는 자입니다.

"당을 지어"는 '에리떼이아'와 '에크'가 사용되었습니다. '에리떼이아'는 '음모', '당쟁', '다툼', '고집 셈', '불순종' 등의 뜻이 있습니다. '에크'는 기원과 동기를 나타냅니다. 즉 고집과 불순종으로 진리를 따르지 않고 불의를 따르는 자입니다. 이 말씀은 1장 17절에서 말씀한 불의로 진리를 막는 자와 같은 의미입니다. 불순종으로 하나님께 감사하고 영광을 돌려야 한다는 진리를 따르지 않고 불의를 따릅니다. 그런 자에게 진노와 분노로 하실 것을 말씀합니다. 1장에서도 그런 자에게 하나님의 진노가 하늘로부터 나타난다고 말씀하였습니다. 하나님을 거절하고 불의를 따르는 자들에게 하나님의 진노와 분노가 있습니다.

7절은 참고 선을 행하여 영광과 존귀와 썩지 아니함을 구하는 자에게는 영생으로 하실 것을 말씀합니다. 8절 말씀과 반대되는 자로 순종함으로 하나님의 진리를 따르는 자입니다. 그는 하나님을 인정하고 경외하며 선한 일의 영광과 존귀와 썩지 아니함을 구합니다.

"썩지 아니함"은 헬라어 '압따르시아'입니다. '압따르시아'는 '썩지 않음'의 뜻도 있지만 '멸하지 않음', '타락하지 않음'의 뜻도 있습니다. 그는 영광과 존귀와 멸망하지 않는 것, 타락하지 않는 것을 인내하며 추구합니다. 그러한 자에게 멸망하지 않고 썩지 않는 영생으로 보상하실 것을 말씀합니다. 영생은 영원한 생명으로 하나님의 생명을 뜻합니다.

2) 차별 없는 두 가지 심판

9절 악을 행하는 각 사람의 영에는 환난과 곤고가 있으리니 먼저는
유대인에게요 그리고 헬라인에게며
10절 선을 행하는 각 사람에게는 영광과 존귀와 평강이 있으리니
먼저는 유대인에게요 그리고 헬라인에게라
11절 이는 하나님께서 외모로 사람을 취하지 아니하심이라

7절과 8절에서 말씀한 것을 9절과 10절에서 다시 반복하여 말씀합니다. 악을 행하는 각 사람의 영에는 환난과 곤고가 있을 것입니다. 선을 행하는 각 사람에게는 영광과 존귀와 평강이 있을 것입니다.

악을 행하는 것은 8절에서 말씀한 불순종으로 하나님의 진리를 따르지 아니하고 불의를 따른 결과 나타나는 악한 일들입니다. 그리고 8절에서는 진노와 분노를 말씀하였는데, 9절은 환난과 곤고를 말씀합니다. 이 말씀에서 '영'은 혼과 생명을 뜻하는 '프쉬케'가 사용되었습니다. 하나님께서 진노와 분노를 내리심으로 그들의 생명에 환난과 곤고가 있을 것입니다.

어떤 사람들은 사랑의 하나님께서 어떻게 사람들에게 형벌을 내리셔서 영원한 불 못의 고통 가운데 두시겠냐고 말하기도 합니다. 그래서 이단들은 영혼 소멸설을 말합니다. 그러나 성경은 분명히 하나님을 거절한 자들이 받을 고난과 환난을 말씀합니다. 오히려 하나님께 불의하고 사람에게도 악을 행하는 불의한 자에게 하나님의 진노와 심판이 없다면 천지를 창조하신 하나님은 의로운 분이 아니실 것입니다. 하나님의 진리를 드러내는 말씀은 분명하게 악한 자에게 진노의 심판이 있음을 말씀합니다.

10절은 선을 행하는 각 사람에게는 영광과 존귀와 평강이 있을 것을 말씀합니다. 선을 행하는 것은 7절에서 말씀한 참고 선을 행하여 영광과 존귀와 썩지 아니함을 구하는 것입니다. 하나님의 진리를 따르고 그분의

영광과 존귀와 멸망하지 않는 것을 구하는 자입니다. 그런 자에게는 영광과 존귀와 평강이 있을 것을 말씀합니다.

그리고 모두 "먼저는 유대인에게요 그리고 헬라인에게"임을 말씀합니다. 즉 7절과 8절에서 말씀한 행한 대로 받는 심판에 유대인과 헬라인을 짚어줍니다. 지금까지 이방인을 말하였는데 이 말씀으로 유대인에 대한 말씀으로 연결시킵니다.

유대인들은 하나님의 법인 모세의 율법과 할례를 가지고 있었습니다. 그들은 자신들은 아브라함의 자손으로 하나님의 특별한 백성임을 자랑으로 여겼습니다. 그러므로 하나님의 구원이라면 그것은 당연히 자기들의 것이라고 생각하였습니다. 그러나 악을 행하는 각 사람의 영에는 환난과 곤고가 있을 것인데 "먼저는 유대인에게"라고 바울은 말합니다. 즉 악을 행한다면 스스로 특별한 사람인 줄 아는 너희가 먼저 환난과 곤고를 당할 것이라는 것이라고 말합니다. 당연히 이방인인 "헬라인에게"도 입니다. 또한 선을 행하는 각 사람에게는 영광과 존귀와 평강이 있을 것인데 "먼저는 유대인에게"라고 말합니다. 율법을 가진 것을 자랑하지만 그게 아니라 선을 행한다면 먼저 그들에게 영광과 존귀 그리고 평강이 있을 것을 말합니다. 그리고 "헬라인에게"도 입니다.

그 이유는 하나님께서는 외모로 사람을 취하지 않으시기 때문이라고 말합니다. 하나님은 외모로 할례를 가졌다고 율법을 가졌다고 특별 대우하지 않으신다는 것입니다. 하나님의 진리에 순종하느냐 않느냐에 따라 그들도 심판을 받을 것입니다.

3) 율법이 있는 자도 동일한 심판을 받는 이유

12절 무릇 율법 없이 범죄한 자는 또한 율법 없이 망하고 무릇 율법이
　　　 있고 범죄한 자는 율법으로 말미암아 심판을 받으리라
13절 하나님 앞에서는 율법을 듣는 자가 의인이 아니요 오직 율법을
　　　 행하는 자라야 의롭다 하심을 얻으리니
14절 (율법 없는 이방인이 본성으로 율법의 일을 행할 때에는 이
　　　 사람은 율법이 없어도 자기가 자기에게 율법이 되나니
15절 이런 이들은 그 양심이 증거가 되어 그 생각들이 서로 혹은
　　　 고발하며 혹은 변명하여 그 마음에 새긴 율법의 행위를
　　　 나타내느니라)

　율법 없이 범죄한 자는 율법 없이 망하고 율법이 있고 범죄한 자는
율법으로 말미암아 심판을 받을 것을 말씀합니다. 앞 절에서도 하나님은
외모로 사람을 취하지 않을 것을 말씀하였습니다. 그러므로 율법이 있든
없든 범죄한 자는 모두 심판을 받고 멸망을 받을 것입니다.
　13절은 그 이유를 설명합니다. 왜냐하면 하나님 앞에서는 율법을 듣는
자가 의인이 아니고 오직 율법을 행하는 자라야 의롭다 하심을 얻을
것이기 때문입니다. 하나님은 율법을 주실 때부터 그것을 행하는 자라야
산다고 말씀하셨습니다. 그러나 그들은 율법을 사람의 법으로 만들어
그것에 따른 제약들을 지키면서 자신들은 하나님이 주신 율법을 지킨다고
생각하였습니다. 그러나 하나님의 율법은 그것과는 달랐습니다.
　바울은 율법 없는 이방인이 본성으로 율법의 일을 행할 때에는 이 사람은
율법이 없어도 자기가 자기에게 율법이 된다고 말합니다. 사람의 양심은
옳고 그름을 말합니다. 율법 없는 자는 그 양심이 자기에게 율법이 된다는
것입니다.
　그리고 어떻게 그것을 나타내는지를 설명합니다. 이런 사람들은 그

양심이 증거가 되어 그 생각들이 서로 혹은 고발하며 혹은 변명하여 그 마음에 새긴 율법의 행위를 나타낸다고 합니다(15절). 즉 율법이 없는 이방인은 생각들이 책망하고 변명하는 양심의 증거로 그 마음에 새긴 율법의 행위를 나타낸다고 말을 합니다. 양심이 그것은 "옳다", "잘못됐다"라고 말을 한다는 것입니다.

율법이 있는 자도 동일한 심판을 받는 이유는 하나님 앞에서는 율법을 듣는 자가 의인이 아니고 오직 율법을 행하는 자가 의롭다 하심을 얻을 것이기 때문입니다. 그러나 율법을 온전히 지킬 육체는 없습니다.

그리고 율법 없는 이방인도 자기가 자기에게 율법이 되는 본성과 양심을 말하였습니다. 그러나 하나님 없는 본성과 양심은 하나님의 진리를 분별할 수 없습니다. 즉 양심과 본능은 올바른 안내자가 될 수 없습니다. 그리고 설령 된다 해도 타락한 육신은 온전히 그것을 지킬 수 없습니다. 이는 유대인에게도 이방인에게도 하나님의 의가 절대적으로 필요한 이유입니다.

4) 심판의 날은 언제입니까?

16절 곧 나의 복음에 이른 바와 같이 하나님이 예수 그리스도로 말미암아 사람들의 은밀한 것을 심판하시는 그 날이라

"나의 복음에 이른 바와 같이"라고 말합니다. 바울이 가르친 복음의 내용에 심판이 포함되어 있었습니다. 심판은 기독교 가르침의 초보에 해당합니다(히 6:2). 그러므로 우리가 전하여야 할 복음입니다. 복음을 통하여 하나님의 의가 나타납니다. 복음을 통하여 하나님의 진노와 심판도 나타났습니다.

바울은 우상이 가득한 아덴에서도 심판과 부활에 대해서 전하였는데,

"정하신 사람으로 하여금 천하를 공의로 심판할 날을" 작정하셨다고 말하였습니다(행 17:31). 예수님께서도 아버지께서 심판을 아들에게 맡기셨음을 말씀하셨습니다(요 5:22,27). 그날은 하나님이 예수 그리스도로 통하여 사람들의 은밀한 것을 심판하시는 그날입니다. 하나님은 행위만이 아니라 심령을 감찰하십니다. 하나님은 마음에 숨겨진 행위의 동기와 뜻을 살피십니다. 그날은 하나님이 예수 그리스도로 말미암아 사람들의 은밀한 것을 심판하시는 그날입니다.

요약

사람들은 하나님께서는 심판을 내리신다는 것을 알면서도 진리를 거절하고 불의를 행하면서 그런 자들을 옳다고 말합니다. 하나님의 진리를 거절한 그들에게 하나님의 심판은 말씀이 말하는 진리대로 이루어집니다.

하나님의 심판은 두 가지로 나타납니다. 하나님의 진리에 순종하여 선을 행하고 보이지 않는 하나님의 것을 추구하는 자에게는 영생으로 하십니다. 그들에게는 영광과 존귀와 평강이 있습니다. 그러나 하나님의 진리를 거절하고 불의를 따라 악을 행하는 자에게는 하나님의 진노와 분노가 있습니다. 그에게는 환난과 곤고가 있을 것입니다. 그것은 유대인이나 헬라인 즉 이방인이나 동일합니다. 모든 사람이 편견이 없이 각 사람이 행한 대로 하나님께로부터 보응을 받을 것입니다. 그리고 그 심판의 날은 예수 그리스도로 말미암아 사람들의 은밀한 것을 심판하시는 그 날입니다.

Ⅳ. 유대인의 불의함(롬 2:17~29)

앞 장들에서 이방인의 불의함과 유대인이나 이방인이나 편견 없이 행한 대로 받게 되는 심판에 대해 살펴보았습니다. 2장의 뒷부분은 율법과 할례를 가진 이스라엘의 이야기입니다. 유대인의 실상과 진정한 유대인과 진정한 할례가 무엇인지에 대해 말씀합니다.

1. 유대인의 실상과 그 결과(롬 2:17~27)

17절 유대인이라 불리는 네가 율법을 의지하며 하나님을 자랑하며

바울은 이제 유대인에게 직접적으로 말합니다.
"유대인이라 불리는 네가 …"

그렇다면 유대인은 누구입니까?
통상적으로 "유대인" 하면 이스라엘 사람으로 유대교를 중심으로 형성된 민족의 일원으로 생각합니다. 그러나 성경에서 유대인은 아브라함의 자손으로 하나님의 언약 백성을 의미합니다. 유대인들이 우리 아버지는 아브라함이라고 예수님에게 말하였던 것처럼 그들이 가진 아브라함의 자손의 자긍심은 대단한 것이었습니다.
그들의 조상 아브라함은 모든 인류 중 하나님으로부터 지명받아 하나님과 언약을 맺은 한 사람입니다. 아브라함의 복은 그 자손들의 것입니다. 아브라함의 언약은 우리가 간과할 수 없는 아주 중요한 위치에 있습니다. 아브라함에 대해서는 로마서 4장에서 의와 함께 설명됩니다. 그는 하나님의 벗으로 불리며 열국의 아버지가 되었습니다.

아브라함의 언약은 이삭에게로 야곱에게로 이어집니다. 야곱은 열두 아들을 축복할 때 실로 즉 메시아가 오시기까지 규가 유다에게서 떠나지 않을 것을 말하였습니다(창 49:10). 이새의 아들 다윗이 왕이 되어 이스라엘을 통치하게 됨으로 야곱이 말한 유다의 왕위는 시작되었습니다. 그리고 솔로몬 이후 유다 지파와 베냐민 지파로 이루어진 남유다와 나머지 지파들로 이루어진 북이스라엘로 나누어졌습니다.

그리고 북이스라엘은 단을 쌓고 이방 신들을 섬기는 등 하나님께 악을 행합니다. 결국 그들은 앗수르에 멸망 당하여 이방 땅으로 흩어지게 되었고 성경에서 그들에 대한 기록은 사라집니다. 사마리아를 비롯한 그들의 땅에는 다른 이방 사람들이 거주하여 그들의 신과 하나님을 겸하여 섬기게 되는데 예수님 당시에도 그들은 유대인이라 불리지 않았고 유대인으로부터 멸시의 대상이었습니다.

남유다도 하나님을 향한 불의로 멸망하여 포로로 끌려가 많은 민족들과 함께 바벨론에서 살게 되었습니다. 하지만, 유다인들은 하나님을 섬기며 히브리어를 사용하는 등 긴 시간 민족성을 유지하였습니다. 하나님께서도 그들을 통해 언약을 이어가십니다. 하나님의 은혜로 그들의 땅으로 귀환하여 성전과 예루살렘 성을 재건한 그들은 히브리인으로서의 자존심으로 주변 나라의 격변에 반응하였습니다.

예수님 당시 세계가 로마의 식민지로 로마의 문화를 받아들이고 로마의 신들을 섬겼습니다. 하지만, 유대인은 성전과 회당에 모였고 하나님을 말하며 율법을 지키는 것에 몰두하였습니다. 그렇지만 그들의 율법은 전통과 장로의 유전으로 바꾼 사람의 법으로 사람에게 보이기 위한 것이었습니다. 예수님께서도 그들의 외식을 책망하셨습니다. 그분은 서기관과 바리새인들이 십일조는 드렸지만, 율법의 더 중요한 것인 정의와 긍휼과 믿음은 버렸다고 말씀하셨습니다(마 23:23). 그들에게 하나님을 향한 사랑과 믿음은 없었습니다. 또한 사람에게 정의도 긍휼도 없었습니다.

그들은 언약과 할례와 율법에 나타난 하나님의 뜻은 발견하지 못하였습니다. 그러므로 그들이 고대하던 메시아이며 왕으로 오신 예수님을 로마의 손을 빌려 십자가에 못 박았습니다. 또한 그 이름을 전하는 자들을 비방하고 박해하고 죽이면서 그것이 하나님을 섬기는 것이라 생각했습니다. 바울도 어느 곳에서나 그들의 비방과 박해를 만나고 있었습니다.

바울은 말합니다.

"유대인으로 불리는 네가 율법을 의지하며 하나님을 자랑하며"

유대인으로 불리는 그들은 율법을 의지하였습니다. 그들은 안식일과 절기를 지키면서 율법에 의지하여 살았습니다. 그들은 하나님을 자기들만의 하나님으로 자랑하였습니다. 그들은 예수님에게도 그들의 아버지는 하나님이라고 말하였습니다(요 8:41). 율법은 그들만의 것이었고 하나님은 오직 그들의 하나님이었습니다.

18절 율법의 교훈을 받아 하나님의 뜻을 알고 지극히 선한 것을 분간하며

19절 맹인의 길을 인도하는 자요 어둠에 있는 자의 빛이요

20절 율법에 있는 지식과 진리의 모본을 가진 자로서 어리석은 자의 교사요 어린 아이의 선생이라고 스스로 믿으니

그들은 자신들은 율법의 교훈을 받아 하나님의 뜻을 알고 지극히 선한 것을 분간하는 자들이라고 생각하였습니다. 또한 율법에 있는 지식과 진리의 모본을 가진 자라고 생각하였습니다. 그러므로 맹인의 길을 인도하는 자이며, 어둠에 있는 자의 빛이고, 어리석은 자의 교사이며, 어린아이의 선생이라고 스스로 믿었습니다. 맹인, 어둠에 있는 자, 어리석은 자, 어린아이는 율법이 없는 이방인을 상징하는 표현입니다. 유대인은 자신들이 하나님과 하나님의 법을 잘 알고 분간하기 때문에 그들의 교사이며 선생이라고 생각했습니다. 실제로 그들보다 하나님을 더 잘 알고 하나님의 법을 잘 아는 사람들은 없었습니다. 하지만 바울은 그들에게 반문합니다.

21절 그러면 다른 사람을 가르치는 네가 네 자신은 가르치지 아니하느냐 도둑질하지 말라 선포하는 네가 도둑질하느냐 22절 간음하지 말라 말하는 네가 간음하느냐 우상을 가증히 여기는 네가 신전 물건을 도둑질하느냐

"그러면 다른 사람을 가르치는 네가 네 자신은 가르치지 아니하느냐"

가르치는 사람은 먼저 본을 보여야 합니다. 그러나 그들은 그러지를 못했습니다. 그들은 "도둑질하지 말라", "간음하지 말라"라고 선포하고 가르치면서 도둑질하고 간음하였습니다. 또한 우상을 가증하게 여기면서도 신전 물건을 도둑질합니다. 도둑질, 간음은 율법인 십계명에서 명백하게 금하는 계명입니다. 그뿐 아니라 일반적인 도덕 기준에서도 분명하게 죄로 규정하는 내용들입니다. 그들의 죄는 명백하여 부인할 수 없습니다. 그런데 하나님과 율법을 자랑하고 가르치면서 그런 일들을 행합니다.

예수님께서도 서기관들과 바리새인들이 모세의 자리에 앉아서 말만 하고 행하지 않는다고 지적하셨습니다. 그들은 무거운 짐을 묶어 사람의 어깨에 지우고 자기는 그것을 한 손가락으로도 움직이려 하지 않는다고 말씀하셨습니다. 그러므로 예수님께서는 그들이 말하는 것은 무엇이든지 행하고 지키는데 그들의 행위는 본받지 말라고 하셨습니다(마 23:2~4).

바울이 말하는 유대인의 실상은 하나님을 자랑하고 율법을 의지하여 하나님의 뜻을 아는 선생이라고 스스로 믿었지만, 그들이 가르치는 그 율법을 스스로 범하고 있다는 것입니다. 이어서 그것이 하나님과 그들 자신에게 어떤 결과를 가져왔는가를 말씀합니다.

1) "하나님의 이름을 욕되게 하느냐"

23절 율법을 자랑하는 네가 율법을 범함으로 하나님을 욕되게 하느냐
24절 기록된 바와 같이 하나님의 이름이 너희 때문에 이방인 중에서
모독을 받는도다

율법을 자랑하면서 범하는 것은 그들에게도 부끄러운 일이지만 그들이 운운하는 하나님의 이름을 욕되게 하는 것입니다. "욕되게 하느냐"의 헬라어는 '아티마조'입니다. '아티마조'의 뜻은 '불명예스럽게 대하다', '경멸하다', '명예를 손상시키다' 등의 뜻이 있습니다. 그것은 하나님을 욕되게 하는 일이기도 하지만 하나님을 경멸하는 일이기도 합니다.

바울은 관할하는 그들이 떠들며 하나님의 이름을 종일토록 더럽힌다는 이사야 52장 5절의 말씀을 그들에게 적용합니다. 그들은 관할하는 자들이었습니다. 당시 많은 신과 많은 종교들이 있었지만, 유대교가 가장 강력한 세력이었습니다.

그런데 그들이 율법을 범함으로 하나님의 이름이 그들 때문에 모독을 받고 있습니다.

2) "네 할례는 무할례가 되느니라"

25절 네가 율법을 행하면 할례가 유익하나 만일 율법을 범하면 네 할례는 무할례가 되느니라
26절 그런즉 무할례자가 율법의 규례를 지키면 그 무할례를 할례와 같이 여길 것이 아니냐
27절 또한 본래 무할례자가 율법을 온전히 지키면 율법 조문과 할례를 가지고 율법을 범하는 너를 정죄하지 아니하겠느냐

"네가 율법을 행하면 할례가 유익하지만 만일 율법을 범하면 네 할례는 무할례가 되느니라"라고 말합니다(25절). 유대인인 "네가" 입니다. 그들이 율법을 행하면 그 할례는 그들에게 유익합니다. 하지만 율법을 범하면 그들의 할례는 무할례가 됩니다. 그런데 앞 절들에서 그들은 율법을 범하였음을 말하였습니다. 그렇다면 그들이 그렇게 자랑으로 여겼지만, 그들의 할례는 무할례가 된 것입니다.

바울은 26절과 27절에서 무할례자가 율법을 지킬 경우에 대해 두 가지를 말합니다. 첫 번째는 "무할례자가 만약 율법의 규례를 지키면 그 무할례를 할례와 같이 여길 것이 아니냐"라는 말씀입니다. 이 말씀은 앞 절과 대조됩니다. 할례를 가진 자가 율법을 범하면 무할례가 됩니다. 그리고 무할례자가 율법을 지키면 할례와 같이 여겨집니다. 즉 그들이 소중하게 생각하는 할례의 문제가 아니라 율법을 지키느냐 안 지키느냐의 문제라는 것입니다. 율법은 그 법을 행하면 사는 법입니다. 그러므로 무할례자라도 만약 율법의 규례를 지킨다면 그 무할례를 할례와 같이 여겨질 것입니다. 이는 율법을 지킨 그들 자신에게 발생하는 결과입니다.

그리고 이어서 "본래 무할례자가 율법을 온전히 지키면 율법 조문과 할례를 가지고도 율법을 범하는 너를 정죄하지 아니하겠느냐"라고 말합니다. 이 말씀은 무할례자가 율법을 지킬 경우 유대인에게는 어떤 영향을 주겠는가에 대한 말씀입니다. 그들이 무할례자라고 죄인 취급하며 그렇게 무시했던 그들이 율법을 온전히 지킨다면, 율법과 할례를 가진 그들을 오히려 정죄할 것이라는 말씀입니다.

이 말씀은 무할례자가 율법의 규례를 지킬 수 있다는 말이 아닙니다. 만약 율법 없는 그들이 율법을 온전히 지킨다면, 율법을 가지고도 지키지 못하는 너희를 정죄하지 않겠느냐는 것입니다. 그들이 율법을 지켜서 유대인들을 정죄할 수 있다면 공의로 심판하시는 하나님께서도 그들을 정죄하실 것입니다. 바울은 율법을 가진 유대인도 편견 없이 동일하게 행위에 따라 심판받을 것을 앞 절들에서 말하였습니다. 그렇다면 유대인도 하나님의 진노의 심판을 피할 수 없는 자임이 분명합니다. "네 할례는 무할례가 되느니라"라는 의미를 이해하기 위해서 아브라함의 할례와 모세의 할례에 대해서 살펴보겠습니다.

• 아브라함의 할례와 모세의 할례

먼저 아브라함의 할례입니다. 창세기 15장에서 하나님은 아브라함에게 하늘의 별과 같은 자손을 약속하십니다. 그러자 아브라함은 그것을 믿었고 하나님은 그 믿음을 의로 여기셨다고 말씀합니다. 그리고 하나님은 아브라함과 언약을 맺으셨습니다.

그런데 창세기 17장에서 하나님은 아브라함에게 언약의 표징으로 할례를 행할 것을 말씀합니다. 그의 자손 대대로 모든 남자는 집에서 난 자, 돈으로 이방 나라에서 사 온 자나 태어난 지 8일 만에 할례를 행하라고 말씀하십니다. 그리고 그것은 하나님의 언약이 그들의 살에 있어 영원한 언약이 될 것을 말씀합니다. 할례를 행한 자는 아브라함의 언약 안에 있는 자가 되지만 할례를 행하지 않는 자는 그 언약을 배반한 자로 그 백성 중에서 끊어질 것이라고 말씀합니다. 아브라함과 그 후손 그리고 그들에게 속한 모든 자가 할례를 행함으로 그 언약 안에 있게 될 것이라는 말씀입니다.

바울은 아브라함의 할례는 그가 무할례시에 받은 의를 인친 것이라고 말합니다(롬 4:11). 의로운 자라고 도장을 찍으신 것입니다. 즉 아브라함의 언약에서 할례는 의롭게 된 언약 백성임을 나타내는 표시였습니다. 아브라함의 언약은 하나님께서 홀로 이행할 의무를 말씀하신 언약이었습니다.

다음은 모세의 언약에서의 할례입니다. 하나님은 그 조상들과의 언약을 기억하시고 이스라엘을 애굽에서 이끌어내시고, 시내산에서 그들과 언약을 맺으십니다. 하나님은 돌판에 십계명을 기록하여 모세를 통해 이스라엘에 주셨습니다. 그들은 아브라함의 육신의 자손으로 육신으로 지킬 율례와 계명과 규범들이 있었습니다. 그리고 이스라엘에서 태어나는 남자아이는 여덟째 날에 할례를 받으라고 말씀합니다(레 12:3).

여전히 이스라엘이 할례를 가진 것은 언약 백성임을 나타내는 증표이므로 그들은 할례를 중요하게 생각하였습니다. 그러나 아브라함의 언약과는 달리 모세의 언약은 조건부의 언약이었습니다. 할례를 받은 그들이지만 율법을 지키면 축복을 받고 율법을 어기면 저주를 받게 되는 언약이었습니다. 즉 이스라엘과 맺은 언약에서는 율법을 지키지 않으면 그의 할례는 무할례와 같은 것이었습니다.

이스라엘은 끊임없이 하나님을 떠났습니다. 그리고 삶에서도 불의를 행함으로 율법을 어겼습니다. 그들의 구약의 역사는 하나님을 떠나고 불의를 행하여 저주 아래에서 고통하는 기록들이 반복됩니다. 율법은 하나님의 법으로 절대적인 기준입니다. 또한 하나도 어기지 않고 계속 온전하게 지켜야 하는 법입니다. 그러므로 타락한 사람이 지킬 수 있는 법이 아니었습니다. 베드로는 그들도 그들의 조상들도 메지 못하는 법이라고 말하였습니다(행 15:10).

그런데도 이스라엘이 언약 백성으로 존속할 수 있었던 것은 후에 오실 예수 그리스도를 담보로 드려진 제사로 속죄가 이루어졌기 때문이었습니다. 그러나 어린 양으로 오신 그리스도께서 오셔서 영원한 속죄를 이루셨으므로 그 제사는 폐하여졌습니다. 그러므로 할례를 가졌을지라도 율법을 범한 그들은 정죄의 심판을 받을 수밖에 없습니다. 그들에게 하나님의 의가 절대적으로 필요한 이유입니다.

2. 이면적 유대인과 마음의 할례(롬 2:28,29)

28절 무릇 표면적 유대인이 유대인이 아니요 표면적 육신의 할례가 할례가 아니니라

29절 오직 이면적 유대인이 유대인이며 할례는 마음에 할지니 영에 있고 율법 조문에 있지 아니한 것이라 그 칭찬이 사람에게서가 아니요 다만 하나님에게서니라

바울은 무릇 표면적 유대인이 유대인이 아니고 오직 이면적 유대인이

유대인이라고 말합니다. 표면적 즉 보이는 유대인은 육신으로 아브라함의 후손인 이스라엘 사람들입니다. 그런데 그들이 유대인이 아니라고 말합니다.

그리고 표면적 육신의 할례가 할례가 아니라고 말한 그는 할례는 마음에 할 것이라고 말합니다. 그리고 그것은 영에 대한 것이고 율법 조문에 대한 것이 아닙니다. 마음에 하는 영의 할례에 대해 말합니다. 그러므로 칭찬은 사람이 아니라 하나님에게서입니다. 그러므로 이면적 유대인과 마음의 할례에 대해서 살펴보겠습니다.

• 이면적 유대인 즉 진정한 유대인은 누구입니까?

"아브라함에게 두 아들이 있으니 하나는 여종에게서, 하나는 자유 있는 여자에게서 났다 하였으며 여종에게서는 육체를 따라 났고 자유 있는 여자에게서는 약속으로 말미암았느니라 이것은 비유니 이 여자들은 두 언약이라 …"(갈 4:22~24).

아브라함에게는 두 아들이 있습니다. 육체를 따라 난 이스마엘과 약속을 따라 낳은 이삭입니다. 그리고 그들을 낳은 두 여자는 두 언약이라고 말합니다. 옛 언약과 새 언약은 아브라함의 언약으로부터 나옵니다. 이스라엘과 맺은 언약은 육체를 따라 맺은 언약입니다. 예수 그리스도의 피로 맺은 언약은 약속으로 말미암아 맺은 언약입니다. 이스라엘은 육신을 따라 낳고, 약속의 자녀는 성령으로 낳았습니다. 바울은 이어서 말합니다.

"성경이 무엇을 말하느냐 여종과 그 아들을 내쫓으라 여종의

아들이 자유 있는 여자의 아들과 더불어 유업을 얻지 못하리라 하였느니라"(갈 4:30).

육신으로 아브라함의 자녀인 표면적 유대인은 영으로 아브라함의 자녀인 이면적 유대인과 함께 유업을 얻을 수 없습니다. 아브라함의 언약을 잇는 유대인은 아브라함의 육신의 자녀가 아니라 영의 자녀입니다. 첫째 것을 폐하심은 둘째 것을 세우려 하심입니다(히 10:9).

율법은 범법하므로 약속에 더하여진 것이라고 말씀합니다(갈 3:19). 아브라함의 언약은 처음부터 오직 하나의 씨인 예수 그리스도를 말씀하였습니다. 하나님은 그 씨와 언약을 맺으셨고 그 씨를 통하여 천하 만민이 복을 받을 것입니다. 그리스도의 것이면 아브라함의 자녀입니다(갈 3:29). 그러므로 진정한 유대인은 새 언약의 백성임을 알 수 있습니다.

• 진정한 할례는 무엇입니까?

바울은 할례는 육신이 아니라 마음에 하는 할례인데 영에 대한 것이라고 말합니다. 이스라엘에게 율법을 전한 모세는 그들에게 마음에 할례를 행하고 목을 곧게 하지 말라고 말하였습니다(신 10:16). 하나님은 예레미야에게 모든 민족은 할례를 받지 못하였고, 이스라엘은 마음의 할례를 받지 못하였다고 말씀하셨습니다(렘 9:26). 그러나 모세는 이스라엘이 언약을 버리고 다른 신을 따라 섬김으로 율법의 저주대로 각 나라에 던져진 후에 하나님께서 마음에 할례를 베푸실 것을 말하였습니다(신 30:6). 하나님께서 베푸시는 마음의 할례입니다.

"맑은 물을 너희에게 뿌려서 너희로 정결하게 하되 곧 너희 모든

더러운 것에서와 모든 우상 숭배에서 너희를 정결하게 할 것이며
또 새 영을 너희 속에 두고 새 마음을 너희에게 주되 너희 육신에서
굳은 마음을 제거하고 부드러운 마음을 줄 것이며 또 내 영을 너희
속에 두어 너희로 내 율례를 행하게 하리니 너희가 내 규례를 지켜
행할지라"(겔 36:25~27).

새 언약의 말씀입니다. 먼저 하나님께서 맑은 물로 모든 더러운 것과 모든
우상 숭배에서 우리를 정결하게 하실 것을 말씀합니다. 그리고 우리 속에
새 영을 두고 새 마음을 주실 것인데 우리 육신에서 굳은 마음을 제거하고
부드러운 마음을 주실 것을 말씀합니다. 이것이 마음의 할례입니다. 굳은
마음을 제거하고 부드러운 마음을 주시겠다고 하십니다. 하나님께서
하시겠다고 말씀합니다. 우리에게 새 영을 주시고 또 하나님의 영을 우리
속에 두어 율례와 규례를 지켜 행하게 하시겠다고 말씀합니다.

바울은 로마서 6장에서 우리가 세례로 예수님과 연합되어 옛 생명이
죽었음을 말하였습니다. 그리고 8장에서 영을 따라 살 것을 말합니다.
할례가 아브라함의 언약으로 들어가는 관문이었던 것처럼 세례는
그리스도의 언약으로 들어가는 관문입니다. 그러나 이는 단순히 물세례가
아니라 그리스도의 몸으로 들어가는 세례입니다.

우리는 그리스도와 함께 육체와 정욕을 십자가에 못 박았습니다.
예수님께서도 자기 목숨을 버리고 얻는 하나님의 생명에 대해
말씀하셨습니다(요 12:25). 성령으로 봉사하고 그리스도 예수로 자랑하고
육체를 신뢰하지 아니하는 우리가 곧 할례라고 바울은 말하였습니다(빌
3:3). 참할례는 손으로 하는 육신의 할례가 아니라 마음의 할례로 육의
몸을 벗는 그리스도의 할례입니다(골 2:11). 하나님께서 아브라함과
이스라엘에 말씀하신 육신의 할례는 하나님께서 그분께 반역하는 육신을

제거하시는 마음의 할례에 대한 상징이었습니다.

바울은 그들이 유대인이라 자랑하지만, 보이는 그들이 아니라 보이지 않는 유대인이 진정한 유대인이라고 말합니다. 유대인들에 대해서 예수님께서 계시록에서 자칭 유대인이라 하지만 유대인이 아닌 자들로 사탄의 회당이라고 말씀하셨습니다(계 2:9, 3:9).

또한 바울은 그들이 가진 육신의 할례가 진정한 할례가 아니라 보이지 않는 마음의 할례가 진정한 할례라고 말합니다. 그렇다면 그들이 가진 할례는 무할례와 같이 아무것도 아닌 것이 됩니다. 그들은 아브라함의 영적인 축복과 아무 상관 없는 사람들입니다. 그러므로 바울은 말합니다. "할례나 무할례가 아무 것도 아니로되 오직 새로 지으심을 받는 것만이 중요하니라"(갈 6:15). 그들에게도 하나님의 의는 절대적으로 필요합니다.

Ⅴ. 유대인의 반문과 답변 그리고 죄의 선언(롬 3:1~18)

바울은 하나님의 의가 필요한 인류의 상태를 먼저 진단한다고 하였습니다. 앞에서 이방인의 불의함, 하나님의 심판, 유대인의 불의함을 말하였습니다. 모든 사람이 불의합니다.

3장의 시작은 바울의 가르침에 대하여 유대인이 가질 수 있는 질문들과 답변이 기록되었습니다. 이는 그가 유대인으로부터 들어온 질문들일 수도 있습니다. 그러므로 로마의 성도들도 유대인으로부터 들을 수 있는 질문이 될 것입니다. 이어서 모든 인류의 죄를 구약의 말씀으로 확증합니다.

1. 유대인의 반론과 답변(롬 3:1~8)

1) 첫 번째 질문과 답변

1절 그런즉 유대인의 나음이 무엇이며 할례의 유익이 무엇이냐

앞의 2장 28절과 29절에서 표면적 유대인이 유대인이 아니고 오직 이면적 유대인이 유대인이며, 표면적 육신의 할례는 할례가 아니고 오직 마음의 할례가 할례라고 하였습니다. 즉 그들은 유대인도 아니고 그들의 할례는 할례가 아니므로 그들도 무할례자와 같다는 말씀이었습니다.

3장 1절은 "그렇다면 그 유대인의 나음은 무엇이며 그들의 육신의 할례의 유익은 무엇이냐"라는 말로 시작합니다. 아브라함의 육신의 후손으로 유대인이라 불리며 언약의 표징인 할례를 자랑으로 여겼는데 무할례자와 똑같다면 유대인의 나음과 할례의 유익은 무엇이냐는 것입니다. 그리고 이에 대답합니다.

2절 범사에 많으니 우선은 그들이 하나님의 말씀을 맡았음이니라

바울은 그럴지라도 유대인의 나음과 할례의 유익은 범사에 많다고 말합니다. 9장에서도 유대인의 나음을 말합니다. 그들에게는 양자 됨과 영광과 언약들과 율법을 세우신 것과 예배와 약속들이 있고, 조상들도 그들의 것이며 육신으로 하면 그리스도는 그들에게서 나셨습니다(롬 9:4,5).

바울은 범사에 많지만, 우선은 그들이 하나님의 말씀을 맡은 것이라고 말합니다. "맡았다"는 헬라어 '피스튜오'로 '믿다', '확신하다', '맡기다' 등의 뜻을 가지고 있습니다. 그들은 하나님의 말씀을 위탁받았습니다. 사람이 하나님의 말씀을 가지고 있다는 것은 대단한 축복입니다. 하나님은 영이십니다. 그러므로 하나님의 일은 영의 일들입니다. 그런데 사람은 아담의 타락으로 영이신 하나님도, 영의 일도 알지 못합니다. 하나님은 성령의 감동을 받은 사람들을 통하여 인간의 말로 그분의 말씀을 기록하게 하셔서 그것을 이스라엘에게 주셨습니다. 하나님의 말씀에는 만물을 창조하신 하나님과 사람의 창조와 타락, 구원의 약속 등이 기록되어 있습니다.

모든 이방 사람들은 막연하게 하나님의 존재를 인식하고 선하게 사는 각자의 기준을 가지고 있을 뿐이었습니다. 그들은 인류의 조상 아담이 타락한 것도 모르고 구원을 약속하신 것도 모릅니다. 그러나 유대인들은 말씀을 통하여 그런 것들을 알고 있었습니다. 하나님의 이름과 성품에 대해서도 알고 있었습니다. 메시아가 오셔서 구원하실 것을 알았습니다. 그들은 이스라엘을 회복하실 속량자를 기다렸습니다. 예수님께서는 성경은 그분에 대해서 증언한다고 말씀하였습니다(요 5:39). 그러나 그들은 (모세와 선지자가 말하는) 말씀의 중심이신 예수님에 대해서는 알지 못했습니다. 그러므로 영생을 얻기 위하여 예수님께 가는 것을 원치 않았습니다.

2) 두 번째 질문과 답변

**3절 어떤 자들이 믿지 아니하였으면 어찌하리요 그 믿지 아니함이
하나님의 미쁘심을 폐하겠느냐**

유대인에 대한 말을 하고 있기 때문에 유대인 중의 어떤 사람입니다. 유대인 중 어떤 사람이 믿지 않았으면 어찌하겠느냐 그가 믿지 않는 것이 하나님의 미쁘심을 폐하겠느냐라고 말합니다. '믿지 않아'는 '아피스테오'로 '믿지 않다, 불순종하다'의 뜻을 가지고 있습니다. 이 단어는 '믿다'의 뜻을 가진 '피스토오'의 부정형입니다. 말씀은 그들에게 위임되었지만('피스튜오'), 그들은 그 말씀을 믿지 않았습니다('아피스테오').

유대인들은 할례와 율법을 가졌으므로 자신들은 아브라함의 유업을 이을 자라고 생각했습니다. 그런데 바울은 마음의 할례가 아니면 그 할례는 아무것도 아니며 그들은 유대인도 아니라고 말합니다. 그리고 아브라함의 자손인 그들도 그리스도를 믿지 않으면 아브라함의 유업을 잇지 못한다고 말합니다. 아브라함의 유업은 자기들만의 것인데 바울은 이방인도 함께한다고 말합니다. 그들이 이해하기에 바울이 전하는 복음은 아브라함과 모세를 통하여 주신 하나님의 말씀과 반대되는

말씀이었습니다. 그러므로 그들은 그것을 받아들일 수 없었습니다.

바울의 말대로 오직 믿음으로만 구원을 받는다면 그들 중 어떤 자들이 믿지 않아 구원받지 못하게 될 것이고 그렇다면 하나님의 미쁘심은 폐하여지는 것이 아니냐라고 그들은 반문합니다. "미쁘심"은 '피스티스'가 사용되었습니다. 이 단어는 성경에서 '믿음'으로 많이 번역되었습니다. 그러나 이 말씀의 경우 '미쁘심', '신실하심'으로 보는 것이 좋을 것입니다.

"폐하다"는 '카타르게오'가 사용되었는데 없앤다는 의미라기보다는 '효력 없이 만들다', '쓸모없게 만들다'라는 의미로 볼 수 있습니다. 존재하지만 효력이 없는 것입니다. 이 단어는 신약 성경에서 믿는 자의 죄와 율법과 마귀에 대해서 사용되었습니다. 그러므로 그들이 믿지 않아 그들이 그 약속에 참여하지 못한다면 하나님의 미쁘심을 무용지물로 만드는 것이 아니냐는 것입니다.

유대인들은 하나님의 신실하심과 의로우심을 잘 알고 있었습니다. 구약에서 하나님은 계속해서 식언치(거짓말하지) 않으시는 하나님으로 계시 되었습니다. 유대인들은 하나님의 미쁘심에 대해서 의심의 여지가 없었습니다. 하지만 그들이 말하는 미쁘심은 언약 백성으로서 자신들만을 향한 하나님의 특별한 신실함이었습니다. 그들은 할례를 가진 아브라함의 자손인 언약 백성이었으므로 그들만의 특권에 대해서 의심하지 않았습니다.

그러므로 그들의 질문은 하나님의 신실하심은 변함이 없는데 바울의 말은 유대인도 믿지 않으면 구원받지 못한다고 거짓말을 하여 하나님의 신실하심을 쓸모없는 것으로 만들고 있다는 생각에서의 반론이었습니다. 그들이 보기에 바울의 말은 거짓말이었습니다. 하나님은 여전히 신실하십니다. 그러나 바울의 말은 그 신실함을 쓸모없는 것으로 만듭니다. 바울의 대답입니다.

4절 그럴 수 없느니라 사람은 다 거짓되되 오직 하나님은 참되시다
할지어다 기록된 바 주께서 주의 말씀에 의롭다 함을
얻으시고 판단 받으실 때에 이기려 하심이라 함과 같으니라

바울은 먼저 그럴 수 없다고 대답합니다. "그럴 수 없느니라"는 헬라어로 '메 게노이토'인데 로마서는 이 단어를 11회 정도 사용하였습니다(롬 3:4,6,31, 6:2,15, 7:7,13, 9:14, 11:1,11). 부정을 말하는 '메'와 '기노마이'가 합쳐진 말로 강한 부정을 나타냅니다. '일어날 수 없다', '생길 수 없다', '그럴 수 없다'라는 의미입니다. 믿지 않는 유대인을 구원하지 않는다고 하나님의 미쁘심이 폐하여지는 일은 일어날 수 없다고 말합니다. 그것으로 그분의 신실하심이 무가치하게 되지는 않는다는 것입니다.

바울은 "사람이 다 거짓되되 오직 하나님은 참되시다 할지어다"라고 말합니다. "거짓되되"는 거짓말쟁이를 뜻하는 '프슈스테스'가 사용되었습니다. 타락한 사람은 다 그 아비를 따라 거짓말쟁이입니다. 오직 하나님만 참되십니다.

그는 "기록된 바" 하면서 시편 51:4의 말씀을 인용합니다. 이 시편은 다윗이 나단 선지자의 질책을 듣고 고백한 시편입니다. 다윗은 주께 범죄하여 주의 목전에서 악을 행한 것은 자신이라고 인정합니다. 그러므로 주께서 말씀하실 때 의로우시다 하고, 심판하실 때 순전하시다 하실 것을 말합니다. 비록 모든 사람이 하나님은 신실하지 못하다고 말할지라도 하나님의 의로우심과 순전하심은 흔들릴 수 없습니다. 믿지 않은 그들이 하나님의 심판 앞에 설 때 그들이 아니라 주께서 의롭다 함을, 순전하시다 함을 얻으실 것입니다.

3) 세 번째 질문과 답변

5절 그러나 우리 불의가 하나님의 의를 드러나게 하면 무슨 말
　　하리요 [내가 사람의 말하는 대로 말하노니] 진노를 내리시는
　　하나님이 불의하시냐
6절 결코 그렇지 아니하니라 만일 그러하면 하나님께서 어찌 세상을
　　심판하시리요

　바울은 "그러나 우리 불의가 하나님의 의를 드러나게 하면 무슨 말을 하리요"라고 말합니다. 바울은 모든 사람이 죄를 지어 불의함으로 십자가를 통하여 나타난 하나님의 의를 말합니다. 그는 하나님의 은사는 많은 범죄로 말미암아 의롭다 하심에 이르렀다고 말합니다(롬 5:16). 우리는 불의하지만, 하나님은 그것을 의롭게 처리하셔서 하나님의 의를 드러내셨다고 말합니다. 그렇다면 우리가 무슨 말을 해야 합니까? 그것은 참으로 감사한 일입니다.

　바울은 이어서 사람의 말하는 대로 말한다고 합니다. 그는 "그렇다면 진노를 내리시는 하나님이 불의하시냐"라고 묻습니다. 어떤 사람이 바울의 말을 듣고 말합니다. "하나님께서 불의한 자를 의롭다 하심으로 하나님의 의를 드러내신다면 어떻게 불의에 대해 진노를 내리실 수가 있겠느냐? 사람의 불의에 대해서 진노를 내리시는 하나님이 불의하신 것이 아니냐?"라는 것입니다.

　바울은 단호히 "결코 그렇지 않다"라고 말합니다. 그는 하나님께서 불의하시다면 그분이 어떻게 세상을 심판하시겠느냐고 말합니다. 만약 그분이 불의하시다면 세상을 심판하실 수 없습니다.

　그분의 아들에게 불의한 인류를 대신하여 심판을 받게 하셔서 그 아들을 믿는 자를 의롭게 하시고 믿지 않는 자에게 진노를 내리시는 것은 그분의 의로우심을 드러냅니다. 오히려 의로우신 예수님께서 죄인을 대신하여

죽으셨는데 그것을 받아들이지 않는 자들에게 진노와 심판이 없다면 하나님은 불의한 분이 되실 것입니다. 하나님께 결코 불의는 있을 수 없습니다.

유대인들에게 하나님의 사랑의 성품은 낯선 것이었습니다. 더구나 자기들이 십자가에 못 박은 저주받은 예수가 하나님의 아들일 리가 없었습니다. 그들은 하나님의 의로우심은 잘 알고 있었습니다. 그러므로 이 반론은 하나님의 불의에 대한 것이 아니라 바울의 말에 대한 것이었습니다.

그들은 "바울은 사람의 불의가 하나님의 의를 드러나게 한다고 말하는데 어떻게 사람의 죄로 하나님의 의가 나타날 수 있느냐? 그러면서 바울은 또한 하나님은 사람의 불의에 심판한다고 말한다. 사람의 불의가 하나님의 의를 드러낸다고 말하면서 어떻게 하나님께서 사람의 불의에 대해서 진노한다고 말할 수가 있느냐? 하나님이 불의하신 분이냐? 그렇지 않다. 그러므로 바울의 말이 거짓되다"라는 의미였을 것입니다. 그러므로 바울은 이어서 말합니다.

7절 그러나 나의 거짓말로 하나님의 참되심이 더 풍성하여 그의 영광이 되었다면 어찌 내가 죄인처럼 심판을 받으리요

앞 절에서 하나님의 진노를 말하였습니다. 바울은 이어서 진노의 심판을 말합니다. "나의 거짓말"이라고 합니다. 바울의 거짓말입니다. 그들은 바울이 거짓말을 한다고 비난했습니다. 7절에서 바울은 그들에게 되묻습니다.

"그러나 만일 너희가 거짓말이라고 하는 내 말이 하나님의 참되심을 드러내어 그분께 영광이 되었다면 내가 어떻게 죄인처럼 심판을 받겠느냐"

"참되심"은 헬라어 '알레떼이아'로 '진리'를 말합니다. 나는 거짓말을 했는데 하나님의 진리는 더 풍성하여지고 그래서 하나님께 영광이 되었습니다. 그렇다면 거짓말이 아닙니다. 거짓말이 하나님의 진리를 더 풍성하게 할 수 없습니다. 진리를 말해야 하나님의 진리도 풍성해집니다. 그런데 나의 말로 하나님의 진리가 더 풍성해졌습니다. 바울은 자신의 말이 거짓말이 아니라고 되물어 말한 것입니다. 실제로 바울은 하나님의 진리를 더 풍성하게 드러내어 그분께 영광이 되게 하였습니다.

하나님의 진노는 불의로 진리를 막는 사람들의 모든 불의에 대해 나타납니다(롬 1:18). 하나님의 진노와 분노는 불순종으로 진리를 따르지 않고 불의를 따르는 자들에게 있습니다(롬 2:8). 즉 죄인으로 심판받는 대상은 진리를 막고 진리를 따르지 않는 자들입니다. 그러므로 진리를 말하여 하나님의 진리를 더 풍성하게 하여 하나님께 영광이 되게 한 그는 죄인처럼 심판을 받을 수 없습니다. 심판하시는 하나님은 의로운 분이시기 때문입니다.

4) 바울을 향한 비방의 말

8절 또는 그러면 선을 이루기 위하여 악을 행하자 하지 않겠느냐 어떤 이들이 이렇게 비방하여 우리가 이런 말을 한다고 하니 그들은 정죄 받는 것이 마땅하니라

바울은 어떤 이들이 우리가 이런 말을 한다고 비방했다고 말합니다. 바울은 모든 사람이 불의하기 때문에 하나님의 의가 나타났다고 말하였습니다. 또한 바울은 죄가 더한 곳에 은혜가 더욱 넘쳤다고 말하였습니다(롬 5:20). 그들은 "바울의 이런 말대로라면 선을 이루기 위하여 악을 행하자 하지 않겠느냐"라고 말합니다. 즉 바울의 이런 가르침은 "선을 이루기 위하여 악을 행하자"라는 결론으로 이끌어 죄를 부추기는 것이 아니냐는 것입니다. 그러나 그는 죄를 부추기지 않았습니다.

바울은 그렇게 말하는 그들은 정죄 받는 것이 마땅하다고 말합니다. 그 말을 그렇게 받아들이는 자가 악한 것입니다. 그는 정죄를 받는 것이 마땅합니다.

2. 모든 인류를 향한 죄의 선언(롬 3:9~18)

9절 그러면 어떠하냐 우리는 나으냐 결코 아니라 유대인이나
헬라인이나 다 죄 아래에 있다고 우리가 이미 선언하였느니라

앞 절에서 유대인의 나음이 범사에 많은데 우선은 그들이 하나님의 말씀을 맡았다고 하였습니다. 그리고 하나님의 말씀으로 변론하였습니다. 바울은 그렇다면 "유대인은 나으냐"라고 묻습니다. 그렇다면 그들은 더 탁월하냐는 것입니다. 바울은 결코 아니라고 말합니다.

이유는 유대인이나 헬라인이나 다 죄 아래에 있다고 우리가 이미 선언하였기 때문이라고 말합니다. "선언하였느니라"는 헬라어 '프로아이티아오마이'가 사용되었습니다. 뜻은 '먼저 고소하다', '먼저 고발하다', '먼저 증명하다' 등입니다. 우리 즉 유대인들이 이미 먼저 고발하였습니다. 바울은 "기록된 바" 하면서 성경의 기록들을 나열합니다. 유대인도 이방인도 다 죄 아래 있습니다. 그것을 성경으로 확증합니다. 먼저 대상입니다.

1) 하나도 예외 없는 타락

10절 기록된 바 의인은 없나니 하나도 없으며
11절 깨닫는 자도 없고 하나님을 찾는 자도 없고
12절 다 치우쳐 함께 무익하게 되고 선을 행하는 자는 없나니 하나도 없도다

의인은 없는데 하나도 없습니다. 깨닫는 자도, 하나님을 찾는 자도 없습니다. 다 치우쳤고 무익하게 되어 선을 행하는 자가 없는데 하나도 없습니다. 이 말씀은 시편 14편과 53편의 말씀을 인용한 말씀입니다.

"어리석은 자는 그의 마음에 이르기를 하나님이 없다 하도다 그들은 부패하며 가증한 악을 행함이여 선을 행하는 자가 없도다 하나님이 하늘에서 인생을 굽어살피사 지각이 있는 자와 하나님을 찾는 자가 있는가 보려 하신즉 각기 물러가 함께 더러운 자가 되고 선을 행하는 자 없으니 한 사람도 없도다"(시 53:1~3, 시 14:1~3).

어리석은 자는 그의 마음에 이르기를 하나님이 없다고 합니다. 지각이 있어 하나님을 찾는 자도 없고, 선을 행하는 자도 없습니다. 다 빗나가 더러운 자가 되어 무익하게 되었습니다. 모든 인류가 그러합니다. 의인은 하나도 없습니다. 다음은 그들의 모습과 상태입니다.

2) 전적인 타락

13절 그들의 목구멍은 열린 무덤이요 그 혀로는 속임을 일삼으며 그 입술에는 독사의 독이 있고
14절 그 입에는 저주와 악독이 가득하고

목구멍, 혀, 입술, 입은 모두 말에 대한 것입니다. 먼저 나타나는 것은 말임을 알 수 있습니다. 그들의 말은 열린 무덤과 같습니다. 속임으로 가득합니다. 독사의 독이 있고 저주와 악독이 가득합니다. 바울이 인용한 시편 5편 9절에서는 그들의 심중이 심히 악하며 그들의 목구멍은 열린 무덤 같고 그들의 혀로는 아첨한다고 말합니다.

사람의 말은 영의 세계에서 아주 중요합니다. 사람은 본래 말로 다스리는 자로 지음을 받았습니다. 그러나 사람은 죄를 지음으로 마귀와 연합한 자가 되었습니다. 그러므로 그 입에 저주, 거짓, 포악함이 충만하며, 그 혀 밑에는 잔해와 죄악이 가득합니다. 이는 거짓말쟁이고 거짓의 아비인 마귀를 따라 하는 말들입니다. 그들의 입의 말이 그러한 것은 그들의 마음에 악한 것이 가득하기 때문입니다.

> 15절 그 발은 피 흘리는 데 빠른지라
> 16절 파멸과 고생이 그 길에 있어
> 17절 평강의 길을 알지 못하였고
> 18절 그들의 눈 앞에 하나님을 두려워함이 없느니라 함과 같으니라

"그 발은 행악하기에 빠르고 무죄한 피를 흘리기에 신속하며 그 생각은 악한 생각이라 황폐와 파멸이 그 길에 있으며 그들은 평강의 길을 알지 못하며 그들이 행하는 곳에는 정의가 없으며 굽은 길을 스스로 만드나니 무릇 이 길을 밟는 자는 평강을 알지 못하느니라"(사 59:7,8).

로마서 본문 말씀은 이사야의 이 말씀을 인용하였습니다. 그 발은 행악하기에 빠르고 무죄한 피를 흘리기에 신속합니다. 이는 행함에 대한

말씀입니다. 그 생각은 악한 생각이라고 말씀합니다.

계시록에서 행함은 손으로 생각은 이마로 말씀하여 손과 이마에 받는 짐승의 표 666을 말씀하였습니다. 그들의 행함과 생각에 짐승인 마귀의 것이 있습니다. 그런데 그것은 타락한 사람의 불완전한 수 6입니다. 세 번 반복하여 666이라고 말씀하여 확증합니다.

로마서에서는 이 부분을 하나님을 향하여 죽은 육신으로 말씀합니다. 그러므로 모든 인류에게는 선한 것이 없습니다. 그들이 행함에 정의가 없고 굽은 길을 스스로 만들기 때문에 평강을 알지 못합니다. 그러므로 파멸과 고생이 그 길에 있습니다. 또한 그들의 눈앞에 하나님을 두려워함이 없습니다. 그들은 하나님의 것을 알지 못합니다.

바울은 "기록된 바 ~함과 같으니라"라고 말합니다. 성경이 최종 권위입니다. 바울은 이미 고발하여 선언한 성경의 기록된 말씀으로 유대인이나 헬라인이나 다 죄 아래에 있다는 말씀을 확증하였습니다.

하나도 예외 없이 전 인류가 말, 생각, 행동 어느 한 부분도 예외 없이 전적으로 타락하였습니다. 그러므로 파멸과 고생이 모든 인류의 것이 되었습니다. 하나님에 대한 지각도 없고 하나님을 찾는 자도 하나도 없습니다. 전 인류가 불의함으로 하나님의 진노의 심판 아래 있음이 선언되었습니다. 이는 하나님의 의가 전 인류에게 절대적으로 필요한 이유입니다.

ROMANS

God's righteousness that leads only to faith

2부 하나님의 의

Ⅰ. 율법과 이제 나타난 하나님의 의

Ⅱ. 아브라함의 의와 믿음, 믿음으로 말미암는 상속자

Ⅲ. 의의 결과 그리스도로 말미암아 누리는 화평

Ⅰ. 율법과 이제 나타난 하나님의 의(롬 3:19~31)

바울은 3장 앞부분에서 유대인의 반문과 성경에 미리 선언된 모든 인류의 불의함에 대해서 말하였습니다. 모든 인류가 범죄하였습니다. 3장의 뒷부분은 의를 이루기 위해 말씀하신 두 가지 즉 율법과 이제 나타난 하나님의 의에 대한 설명합니다.

1. 의에서의 율법 (롬 3:19,20)

**19절 우리가 알거니와 무릇 율법이 말하는 바는 율법 아래에 있는
자들에게 말하는 것이니 이는 모든 입을 막고 온 세상으로
하나님의 심판 아래에 있게 하려 함이라**

율법이 말하는 것은 율법 아래에 있는 자들에게 말하는 것인데 우리가 이것을 안다고 말합니다. 율법은 이스라엘에게 주어졌습니다. 그러므로 그들은 율법 아래 살았습니다. 그런데 이 말씀에서 "아래"는 '안에', '가운데'를 나타내는 전치사 '엔'이 사용되었습니다. 율법은 율법 안에 있는 자들에게 말한다는 것입니다.

그리고 그것은 모든 입을 막고 온 세상으로 하나님의 심판 아래에 있게 하려 함이라고 말씀합니다. "심판 아래"는 '휘포디코스'로 '선고를 받은', '유죄의 선고를 받은', '심판'을 뜻합니다. 율법은 모든 입을 막고 온 세상이 유죄판결을 받게 하였습니다. 이 말씀을 통해 율법이 절대적 기준이 됨을

알 수 있습니다. 하나님을 섬겨야 한다는 진리와 경건하게 살아야 한다는 말씀은 율법을 통하여 알려졌기 때문입니다. 앞의 절들에서 "기록된 바" 하고 나열한 기록된 말씀은 모든 인류의 죄에 대한 고발이었습니다. 율법은 이스라엘에 주어졌지만 온 세상이 그 율법의 지배를 받아 유죄 판결이 되었습니다. 법조문이 없는 이방인도 하나님의 피조물로 동일하게 율법 가운데서 하나님의 심판 아래 놓였습니다. 그러므로 율법은 율법 가운데 있는 모든 인류에게 죄가 무엇인지 말함을 알 수 있습니다.

20절 그러므로 율법의 행위로 그의 앞에 의롭다 하심을 얻을 육체가 없나니 율법으로는 죄를 깨달음이니라

앞 절에서 하나님께서는 율법을 통하여 온 세상을 변명의 여지없이 심판 아래 두셨다고 말하였습니다. 그러므로 율법의 행위로 그의 앞에 의롭다 하심을 얻을 육체가 없다고 말합니다. 그리고 그 이유는 율법으로는 죄를 깨닫기 때문이라고 말합니다. 율법의 역할은 죄를 깨닫게 하는 것입니다. 율법이 없으면 죄를 죄로 여기지 않습니다. 그러므로 죄를 짓지 않은 것이 됩니다. 죄가 힘을 얻는 것은 법이 있기 때문입니다(고전 15:56). 즉 죄는 법이 있으므로 성립됩니다.

그런데 하나님은 이스라엘에게 율법을 주시면서 행하면 산다고 말씀하셨습니다. 이스라엘은 율법을 받고 하나님과 언약을 맺은 바로 다음에 금송아지를 섬기는 죄를 범하였습니다(출 32장). 사람은 법이 있으면 스스로 노력하여 지킬 수 있을 것이라고 생각합니다. 지금은 아니지만 좀 더 노력하면 다다를 것이라고 생각합니다. 율법을 가진 유대인도 그러했을 것입니다. 그러나 계명이 이르면 타락한 육신 속의 죄는 살아나게 됩니다(롬 7:9).

20절에서 "그러므로"는 접속사 '디오티'가 사용되었습니다. '디오티'는 '그러므로', '그 때문에'의 뜻도 있지만 '왜냐하면'의 뜻도 있습니다. 율법의 행위로 그의 앞에 의롭다 하심을 얻을 육체가 없는 것은 심판 아래 놓인 이유가 되기도 합니다. 성경은 율법이 있기 전에도 모든 사람이 죄를 범하여 사망이 왕 노릇 했다고 말씀하고 있기 때문입니다(롬 5:14).

"그런즉 율법은 무엇이냐 범법하므로 더하여진 것이라 천사들을 통하여 한 중보자의 손으로 베푸신 것인데 약속하신 자손이 오시기까지 있을 것이라 … 그러면 율법이 하나님의 약속들과 반대되는 것이냐 결코 그럴 수 없느니라 만일 능히 살게 하는 율법을 주셨더라면 의가 반드시 율법으로 말미암았으리라 그러나 성경이 모든 것을 죄 아래에 가두었으니 이는 예수 그리스도를 믿음으로 말미암는 약속을 믿는 자들에게 주려 함이라"(갈 3:19,21,22).

바울은 갈라디아서에서 율법이 무엇인가를 말합니다. 율법은 범법하므로 약속 위에 더하여진 것입니다. 그리고 그것은 약속하신 자손이 오실 때까지 있을 것입니다. 즉 율법도 모세를 통하여 세운 하나님의 언약이지만 아브라함의 언약과는 다른 성격의 것입니다.

바울은 율법이 하나님의 약속들과 반대되는 것이냐고 묻습니다. 아브라함에게 주신 하나님의 약속은 하나님께서 그의 자손에게 이루시는 약속이었습니다. 그러나 율법은 사람이 행하면 사는 법입니다(레 18:5). 하나님께서 하시겠다는 약속과 네가 행하여 의를 이루라는 것은 내용상 반대되는 것입니다.

그러나 바울은 결코 그럴 수 없다고 말합니다. 만일 능히 살게 하는 율법을 주셨더라면 의가 반드시 율법으로 말미암았으리라는 것입니다.

즉 능히 살게 하는 율법이었다면 아브라함에게 주신 약속과 반대되는 것이었을 것입니다. 아브라함의 씨가 없이도 의를 이룰 수 있다면 아브라함의 약속은 쓸모없는 것이 될 것입니다.

사람이 준행하면 그로 말미암아 삶을 얻을 율례와 규례지만, 그들에게 선하지 못한 율례였고 지키지 못할 규례였습니다(겔 20:11,25). 바울은 성경이 모든 것을 죄 아래 가두어 예수 그리스도를 믿는 자들에게 믿음으로 말미암는 약속을 주기 위함이라고 말합니다. 율법이 온 세상을 죄로 가두었습니다. 이스라엘은 율법을 지켜 의롭게 되려고 하였지만, 율법은 처음부터 지킬 수 있는 법이 아니었습니다. 오히려 율법은 인류를 하나님의 심판 아래 놓이게 했습니다.(언약과 관련하여 율법의 역할은 31절에서 더 나누겠습니다).

2. 이제 나타난 하나님의 의(롬 3:21~30)

1) 율법과 선지자들에게 증거를 받은 것

21절 이제는 율법 외에 하나님의 한 의가 나타났으니 율법과
선지자들에게 증거를 받은 것이라

이 구절 앞에 '그러나, 하지만'을 뜻하는 헬라어 '데'가 있습니다. "그러나 이제는"입니다. 앞의 말씀과 대조되는 어떤 일입니다. 그러나 이제는 율법 외에 하나님의 한 의가 나타났습니다.

"외에"는 헬라어 '코리스'로 뜻은 '분리하여', '관계없이' 등입니다. '한 의'에서 하나를 나타내는 원어는 없습니다. '의'를 말하는 '디카이오쉬네'가 단수입니다. 즉 율법과 관계없는 하나의 하나님의 의입니다. 복음에는 하나님의 의, 하나님의 공정함이 드러납니다. 복음에는 율법과 관계없이 사람에게 주시는 하나님의 의가 드러납니다.

　사람들은 '의'하면 바로 어떤 옳은 행실로 생각합니다. 그러나 하나님 앞에서의 의는 1장에서 말씀한 하나님의 진리에 대한 것이 우선입니다. 즉 하나님 앞에서의 의와 거룩함입니다.

　공동번역은 이 구절을 "그러나 이제는 하느님께서 인간을 당신과 올바른 관계에 놓아주시는 길이 드러났습니다. 그것은 율법과는 아무 관계가 없습니다."라고 번역하였습니다. 계시록에서도 의의 흰옷을 입은 자들이 하나님의 보좌 앞에 설 수 있다고 말씀합니다(계 7:14,15). 그러므로 성경에서 말씀하는 의는 하나님과 바른 관계에 설 수 있는 자격을 의미함을 알 수 있습니다. 23절에서 이 부분을 말씀합니다. 모든 사람이 죄를 범하여 하나님의 영광에 이르지 못하였습니다. 그런데 아무도 율법으로는 그분 앞에 설 수 없습니다. 그러므로 하나님은 율법과 관계없는 의를 말씀합니다.

　그리고 그 의는 율법과 선지자들에게 증거를 받은 것이라고 말씀합니다. "증거를 받은 것"의 헬라어는 '마르튀리아'가 사용되었습니다. 뜻은 '증인이 되다', '기록해놓다', '증명하다' 등입니다. 즉 하나님의 의는 율법과 선지자들이 증인이 되어 기록해놓은 말씀입니다. 구원과 관련하여 구약에서 가장 많이 말씀하는 단어가 '의'입니다. 의는 성경에서 중요한 주제입니다. 하나님께서는 율법과 선지자들을 통하여 기록하여 증거하셨습니다. 이 말씀으로 이제 나타난 하나님의 의가 하나님께서 처음부터 계획하신 하나의 의임을 알 수 있습니다.

　먼저 율법의 증거입니다. 율법을 가진 이스라엘에게는 동물의 제사로 죄를 속죄하고 하나님과 화목하는 길이 있었습니다. 모든 제사는 속죄일의 제사로 모아졌습니다. 이스라엘은 일 년에 한 번 대제사장이 지성소에 들어가 뿌리는 피로 그들의 모든 죄를 속죄받을 수 있었습니다. 하나님은 이스라엘의 성막에서 모세를 만나셨고, 불과 구름으로 그들과 함께하심을 나타내셨습니다. 그러므로 하나님의 의는 이제 나타났지만, 그들도 하나님께서 주시는 의로 죄를 덮고 가렸음을 알 수 있습니다. 이는 하나님께서 예수 그리스도를 통하여 주실 의와 임재를 증거합니다.

시편에서도, 이사야의 글에서도 구원과 함께 하나님의 의에 대해 많이 기록하여 증거하였습니다. 하나님께서는 그분의 구원과 공의를 가깝게 하실 것입니다(사 46:13). 하나님의 구원과 공의는 영원히 있고 폐하여지지 않을 것입니다(사 51:6,8). 내가 측량할 수 없는 주의 공의와 구원을 내 입으로 종일 전할 것입니다(시 71:15). 율법 외에 이제 나타난 하나님의 의는 율법과 선지자들에게 증거를 받은 것입니다. 그렇다면 그 의는 어떤 것입니까?

2) 모든 믿는 자에게 미치는 하나님의 의

22절 곧 예수 그리스도를 믿음으로 말미암아 모든 믿는 자에게 미치는 하나님의 의니 차별이 없느니라

율법과 관계없이 이제 나타난 하나님의 의는 예수 그리스도를 믿음으로 말미암아 모든 사람에게 미치는 하나님의 의로 차별이 없다고 말씀합니다. 복음은 하나님의 아들 예수 그리스도에 관한 것입니다(롬 1:2). 조건은 하나님의 아들 예수 그리스도를 믿는 것입니다. 예수 그리스도를 믿음으로 모든 믿는 자에게 도달하는 하나님의 의입니다.

"하나님의 의"에서 '하나님의'는 소유격입니다. 즉 하나님께서 소유하신 의를 나타냅니다. 예레미야를 통해 주신 말씀은 구원받은 백성의 이름이 "여호와 우리의 의"라 불릴 것이라고 말씀하였습니다(렘 23:6, 33:16). 여호와 하나님이 우리의 의가 되신다는 의미입니다. 이 말씀은 하나님의 의가 우리의 의가 된다는 의미로 로마서의 말씀과 같습니다. 하나님의 의가 우리의 의입니다.

바울은 그가 가진 의는 "하나님으로부터 난 의"라고 말하였습니다(빌 3:9). 즉 하나님의 의는 하나님께로부터 나오는 의입니다. 그런데 우리에게 그 의를 주셨다고 말씀합니다. 이는 연합에서 기원합니다. 그러므로 예수님은 또한 우리의 의가 되십니다(고전 1:30). 이제 나타난 의의 완벽함을 알 수 있습니다. 그리고 그 의는 유대인이나 이방인이나 차별이 없습니다. 이제 왜 그렇게 하셨는지 말씀합니다.

23절 모든 사람이 죄를 범하였으매 하나님의 영광에 이르지 못하더니

이 구절 앞에 이유를 의미하는 '가르'가 사용되었습니다. 왜냐하면 그것은 모든 사람이 죄를 범하여서 하나님의 영광에 이르지 못하였기 때문이라는 것입니다. 사람은 본래 하나님의 영광 앞에 서는 자들이었습니다. 그러나 타락함으로 아무도 그 앞에 설 수 없습니다. 하나님 앞에 불의 한 자는 설 수 없기 때문입니다.

3) 하나님의 의를 위해 하신 일

24절 그리스도 예수 안에 있는 속량으로 말미암아 하나님의 은혜로 값 없이 의롭다 하심을 얻은 자 되었느니라

바울은 "그리스도 예수 안에 있는 속량"을 말합니다. "속량"은 헬라어 '아폴뤼트로시스'로 값 주고 되사는 것을 의미합니다. 모든 사람이 죄와 사탄의 노예로 매여있었습니다. 하나님께서는 그리스도 예수 안에 있는 값 주고 사는 속량을 통하여 그들을 자유케 하셨습니다. 속량은 속량자이신 그리스도 예수 안에 있습니다.

하나님의 은혜로 값없이 의롭다 하심을 얻은 자 되었음을 말씀합니다. "은혜"는 받을 자격이 없는 자에게 주시는 호의입니다. 하나님의 은혜는 예수 그리스도 안에서 발견됩니다. "값 없이"는 아무 대가 없음을 말합니다. 행위의 대가 없이 주시는 선물입니다. 그러나 그것은 그리스도께서 속량을 위한 값비싼 대가를 지불하셨기 때문입니다.

"의롭다 하심을 얻은 자 되었느니라"는 '디카이오오'가 사용되었습니다. 뜻은 '의롭다고 간주하다', '의롭고 흠 없다', '옳게 만들다' 등입니다. 앞에서 하나님의 의를 말하였고, 하나님의 영광 앞에 서는 것을 말하였습니다. 그러므로 의롭다 하심을 얻은 것은 단순히 의로 여겨지는 차원의 말씀이 아님을 알 수 있습니다. 갈라디아서는 이 '디카이오오'를 "의롭게 되다"로 번역하였습니다(갈 2:16, 3:11). 그리스도 예수 안에 있는 속량으로 말미암아 값없이 은혜로 의롭게 만드셨습니다.

25절 이 예수를 하나님이 그의 피로써 믿음으로 말미암는 화목제물로 세우셨으니 이는 하나님께서 길이 참으시는 중에 전에 지은 죄를 간과하심으로 자기의 의로우심을 나타내려 하심이니
26절 곧 이 때에 자기의 의로우심을 나타내사 자기도 의로우시며 또한 예수 믿는 자를 의롭다 하려 하심이라

앞 절에서 예수 안에 있는 속량과 은혜를 말씀했습니다. 25절은 좀 더 구체적으로 설명합니다. 하나님은 예수님을 그의 피로써 믿음으로 말미암는 화목제물로 세우셨습니다. 이제 나타난 하나님의 의는 우리의 화목제물이 되신 이 예수님의 피를 믿음으로 얻게 되는 의입니다. 나의 죄를 위해 예수님께서 제물이 되셔서 피를 흘렸다는 것을 받아들이는 자에게 하나님의 의는 주어집니다.

그런데 그것은 하나님께서는 길이 참으시면서 전에 지은 죄의 심판을 내리지 않고 간과하심으로 자기의 의로움을 나타내려 함이라고 말씀합니다. 이 말씀에서 죄는 복수입니다. 모든 불의한 일을 행하는 자는 사형에 해당한다고 하나님께서는 정하셨습니다(롬 1:32). 공의의 하나님께서 공의롭게 죽음으로 심판하신 것이 아니라 그 죄들을 참으심으로 의를 드러내셨다고 말씀합니다.

"육체의 생명은 피에 있음이라 내가 이 피를 너희에게 주어 제단에 뿌려 너희의 생명을 위하여 속죄하게 하였나니 생명이 피에 있으므로 피가 죄를 속하느니라"(레 17:11).

하나님께서는 피를 주셔서 제단에 뿌려 생명을 위하여 속죄하게 하셨다고 말씀합니다. 죄의 삯은 사망이므로 속죄하기 위해서는 다른 생명의 죽음을 요구합니다. 사람은 죄를 만회하는 방법으로 선하게 살려고 애를 씁니다. 그러나 죽은 사람의 죽은 행실로는 죄를 속할 수 없습니다. 하나님은 생명이 피에 있으므로 피가 죄를 속한다고 말씀합니다.

그러므로 하나님께서는 구약에서 동물의 피로 그들의 죄를 덮어오셨습니다. 동물의 피가 효력이 있어서가 아니라 예수 그리스도께서 오셔서 이루실 속량을 담보로 드려진 것이기에 그들의 죄는 간과되었습니다. 그들만이 아니라 하나님께서는 이방인의 죄들에 대해서도 길이 참으시는 중에 심판을 간과하셨습니다. 그것은 예수 그리스도를 통하여 그분의 의로우심을 나타내려 하심입니다.

이제 하나님께서는 예수님의 생명인 피를 주셔서 그 피가 우리의 죄를 속하게 하셨습니다. 예수님은 죽음을 통하여 죽음의 세력을 잡은 마귀를 멸하고 그에게 매여있는 모든 자를 놓아주기 위하여 혈과 육을 가진 사람으로 오신 하나님이십니다. 즉 우리를 위하여 주신 피는 하나님의 피입니다. 새 언약은 인간의 대표로 오신 하나님의 피로 세우는 언약입니다. 하나님의 생명이 인간을 대신하였습니다.

하나님은 화목제물이 되신 그분의 독생자 예수 그리스도의 피로 모든 인류의 죄를 제거하셨습니다. 그분은 이 땅의 죄악을 하루에 제거하셨습니다(슥 3:9). 하나님은 그분의 의로우심을 나타내셨습니다. 이제 하나님은 공의롭게 사람을 용서하고 의를 주실 수 있게 되었습니다. 죄인의 죄를 그냥 눈감아 주시는 것이 아니라 그 아들에게 심판을 행하셔서 죄들을 없이 하시고 그것을 받아들이는 자를 예수님처럼 의롭게 하실 수 있게 되었습니다.

"하나님이 죄를 알지도 못하신 이를 우리를 대신하여 죄로 삼으신 것은 우리로 하여금 그 안에서 하나님의 의가 되게 하려 하심이라"(고후 5:21).

하나님은 죄를 알지도 못하신 예수님을 우리를 대신하여 죄로 삼으셨습니다. 그런데 그 이유는 우리로 하여금 그 안에서 하나님의 의가 되게 하려 하심이라고 말씀합니다. 이 때에 하나님의 의로우심을 나타내사 자기도 의로우시면 예수 믿는 자를 의롭게 하셨습니다.

4) 하나님의 의를 얻는 원리는 오직 믿음의 법

**27절 그런즉 자랑할 데가 어디냐 있을 수가 없느니라 무슨 법으로냐
행위로냐 아니라 오직 믿음의 법으로니라**

"그런즉 자랑할 데가 어디냐?"라고 묻습니다. 예수님이 화목제물이
되심으로 믿는 자에게 주시는 하나님의 의에 당연히 자랑할 데가 없습니다.
바울도 "있을 수가 없느니라"라고 답변합니다. 애쓰는 행위가 아니라 받을
자격 없는 자에게 값없이 주는 은혜에 자랑은 있을 수 없습니다.

그는 다시 묻습니다. "무슨 법으로냐 행위로냐 아니라 오직 믿음의
법으로니라" 바울이 말하는 두 가지 법은 행위의 법과 믿음의
법입니다. "법"은 '노모스'로 '법', '원리'를 뜻합니다. 행위의 법은 율법
행위로 의를 이루는 원리이고, 믿음의 법은 믿음으로 의를 얻게 되는
원리입니다. 그는 "오직 믿음의 법으로"라고 말합니다. 그러므로
율법과 상관이 없습니다. 로마서 3장에서 말씀하는 하나님의 의와
관련하여 '믿음'이 대표적인 용어입니다. 3장에서 '믿음'이 여덟 번
사용되었습니다(22,25,26,27,28,30,31절). 사람이 의롭게 되는 것은
오직 믿음입니다. 그러므로 자랑할 데가 없습니다. 바울은 이제 결론을
내립니다.

**28절 그러므로 사람이 의롭다 하심을 얻는 것은 율법의 행위에 있지
않고 믿음으로 되는 줄 우리가 인정하노라**

율법과 믿음 사이의 비교가 이어집니다. 이 말씀에서 "의롭다 하심을
얻는 것"은 '디카이오오'가 사용되었습니다. "인정하노라"는 '로기조마이'가

사용되었는데, 이 단어는 로마서에서 '여기다'로 많이 번역되었습니다. 하지만 이 말씀의 경우 '결말 짓다'로 보는 것이 좋겠습니다. 즉 그는 사람이 의롭게 되는 것은 율법의 행위에 있지 않고 믿음으로 되는 것이라고 결론을 짓습니다.

바울은 갈라디아에서도 같은 말을 합니다(갈 2:16). 사람이 의롭게 되는 것은 율법의 행위가 아니라 오직 예수 그리스도를 믿음으로입니다. 오직 그리스도를 믿음으로 얻게 되는 하나님의 의가 로마서 전체의 주제입니다.

5) 믿음으로 의롭다 하시는 하나님은 한 분

29절 하나님은 다만 유대인의 하나님이시냐 또한 이방인의 하나님은 아니시냐 진실로 이방인의 하나님도 되시느니라
30절 할례자도 믿음으로 말미암아 또한 무할례자도 믿음으로 말미암아 의롭다 하실 하나님은 한 분이시니라

앞에서 바울은 율법 행위로가 아니라 오직 믿음의 법으로 의롭게 된다고 말했습니다. 이제 그는 유대인이 가지고 있는 생각에 대한 다른 질문을 합니다. "하나님은 다만 유대인의 하나님이시냐 또한 이방인의 하나님은 아니시냐?"

그들의 조상들과 언약을 맺으신 하나님과 믿음으로 의롭게 하시는 하나님이 따로 있지 않습니다. 유대인의 하나님은 또한 이방인의 하나님도 되십니다. 유대인도 율법과 할례를 가진 아브라함의 자손이기 때문에 의롭게 되는 것이 아닙니다. 할례자도 믿음으로 말미암아 또한 무할례자도 믿음으로 말미암아 의롭게 됩니다. 또한 그렇게 하시는 하나님은 한 분이십니다. 같은 하나님께서 같은 믿음의 법에 따라 의롭게 하십니다.

3. 율법과 하나님의 의(롬 3:31)

**31절 그런즉 우리가 믿음으로 말미암아 율법을 파기하느냐 그럴 수
없느니라 도리어 율법을 굳게 세우느니라**

바울은 율법과 상관이 없는 하나님의 의를 말하였습니다. 율법 행위가
아니라 오직 믿음으로 의롭다 함을 얻는다고 말하였습니다. 그렇다면
믿음으로 율법을 파기하느냐고 묻습니다. 이 말씀에서도 쓸모없게 만드는
것을 뜻하는 '카타르게오'가 사용되었습니다. 믿음으로 말미암는 의가
율법을 쓸모없게 만드느냐 라는 것입니다. 그리고 대답합니다. "그럴 수
없느니라" 절대로 그런 일은 있을 수 없습니다. 바울은 믿음으로 말미암아
율법을 파기하는 것이 아니라 도리어 율법을 굳게 세운다고 말합니다.

**"이같이 율법이 우리를 그리스도께로 인도하는 초등교사가 되어
우리로 하여금 믿음으로 말미암아 의롭다 함을 얻게 하려 함이라
믿음이 온 후로는 우리가 초등교사 아래에 있지 아니하도다"(갈
3:24,25).**

모세의 언약은 범죄 함으로 약속에 더하여진 것입니다(갈 3:19). 그것은
아브라함의 언약과 그리스도의 언약 사이에 주어진 것입니다. 그리고
율법은 의를 이루기 위하여 주신 것이 아니라 그리스도의 언약으로 이끌기
위한 초등교사로 주어졌다고 말씀합니다. 그것이 율법의 역할입니다.
율법은 유업을 얻게 하시려는 목적이 아니라 그리스도의 언약으로 이끄는
역할을 하기 위함이었습니다.
율법은 그리스도의 언약의 모형과 그림자로 주어졌습니다. 아브라함의

언약이 있지만, 율법이 없다면 하나님이 어떤 분이신지, 사람은 어떤 상태인지, 그리고 그리스도의 사역과 구원의 원리에 대해서 설명할 길이 없습니다. 율법은 하나님의 이름과 성품을 계시합니다. 십계명을 중심으로 주신 율법을 통하여 아무도 지킬 수 없는 사람의 타락성을 알게 합니다. 또한 죄에 진노하시는 공의의 하나님을 통해 죄의 결과를 인식하게 합니다. 거룩하신 하나님과 죄된 인간의 거리를 알게 합니다. 율법의 제사들은 죄가 어떻게 처리되어 속죄가 이루어지는지를 설명합니다. 하나님은 거룩하게 하시는 여호와이십니다. 하나님의 임재는 사람을 갈망하시는 하나님의 마음과 앞으로 이루어질 하나님과 사람의 연합을 보여줍니다. 율법은 속량자이신 그리스도의 필요성을 알게 하고, 그리스도께서 이루신 제사를 알게 하여 그분께로 인도합니다. 그것이 율법의 역할입니다.

예수 그리스도께서 오셔서 그림자로 주어진 율법을 완성하셨습니다. 동물의 제사로 담보되었던 구약의 모든 제사들은 그리스도께서 화목제물이 되심으로 완결되었습니다. 한 번의 제사로 우리를 거룩하게 하셨고 영원히 온전하게 하셨습니다. 이제 더 이상 죄를 위한 제사는 필요 없으므로 구약의 모든 제사들은 폐지되었습니다. 하나님은 육신이 연약함으로 이룰 수 없는 율법의 요구를 그 아들을 죄 있는 육신의 모양으로 보내셔서 육신의 죄를 정죄하사 이루어지게 하셨습니다(롬 8:4). 믿음이 온 후로 우리는 더 이상 초등교사 아래 있지 않습니다.

그러나 하나님의 법인 율법은 천지가 없어지기까지 없어지지 아니하고 하나님을 계시하며, 인간의 실상을 계시하고 그리스도를 나타내어 믿음으로 이끕니다. 하나님의 의의 필요성은 율법을 통하여 모든 인류가 하나님의 진노의 심판 아래 있다는 것을 깨달을 때 알게 됩니다. 이제 율법을 통하여 유대인만이 아니라 이방인도 그리스도께로 인도됩니다. 그러므로 믿음으로 말미암는 의는 율법을 쓸모없는 것으로 만드는 것이 아니라 도리어 율법을 굳게 세워줍니다.

요약

유대인을 비롯한 대부분의 사람들은 자신의 노력으로 의가 이루어질 것이라고 생각합니다. 그러나 타락한 육신의 행위로는 율법의 요구를 이룰 수 없습니다. 하나님은 율법을 주심으로 모든 인류를 유죄판결 아래 두셨습니다.

그러나 이제 율법과 관계없이 나타난 하나님의 의는 모든 믿는 자에게 주어집니다. 하나님은 예수 그리스도의 피를 믿음으로 말미암는 화목제물로 세우셔서 하나님 자신도 의로우시며 또한 믿는 자를 의롭다 하십니다. 그 의는 하나님의 의입니다. 사람이 의롭게 되는 것은 오직 예수 그리스도를 믿음으로입니다.

그러나 율법은 하나님을 계시하고 인간의 실상을 계시하고 그리스도를 나타내어 여전히 믿음으로 인도합니다. 그러므로 믿음으로 말미암는 의는 율법을 쓸모없게 만들지 않고 오히려 굳게 세워줍니다.

II. 아브라함의 의와 믿음, 믿음으로 말미암는 상속자(롬 4:1~25)

3장에서는 율법과 이제 나타난 하나님의 의에 대한 말씀이었습니다. 사람이 의롭게 되는 것은 오직 믿음으로입니다. 4장은 믿음의 조상인 아브라함은 어떻게 의를 얻었는가를 말하여 3장의 말씀을 확증하는 말씀입니다.

2장 유대인을 나눌 때도 언급했던 것처럼 인류의 구속에서 아브라함은 간과할 수 없는 중요한 위치에 있는 한 사람입니다. 그는 인류의 구원을 위하여 하나님께서 택하여 언약을 맺은 한 사람이기 때문입니다. 그러므로 믿음의 조상인 그가 받은 의는 중요한 의미를 지닙니다. 아브라함과 똑같은 방법으로 하나님은 그의 후손에게도 의를 주실 것이기 때문입니다.

4장은 전체가 아브라함에 대한 이야기입니다. 믿음의 조상 아브라함의 의와 할례, 믿음의 의로 말미암은 세상의 상속자, 우리도 위한 아브라함의 믿음 등을 말씀합니다.

1. 믿음의 조상 아브라함의 의와 할례(롬 4:1~12)

1) 믿음으로 의로 여기심을 받은 아브라함

1절 그런즉 육신으로 우리 조상인 아브라함이 무엇을 얻었다 하리요
2절 만일 아브라함이 행위로써 의롭다 하심을 받았으면 자랑할 것이

있으려니와 하나님 앞에서는 없느니라
3절 성경이 무엇을 말하느냐 아브라함이 하나님을 믿으매 그것이
그에게 의로 여겨진 바 되었느니라

바울은 "그런즉 육신으로 우리 조상인 아브라함이 무엇을 얻었다 하리요"라는 말로 시작합니다. 육신으로 유대인의 조상인 아브라함입니다. 앞으로 전개되는 말씀에서 그가 누구의 조상인지 설명합니다.

그런데 2절은 만일 아브라함이 행위로써 의롭다 하심을 받았다면 자랑할 것이 있겠지만, 하나님 앞에서는 없다고 말합니다. 행위를 말합니다. 그러므로 행위와 관련된 육으로임을 알 수 있습니다. 1절의 난외주에는 "또는 우리 조상 아브라함이 육으로"라고 되어 있습니다. 의를 이루기 위한 육신의 행위를 의미함을 알 수 있습니다. 즉 우리의 조상인 아브라함은 육신의 행위로 무엇을 얻었느냐는 것입니다.

그리고 3절에서 "성경이 무엇을 말하느냐"라고 말합니다. 성경의 기록이 최종 권위입니다.

"아브람이 여호와를 믿으니 여호와께서 이를 그의 의로 여기시고"
(창 15:6).

바울은 이 말씀을 인용합니다. 아브라함이 하나님을 믿으니 하나님은 그것을 의로 여기셨습니다. "여기다"는 히브리어 '하샤브'입니다. 뜻은 '엮다', '생각하다', '평가하다', '계산하다'입니다. 이 단어는 값을 계산하는 경우와 연수를 계산하는 경우에 사용되기도 했습니다(레 27:18,23). "여기다"의 헬라어는 '로기조마이'입니다. '로기조마이'는 '목록을 작성하다', '계산하다', '생각하다', '놓다' 등으로 정의합니다. 이 단어도

히브리어 '하샤브'처럼 상업적으로 값을 정하여 목록을 기록하는 것을 의미합니다. 그러므로 히브리어나 헬라어나 의로 여겼다는 말은 단순히 의로 여기는 차원의 말씀이 아님을 알 수 있습니다. 하나님은 아브라함의 믿음을 의라고 계산하여 목록에 기록하셨습니다. 그러므로 11절은 "무할례시에 믿음으로 된 의"라고 말합니다. 믿음으로 이루어진 의입니다. 그는 의인으로 불렸습니다.

아브라함은 믿음으로 하나님으로부터 의롭다고 인정받았습니다. 그러므로 그는 하나님 앞에서 자랑할 것이 없습니다. 3장에서도 하나님께서는 예수님을 화목 제물로 세우셔서 예수 믿는 자를 의롭다 하셨으므로 자랑할 데가 없다고 말하였습니다. 그것은 행위로 이루는 의가 아니라 오직 은혜로 이루어지는 의이기 때문입니다. 동일하게 아브라함도 하나님을 믿음으로 의롭다 함을 받았기에 자랑할 것이 없습니다.

2) 믿음으로 받는 의의 복됨

4절 일하는 자에게는 그 삯이 은혜로 여겨지지 아니하고 보수로
　　　여겨지거니와
5절 일을 아니할지라도 경건하지 아니한 자를 의롭다 하시는 이를
　　　믿는 자에게는 그의 믿음을 의로 여기시나니
6절 일한 것이 없이 하나님께 의로 여기심을 받는 사람의 복에 대하여
　　　다윗이 말한 바
7절 불법이 사함을 받고 죄가 가리어짐을 받는 사람들은 복이 있고
8절 주께서 그 죄를 인정하지 아니하실 사람은 복이 있도다 함과
　　　같으니라

이제 바울은 행위와 믿음의 다른 점을 말합니다. 일하는 자에게는 그 삯이 은혜로 여겨지지 아니하고 보수로 여겨지지만, 일하지도 않고 하나님께 의로 여기심을 받는 사람은 복되다고 말합니다. 이 말씀에서도 '로기조마이'가 사용되었습니다. 일해서 받는 삯은 은혜가 아니라 보수입니다. 은혜는 받을 자격이 없는 자에게 주어지는 것이기 때문입니다. 일하는 자에게 주는 삯은 그 일에 대한 보수이지 은혜가 아닙니다. 그러므로 그렇게 생각하여 인정합니다.

은혜와 보수는 분명히 다른 것입니다. 율법의 행위로 의를 얻는다면 그것은 은혜가 아니기 때문에 은혜로 여기지 않습니다. 그리고 그것은 행위의 보상입니다.

그런데 일하지도 않았고, 경건하지도 않은 자를 의롭다 하시는 이를 믿는 자에게 하나님은 그의 믿음을 의라고 인정하십니다. 하나님께서 예수 그리스도를 통해 하신 일을 믿는 믿음을 기뻐하시고 그 믿음을 의라고 계산하여 기록합니다. 그에게 의로운 행위의 일은 없습니다. 경건하지도 않습니다. 그런데 믿음을 의라고 계산하여 기록합니다. 그는 받을 자격이 전혀 없는데 받은 것입니다. 그렇다면 그것은 보수가 아니라 은혜입니다. 이것이 로마서에서 말씀하는 은혜입니다.

바울은 그 의의 복됨을 기록된 말씀으로 확증합니다. 그는 유대인들이 신뢰하고 자랑으로 여기는 그들의 조상 다윗의 글을 인용합니다. 성경은 모든 문제에서의 해답입니다.

"허물의 사함을 받고 자신의 죄가 가려진 자는 복이 있도다 마음에 간사함이 없고 여호와께 정죄를 당하지 아니하는 자는 복이 있도다"(시 32:1,2).

바울이 인용한 시편입니다. 허물이 사함 받고 죄가 가리어짐을 받는 사람들은 복이 있습니다. 어떻게 해서 사함을 받았고 죄가 가려졌습니까? "사함을 받고"의 히브리어는 '나사'입니다. 이 단어는 이사야 53장에서 "우리의 질병을 지고"(5절)와, "많은 사람의 죄를 담당하며"(12절)에 사용된 단어로 들어올려 가져가는 것을 의미합니다. "사함을 받고"의 헬라어는 '아피에미'로 떠나보내는 것을 의미합니다. 예수님께서는 우리의 죄와 질병을 짊어지셨습니다. 우리의 죄와 허물은 예수님께서 가져가셔서 형벌을 받아 없애 버리셨습니다. 하나님은 말씀하십니다.

"내가 네 허물을 빽빽한 구름 같이, 네 죄를 안개 같이 없이하였으니 너는 내게로 돌아오라 내가 너를 구속하였음이니라"(사 44:22).

그것을 믿는 것입니다. 믿음으로 의에 이릅니다. 하나님은 그의 죄를 정죄하지 않으십니다. 주께서 그 죄를 인정하지 아니하실 사람은 복이 있습니다.

"야곱의 허물을 보지 아니하시며 이스라엘의 반역을 보지 아니하시는도다 여호와 그들의 하나님이 그들과 함께 계시니" (민 23:21).

이 말씀은 발람이 이스라엘에 대하여 한 말입니다. 그들의 하나님은 이스라엘의 허물을 보지 않으시고 그들의 반역을 보지 않으십니다. 그들은 저주받을 자들이 아니라 복 받을 자들입니다. 그것을 안 발람은 그들을 저주하지 못했습니다. 믿음으로 의를 얻은 아브라함은 은혜를 받은 자이고 복 받은 자입니다.

3) 믿음으로 의롭게 되는 아브라함의 복은 무할례자에게도 동일함

9절 그런즉 이 복이 할례자에게냐 혹은 무할례자에게도냐 무릇 우리가
말하기를 아브라함에게는 그 믿음이 의로 여겨졌다 하노라
10절 그런즉 그것이 어떻게 여겨졌느냐 할례시냐 무할례시냐
할례시가 아니요 무할례시니라
11절 그가 할례의 표를 받은 것은 무할례시에 믿음으로 된 의를 인친
것이니 이는 무할례자로서 믿는 모든 자의 조상이 되어 그들도
의로 여기심을 얻게 하려 하심이라
12절 또한 할례자의 조상이 되었나니 곧 할례 받을 자에게뿐 아니라
우리 조상 아브라함이 무할례시에 가졌던 믿음의 자취를 따르는
자들에게도 그러하니라

  바울은 "그렇다면 믿음으로 의롭게 되는 이 복은 할례자에게 주시는 복이냐 아니면 무할례자에게도냐"라고 묻습니다. 그리고 이에 대한 대답을 아브라함이 의롭게 된 때가 언제인지에서 찾습니다. "우리가 말하기를 아브라함에게는 그 믿음이 의로 여겨졌다고 하였는데 그것이 그의 무할례시에 있었느냐 할례시에 있었느냐"라는 것입니다. 그리고 그것은 할례시가 아니고 무할례시라고 답변을 합니다.

  3절에서 인용한 것처럼 아브라함이 믿음으로 의로 여기심을 받은 것은 창세기 15장에 기록되었습니다. 그리고 17장에서 하나님은 언약의 표징으로 할례를 행할 것을 말씀하셨습니다. 그러므로 아브라함은 무할례시에 믿음으로 의롭다 함을 받았음을 알 수 있습니다. 그런데 바울은 그가 할례의 표를 받은 것은 무할례시에 믿음으로 된 의를 인친 것이라고 말합니다. 다음은 하나님께서 아브라함에게 할례에 대해 하신 말씀입니다.

"하나님이 또 아브라함에게 이르시되 그런즉 너는 내 언약을 지키고 네 후손도 대대로 지키라 너희 중 남자는 다 할례를 받으라 이것이 나와 너희와 너희 후손 사이에 지킬 내 언약이니라 너희는 포피를 베어라 이것이 나와 너희 사이의 언약의 표징이니라 너희의 대대로 모든 남자는 집에서 난 자나 또는 너희 자손이 아니라 이방 사람에게서 돈으로 산 자를 막론하고 난 지 팔 일 만에 할례를 받을 것이라 너희 집에서 난 자든지 너희 돈으로 산 자든지 할례를 받아야 하리니 이에 내 언약이 너희 살에 있어 영원한 언약이 되려니와 할례를 받지 아니한 남자 곧 그 포피를 베지 아니한 자는 백성 중에서 끊어지리니 그가 내 언약을 배반하였음이니라"(창 17:9~14).

할례는 언약 백성으로 아브라함과 그의 후손의 모든 소속된 남자가 지켜야 하는 의무였지만, 하나님과의 언약 안에 있음을 나타내는 언약의 표징이었습니다. 즉 아브라함의 믿음이 의를 이루고 언약을 세운 다음, 언약 백성으로 아브라함과 그의 자손에게 할례의 의무가 주어진 것입니다. 그러므로 아브라함이 할례의 표를 받은 것은 그가 무할례시에 믿음으로 된 의를 인친 것 즉 도장 찍은 것입니다(롬 4:11). 하나님께서는 의의 흰옷을 입은 새 언약의 백성에게도 성령으로 인을 치십니다(엡 1:13). 하나님의 인을 받은 십사만 사천은 계시록 7장과 14장에 기록되었습니다. 아브라함이 무할례시에 믿음으로 된 의를 인친 것이 할례라면 그가 무할례시에 믿음으로 의를 받은 것은 확실합니다.

11절에서 바울은 아브라함이 무할례시에 믿음으로 의롭다 함을 받은 이유를 말합니다. 그것은 아브라함이 무할례자로서 믿는 모든 자의 조상이 되어 그들도 의로 여기심을 얻게 하려 하심이라고 말합니다.

그는 무할례자로서 믿는 모든 자의 조상이 되었습니다. 먼저 아브라함이 무할례시에 믿음으로 의를 얻었습니다. 그것은 그가 후에 믿는 모든 자의 조상이 되어 그들도 아브라함처럼 믿음으로 의를 얻게 하려 하셨다는 것입니다. 아브라함이나 그 자손이나 똑같이 믿음으로 의를 얻게 하시려는 하나님의 방법이었습니다.

또한 할례받을 자의 조상이 되었다고 말합니다. 그는 육신으로 할례받을 자의 조상이 되었습니다. 그들은 그것을 자랑으로 여겼습니다. 하지만 그들만이 아니라 우리 조상 아브라함이 무할례시에 가졌던 믿음의 자취를 따르는 자들에게도 그러하다고 말씀합니다. 그렇다면 9절 두 번째 질문의 답이 되었습니다. 믿음으로써 의롭다 함을 얻는 복은 할례자에게만이 아니라 무할례자에게도입니다. 그는 유대인만이 아니라 아브라함처럼 무할례자로 믿음을 따르는 자들의 조상도 됩니다.

> **"아브라함이 하나님을 믿으매 그것을 그에게 의로 정하셨다 함과 같으니라 그런즉 믿음으로 말미암은 자들은 아브라함의 자손인 줄 알지어다 또 하나님이 이방을 믿음으로 말미암아 의로 정하실 것을 성경이 미리 알고 먼저 아브라함에게 복음을 전하되 모든 이방인이 너로 말미암아 복을 받으리라 하였느니라 그러므로 믿음으로 말미암은 자는 믿음이 있는 아브라함과 함께 복을 받느니라"** (갈 3:6~9).

아브라함이 하나님을 믿으매 그것을 그에게 의로 정하셨다 함과 같다고 말합니다. 갈라디아서는 '로기조마이'를 '정하다'로 번역하였습니다. 하나님은 아브라함의 믿음을 의라고 정하셨습니다. 그런즉 믿음으로 말미암은 자들은 아브라함의 자손인 줄 알라고 말합니다. 할례자든 무할례자든 믿음으로 말미암은 자들은 모두 아브라함의 자손입니다.

바울은 하나님께서 모든 이방을 믿음으로 말미암아 의로 정하실 것을 성경이 미리 알고 아브라함에게 복음을 전했다고 말합니다. 하나님께서는 모든 이방을 믿음으로 말미암아 의로 정하실 것을 미리 정하셨습니다. 그 복음은 모든 이방인이 너로 말미암아 복을 받으리라는 말씀이었습니다.

모든 이방이 아브라함처럼 믿음으로, 아브라함과 함께 복을 받을 것입니다. 이는 로마서의 말씀과 같습니다. 로마서는 무할례시에 믿음으로 의를 얻은 아브라함이 믿음으로 말미암는 자들의 조상이 되었다고 말씀하고, 갈라디아서는 믿음으로 말미암는 자들은 아브라함의 자손이라고 말합니다. 즉 로마서는 조상을 말하고 갈라디아서는 자손을 말합니다. 이제 나타난 하나님의 의는 믿음의 조상 아브라함과 그의 자손에게 동일하게 적용되는 믿음의 원리입니다.

2. 믿음으로 말미암은 상속자(롬 4:13~16)

1) 세상의 상속자가 되는 언약은 오직 믿음의 의로

13절 아브라함이나 그 후손에게 세상의 상속자가 되리라고 하신 언약은 율법으로 말미암은 것이 아니요 오직 믿음의 의로 말미암은 것이니라

앞 절들에서 아브라함의 의에 대해 말한 바울은 이제 아브라함이나 그의 후손에게 세상의 상속자가 되리라고 하신 언약을 언급합니다. 바울은 "세상의 상속자"라고 말합니다. 아브라함의 언약에서 땅은 처음부터 말씀하신 내용이었습니다. 아브라함과 그의 후손이 가나안 온 땅의 상속자가 될 것입니다(창 13:14,15, 15:16~21, 17:8). 하나님은 가나안 땅을 아브라함의 자손 이스라엘에게 주셨습니다. 그리고 그들은 다윗과 솔로몬 시대에 번성하였습니다. 그러므로 그들은 보이는 세상의 상속자였습니다.

그런데 바울은 세상의 상속자가 되리라는 그 언약은 율법으로 말미암은 것이 아니라 오직 믿음의 의로 말미암은 것이라고 말합니다. 바울은 "오직 믿음의 의로 말미암는 상속자"를 말합니다. 성경은 믿음의 의로 말미암는 상속자에게 주시는 다른 세상을 말씀합니다.

> **"그들이 나온 바 본향을 생각하였더라면 돌아갈 기회가 있었으려니와 그들이 이제는 더 나은 본향을 사모하니 곧 하늘에 있는 것이라 이러므로 하나님이 그들의 하나님이라 일컬음 받으심을 부끄러워하지 아니하시고 그들을 위하여 한 성을 예비하셨느니라"(히 11:15,16).**

믿음의 조상 아브라함과 이삭, 야곱에 대한 말씀입니다. 그들은 약속을 멀리서 보고 환영하며 본향 찾는 자로 살았습니다. 그들이 나온 곳을 본향이라고 생각했다면 돌아갈 기회가 있었지만, 그들은 그러지 않았습니다. 그들은 더 나은 본향인 하늘에 있는 것을 사모했다고 말씀합니다. 그래서 하나님께서는 그들의 하나님이라 일컬음 받는 것을 부끄러워하지 아니하시고 그들을 위해 한 성을 예비하셨다고 말씀합니다. 그들에게 약속하신 땅은 하늘의 성 새 예루살렘이었고, 그들은 믿음으로 그것을 사모하며 바라보았습니다. 그러므로 새 예루살렘에 대한 상속자임을 알 수 있습니다. 그들은 하나님의 유업의 상속자입니다.

그리고 그 상속자는 율법이 아니라 오직 믿음의 의를 가진 아브라함의 자녀에게 주시는 유업입니다. 그러므로 아브라함이나 그 후손에게 세상의 상속자가 되리라고 하신 언약은 율법으로 말미암은 것이 아니요 오직 믿음의 의로 말미암은 것입니다. 그런데 유대인들이 생각하듯이 율법에 속한 자가 상속자라면 그 약속은 어떻게 되겠는가에 대한 말씀이 이어집니다.

2) 만일 율법에 속한 자들이 상속자라면?

14절 만일 율법에 속한 자들이 상속자이면 믿음은 헛것이 되고 약속은 파기되었느니라

바울은 만일 율법에 속한 자들이 상속자이면 믿음은 헛것이 되고 약속은 파기되었다고 말합니다. 하나님은 아브라함과 약속하셨고 아브라함은 그것을 믿었습니다. 하나님은 그 믿음을 의로 여기셨고, 아브라함과 그 후손이 세상의 상속자가 될 것을 말씀하셨습니다. 그런데 만일 율법에 속한 자들이 상속자가 되게 하신다면 하나님을 믿는 그 믿음은 헛것이 되고 아브라함과의 약속은 무용지물이 될 것입니다.

"형제들아 내가 사람의 예대로 말하노니 사람의 언약이라도 정한 후에는 아무도 폐하거나 더하거나 하지 못하느니라…내가 이것을 말하노니 하나님께서 미리 정하신 언약을 사백삼십 년 후에 생긴 율법이 폐기하지 못하고 그 약속을 헛되게 하지 못하리라 만일 그 유업이 율법에서 난 것이면 약속에서 난 것이 아니리라 그러나 하나님이 약속으로 말미암아 아브라함에게 주신 것이라"(갈 3:15, 17, 18)

사람의 언약이라도 정한 후에는 아무도 폐하거나 더하거나 하지 못합니다. 그런데 아브라함의 언약은 하나님께서 맹세하고 세우신 하나님의 언약입니다. 그러므로 아브라함과 언약의 약속을 주시고 430년 후에 생긴 율법이 하나님께서 미리 정하신 언약을 폐기하지 못하고 그 약속을 헛되게 하지 못한다고 말합니다. 만일 아브라함에게 말씀하신 그 유업이 율법에서 난 것이면 약속에서 난 것이 아니라고 말합니다. 그러나 하나님은 율법이 아니라 약속으로 아브라함에게 주셨습니다. 다음 절에서는 왜 율법에 속한 자들이 상속자가 될 수 없는지 말씀합니다.

15절 율법은 진노를 이루게 하나니 율법이 없는 곳에는 범법도 없느니라

그것은 율법은 진노를 이루게 하기 때문입니다. 율법이 없는 곳에는 죄를 죄로 여기지 않기 때문에 범법도 없습니다(롬 5:13). 즉 율법이 있으면 범법이 있게 되기 때문에 진노를 이룹니다. 이 말씀은 3장에서도 말씀한 내용입니다. 율법은 죄를 깨닫게 하여 온 세상의 입을 막고 하나님의 심판 아래 있게 합니다. 타락한 육신을 가진 사람은 아무도 율법 책에 기록된 대로 모든 일을 항상 행하지 못하기 때문입니다(롬 3:19, 갈 2:16). 즉 율법으로 상속자가 된다면 아무도 상속자가 될 수 없게 됩니다. 그러므로 하나님은 어떻게 하셨습니까?

3) "상속자가 되는 그것이 은혜에 속하기 위하여 믿음으로 되나니"

16절 그러므로 상속자가 되는 그것이 은혜에 속하기 위하여 믿음으로 되나니 이는 그 약속을 그 모든 후손에게 굳게 하려 하심이라

율법에 속한 자에게뿐만 아니라 아브라함의 믿음에 속한
자에게도 그러하니 아브라함은 우리 모든 사람의 조상이라

상속자가 되는 그것이 은혜에 속하기 위하여 믿음으로 된다고 말씀합니다. 율법 행위로 일하지 않고 죄가 사함을 받는 것은 보수가 아니라 은혜입니다. 율법으로 이룰 수 없기 때문에, 그러므로 하나님은 상속자가 되는 것이 은혜에 속하기 위해 믿음으로 되게 하셨습니다.

다시 이유를 말씀합니다. 그 이유는 아브라함의 약속을 그 모든 후손에게 굳게 하려 하심입니다. "굳게하려"는 헬라어 '안정된', '확고한', '확실한'의 뜻을 가진 '베바이오스'와 '존재하다'의 뜻을 가지 '에이나이'가 사용되었습니다. 즉 아브라함의 약속을 안정되게 확실하게 존재하게 하시려고 은혜에 속하게 하셨다는 말씀입니다. 율법은 진노의 심판을 만들어내기 때문에 은혜로 주어지지 않으면 아무도 상속자가 될 수 없습니다. 그러므로 하나님은 은혜에 속하기 위하여 믿음의 법으로 되게 하셨습니다. 일을 아니할지라도 경건하지 않은 자의 믿음을 의롭다고 하시는 복입니다. 그렇게 해야만 아브라함과의 약속이 후손에게 이루어질 것이기 때문입니다.

그리고 그것은 율법에 속한 자에게도 아브라함의 믿음에 속한 자에게도 그러하다고 말합니다. 유대인이나 이방인이나 동일합니다. 그러므로 아브라함 모든 사람의 조상이라고 다시 말씀합니다. 율법에 속한 자도, 아브라함의 믿음에 속한 자도 믿음의 조상 아브라함처럼 믿음으로입니다. 그러므로 그는 우리 모든 사람의 조상입니다.

3. 많은 민족의 조상 아브라함의 믿음(롬 4:17~22)

1) 그가 믿은 하나님과 하나님의 목적

17절 기록된 바 내가 너를 많은 민족의 조상으로 세웠다 하심과
   같으니 그가 믿은 바 하나님은 죽은 자를 살리시며 없는 것을
   있는 것으로 부르시는 이시니라
18절 아브라함이 바랄 수 없는 중에 바라고 믿었으니 이는 네 후손이
   이같으리라 하신 말씀대로 많은 민족의 조상이 되게 하려
   하심이라

17절은 앞 절과 연결되는 말씀입니다. 그는 우리 모든 사람의 조상입니다. 그것은 성경에 기록된 것처럼 "너를 많은 민족의 조상으로 세웠다" 하심과 같습니다.

"보라 내 언약이 너와 함께 있으니 너는 여러 민족의 아버지가 될지라 이제 후로는 네 이름을 아브람이라 하지 아니하고 아브라함이라 하리니 이는 내가 너를 여러 민족의 아버지가 되게 함이니라"(창 17:4,5).

하나님의 언약이 아브라함과 함께 있습니다. 그 언약을 통하지 않고는 어떤 사람도 하나님께로 바로 갈 수 없습니다. 그러므로 그는 여러 민족의 아버지가 될 것입니다. 하나님은 '아브람'을 '아브라함'으로 즉 '무리의 아버지, 열국의 아버지'로 부르십니다. 그리고 이것은 하나님께서 아브라함으로 여러 민족의 아버지가 되게 하시기 위함이라고 말씀합니다. 즉 그의 이름을 열국의 아버지로 바꿔 주신 것은 그로 여러 민족의 아버지가 되게 하시기 위함이라는 말씀입니다. 또한 '사래'의 이름은 '사라'로 바꿔

주셨습니다. 그가 아들을 낳을 것이고 여러 민족의 어머니가 되게 하심으로 민족의 여러 왕이 그에게서 나올 것을 말씀합니다(창 17:15,16).

그들의 이름은 '아브라함'과 '사라'입니다. 하나님은 자손이 없는 그들을 열국의 아비 열국의 어미로 부르셨습니다. 그것은 그의 자손이 하늘의 별과 같고 바닷가의 모래 같을 것이라는 말씀대로 많은 민족의 조상이 되게 하려 하심이라고 말씀하였습니다. 이것이 창세기에서 말씀하시는 하나님의 목적입니다. 하나님은 그를 많은 민족의 조상이 되게 하려 하셨습니다.

"그가 믿은 바 하나님은"이라고 말합니다. 다음은 아브라함이 믿은 하나님입니다. 그는 하나님을 죽은 자를 살리시며 없는 것을 있는 것으로 부르시는 이로 믿었다고 말합니다. 그는 자손이 없지만 많은 민족의 조상으로 부르시는 하나님을 믿었습니다. 또한 죽은 자를 살리시는 하나님으로 믿었습니다. 이 말씀은 창세기 22장의 일을 말씀하는 히브리서의 기록에서 찾을 수 있습니다.

"아브라함은 시험을 받을 때에 믿음으로 이삭을 드렸으니 그는 약속들을 받은 자로되 그 외아들을 드렸느니라 그에게 이미 말씀하시기를 네 자손이라 칭할 자는 이삭으로 말미암으리라 하셨으니 그가 하나님이 능히 이삭을 죽은 자 가운데서 다시 살리실 줄로 생각한지라 비유컨대 그를 죽은 자 가운데서 도로 받은 것이니라"(히 11:17~19).

아브라함은 시험을 받을 때에 믿음으로 이삭을 드렸다고 말씀합니다. 그는 하나님으로부터 약속들을 받은 자였지만 그의 외아들을 드렸습니다. 그의 외아들을 죽이면 그에게 주신 약속은 이루어질 수 없습니다.

그러나 그는 하나님께서 이미 그에게 네 자손으로 칭할 자는 이삭으로 말미암으리라고 말씀하셨으므로 하나님께서 능히 그를 죽은 자 가운데서 다시 살리실 것으로 생각했다고 말씀합니다.

그는 이삭을 죽일지라도 하나님께서 그를 다시 살리셔서 약속을 이루실 것이라고 생각했다는 것입니다. 아브라함은 하나님을 죽은 자를 살리시는 분으로 믿었습니다. 비유컨대 아브라함은 그를 죽은 자 가운데서 도로 받은 것이라고 말씀합니다. 그는 이삭을 죽은 자 가운데서 도로 받았습니다. 그는 하나님을 죽은 자를 살리시며 없는 것을 있는 것으로 부르시는 이로 믿었습니다.

18절은 그는 바랄 수 없는 중에 바라고 믿었다고 말씀합니다. 그리고 그것은 "네 후손이 이같으리라 하신 말씀대로 많은 민족의 조상이 되게 하려 하심"이라고 말합니다. 바랄 수 없는 중에 바라고 믿었는데 그것은 그로 많은 민족의 조상이 되게 하기 위함이라는 것입니다. 바울도 동일하게 하나님의 목적을 말씀합니다. 하나님은 아브라함으로 많은 민족의 조상이 되게 하려 하셨습니다.

2) 바랄 수 없는 중에 바라고 믿는 믿음은 어떤 믿음입니까?

19절 그가 백 세나 되어 자기 몸이 죽은 것 같고 사라의 태가 죽은 것 같음을 알고도 믿음이 약하여지지 아니하고
20절 믿음이 없어 하나님의 약속을 의심하지 않고 믿음으로 견고하여져서 하나님께 영광을 돌리며
21절 약속하신 그것을 또한 능히 이루실 줄을 확신하였으니
22절 그러므로 그것이 그에게 의로 여겨졌느니라

19절부터 22절은 하나의 문장입니다. 바울은 아브라함은 백 세나 되어 자기 몸이 죽은 것 같고, 사라의 태가 죽은 것 같음을 알고도 하나님의 약속에 대하여 불신앙으로 의심하지 않았다고 말합니다. 그는 바랄 수 없는 중에 있습니다. 하지만 그는 믿음이 더 견고하여져서 하나님께 영광을 돌리고 약속하신 그것을 이루실 것을 확신하였다고 말합니다.

'확신하였으니'는 '플레로포레오'입니다. 이 단어는 '플레레스(가득찬, 완전한)'와 '포레오(간직하고 있다)'에서 유래된 말로, 뜻은 '완전히 확신하다', '확실히 믿다', '완전히 알다' 등입니다. 그는 하나님께서 약속하신 것을 능히 이루실 것을 완전히 알고 확실하게 믿었습니다. 이것이 성경이 말씀하는 믿음입니다. 하나님의 말씀을 마음에 가득하게 간직하여 완전히 확신하는 것입니다.

> **"믿음으로 사라 자신도 나이가 많아 단산하였으나 잉태할 수 있는 힘을 얻었으니 이는 약속하신 이를 미쁘신 줄 알았음이라"**(히 11:11).

이 말씀은 사라의 믿음에 대한 말씀입니다. 그는 나이가 많아 더 이상 아이를 가질 수 없습니다. 그러나 잉태할 수 있는 힘을 얻었는데, 그것은 그가 약속하신 하나님을 믿었기 때문이라고 말합니다.

그들은 자식도 없고 나이 많아 바랄 수 없는 중에도 자신들을 '열국의 아비', '열국의 어미'로 하나님처럼 없는 것을 있는 것같이 부르고 믿었습니다. 자기 몸이 죽은 것 같고 사라의 태가 죽은 것 같음을 알고 있었지만, 자신을 아브라함이라 그의 아내를 사라라 불렀습니다. 사라의 뜻으로는 '여주인, 젊은 부인'이라는 의미도 있습니다. 다른 사람 앞에서 자신들의 이름은 아브라함과 사라라고 말하였습니다. 다른 사람도 그들을 그렇게 불렀습니다. 그들은 하나님의 약속을 의심하지 않았고 믿음으로 견고하여졌습니다. 그들은 하나님께 영광을 돌리며 약속하신 그것을 또한 능히 이루실 줄을 완전히 확신하였습니다. 이것이 아브라함의 믿음입니다. 바랄 수 없는 중에 바라고 하나님의 말씀대로 말하여 이르는 믿음입니다. 그는 하나님의 말씀을 마음에 가득히 간직하였습니다. 그는 하나님께서 능히 이루실 것을 완전히 확신하였습니다. 그러므로 그런 믿음이 그에게 의로 여겨졌다고 말씀합니다.

4장에서 가장 많이 쓰인 단어는 '로기조마이'입니다. 3절에서 '로기조마이'는 단순히 의로 여겨지는 차원의 말씀이 아니고 인정하여 목록에 작성한다는 의미가 있다고 하였습니다. 그러하다고 정해지는 것을 의미합니다.

정말 중요한 것은 이 단어와 함께 사용된 "의로"라는 말입니다. "의로"는 3절과 5절, 9절과 22절에서 모두 '의'를 말하는 '디카이오쉬네'와 도달됨을 의미하는 '에이스'가 사용되었습니다. '디카이오쉬네'와 '에이스'가 함께 쓰인 경우는 "믿는 자에게 미치는 하나님의 의"(롬 3:22)와, "마음으로 믿어 의에 이르고"(롬 10:10)입니다. 두 말씀에서 모두 믿어서 '미치게', '이르게' 되는 의를 말씀합니다. 그러므로 이 구절도 동일하게 보아야 합니다. 믿음으로 의에 이름을 말씀합니다. 즉 믿음으로 도달하는 의입니다. 그리고 하나님은 그것을 인정하여 기록하십니다. 그것은 믿음으로 된 의입니다(롬 4:11).

아브라함의 믿음이 의로 여겨진 것은 4장 앞에서 말씀하신 내용이었습니다. 그가 하나님을 믿으니 그것을 의에 이른 것으로 인정하셨습니다(3절). 그리고 그것은 무할례시에 있었던 일입니다(10절). 그런데 백 세나 되어서 불가능한 상황에서 의심하지 않고 굳건하게 믿은 것이 그로 의에 이른 것으로 여겨짐을 다시 말씀합니다. 그렇다면 3절과 22절에서 말씀하는 의미가 다를 것입니다.

"우리 조상 아브라함이 그 아들 이삭을 제단에 바칠 때에 행함으로 의롭다 하심을 받은 것이 아니냐 네가 보거니와 믿음이 그의 행함과 함께 일하고 행함으로 믿음이 온전하게 되었느니라 이에 성경에 이른 바 아브라함이 하나님을 믿으니 이것을 의로 여기셨다는 말씀이 이루어졌고 그는 하나님의 벗이라 칭함을 받았나니"(약 2:21~23)

대부분 이 말씀은 로마서의 말씀과 다르다고 생각합니다. 그러나 이 말씀은 22절의 말씀과 같습니다. 그가 믿음의 행동을 하였고 그 믿음이 의에 이른 것으로 인정받았다는 말씀입니다. 믿음은 행동입니다. 믿는 자는 행동하게 되어있습니다. 야고보서는 설명합니다. 그의 순종의 행함으로 그의 믿음이 온전하게 되었다고 말씀합니다. 그것은 아브라함이 하나님을 믿으매 의로 여기셨다는 말씀이 이루어졌다고 말합니다.

처음에 하나님을 믿으니 그것을 의에 이르렀다고 하셨습니다. 그러나 그의 순종의 행위가 그 말씀을 이루어지게 하였습니다. 복음에는 하나님의 의가 나타나서 믿음에서 믿음에 이르게 합니다. 처음 주님을 믿음으로 하나님의 의에 이릅니다. 그러나 의인은 계속 믿음으로 삽니다. 로마서 8장은 영을 따라 살 것을 말씀합니다. 말씀이 영이고 생명입니다. 아브라함처럼 하나님의 말씀을 마음에 가득 채워 완전히 확신하는 믿음에 이릅니다. 그의 믿음은 아브라함처럼 견고해집니다.

4. 의로 여기심을 받을 우리도 위함(롬 4:23~25)

1) 그에게 의로 여겨졌다 기록된 것은 의로 여기심을 받을 우리도 위함

23절 그에게 의로 여겨졌다 기록된 것은 아브라함만 위한 것이 아니요
24절 의로 여기심을 받을 우리도 위함이니 곧 예수 우리 주를 죽은 자
가운데서 살리신 이를 믿는 자니라

바울은 이제 아브라함을 의로 여겨졌다 기록된 것은 아브라함만 위한 것이 아니라 의로 여기심을 받을 우리도 위함이라고 말합니다. 그의 믿음이 그에게 의에 이르렀다고 여겨진 것은 또한 아브라함처럼 믿음으로 의에 이르게 될 우리도 위함입니다. 우리는 그의 자손이기에 똑같은 방법으로 의에 이릅니다.

그러나 그의 순종으로 이룬 의는 아브라함의 약속을 굳건하게 하였습니다. 앞에서 나눈 것처럼 창세기 22장에는 아브라함의 또 다른 믿음과 순종이 있습니다. 그런데 그 믿음과 순종이 아브라함과 우리를 위한 위대한 길을 열었습니다. 그 부분을 살펴보겠습니다.

> **"여호와께서 이르시기를 내가 나를 가리켜 맹세하노니 네가 이같이 행하여 네 아들 네 독자도 아끼지 아니하였은즉 내가 네게 큰 복을 주고 네 씨가 크게 번성하여 하늘의 별과 같고 바닷가의 모래와 같게 하리니 네 씨가 그 대적의 성문을 차지하리라 또 네 씨로 말미암아 천하 만민이 복을 받으리니 이는 네가 나의 말을 준행하였음이니라 하셨다 하니라"(창 22:16~18).**

하나님은 하나님 자신을 가리켜 맹세합니다. 하나님은 아브라함에게 큰 복을 주실 것을 말씀합니다. 그의 씨가 크게 번성하여 하늘의 별과 같고 바닷가의 모래와 같게 하실 것을 말씀합니다. 그의 씨가 그 대적의 성문을 차지할 것을 말씀합니다. 또 그의 씨를 통하여 천하 만민이 복을 받을 것을 말씀합니다. 하나님께서 말씀하신 언약의 내용들은 육신의 씨인 이스라엘에서도 이루어졌습니다. 그러나 하나님은 그것보다 위대한 약속을 하고 계십니다.

하나님께서 아브라함에게 말씀하신 약속들은 아브라함과 그 자손에 대한 말씀이었습니다(창 13:15, 17:8). 그런데 하나님은 자손들이라고 하지 않으시고 자손 즉 씨라고 말씀하셨습니다. 그 씨는 오직 한 사람 그리스도입니다(갈 3:16). 아브라함과의 언약은 아브라함과 그리스도에 대한 말씀이었습니다.

하나님께서는 맹세하면서 약속하시는 이유를 두 번 말씀합니다.

"네가 이같이 행하여 네 아들 네 독자도 아끼지 아니하였은즉"(16절),

"이는 네가 나의 말을 준행하였음이니라(18절)"

아브라함이 아들을 바치라는 말씀에 순종하였기 때문에 일어나는 일입니다. 그러므로 아브라함이 순종하였기 때문에 그 씨를 보내실 수 있게 되었음을 알 수 있습니다. 그의 순종의 행동으로 이제 하나님은 아브라함이 자식을 아끼지 않고 바친 것처럼 인류를 위하여 독생자를 아끼지 않고 내주실 수 있게 되었습니다. 아브라함의 언약이 예수 그리스도께서 오셔서 이루실 구속의 길을 열었습니다. 이 사건으로 하나님과 아브라함의 언약은 확정되었습니다.

아브라함은 큰 복을 받아 모든 믿는 자의 조상이 되었습니다. 하나님은 그의 씨가 크게 번성하여 하늘의 별과 같고, 바닷가의 모래와 같게 하셨습니다. 예수님은 그 대적의 성문을 차지하셨습니다. 예수님을 통하여 천하 만민이 복을 받고 있습니다. 아브라함의 언약은 예수 그리스도께서 오실 길을 예비하였습니다. 그러므로 아브라함의 언약은 그의 씨인 그리스도의 언약으로 이어집니다.

"하나님이 아브라함에게 약속하실 때에 가리켜 맹세할 자가 자기보다 더 큰 이가 없으므로 자기를 가리켜 맹세하여 이르시되 내가 반드시 너에게 복 주고 복 주며 너를 번성하게 하고 번성하게 하리라 하셨더니 그가 이같이 오래 참아 약속을 받았느니라 사람들은 자기보다 더 큰 자를 가리켜 맹세하나니 맹세는 그들이 다투는 모든 일의 최후 확정이니라 하나님은 약속을 기업으로 받는 자들에게 그 뜻이 변하지 아니함을 충분히 나타내시려고 그 일을 맹세로 보증하셨나니 이는 하나님이 거짓말을 하실 수 없는 이 두 가지 변하지 못할 사실로 말미암아 앞에 있는 소망을 얻으려고 피난처를 찾은 우리에게 큰 안위를 받게 하려 하심이라"(히 6:13~18).

아브라함이 이삭을 바쳤을 때 하나님은 맹세하여 "내가 반드시 너에게 복 주고 복 주며 너를 번성하게 하고 번성하게 하리라"라고 말씀하셨습니다. 그리고 그가 이같이 오래 참아 약속을 받았다고 말씀합니다. 드디어 그리스도가 오셔서 그 일을 이루셨습니다. 그는 예수 그리스도의 때 볼 것을 즐거워하다가 보고 즐거워하였다고 예수님께서도 말씀하셨습니다(요 8:56). 그는 오래 참아 약속을 받았습니다.

이제 하나님의 맹세에 대해 설명합니다. 맹세는 모든 다투는 일의 최후 확정으로 자기보다 큰 자를 가리켜 맹세하는 데 하나님은 자기보다 더 큰 자가 없으므로 자기를 가리켜 맹세하셨다고 말씀합니다. 하나님은 아브라함과의 약속이 그 받는 자들에게 변하지 아니함을 충분히 나타내시려고 맹세로 보증하셨다고 말씀합니다. 본래 하나님은 거짓말을 할 수 없는 분이십니다. 그러나 소망을 얻으려고 피난처를 찾은 우리에게 큰 안위를 받게 하기 위하여 변하지 않는 두 가지 약속과 맹세로 보증하셨습니다. 아브라함의 언약은 하나님의 약속과 맹세의 언약입니다.

그러므로 결코 그 뜻이 변할 수 없습니다.

하나님은 죽은 자를 살리시는 분으로 믿은 아브라함의 믿음을 통하여 예수 그리스도를 이 땅에 보내실 수 있게 되었습니다. 하나님은 없는 것을 있는 것으로 부르시는 분으로 믿은 그의 믿음을 통하여 이삭을 주심으로 예수 그리스도의 계보를 이어오게 하셨습니다. 그의 믿음으로 하나님의 언약을 이루어 예수 그리스도를 보내셔서 믿음으로 말미암는 의를 이루실 수 있게 되었습니다. 그것은 아브라함만 위한 것이 아니라 믿음으로 의에 이를 우리도 위함입니다.

우리는 누구입니까? 우리는 예수 우리 주를 죽은 자 가운데서 살리신 하나님을 믿는 자들입니다. 우리의 믿음도 아브라함과 같습니다.

하나님은 양들의 큰 목자장이신 우리 주 예수를 영원한 언약의 피로 죽은 자 가운데서 이끌어 내셨습니다(히 13:20). 하나님의 능력이 그 안에서 역사하사 죽은 자들 가운데서 그분을 살리셨고 하늘에서 자기의 오른편에 앉히셨습니다(엡 1:20). 우리는 예수님을 죽은 자 가운데서 살리시고 영광을 주신 하나님을 그리스도를 통하여 믿는 자들입니다. 하나님은 우리의 믿음과 소망이 하나님께 있게 하셨습니다(벧전 1:21).

이제 그분의 백성이 아닌 자, 사랑하지 아니한 자를 "내 백성이라", "사랑한 자라", "살아계신 하나님의 아들이라" 부르십니다. 우리는 그 부르시는 분을 믿는 자들입니다. 우리도 아브라함처럼 하나님을 죽은 자를 살리시고 없는 것을 있는 것으로 부르시는 분으로 믿는 자들입니다.

2) "예수는 … 우리를 의롭다 하시기 위하여 살아나셨느니라"

25절 예수는 우리가 범죄한 것 때문에 내줌이 되고 또한 우리를

의롭다 하시기 위하여 살아나셨느니라

 그것은 예수님께서 하신 일 때문입니다. 이 말씀은 그리스도로 말미암아를 말하는 5장으로 이어주는 말씀입니다. 예수님은 우리가 범죄한 것 때문에 내줌이 되고 또한 우리를 의롭다 하시기 위하여 살아나셨습니다.

 하나님께서는 우리가 범죄함으로 예수님을 화목제물로 내주셨습니다. 아브라함과의 약속에서 말씀하신 대로 아브라함의 씨를 주셔서 십자가에서 죽게 하셨습니다. 그분은 우리를 위하여 준비하신 여호와 이레의 어린 양이셨습니다(창 22:14). 아브라함이 독자 이삭을 아끼지 않은 것처럼(창 22:16), 하나님께서도 그분의 독생자를 아끼지 않고 내주셨습니다(롬 8:32). 이삭이 땔 나무를 지고 간 것처럼 예수님은 십자가를 지고 가셨고, 이삭이 아브라함의 마음에 삼 일 길을 가는 동안 죽었던 것처럼 예수님은 삼 일 동안 죽음에 머물러 계셨습니다. 예수님께서 우리 대신 심판을 당하셨습니다.

 그리고 그분은 또한 우리를 의롭다 하기 위하여 살아나셨습니다. "의롭다 하시기"는 헬라어 '디카이오시스'가 사용되었습니다. 뜻은 '면죄', '의롭게 함'이라고 정의합니다. 그분은 우리의 죄를 없애고 의롭게 하시기 위하여 살아나셨습니다. 만약 우리를 위해 죽으신 분이 살아나지 못하였다면 우리 죄가 사해진 것을 믿을 수 없습니다. 그러나 그분은 죽음에서 살아나셨습니다.

 하지만 그분이 살아나신 것만으로는 우리를 의롭게 하실 수 없습니다. 이스라엘에서 동물의 제사는 제물에게 죄를 전가하고 죽이는 것으로 끝나지 않았습니다. 모든 제사에서 피는 제단에 뿌려야 했습니다. 하나님은 피를 제단에 뿌려 그들의 생명을 위하여 속죄하게 하였다고 말씀하셨습니다(레 17:11). 그리고 피를 뿌리는 일은 제사장이 행해야 했습니다. 예수님께서도 십자가에 죽으신 것 즉 피 흘리신 것으로 제사가 이루어진 것이 아니었습니다. 히브리서는 예수 그리스도의 제사를 설명합니다.

"그리스도께서는 장래 좋은 일의 대제사장으로 오사 손으로 짓지 아니한 것 곧 이 창조에 속하지 아니한 더 크고 온전한 장막으로 말미암아 염소와 송아지의 피로 하지 아니하고 오직 자기의 피로 영원한 속죄를 이루사 단번에 성소에 들어가셨느니라"(히 9:11,12).

그리스도께서는 장래 좋은 일 즉 새 언약의 대제사장으로 오셔서 더 크고 온전한 장막으로 말미암아 염소와 송아지의 피로 하지 아니하고 오직 자기의 피로 오직 한 번의 제사로 영원한 속죄를 이루셨습니다. 예수님은 죽음의 고난을 받으심으로 영원히 온전하게 되심으로 멜기세덱의 반차를 따른 영원한 대제사장이 되셨습니다(히 5:8~10). 그분이 뿌린 피는 흠 없으신 그분 자신의 피였습니다. 그분이 들어가신 성소는 참 것인 더 크고 온전한 장막 즉 하늘에 있는 성소였습니다.

예수님의 한 번의 제사가 우리를 영원히 거룩하게 하셨고 영원히 온전하게 하셨습니다(히 10:10,14). 모형과 그림자로 주셨던 구약의 제사가 아니라 하나님께서 처음부터 계획하신 제사가 이루어졌습니다. 그러므로 이제 죄를 위하여 제사 드릴 것이 없다고 말씀합니다(히 10:18). 그분이 죄를 완전히 처리하셨습니다. 그분은 우리를 의롭게 하기 위하여 다시 살아나셔서 영원한 속죄의 제사를 드리셨습니다. 이것보다 위대한 사건은 없습니다. 예수님은 사망과 음부의 열쇠를 가지셨습니다(계 1:18). 그 씨가 대적의 성문을 차지하셨습니다(창 22:17). 그 씨로 천하 만민이 복을 받고 있습니다(창 22:18).

하나님은 범죄한 우리를 위하여 독생자를 내주셨고 우리를 의롭게 하시기 위하여 그분을 살리셨습니다! 하나님은 그 피를 믿는 믿음을 의라고 정하셨고 그분처럼 영으로 살게 하셨습니다. 복음에는 하나님의 의가 나타납니다.

요약

아브라함은 믿음으로 의를 얻었습니다. 그가 할례의 표를 받은 것은 무할례시에 받은 믿음의 의를 인친 것입니다. 그것은 무할례자로서 모든 믿는 자의 조상이 되어 그들도 믿음으로 의를 얻게 하심입니다. 할례자나 무할례자나 그와 동일하게 믿음으로 의를 얻게 하셨습니다. 그러므로 아브라함은 우리 모든 사람의 조상입니다. 만약 율법으로 상속자가 된다면 믿음은 헛것이고 약속은 무용지물이 됩니다. 그러므로 하나님은 그 약속을 확실하게 하시려고 상속자가 되는 것이 은혜에 속하는 믿음으로 되게 하셨습니다.

아브라함은 하나님을 죽은 자를 살리시며 없는 것을 있는 것으로 부르시는 분으로 믿었습니다. 그것은 아브라함만이 아니라 예수님을 죽은 자 가운데서 살리신 하나님을 믿는 우리를 위함입니다.

Ⅲ. 의의 결과 그리스도로 말미암아 누리는 화평(롬 5:1~11)

4장에서 믿음의 조상 아브라함을 통하여 오직 믿음으로 의롭게 됨을 말씀한 3장의 말씀을 확증하였습니다. 조상인 아브라함과 그의 자손인 우리가 같은 방법으로 의를 얻게 됩니다. 5장 앞부분은 믿음으로 의롭게 된 자들이 그 결과 예수 그리스도로 말미암아 하나님과 누리는 화평에 대한 말씀입니다.

1. 화평과 자랑(롬 5:1~8)

1) 의롭게 된 자들이 그리스도로 말미암아 누리는 화평과 자랑

1절 우리가 믿음으로 의롭다 하심을 받았으니 우리 주 예수 그리스도로 말미암아 하나님과 화평을 누리자

2절 또한 그로 말미암아 우리가 믿음으로 서 있는 이 은혜에 들어감을 얻었으며 하나님의 영광을 바라고 즐거워하느니라

1절은 의롭다 하심을 받았으므로 예수 그리스도로 말미암아 하나님과 화평을 누릴 것을 말씀합니다. 의롭다 하심을 받은 자들이 예수 그리스도로 말미암아 하나님과 누리는 화평입니다. 그런데 2절은 또한 "그로 말미암아 우리가 믿음으로 서 있는 이 은혜"에 들어감을 얻었다고 말씀합니다. 예수님으로 말미암아 믿음으로 서 있는 이 은혜입니다. 이 말씀에서 은혜는 언뜻 보면 하나님과의 화평으로 보입니다. 그러나 로마서 앞 장들의 내용으로 예수 그리스도로 말미암아 믿음으로 서 있는 이 은혜는 1절의 말씀인 믿음으로 의롭다 하심을 받는 것임을 알 수 있습니다.

개역개정의 난외주는 이 부분을 잘 설명하여 줍니다. 난외주에는 "또는 믿음으로 서 있는 이 은혜에 들어감을 우리로 얻게 하신 우리 주 예수 그리스도로 말미암아 하나님으로 더불어 화평을 누리며 또한 하나님의 영광을 바라고 즐거워하자"라고 기록하였습니다.

4장에서 세상의 상속자가 되는 것을 은혜에 속하게 하기 위하여 믿음으로 되게 하셨다고 말씀하였고, 마지막 절에서 예수님은 우리를 의롭게 하시기 위해 살아나셨다고 말씀하였습니다. 그러므로 이 말씀은 앞장의 말씀에 연결하여 믿음으로 의롭게 된 자들이 이 은혜에 들어감을 얻게 하신 우리 주 예수 그리스도로 말미암아 누리게 되는 화평을 말씀함을 알 수 있습니다. 믿음으로 의롭게 되는, 믿음으로 서 있는 이 은혜입니다. 로마서는 율법의 삶과 대조적 개념으로 믿음의 은혜를 말씀합니다.

5장 1, 2절의 말씀은 앞에서 말씀한 "믿음으로 의롭다 하심을 받았으니"와 앞으로 전개될 "예수 그리스도로 말미암아"가 함께 사용된 구절입니다. 그러므로 먼저 이 말씀들을 살펴보겠습니다.

• "믿음으로 의롭다 하심을 받았으니"의 의미

5장 1절 말씀은 4장 마지막 절과 연결됩니다. 4장 마지막 절에서 예수님은 우리를 의롭다 하시기 위하여 살아나셨다고 말씀하였습니다. 그런데 이 말씀에서 "의롭다 하시기"는 '면죄', '의롭게 함'의 뜻을 가진

'디카이오시스'가 사용되었다고 하였습니다. 예수님은 우리를 의롭게 하시기 위하여 살아나셨습니다. 우리는 의롭게 되었습니다. 그러므로 그 말씀과 연결되는 말씀이라면 "그러므로 우리가 믿음으로 의롭게 하심을 받았으니 …"라고 해야 할 것입니다. 그러나 5장은 "그러므로 우리가 믿음으로 의롭다 하심을 받았으니 …"라고 시작합니다.

"의롭다 하심을 받았으니"는 헬라어 '디카이오오'가 사용되었습니다. 이 단어는 로마서에 13번이 사용되었고 모두 '의롭다 하심'으로 번역되었습니다. 스트롱코드 사전은 이 '디카이오오'를 '의롭다고 간주하다', '의롭고 흠없다', '의롭다', '의롭게 되다' 등으로 정의합니다. 교회는 이 단어를 4장에서 많이 사용된 '로기조마이'와 함께 '의롭다고 간주하다', '의롭다고 여기다'로 받아들여 의롭지 않은데 의롭다고 여긴다는 의미로 이해해 왔습니다. 또한 스트롱 성구 사전에서 '의'를 말하는 '디카이오쉬네'를 '공정', '특히 (기독교인의) 칭의'라고 정의하였습니다. 사전의 정의도 성경적 용어가 아니라 신학적 용어로 해석되었음을 알 수 있습니다. 그러므로 당연하게 받아들여 왔던 부분을 한 번 진지하게 생각해 보았으면 합니다.

보이는 나는 여전합니다. 그러므로 나는 여전히 죄인인데 하나님은 예수님께 대신 형벌을 받게 하셔서 나를 의롭다고 칭하셨다고 생각합니다. 죄인인데 의롭다고 칭함을 받았을 뿐이라는 것입니다. 예수님께서 대신 형벌을 받아 죄가 없어졌다고 성경은 말씀하는데도 나는 여전히 죄인입니다. 믿는 자는 성도라고 하면서도 용서받아 의롭다 함을 받은 죄인이라고 생각합니다.

그 말대로라면 그는 성도가 아닙니다. 거룩한 성도와 죄인은 반대되는 개념입니다. 죄를 제거하는 방법은 착한 일이 아니라 죽음입니다. 그러므로 죄 없으신 예수님께서 우리 대신 죽으셔서 우리 죄를 다 제거하셨는데 그래도 죄인이라면 그건 문제가 있는 것입니다. 죄를 사면받았는데 여전히 죄인으로 불리기 때문입니다.

삯은 보수이기 때문에 보수라고 여깁니다. 삯은 은혜가 아니기 때문에 은혜라고 여겨지지 않습니다. '디카이오오'도 의인이 아닌데 의인이라고 여기는 것이 아닙니다. 하나님께서는 거룩한 성도가 되었기 때문에 의롭다고 하실 수는 있겠지만, 죄인으로 그대로 있는 자를 의롭다고 칭하지는 않으실 것입니다. 하나님은 악인을 의롭다 하지 않겠다고 말씀하셨습니다(출 23:7). 또한 그분은 재판할 때 의인을 의롭다 하고 악인은 정죄하라고 하셨습니다(신 25:1).

우리는 우리가 보좌 앞에 모였다고 찬양도 합니다. 하나님은 죄인을 그냥 의롭다 하셔서 그분 앞에 서게 하지 않으실 것입니다. 빛과 어둠은 함께 할 수 없습니다. 처음 아담처럼 죄 없는 상태가 아니라면 하나님 앞에 설 수 없습니다. 성경은 우리가 빛이라고 말씀합니다. 죄가 없다면, 빛이라면 그는 의로운 자입니다.

'디카이오오'는 '의롭다', '의롭고 흠 없다', '의롭게 되다' 등의 의미가 있습니다. 갈라디아서는 이 단어를 "의롭게 되다"로 번역하였습니다(갈 2:16,17, 3:11). 의롭게 되는 것입니다. 믿는 자는 하나님의 의로 의로워졌습니다. 아브라함이 의인인 것처럼 믿음으로 의에 이른 자는 의인입니다. 육신으로 아브라함의 자손인 이스라엘 사람들이 예수 그리스도를 담보로 드린 동물의 제사로 의인이 될 수 있었습니다. 그렇다면 그리스도께서 오셔서 자신의 피로 온전한 제사를 드리신 지금 그 제사로 말미암아 우리는 더더욱 의인으로 불려야 할 것입니다.

하나님의 아들인 예수 그리스도의 피가 우리를 이 땅에서 의롭게 하지 못하여 죄인인 채로 놔두고 의롭다고 선언할 뿐이라면, 아담을 타락시켜 모든 인류를 죄인으로 만든 사탄의 일이 하나님의 일보다 더 큰 일이 될 것입니다. 사탄은 사람을 의인인 채로 놔두고 불의하게 여겨지게 한 것이 아니기 때문입니다. 그가 사람을 불의하게 했다면, 하나님은 사람을 의롭게 하실 수 있습니다.

의로워진 영역은 보이는 내 몸과 마음이 아닙니다. 우리가 놓친 부분이 바로 그 부분입니다. 바울은 그는 어떤 사람도 육신을 따라 알지 않겠다고 말하였습니다(고후 5:16). 육신이 아닌 다른 영역에 대한 말씀입니다. 성경은 우리가 거듭날 때 다시 태어나는 영역인 영에 대한 것을 말씀합니다. 의는 우리의 본질인 영에 대한 말씀입니다. 그러므로 로마서는 영을 말씀하고 변화 받지 못한 몸과 혼의 영역인 마음을 어떻게 할 것인가에 대해서 말씀합니다. 하나님의 자녀는 아버지처럼 의롭고 아버지처럼 거룩한 자로 태어납니다. 그리고 그 의의 말씀을 경험하는 장성한 분량으로 자라게 됩니다(히 6:13).

• "우리 주 예수 그리스도로 말미암아"

하나님은 의의 문제에서 율법은 진노를 이루기 때문에 은혜에 속하게 하기 위하여 믿음으로 되게 하셨습니다. 그런데 믿음으로 서 있는 그 은혜는 우리를 의롭다 하시기 위하여 살아나신 예수 그리스도로 말미암습니다. 은혜와 진리는 예수 그리스도로 말미암아 온 것입니다(요 1:17).

5장 전체에서 가장 많이 사용되어 중요한 역할을 하는 단어는 "말미암아"입니다. "말미암아"는 헬라어로 '디아'입니다. '디아'는 행위의 통로를 가리키는 기본 전치사로 '통하여', '말미암아', '때문에' 등의 뜻으로 사용되었습니다. 5장 1절에서 11절까지에서는 '디아'는 믿음으로 의롭게 됨으로 그리고 우리 주 예수 그리스도로 말미암아, 그리스도를 통하여,

그리스도 때문에 누리는 화평과 다른 복들에 대해서 말씀하였습니다. 그리고 12절부터 이 단어는 아담으로 말미암아 생긴 결과와 그리스도로 말미암아 생긴 결과를 비교하여 말씀합니다.

이제 본문 말씀을 살펴봅니다. 믿음으로 의롭게 된 자들이 그것을 얻게 하신 우리 주 예수 그리스도로 말미암아 하나님과의 화평을 누릴 것을 말씀합니다. '화평'은 헬라어로 '에이레네'로 '평화, 번영, (다시) 하나가 됨, 고요, 안식'의 뜻이 있습니다. '누리며'는 헬라어 '에코'로 '갖고 있다', '유지하다'의 뜻을 가지고 있는데 능동태입니다. 개역개정 성경의 난외주에는 "또는 화평이 있고"라고 기록되어 있습니다. 우리는 그리스도로 말미암아 하나님과 화평, 다시 하나 됨, 안식이 있습니다.

화평은 의가 회복되었기 때문에 있습니다. 구약의 선지자들을 통하여 우리에게 주신 말씀도 동일합니다. 의의 열매는 화평이고, 의의 결과는 영원한 평안과 안식입니다. 하나님의 백성은 화평하고 안전한 거처, 조용히 쉬는 곳에 있습니다(사 32:17,18). 의와 화평은 함께 갑니다(시 85:10). 그리고 화평은 오직 예수 그리스도로 말미암습니다.

"그는 우리의 화평이신지라 둘로 하나를 만드사 원수 된 것 곧 중간에 막힌 담을 자기 육체로 허시고 법조문으로 된 계명의 율법을 폐하셨으니 이는 이 둘로 자기 안에서 한 새 사람을 지어 화평하게 하시고 또 십자가로 이 둘을 한 몸으로 하나님과 화목하게 하려 하심이라 원수 된 것을 십자가로 소멸하시고 또 오셔서 먼 데 있는 너희에게 평안을 전하시고 가까운 데 있는 자들에게 평안을 전하셨으니 이는 그로 말미암아 우리 둘이 한 성령 안에서 아버지께 나아감을 얻게 하려 하심이라"(엡 2:14~18).

예수님은 우리의 화평이십니다. 이방인과 유대인을 하나를 만드셔서 원수 된 것을 그분의 육체로 허셨습니다. 법조문으로 된 율법을 폐하시고 그 둘을 그분 안에서 화평하게 하셨습니다. 또한 십자가로 하나님과 원수 된 것을 소멸하셔서 그 둘이 한 몸으로 하나님과 화목하게 하셨습니다.

"화목하게 하려"는 헬라어 '아포카탈랏소'로 '전적으로 화해시키다'는 의미가 있습니다. 이 단어는 '아포'와 '화목케 하다'의 뜻을 가진 '카탈랏소'에서 유래되었습니다. '카탈랏소'는 로마서 5장 10절과 11절에 사용되었습니다. 예수님께서는 그분의 피로 우리를 한 몸으로 하나님과 전적으로 화해하게 하셨습니다. 전에는 우리가 하나님과 원수였습니다. 3장에서 모든 사람이 죄를 지어 하나님의 영광에 이르지 못하였다고 말씀하였습니다. 하지만 이제 의가 회복되었으므로 하나님과 화평합니다. 의의 회복은 그 영광에 이르게 하기 위한 것입니다. 이제 유대인과 이방인이 한 성령 안에서 하나님 보좌 앞에 섭니다. 유대인과 이방인이 화평을 누리고 한 몸으로 하나님과 화평을 누립니다. 그 둘이 하나이고 아버지와도 하나입니다. 이제 그리스도를 통하여 하나가 되었습니다. 화평은 오직 예수 그리스도 때문에 있습니다.

그러므로 또한 하나님의 영광을 바라고 즐거워하자고 말씀합니다. "즐거워하느니라"는 헬라어 '카우카오마이'로 '자랑하다', '뽐내다', '칭찬하다', '기뻐하다'의 뜻이 있습니다. 이 단어는 로마서 5장에서 세 번 사용되었습니다(2,3,11절). 믿음으로 의에 이른 자들은 믿음으로 서 있는 이 은혜에 들어감을 우리로 얻게 하신 우리 주 예수 그리스도로 말미암아 하나님과 화평을 누리고 또한 몸으로도 누릴 그 영광을 소망하며 그것을 즐거워(자랑스러워) 합니다.

개역개정은 "즐거워하느니라"하였고, 난외주는 "즐거워하자"라고 하였습니다. 구약에서도 구원받은 백성이 하나님을 향하여 말할 수 없이 기뻐하며 찬양하며 자랑할 것을 말씀하지만, 또한 "기뻐하고 즐거워하라" "찬양하라"라는 말씀도 많이 기록되었습니다. 시와 찬미로, 모든 악기로 연주하며, 춤추며, 노래하며, 외치고, 소리치며. 손을 들고, 무릎 꿇고, 송축하고, 찬송하고, 경배하는 시편의 노래들은 우리의 것입니다.

불의함으로 사탄과 연합되어 있던 우리를 예수 그리스도를 통하여 건져내시고 의롭게 하신 은혜는 하나님을 칭송하고 자랑하고 기뻐 외칠 수밖에 없는 위대한 일입니다. 영원한 형벌을 받아야 할 자가 죄 없다고 사면을 받았는데 어찌 기뻐하지 않고 자랑하지 않을 수 있겠습니까? 우리가 그러합니다. 그런데 그것에 그치지 않고 우리에게는 하나님의 아들과 함께 주시는 영원한 영광이 있습니다. 그러므로 자랑하고, 뽐내고, 칭찬하고, 기뻐합니다.

2) 환난은 그 자랑을 멈추게 하나요?

3절 다만 이뿐 아니라 우리가 환난 중에도 즐거워하나니 이는 환난은 인내를,
4절 인내는 연단을, 연단은 소망을 이루는 줄 앎이로다

바울은 '다만 이뿐 아니라 우리가 환난 중에도 즐거워한다'라고 말합니다. 이 말씀에서도 '카우카오마이'가 사용되었습니다. 환난 중에서도 우리는 하나님을 자랑하고 칭송하고 기뻐합니다. 바울은 이유를 말합니다. 그것은 환난은 인내를, 인내는 연단을, 연단은 소망을 이루는 줄 알기 때문이라고 말합니다. 그는 우리가 그것을 안다고 말합니다. 먼저 환난은 인내를 만들어 냅니다.

"이는 너희 믿음의 시련이 인내를 만들어 내는 줄 너희가 앎이라 인내를 온전히 이루라 이는 너희로 온전하고 구비하여 조금도 부족함이 없게 하려 함이라"(약 1:3,4).

야고보는 믿음의 시련이 인내를 만들어 내는 줄을 너희가 안다고 말합니다. 믿음의 시련인 환난이 그 인내를 만들어 냅니다, 환난과 시련이 없다면 인내할 필요가 없을 것입니다. 그러므로 인내를 온전히 이루라고 말씀합니다. 그리고 그것은 온전하고 구비하여 조금도 부족함이 없게 하려 함이라고 말씀합니다.

두 번째로 바울은 인내는 연단을 만든다고 말합니다. "연단"은 '도키메'로 '시험', '시련을 통한 증명', '증거'등의 뜻이 있습니다. 인내는 믿음의 시련을 통하여 그 믿음을 증명하게 됩니다. 그러므로 야고보가 말한 것처럼 온전하고 구비하여 부족함이 없게 됩니다.

세 번째로 연단은 소망을 이룬다고 말합니다. 믿음이 증명되면 온전하고 구비하게 되면 그런 중에도 보이지 않는 것들의 소망이 이루어집니다. 아브라함처럼 바랄 수 없는 중에 바라고 믿게 됩니다. 환난은 즐겁지 않습니다. 그러나 환난을 통하여 참고 견디는 인내를 통해 견고하게 서게 됩니다.

믿는 자들에게는 고난이 있습니다. 특별히 바울은 복음 때문에 많은 환난을 당했습니다. 그런 중에도 그는 그 복음을 자랑으로 여기고 기뻐하였습니다. 심한 박해와 순교의 자리에서도 많은 사람들이 하나님을 찬양하고 천국을 소망하며 기뻐하였습니다. 그들은 그런 환난 중에도 자랑하고 기뻐할 것이 충분히 있다는 것을 알았습니다. 환난과 고난의 보이는 것은 잠깐이지만, 보이지 않는 영원한 영광으로 그들은 오히려 당당하였습니다. 그 당당함과 그들의 기뻐하는 모습들이 박해자들을 당황게 하였습니다. 환난은 그들의 자랑과 기쁨을 멈추게 할 수 없습니다. 이제 소망에 대한 말씀입니다.

5절 소망이 우리를 부끄럽게 하지 아니함은 우리에게 주신 성령으로 말미암아 하나님의 사랑이 우리 마음에 부은 바 됨이니

6절 우리가 아직 연약할 때에 기약대로 그리스도께서 경건하지 않은 자를 위하여 죽으셨도다

7절 의인을 위하여 죽는 자가 쉽지 않고 선인을 위하여 용감히 죽는 자가 혹 있거니와

8절 우리가 아직 죄인 되었을 때에 그리스도께서 우리를 위하여 죽으심으로 하나님께서 우리에 대한 자기의 사랑을 확증하셨느니라

환난을 통하여 가지는 소망을 말했습니다. 그렇다면 그 소망은 어떠합니까? 바울은 소망이 우리를 부끄럽게 하지 않는다고 말합니다. 환난을 견디면서 가지는 소망이 헛되지 않다고 말합니다. 이유는 우리에게 주신 성령을 통하여 하나님의 사랑이 우리 마음에 부어졌기 때문이라고 말합니다. 그리고 예수 그리스도를 주신 하나님의 사랑을 말합니다.

"부은 바 됨"은 헬라어 '엑케오'가 사용되었습니다. 뜻은 '붓다', '솟아 나오다', '쏟아 내다' 등입니다. '쏟아붓는다'는 의미도 있지만, '쏟아낸다'는 의미도 있습니다. 믿는 자는 그런 사랑을 받은 자이지만, 또한 성령을 통하여 사랑을 쏟아 내는 자들입니다.

어떤 사랑입니까? 우리가 아직 연약할 때에 기약대로 그리스도께서 경건하지 않은 자를 위하여 죽으셨습니다. 하나님을 알지도 못하고 찾지도 못하는 무기력함에 있을 때 그리스도께서 하나님을 경외하지 않는 사악한 우리를 위해 죽으셨습니다.

바울은 의인을 위하여 죽는 자가 쉽지 않고 선인을 위하여 용감히 죽는 자가 혹 있겠지만 우리가 아직 죄인 되었을 때에 그리스도께서 우리를 위하여 죽으심으로 하나님께서 우리에 대한 자기의 사랑을 확증하셨다고 말합니다. 사람은 한 번 죽으면 끝임을 알고 있습니다. 그러므로 의인을 위해서 죽는 것도 쉬운 일이 아닙니다. 또한 나에게 선을 베푼 사람을 위해서 죽는 자가 혹시 있을 수는 있습니다. 그러나 하나님께서는 독생자를 연약한 우리, 범죄자인 우리를 위해 죽게 내주심으로 그분의 사랑을 확증하셨습니다. 10절에서는 하나님과 원수 되었을 때를 말씀합니다. 하나님께서는 의인을 위해서도 선인을 위해서도 하지 않는 일을 하셨습니다.

간혹 사람들은 하나님의 사랑을 어떤 느낌이나 어떤 현상에서 찾으려고 합니다. 그러나 말씀은 말합니다.

"하나님의 사랑이 우리에게 이렇게 나타난 바 되었으니 하나님이 자기의 독생자를 세상에 보내심은 그로 말미암아 우리를 살리려 하심이라 사랑은 여기 있으니 우리가 하나님을 사랑한 것이 아니요 하나님이 우리를 사랑하사 우리 죄를 속하기 위하여 화목 제물로 그 아들을 보내셨음이라"(요일 4:9,10).

하나님의 사랑은 이렇게 나타났습니다. 그리고 사랑은 여기 있습니다. 하나님께서 자기의 독생자를 세상에 보내셨는데 그것은 그를 통하여 우리를 살리기 위함입니다. 우리가 하나님을 사랑한 것이 아닙니다. 오직 "하나님이 우리를 사랑하사"입니다.

하나님께서 죄인으로 무기력한 원수인 우리를 사랑하사 죽음에서 살리기 위하여 그분의 하나뿐인 아들을 보내셔서 우리 죄를 속하기 위해 화목 제물이 되게 하셨습니다. 의인도 선인도 아닌 죄인인 나를 위해 하나님이신 그분이 하나님이신 외아들을 제물로 죽게 하셨습니다. 그렇다면 그것이 사랑이 아니면 무엇이겠습니까?

하나님이 세상을 이처럼 사랑하사 독생자를 주셨습니다. 우리는 말씀을 통하여 하나님이 우리를 사랑하시는 사랑을 알고 믿었습니다(요일 4:16). 느낌도 현상도 아닙니다. 죄인인 나, 원수인 나를 위한 하나님의 사랑은 이렇게 나타났습니다. 하나님의 사랑은 여기 있습니다. 이보다 더 큰 사랑은 없습니다. 더구나 그리스도의 죽음은 단순히 육신의 죽음만이 아니라 하나님과 분리되는 죽음과 죽은 자가 당하는 고난도 포함되어 있습니다. 죄를 알지도 못하시는 그분이, 죄를 그렇게도 싫어하시는 그분이 우리 대신 죄가 되셨습니다(고후 5:21).

요한은 하나님이 우리를 이같이 사랑하셨으므로 우리도 서로 사랑하는 것이 마땅하다고 말합니다(요일 4:11). 하나님은 사랑이십니다. 우리는 성령님을 통하여 그 사랑이신 하나님 안에 거합니다. 그 사랑이 성령님으로 말미암아 우리 안에서 쏟아져 나옵니다. 바울은 그리스도의 사랑이 우리를 강권하신다고 말하였습니다(고후 5;14).

주께서 그러하심과 같이 우리도 이 세상에서 그러합니다. 사랑하는 자는 하나님 안에 있음을 나타냅니다. 그러므로 사랑이 우리에게 온전히 이루어진 것으로 심판 날에 담대함을 가지게 하려 함이라고 말씀합니다(요일 4:17). 그러므로 소망이 우리를 부끄럽게 하거나 실망시킬 수 없습니다.

2. 진노하심에서의 구원과 지금의 자랑(롬 5:9~11)

9절 그러면 이제 우리가 그의 피로 말미암아 의롭다 하심을 받았으니
더욱 그로 말미암아 진노하심에서 구원을 받을 것이니
10절 곧 우리가 원수 되었을 때에 그의 아들의 죽으심으로 말미암아
하나님과 화목하게 되었은즉 화목하게 된 자로서는 더욱 그의
살아나심으로 말미암아 구원을 받을 것이니라

로마서 3장에서는 모든 인류가 율법으로 하나님의 유죄판결 아래 있다고 하였습니다. 그러나 그리스도께서 우리가 아직 죄인 되었을 때에 우리를 위해 죽으심으로 하나님의 사랑을 확증하셨습니다. 그렇다면 모든 인류에게 선언된 하나님의 진노의 심판은 우리에게 어찌 되겠는가를 말씀합니다.

우리는 진노가 아니라 하나님의 쏟아붓는 사랑을 받은 자들입니다. 그렇다면 그리스도의 피로 말미암아 우리가 의롭게 되었으므로 더욱 그리스도로 말미암아 하나님의 진노하심에서 구원을 받을 것이라고 말씀합니다. 진노는 하나님의 진리를 거절한 불의한 자들에게 있습니다(롬 1:18). 우리는 그분의 피로 말미암아 의롭게 되었으므로 그리스도를 통하여 마지막 심판에서도 오히려 더 크게 구원을 받을 것입니다.

그리고 10절에서는 그 이유와 함께 앞에서 말한 것을 다시 설명합니다. 곧 우리가 원수 되었을 때에 그의 아들의 죽으심으로 말미암아 하나님과 화목하게 되었은즉 하나님과 화목하게 된 자로서는 더욱 그의 살아나심으로 말미암아 구원을 받을 것이라고 말합니다.

"화목되다"는 헬라어 '카탈랏소'가 사용되었습니다. '카탈랏소'는 '카타'와

'알랏소'에서 유래된 말인데 '알랏소'는 '다르게 만들다', '변경하다'의 뜻을 가지고 있습니다. 우리는 사탄과 연합되어 본질상 하나님과 원수였습니다. 하나님께서는 그 관계를 변경시키셨습니다. 하나님과 연합하게 하시고 사탄과 원수가 되게 하셨습니다. 우리는 하나님과 하나입니다. 하나님은 예수님으로 말미암아 만물이 자기와 전적으로 화목하게 되기를 기뻐하셨습니다(골 1:20).

그렇게 하나님과 화목된 자라면 하나님과 화목하게 된 자로서는 더욱 그분의 살아나심으로 말미암아 진노에서 구원을 받을 것이라고 말씀합니다. 하나님은 우리를 의롭다 하시기 위하여 그분을 살리셨습니다. 원수가 아니라 화목하게 된 자로서는 오히려 더 많이 그리스도의 살아나심으로 말미암아 하나님의 진노에서 구원을 받을 것입니다. 모든 것이 그리스도로 말미암습니다.

11절 그뿐 아니라 이제 우리로 화목하게 하신 우리 주 예수 그리스도로 말미암아 하나님 안에서 또한 즐거워하느니라

그리고 그것뿐 아니라 이제 우리를 화목하게 하신 우리 주 예수 그리스도로 말미암아(통하여) 하나님 안에서 또한 즐거워한다고 말합니다. 하나님은 그리스도로 말미암아 우리를 자기와 화목하게 하셨습니다(고후 5:18). 예수 그리스도를 통하여 하나님과 전적으로 화목하게 되었습니다. 관계가 변경되어 그분과 하나입니다. 우리는 하나님 안에 있습니다.

이 구절에서도 '카우카오마이'가 사용되었습니다. 우리는 우리를 하나님과 화목하게 하신 예수 그리스도를 통하여 현재 하나님 안에서 자랑하고 칭송하고 기뻐합니다. 사탄과 연합되었던 내가 하나님과 전적으로 화목하게 되어 그분과 하나로 있다는 것보다 놀라운 축복은 없습니다. 지금 우리의 영은 그분의 보좌 앞에서 끊임없는 경배를 드리며 구원을 기뻐합니다.

요약

하나님의 의의 회복의 목적은 하나님과의 화평입니다. 그 안에 모든 축복이 있습니다. 그리고 모든 것이 그리스도로 말미암아 주시는 은혜입니다.

믿음으로 의롭게 된 자들이 예수 그리스도를 통하여 하나님과 화평을 누리고 하나님의 영광을 바라고 자랑하고 하나님을 칭송합니다. 그것뿐만 아니라 우리는 환난 중에도 자랑하며 기뻐합니다. 환난은 오히려 우리에게 소망을 이룹니다. 하나님의 사랑이 우리 안에 부어졌기 때문에 그 소망은 우리를 실망시키지 않습니다. 그리스도께서는 죄인인 우리를 위해 죽으심으로 하나님의 사랑이 확증하셨습니다.

하나님은 예수 그리스도를 통하여 우리와 전적으로 화해하셨습니다. 그러므로 그분의 피로 의롭게 된 자들은 그리스도로 말미암아 더욱 진노하심에서 구원받을 것입니다. 또한 이제도 우리를 화목하게 하신 그리스도로 말미암아 하나님 안에서 자랑하고 기뻐합니다.

ROMANS

God's righteousness that leads only to faith

3부 그리스도와 연합된 우리

Ⅰ. 아담과 그리스도로 말미암아

Ⅱ. 그리스도와 연합된 자의 죄의 문제

Ⅲ. 그리스도와 연합된 자의 율법의 문제

Ⅳ. 그리스도와 연합된 자의 육신의 문제

Ⅴ. 영을 따르는 자가 승리할 수 있는 이유

Ⅰ. 아담과 그리스도로 말미암아(롬 5:12~21)

5장 앞부분에서는 믿음으로 의롭게 된 자들이 예수 그리스도로 말미암아 하나님과 누리는 화평과 화목하게 된 자로서의 자랑과 안전함에 대한 말씀이었습니다. 모든 은혜는 그리스도로 말미암습니다. 5장의 뒷부분은 인류의 두 대표인 아담과 그리스도로 말미암아 인류에게 어떤 일이 있게 되었는가를 말씀합니다.

1. 아담은 오실 자의 모형(롬 5:12~14)

1) 한 사람으로 말미암은 죄와 사망

12절 그러므로 한 사람으로 말미암아 죄가 세상에 들어오고 죄로
말미암아 사망이 들어왔나니 이와 같이 모든 사람이 죄를
지었으므로 사망이 모든 사람에게 이르렀느니라

바울은 "그러므로 한 사람으로 말미암아" 죄가 세상에 들어왔다고 말합니다. 1절에서 언급한 것처럼 '디아'는 12절부터는 '아담'에게도 적용됩니다. 한 사람 아담으로 말미암아, 아담을 통하여, 아담 때문에 무슨 일이 있게 되었는가를 말씀합니다.

이 말씀에서 죄를 나타내는 '하마르티아(죄, 위반)'는 정관사와 함께 단수로 쓰였습니다. 즉 죄가 인격화되었습니다. 우리 안에서 죄로 몰아가는 본질에 대한 말씀입니다.

앞 장들에서는 행위의 죄들을 나열하기도 하고 '하마르티아'는 복수로 사용되었습니다. 행위의 죄들입니다. 그것은 예수님을 화목제물로 세우셔서 믿는 자를 의롭게 하셨습니다. 그러나 5장 12절부터 '하마르티아'는 단수로 사용됩니다. 바울은 이제 모든 사람을 하나님을 향하여 불의하게 하고 사람에게도 불의하게 하는 그 죄가 인류에게 어떻게 들어왔는가를 설명합니다. 그리고 죄들의 뿌리를 하나님께서 어떻게 처리하시는지를 설명합니다. 죄가 들어오는 것과 같은 원리로 죄를 제거하실 것이기 때문입니다.

그런데 아담 한 사람을 통하여 죄가 세상에 들어왔다고 말씀합니다. 사람 안에서 폭군처럼 죄들로 몰아가는 그 죄는 아담 한 사람으로 말미암아 세상에 들어왔습니다. 그리고 죄를 통하여 사망이 들어왔다고 말합니다. 즉 죽음이 들어왔습니다.

하나님께서는 아담에게 "선악을 알게 하는 나무의 열매는 먹지 말라 네가 먹는 날에는 반드시 죽으리라"라고 하셨습니다(창 2:17). 그러나 아담은 그것을 먹었습니다. 하나님께서 보시기에 심히 좋았던 세상에 죄가 들어왔습니다. 그리고 하나님의 말씀대로 사망이 들어왔습니다. 죄의 삯은 사망입니다(롬 6:23). 그러나 아담과 하와는 범죄한 후 육신이 바로 죽지 않았습니다. 아담은 이 땅에서 930년을 살고 육신의 죽음을 맞이했습니다. 사람들은 오직 이 육신의 죽음을 하나님께서 말씀하신 사망으로 생각합니다. 그러나 성경에서의 생명과 사망은 영에 대한 것입니다.

사망은 영의 죽음으로 사탄과의 연합을 의미합니다. 반대로 생명은 하나님과의 연합입니다. 생명이 하나님의 본질이듯 사망은 사탄의 본질입니다. 그는 그 즉시 영으로 죽어 하나님과 단절되었습니다. 즉 먼저 영의 사망이 오고 후에 몸의 사망이 뒤따랐습니다.

아담 한 사람으로 말미암아 죄가 세상에 들어오고, 죄로 말미암아 사망이 들어왔습니다. 그리고 그것은 아담에게서 그치지 않았습니다. 같은 방법으로 모든 사람이 죄를 지었고 모든 사람에게 사망이 이르렀다고 말씀합니다. "이르렀느니라"는 '디에르코마이'로 '오다'라는 의미도 있지만, '관통하다'라는 의미도 있습니다. 모든 사람이 죄를 범하였습니다. 그러므로 죽음이 모든 사람에게 뚫고 들어왔습니다.

2) 율법이 있기 전의 사람에게도 사망이 왕 노릇 함

13절 죄가 율법 있기 전에도 세상에 있었으나 율법이 없었을 때에는 죄를 죄로 여기지 아니하였느니라

14절 그러나 아담으로부터 모세까지 아담의 범죄와 같은 죄를 짓지 아니한 자들까지도 사망이 왕 노릇 하였나니 아담은 오실 자의 모형이라

율법이 죄를 죄로 규정하여 온 세상을 유죄판결 아래 놓이게 했다고 하였습니다(롬 3:19). 그렇다면 세상에 율법이 있기 전에는 어떠했는가에 대해서 말씀합니다. 바울은 죄가 율법 있기 전에도 세상에 있었다고 말합니다. 율법이 없었을 때에는 죄를 죄로 여기지 않았습니다. 그러므로 그들은 규정된 죄를 짓지 않은 자들입니다. 그러나 그때에도 죄는 여전히 세상에 있었다는 것입니다.

바울은 그러나 아담으로부터 모세까지 아담의 범죄와 같은 죄를 짓지 아니한 자들까지도 사망이 왕 노릇 하였다고 말합니다. "아담으로부터 모세까지"는 13절에서 말한 "율법 있기 전"입니다. 그때는 율법의 지배를 받지 않을 때였습니다. 그러나 그들에게도 즉 아담의 범죄와 같은 규정하는 죄를 짓지 않은 자들에게도 사망은 왕 노릇 하였습니다. 12절에서 사망은 죄를 통하여 들어왔다고 하였습니다. 그런데 그들에게도 사망은 왕 노릇 했습니다. 이는 그들에게도 죄가 있었음을 나타냅니다. 그 한 사람을 통하여 세상에 들어온 죄는 율법 있기 전에도 여전히 세상에 있었습니다. 그들도 아담의 죄에 연합되었습니다.

바울은 그러므로 아담은 오실 자의 모형이라고 말합니다. "모형"은 헬라어 '튀포스'로 뜻은 '음각', '도장', '자국', '형태', '모델' 등입니다. 난외주에는 "또는 예표"라고 기록하였습니다. 아담은 오실 예수 그리스도의 형태이고 예표입니다.

지킬 율법이 없어 아담의 범죄와 같은 죄를 짓지 않은 자들에게도 한 사람 아담의 죄의 영향으로 사망의 통치를 받고 있었습니다. 대표인 그의 죄에 모든 인류가 동일시되어 사망이 뚫고 들어왔습니다. 모든 사람이 사망의 지배 아래 있었습니다. 결국 모든 사람이 생명이신 하나님과 단절되고 사망인 사탄과 연합한 채로 이 땅에 태어납니다.

그런데 아담은 오실 예수님의 모형입니다. 이렇게 한 사람으로 말미암아 죄와 사망이 들어온 것은 한 사람 예수 그리스도로 말미암아 의와 생명으로 회복하실 일의 예표입니다. 사망이 한 사람으로 말미암은 것처럼 죽은 자의 부활도 한 사람으로 말미암습니다(고전 15:21). 아담 안에서 모든 사람이 죽은 것 같이 그리스도 안에서 모든 사람이 삶을 얻을 것입니다(고전 15:22). 이것이 하나님께서 인류의 죄와 죽음을 처리하시는 방법입니다. 하나님께서는 한 사람 그리스도를 인간의 대표로 보내셔서 인류를 그분에게 연합하게 하여 죄를 처리하시고 그분의 생명을 주시려고 먼저 인간의 대표자 아담과 인류가 연합되게 하셨습니다.

새 언약은 하나님과 인간의 대표이신 예수 그리스도 사이의 언약입니다.

그분은 마지막 아담으로 하나님 앞에서 인간을 대표하시며 하나님의 독생자로 사람에게는 하나님을 대표하십니다. 그분은 하나님과 사람 사이에 계신 중보자이십니다.

다음 절부터는 두 대표를 통한 일의 결과를 비교하여 말씀합니다. 비교는 다른 점과 같은 점을 말하게 됩니다. 두 대표의 결과도 다른 점과 같은 점을 말합니다. 그리고 마무리로 왕 노릇에 대해서 말씀합니다. 17절은 사망의 왕 노릇과 성도의 왕 노릇을, 21절은 죄의 왕 노릇과 은혜의 왕 노릇입니다.

2. "같지 아니하니"(롬 5:15~17)

1) 죽음과 넘치는 선물의 다름

15절 그러나 이 은사는 그 범죄와 같지 아니하니 곧 한 사람의 범죄를 인하여 많은 사람이 죽었은즉 더욱 하나님의 은혜와 또한 한 사람 예수 그리스도의 은혜로 말미암은 선물은 많은 사람에게 넘쳤느니라

모형인 아담의 범죄는 모든 사람에게 사망을 주었습니다. 그런데 예수 그리스도를 통하여 주시는 은사는 그것과 같지 않다고 말씀합니다. 그러나 더욱 하나님의 은혜와 또한 한 사람 예수 그리스도의 은혜로 말미암은 선물은 많은 사람에게 넘쳤다고 말씀합니다. 하나님과 주 예수 그리스도께서 자격 없는 자에게 거저 주시는 은혜로 말미암은 선물입니다. 죽음과 선물은 다른 것입니다.

선물을 말하는 두 개의 단어가 사용되었습니다. "은사"는 '카리스마'입니다. 뜻은 '(신성한) 선물, 특히 (영적인) 증여'라고 정의합니다. 예수 그리스도를 통하여 주시는 영적인 선물은 아담의 범죄가 주는 것과 같지 않습니다. "선물"은 '도레안'인데 '선물, (특히) 희생, 제물'의 뜻을 가진 '도론'에서 유래되었습니다. 화목제물이 되신 그리스도를 통한 선물입니다. 아담의 범죄는 죽음을 주었고, 하나님께서 주시는 은사는 하나님과 그리스도께서 값없이 주시는 은혜와 그리스도의 속량 안에서의 선물입니다.

그런데 그것은 아담의 범죄로 말미암은 죽음보다 더욱 넘쳤다고 말씀합니다. "더욱"은 '폴로 말론'으로 '폴뤼스(많은, 큰)'와 '말론(더, 보다, 오히려 등)'이 합쳐진 말입니다. '폴로말론'은 비교에서 오히려 더 많음을 나타내는데 로마서 5장에 네 번 사용되었습니다(9,10,15,17절). 모형인 한 사람의 범죄를 인하여 많은 사람에게 죽음이 왔지만, 한 사람 예수 그리스도의 희생으로 인한 선물은 많은 사람에게 오히려 더 많이 넘쳤습니다. 죄의 삯은 사망이지만 하나님의 선물은 그리스도 예수 우리 주 안에 있는 영생입니다(롬 6:23).

2) 범죄의 다른 두 결과

16절 또 이 선물은 범죄한 한 사람으로 말미암은 것과 같지 아니하니 심판은 한 사람으로 말미암아 정죄에 이르렀으나 은사는 많은 범죄로 말미암아 의롭다 하심에 이름이니라

"또 이 선물은"이라고 말씀합니다. 앞 절에서 말씀한 하나님의 은혜와 또한 한 사람 예수 그리스도의 은혜로 말미암은 선물입니다. 그 선물은 범죄한 아담 한 사람으로 말미암은 것과 같지 않습니다. 어떻게 같지 않습니까?

이어서 이유를 말하는 '가르'가 사용되었습니다. 왜냐하면 심판은 한 사람의 범죄로 말미암아 정죄에 이르렀지만, 은사는 많은 범죄로 말미암아 의롭다 하심에 이르렀기 때문입니다.

"정죄"는 '카타크리노'로 '유죄판결'을 의미합니다. 아담의 범죄는 모든 사람에게 동일시되어 모든 사람이 유죄판결을 받게 되었습니다. 그러나 은사는 많은 범죄로 말미암아 의롭다 하심에 이르게 되었습니다. 이 말씀에서 "의롭다 하심"도 '면죄', '의롭게 함'의 뜻을 가진 '디카이오시스'가 사용되었습니다. 하나님의 선물은 많은 범죄로 말미암아 의에 이르게 하셨습니다.

한 사람의 범죄와 많은 범죄가 다른 결과를 가져왔습니다. 한 사람의 범죄는 모든 인류를 죄로 정죄 아래 놓이게 했습니다. 그렇다면 많은 범죄는 더 많은 정죄에 이르게 해야 할 것입니다. 그러나 다른 결과를 가져왔습니다.

모든 사람의 많은 범죄는 오히려 예수 그리스도를 통하여 의를 회복하게 되었습니다. 예수님은 자기를 단번에 제물로 드려 죄를 없이 하시려고 세상 끝에 나타나셨습니다(히 9:26). 인류를 속량하기 위하여 마지막 아담으로 오신 예수님은 그들을 대표하셨습니다. 예수님이 범죄한 모든 인류와 동일시되었습니다. 모든 인류의 죄가 예수님에게 연합되어 그분은 죄가 되셨습니다(고후 5:21). 예수님께서 정죄를 받아 죽으셨습니다. 그분은 우리의 대표이시므로 모든 사람이 그 죽음에 연합되었습니다. 바울은 말합니다.

"우리가 생각하건대 한 사람이 모든 사람을 대신하여 죽었은즉 모든

사람이 죽은 것이라"(고후 5:14).

한 사람 그리스도의 죽음에 모든 인류가 동일시 되었습니다. 그리고 모든 심판을 받으신 예수님은 의롭게 되심으로 살아나셨습니다. 그분이 의롭게 되신 것은 모든 인류의 죄가 처리되었음을 나타냅니다. 그러므로 그분 안에 있는 자는 그분과 연합되어 의롭게 됩니다. 아담 한 사람의 죄는 모든 사람을 정죄에 이르게 했지만, 많은 범죄는 그리스도로 말미암아 의에 이르게 하였습니다. 다음은 첫 번째 왕 노릇에 대한 말씀입니다.

• 사망의 왕 노릇과 성도의 왕 노릇

17절 한 사람의 범죄로 말미암아 사망이 그 한 사람을 통하여 왕 노릇 하였은즉 더욱 은혜와 의의 선물을 넘치게 받는 자들은 한 분 예수 그리스도를 통하여 생명 안에서 왕 노릇 하리로다

사망의 왕 노릇과 성도의 왕 노릇을 말씀합니다. "왕 노릇 하다"는 헬라어 '바실류오'입니다. '바실류오'는 '바실류스(왕)'에서 유래되었는데, '통치하다', '다스리다'의 뜻이 있습니다.

아담 한 사람의 죄로 말미암아 사망이 들어왔습니다. 그리고 모든 사람이 죄를 지었으므로 사망이 그들의 왕으로 통치하였습니다. 마귀는 사망을 통하여 사망의 세력으로 모든 사람을 한평생 매여 종 노릇하게 하였습니다(히 2:14,15).

그러나 더욱 은혜와 의의 선물을 넘치게 받는 자들은 한 분 예수 그리스도를 통하여 생명 안에서 왕 노릇 할 것을 말씀합니다. 은혜와 의의 선물을 넘치게 받는 자들입니다. 은혜는 15절에서 말씀한 하나님의 은혜와 예수 그리스도의 은혜입니다. 의의 선물은 15절에서 말씀한 예수님께서 화목제물이 되심으로 주신 선물입니다. 의는 내가 노력하여 값 주고 사는 것이 아니라 거저 주시는 선물입니다. 값없이 넘치도록 주시는 은혜와 의의 선물입니다.

은혜와 의의 선물을 넘치게 받는 자들이 한 분 그리스도를 통하여 생명 안에서 왕 노릇 할 것을 말씀합니다. 그리스도를 통한 생명입니다. 아담을 통하여는 죽음이 왔지만, 그리스도를 통하여는 생명이 왔습니다. 이 생명은 다음 절에서도 언급됩니다. 그들은 그 생명 안에서 그리스도를 통하여 더욱 왕 노릇 할 것이라고 말씀합니다. 이 말씀에서도 '폴로 말론'이 사용되었습니다. 사망이 범죄한 아담 한 사람을 통하여 왕 노릇 했다면, 은혜와 의의 선물을 넘치게 받는 자들은 오히려 더 많이 한 분 예수 그리스도를 통하여 생명 안에서 왕으로 통치할 것입니다.

아담은 오실 자의 모형과 예표입니다. 아담은 범죄하여 사망의 지배 아래 있었지만, 예수님은 그 사망을 이기고 하나님의 생명으로 살아나셨습니다. 그분은 만왕의 왕으로 일어나셨고, 하나님은 그분에게 하늘과 땅의 모든 권세를 주셨습니다. 전에는 아담의 죄와 죽음에 동일시되어 아담과 함께 사망의 지배를 받았다면, 예수 그리스도의 승리에 동일시된 자들은 더욱 그분의 생명 안에서 그리스도와 함께 왕으로 다스릴 것입니다. 믿는 자의 왕 노릇은 그리스도와의 연합에서 기원합니다.

> **"허물로 죽은 우리를 그리스도와 함께 살리셨고 (너희는 은혜로 구원을 받은 것이라) 또 함께 일으키사 그리스도 예수 안에서 함께 하늘에 앉히시니"**(엡 2:5,6).

아담과 연합되어 허물로 죽었던 우리를 그리스도와 함께 살리셨습니다.

그리고 함께 일으키사 그리스도 예수 안에서 함께 하늘에 앉히셨습니다. 그리고 이것은 모두 은혜로 말미암은 것입니다. 우리는 그리스도와 함께 일으켜졌고 함께 하늘에 앉혀졌습니다. 그리고 그분과 함께 왕으로 통치합니다. 첫째 부활에 참여한 자들은 하나님과 그리스도의 제사장이 되어 천 년 동안 그리스도와 더불어 왕 노릇 합니다(계 20:6). 우리는 한 분 그리스도를 통하여 그분의 생명 안에서 더 많이 왕으로 다스리는 자들입니다. 이 말씀은 우리에 대한 말씀입니다. 아담에게 연합되었던 우리가 이제는 그리스도에게 연합되었습니다.

3. "한 것 같이"(롬 5:18~21)

1) 정죄에 이름과 같이 생명에 이름

18절 그런즉 한 범죄로 많은 사람이 정죄에 이른 것 같이 한 의로운 행위로 말미암아 많은 사람이 의롭다 하심을 받아 생명에 이르렀느니라

"그런즉 아담의 한 범죄로 많은 사람이 정죄에 이른 것 같이"라고 말씀합니다. 예표와 실제인 그리스도로 인한 결과가 같은 맥락임을 설명합니다. 한 범죄가 모든 인류를 정죄에 이르게 했습니다. 이 말씀은 16절에서 설명되었습니다. 그런데 그것과 같이 한 의로운 행위로 말미암아 많은 사람이 의롭다 하심을 받아 생명에 이르렀다고 말씀합니다. 이 말씀에서 "의롭다 하심"은 '디카이오시스'가 사용되었습니다. 아담의 범죄로 많은 사람이 유죄판결을 받게 된 것처럼 그리스도의 의로운 행위로 말미암아 많은 사람이 의롭게 되어 하나님의 생명에 이르렀습니다. 마지막 아담은 살려 주는 영이 되었습니다(고전 15:45).

아담의 죄에 동일시되어 많은 사람이 정죄에 이르렀고 그 결과 죽음의 지배를 받아 죽은 자가 되었습니다. 동일하게 그리스도의 의로운 행위로 말미암아 그리스도께 연합된 자들은 정죄에서 벗어나 의롭게 되어 영으로 산 자가 되었습니다. 이제 하나님과 연합되었습니다.

2) 죄인된 것과 같이 의인이 됨

19절 한 사람이 순종하지 아니함으로 많은 사람이 죄인 된 것 같이 한 사람이 순종하심으로 많은 사람이 의인이 되리라

한 사람의 불순종에 인류가 동일시되어 죄인 된 것처럼 한 사람의 순종에 동일시되어 많은 사람이 의인이 될 것을 말씀합니다. 아담의 죄에 동일시되어 죄인이 되었다면 그리스도의 의에 동일시되어 의인이 될 것입니다.

이 말씀은 우리가 잘 생각해 보아야 할 말씀입니다. 모든 인류는 아담의 죄에 동일시됩니다. 아담과 같은 죄를 짓지 않은 자들에게도 사망이 왕 노릇 합니다. 그들은 죄인입니다. 그러나 그리스도 안으로 들어오는 자는 내가 의롭게 살아서가 아니라 그분의 의로 넘치는 은혜와 의의 선물을 받아 왕 노릇 하는 자가 됩니다. 그들은 의인입니다. 아담은 오실 자의 모형과 예표입니다. 아담에게 동일시되어 죄인이 되었던 것은, 그리스도에게 동일시되어 의인이 되게 하실 것의 예표였습니다.

믿지 않는 자들은 자신들이 아담 안에 있는 것도 모르고 하나님 앞에 죄인인 것도 모릅니다. 그런데 성경을 아는 믿는 자들 중 많은 사람이 여전히 자신을 아담 안에 있는 죄인으로 봅니다. 그들은 범죄하여 에덴에서 쫓겨난 아담과 자신을 동일시합니다. 전에 우리가 아담과 동일시되어 죄인이었던 것은 맞는 말입니다. 그러나 이제 믿는 자는 그리스도 안에서 그분과 연합되어 그분 안에 있게 되었습니다(고전 1:30). 그리스도로 말미암아 우리는 의인으로 불립니다. 그렇지 않다면 이 말씀은 거짓입니다. 말씀은 말합니다.

"한 사람이 순종하지 아니함으로 많은 사람이 죄인 된 것 같이 한 사람이 순종하심으로 많은 사람이 의인이 되리라"

의인이 되는 길은 내가 선한 일을 해서가 아니라 오직 그분이 순종하심으로 되어지는 일입니다. 아담과 연합한 자가 아담과 함께 죄인인 것처럼 그리스도와 연합한 자는 그리스도와 함께 의인이 됩니다. 즉 아담처럼 죄인이었다면, 그리스도처럼 의인이 될 것입니다. 다음은 두 번째 왕 노릇입니다.

• 죄의 왕 노릇과 은혜의 왕 노릇

20절 법이 들어온 것은 범죄를 더하게 하려 함이라 그러나 죄가 더한 곳에 은혜가 더욱 넘쳤나니
21절 이는 죄가 사망 안에서 왕 노릇 한 것 같이 은혜도 또한 의로 말미암아 왕 노릇 하여 우리 주 예수 그리스도로 말미암아 영생에 이르게 하려 함이라

바울은 율법에 대해 다시 언급합니다. 율법이 들어온 것은 범죄를 더하게 하려 함입니다. 율법의 역할은 3장에서도 말씀한 것처럼 죄를 깨닫게 하여 온 세상으로 하나님의 유죄판결 아래 있게 하는 것입니다(롬 3:19).

"그러나 죄가 더한 곳에 은혜가 더욱 넘쳤나니"

모든 사람이 죄를 지어 죄가 더한 곳에 은혜는 더욱 넘쳤습니다. 16절에서 은사는 많은 범죄로 말미암아 의롭다 하심에 이르렀다고 말씀하였습니다. 그 이유를 말합니다. 그것은 죄가 사망 안에서 왕으로 다스린 것 같이 은혜도 의로 말미암아 왕으로 다스려 예수 그리스도를 통하여 영생에 이르게 하려 함이라는 것입니다.

이 말씀에서도 12절에서처럼 죄를 나타내는 '하마르티아(죄, 위반)'는 정관사와 함께 단수로 쓰였습니다. 아담 한 사람의 범죄로 죄가 세상에 들어왔습니다. 그리고 그 죄는 사망 안에서 왕 노릇 합니다. 사탄의 본성인 영적 죽음 안에서는 죄가 왕 노릇 합니다. 즉 사람은 사탄과 연합되었으므로 하나님을 대적하고 죄를 지을 수밖에 없는 존재가 되었습니다. 또한 율법은 죄를 더하게 하여 사망 안에서 죄가 왕 노릇 하게 합니다.

여기서 죄와 사망의 관계를 볼 수 있습니다. 앞 절들에서 죄로 말미암아 사망이 들어왔고, 죄로 말미암아 사망이 모든 사람에게 왕 노릇 하였다고 하였습니다(12,14,17절). 그런데 그 죄는 사망 안에서 왕 노릇 합니다. 즉 사람의 죄를 통하여 사망이 다스리고, 사망 안에 있기 때문에 죄가 다스리게 됩니다.

그런데 그것은 은혜도 예수 그리스도를 통하여 주신 의로 말미암아 왕 노릇 하여 예수 그리스도를 통하여 생명에 이르게 하려 함이라고 말씀합니다. 죄가 사망 안에서 왕 노릇 한 것 같이 하나님의 은혜와 긍휼은 오직 예수 그리스도를 통하여 왕으로 통치합니다. 죄의 왕 노릇과 은혜의 왕 노릇이 대조됩니다.

모든 인류는 아담 안과 예수 그리스도 안에 있습니다. 예외는 없습니다. 아담 안에서는 죄와 사망이 왕 노릇 하여 하나님의 유죄판결을 받게 합니다. 그러나 그리스도 안에서는 선물로 주신 의로 말미암아 은혜가 왕 노릇 하여 하나님의 생명에 이르게 합니다.

하나님의 값없이 주시는 선물은 그리스도 예수 우리 주 안에 있는 영생입니다(롬 6:23). 하나님의 아들이 있는 자는 이 생명을 가졌습니다(요일 5:12). 믿는 자는 영생을 가졌습니다(요 6:47). 사탄과 연합되었던 그들은 이제 의가 주어졌으므로 하나님과 연합되었습니다. 그들은 첫째 부활에 참여한 자들입니다(계 20:6). 하나님의 목적은 아담의 범죄로 죄인이 되어 영이 죽은 자들에게 예수 그리스도를 통하여 의를 회복하시고 다시 그분의 생명으로 그들을 살아나게 하는 것입니다.

요약

아담과 그리스도는 인류의 두 대표입니다. 모든 인류는 두 대표 중 한 사람에 연합되어 그와 동일시됩니다. 아담은 오실 자의 모형과 예표입니다. 아담의 범죄로 말미암아 죄와 사망이 모든 인류에게 뚫고 들어온 것은 한 사람 예수 그리스도로 말미암아 의와 생명으로 회복하실 일의 예표입니다. 아담의 불순종에 연합된 자들이 아담과 함께 죄인이 된 것 같이 그리스도의 순종에 연합된 자들이 그리스도와 함께 의인이 됩니다.

한 사람 아담으로 말미암아 사망이 왕 노릇 했지만, 한 분 그리스도로 말미암은 자들은 은혜와 의의 선물을 넘치게 받은 우리는 오히려 더 많이 생명 안에서 왕 노릇 합니다. 죄가 사망 안에서 왕 노릇 한 것 같이 은혜는 의로 말미암아 왕 노릇 하여 영생에 이르게 됩니다.

Ⅱ. 그리스도와 연합된 자의 죄의 문제(롬 6:1~23)

모든 인류는 아담 안과 그리스도 안에 있습니다. 6~8장은 그리스도와 연합된 우리가 어떻게 살 것인가에 대한 말씀입니다. 6장은 죄의 문제를, 7장은 율법의 문제를 말하고, 8장에서 육신이 아니라 영으로 살 것을 말씀합니다.

5장 20절에서 죄가 더한 곳에 은혜가 더욱 넘쳤다고 하였습니다. 6장은 그 은혜와 관련한 두 개의 질문입니다. 첫 번째 질문은 "은혜를 디하게 하기 위하여 죄에 거하겠느냐"로 죄의 본성에 머물러 사는 문제입니다. 두 번째 질문은 "은혜 아래 있으니 죄를 범할 것인가"에 대한 질문으로 죄를 짓는 문제입니다.

1. 은혜를 더하게 하려고 죄에 거할 것인가(롬 6:1~3)

> 1절 그런즉 우리가 무슨 말을 하리요 은혜를 더하게 하려고 죄에 거하겠느냐
> 2절 그럴 수 없느니라 죄에 대하여 죽은 우리가 어찌 그 가운데 더 살리요

5장 20절에서 죄가 더한 곳에 은혜가 더욱 넘쳤다고 하였습니다. 그렇다면 "은혜를 더하게 하려고 죄에 거하겠느냐"라고 말할 수 있습니다.

바울도 같은 질문을 합니다.

5장 12절에서부터 죄를 말하는 '하마르티아'는 정관사가 있는 단수입니다. 그러므로 죄들로 몰아가는 본성에 대한 말씀으로 볼 수 있습니다. "거하겠느냐"는 계속 머무는 것을 의미하는 '에피메노'가 사용되었습니다. 은혜를 더하게 하려고 죄의 본성에 여전히 머물겠는가에 대한 물음입니다.

바울은 "그럴 수 없느니라"라고 답변합니다. "그럴 수 없느니라"는 부정을 말하는 '메'와 '기노마이'가 합쳐진 말로 강한 부정을 나타냅니다. '일어날 수 없다', '있을 수 없다'라는 의미입니다. 은혜를 더하게 하려고 우리가 죄에 머무는 일은 있을 수 없습니다. 그리고 이어서 말합니다.

"죄에 대하여 죽은 우리가 어찌 그 가운데 더 살리요"

그런 일이 절대로 일어날 수 없는 이유는 우리는 죄에 대하여 죽었기 때문입니다. 우리는 죄에 대하여 죽은 자들입니다. 이 말씀에서도 "죄"는 정관사와 함께 단수로 사용되었습니다. 5장 마지막 절에서 폭군과 같은 그 죄는 사망 안에서 왕 노릇 한다고 하였습니다. 아담과 연합되어 사망 가운데 있는 자들에게 죄는 왕으로 통치합니다.

"죽다"는 '아포뜨네스코'로 '떨어져서'의 뜻을 가진 '아포'와 '죽다'의 뜻을 가진 '뜨네스코'에서 유래된 말입니다. 우리는 그 죄에 대하여 떨어져서 죽었습니다. 성경에서 죽었다는 것은 죽어서 없어지는 것이 아니라 떨어져서 분리되었음을 나타냅니다. 우리는 그 죄에 대하여 떨어져서 죽었으므로 그 죄 가운데 더 살 수 없습니다.

3절 무릇 그리스도 예수와 합하여 세례를 받은 우리는 그의 죽으심과 합하여 세례를 받은 줄을 알지 못하느냐

이 구절은 먼저 "너희가 알지 못하느냐"라는 말로 시작합니다. "알지 못하느냐"는 일반적으로 당연히 알고 있어야 함을 나타냅니다. 당연히 알아야 하는 것이 무엇입니까? 그리스도 예수와 합하여 세례를 받은 우리는 그의 죽으심과 합하여 세례를 받았다는 것입니다.

• 세례가 무엇입니까?

"세례"는 기독교의 의식 중 하나입니다. 그리고 세례는 그 의식을 말하는 전문용어입니다. "세례"는 헬라어로는 '밥티조'로 '물에 잠그다, 물에 완전히 덮다'의 뜻을 가진 '밥토'에서 유래되었습니다. 즉 물에 완전히 잠기는 것입니다.

예수님께서는 그분의 제자들에게 아버지와 아들과 성령의 이름으로 세례를 베풀 것을 말씀하셨습니다(마 28:19). 온 천하 만민에게 복음을 전할 것을 명령하신 다음, 믿고 세례를 받는 자는 구원을 받을 것이라고 말씀하셨습니다(막 16:15,16).

그들은 세례를 중요하게 생각했습니다. 그러므로 그들은 복음을 전하고 그 말씀을 받은 자들에게 세례를 베풀었습니다(행 2:38,41). 베드로는 말씀을 듣는 중 성령세례를 받은 고넬료와 그의 집에 모인 자들에게도 물세례를 주었습니다(행 10:48). 로마서를 보내는 바울도 말씀을 들은 빌립보 감옥의 간수와 그의 온 가족에게 세례를 베풀었습니다. 유대인의 비방과 불이익이 있는 그들에게 세례는 그들과의 단절과 새로운 이단과의 연합을 의미했습니다.

지금도 세례는 중요한 의식입니다. 세례들은 기독교 기본 진리 중 하나입니다(히 6:2). 지금도 여전히 세례는 박해가 심한 곳에서 그들과 단절되고 그리스도께 연합됨을 나타냅니다.

그러나 세례가 구원을 보장하지는 않습니다. 아브라함도 할례로 언약을 이룬 것이 아니었습니다. 오히려 할례는 그의 의를 인친 것이며 언약의 징표였습니다. 마찬가지로 믿고 세례를 받는 것이 아니라 주님을 영접하지 않은 상태에서의 세례는 의미 없는 것입니다. 예수님께서도 믿고 세례를 받는 자를 말씀하셨고, 제자 삼아 세례를 베풀라고 말씀하셨습니다. 성경 전반에 걸쳐 구원에서 세례보다는 믿는 자, 고백하는 자에 중점을 둡니다.

바울도 분쟁이 있는 고린도 교회에 보내는 편지에서 그가 몇몇 사람에게만 세례를 베푼 것에 대해 하나님께 감사하며, 그리스도께서 자신을 보내심은 세례를 베풀게 하심이 아니라 오직 복음을 전하게 하려 하심이라고 말하였습니다(고전 1:17). 그리고 그들에게 보내는 바울의 서신에서 세례에 대한 무슨 지침이나 언급은 전혀 찾아볼 수 없습니다. 하지만 그는 로마서를 통하여 세례를 말합니다.

본문 말씀입니다. 그는 "그리스도 예수와 합하여 세례를 받은 우리"라고 말합니다. 우리는 그리스도 예수와 합하여 세례를 받았습니다. 그리고 우리는 그의 죽으심과 합하여 세례를 받았다고 말합니다. 그리스도 예수와 합하여 그분의 죽으심과 합하여 세례를 받았다는 것입니다.

"그리스도 예수와 합하여"와 "그의 죽으심과 합하여"에서 '합하여'는 헬라어 '에이스'가 사용되었습니다. '에이스'는 '(도달되거나 들어가는 지점을 지적하는 말로) ~에로, 앞으로 등'으로 정의합니다. 그리고 이 단어는 로마서에서 '모든 믿는 자에게 미치는 하나님의 의'(롬 3:22)와, "마음으로 믿어 의에 이르고"(롬 10:10)에서 '미치고', '이르고'로 번역되었습니다. 그러므로 "그리스도 예수에게 이르는(미치는) 세례", "그의 죽으심에 이르는(미치는) 세례입니다.

흠정역에서는 '에이스'를 '안으로'로 번역하였습니다. 즉 "예수 그리스도 안으로" 그리고 "그분의 죽음 안으로" 세례를 받았다고 번역합니다. 그러므로 세례는 예수 그리스도 안에, 그분의 죽음 안에 들어가 잠기는 것을 의미함을 알 수 있습니다. 어떻게 이르러 잠깁니까?

> **"또 그 안에서 너희가 손으로 하지 아니한 할례를 받았으니 곧 육의 몸을 벗는 것이요 그리스도의 할례니라 너희가 세례로 그리스도와 함께 장사되고 또 죽은 자들 가운데서 그를 일으키신 하나님의 역사를 믿음으로 말미암아 그 안에서 함께 일으키심을 받았느니라"(골 2:11,12).**

이 말씀은 로마서의 다음 절까지의 내용을 담고 있습니다. 바울은 할례와 세례를 연결하여 설명합니다. 우리는 육의 몸을 벗는 그리스도의 할례를 받았습니다. 육의 몸을 벗어버리는 할례입니다. 우리는 세례로 그리스도와 함께 장사되고 함께 일으키심을 받았습니다. 조건은 하나님의 역사를 믿음으로입니다.

이 말씀은 세례와 믿음을 연결하여 줍니다. 믿는 자는 그리스도의 죽음과 장사됨과 부활에 연합됩니다. 그러므로 바울은 세례를 믿음으로 그리스도에게로 들어가 잠겨 연합됨을 나타냈음을 알 수 있습니다. 즉 그리스도 안으로 잠기는 세례입니다. 누구든지 그리스도와 합하기 위하여 세례를 받은 자 즉 믿는 자는 그리스도로 옷 입었습니다(갈 3:29).

'에이스'는 요한복음에서 일곱 번 정도가 "나를(그를) 믿는 자"에서 '를'로 번역된 부분에 사용되었습니다(요 3:16,18,36, 7:39, 12:44,46, 14:12). 예수 그리스도에게로 들어가는 믿음, 연합되는 믿음입니다. 그리스도에게로 들어가는 믿음은 영생을 얻게 합니다. 이 말씀은 아담에게 연합되었던 우리가 어떻게 그리스도와 연합하게 되는가를 설명하는 말씀입니다.

아담에게 연합되었던 우리는 믿음으로 언약의 대표이신 그리스도 안으로 들어가 그분과 하나로 연합된 자들입니다. 우리는 세례로 그리스도와 연합되어 그분과 함께 십자가에 못 박혔습니다.

이 사실에 대해 바울은 "알지 못하느냐"라고 말하였습니다. 그때만이 아니라 지금도 많은 사람들이 우리가 그분과 함께 죽었다는 사실을 잘 알지 못합니다. 우리는 이미 죽었습니다(골 3:1). 그러므로 죽으려고 애쓸 필요가 없습니다. 우리는 그리스도에게 잠기는 세례로 그분의 죽으심 안으로 연합되었습니다.

2. 그리스도와 함께 죽은 목적(롬 6:4~7)

1) "새 생명 가운데서 행하게 하려 함이라"

4절 그러므로 우리가 그의 죽으심과 합하여 세례를 받음으로 그와 함께 장사되었나니 이는 아버지의 영광으로 말미암아 그리스도를 죽은 자 가운데서 살리심과 같이 우리로 또한 새 생명 가운데서 행하게 하려 함이라

앞 절에서 우리는 그리스도의 죽으심과 합하여 세례를 받았다고 하였습니다. 이어서 그는 우리가 그의 죽으심과 합하여 세례를 받음으로 그와 함께 장사되었다고 말합니다. 우리는 그분의 죽음 안으로만 잠긴 것이 아니라 그분의 장사됨에도 잠겼습니다. 우리는 철저히 그분 안으로 들어가 그분의 죽음과 장사됨에 연합되었습니다.

이제 바울은 그렇게 하신 이유를 말합니다. 그것은 아버지의 영광으로 말미암아 그리스도를 죽은 자 가운데서 살리심과 같이 우리로 또한 새 생명 가운데서 행하게 하려 함이라는 것입니다. 그분과 함께 죽고 함께 장사되게 하신 것은 우리로 새 생명 가운데서 행하게 하려 하심입니다.

"새 생명"에서 '생명'은 하나님의 생명을 의미하는 '조에'가 사용되었습니다. '조에'는 시작도 끝도 없는 영이신 하나님의 생명입니다. 그리고 그 생명은 6절에서 말씀하는 옛사람에게는 없는 생명입니다. "행하게"는 '살다', '따르다', '행동하다' 등을 의미합니다. 로마서 8장은 영으로 살 것을 말씀합니다. 하나님과 연합된 영을 따르고 영으로 사는 것입니다. 하나님은 우리가 예전에 살던 생명이 아니라 새 생명인 하나님의 생명으로 살게 하시려고 우리를 그리스도와 함께 죽고 함께 장사되게 하셨습니다. 새 생명에 대한 설명입니다.

5절 만일 우리가 그의 죽으심과 같은 모양으로 연합한 자가 되었으면 또한 그의 부활과 같은 모양으로 연합한 자도 되리라

이 구절 앞에 이유를 말하는 '가르'가 사용되었습니다. 왜냐하면 만일 우리가 그의 죽으심과 같은 모양으로 연합한 자가 되었으면 또한 그의 부활과 같은 모양으로 연합한 자도 될 것이기 때문이라는 것입니다.

만일 우리가 그분과 연합되어 그분과 같은 모양으로 죽었다면 그분이 부활하신 같은 모양의 생명으로 연합될 것이기 때문입니다. 그러므로 이 말씀은 부활 이상의 의미가 있습니다. 당연히 우리는 그분의 부활에도 동일시되어 그분과 같은 모양으로 부활할 것입니다. 그러나 우리의 옛사람이 그리스도와 함께 죽고 그리스도와 함께 장사 되었다면, 그분과 같은 모양으로 하나님의 생명으로 살아서 그 생명으로 행할 것입니다. 우리는 그리스도와 함께 일으키심을 받았기 때문입니다(엡 2:5, 골 2:12).

모든 사람이 아담에게 동일시된 것처럼 믿는 자는 그리스도에게 동일시되었습니다. 우리는 세례로 그분의 죽음과 장사됨과 일으켜짐에 잠겨 연합되었습니다. 이 일은 이미 이루어진 일입니다. 그리고 그렇게 하신 것은 우리로 또한 새 생명 가운데서 행하게 하려 하심입니다.

2) "죄의 몸이 죽어 다시는 우리가 죄에게 종 노릇 하지 아니하려 함이니"

6절 우리가 알거니와 우리의 옛 사람이 예수와 함께 십자가에 못 박힌 것은 죄의 몸이 죽어 다시는 우리가 죄에게 종 노릇 하지 아니하려 함이니

7절 이는 죽은 자가 죄에서 벗어나 의롭다 하심을 얻었음이라

바울은 우리가 안다고 말합니다. '기노스코'가 사용되었습니다. 먼저 아는 것이 중요합니다. 우리가 아는 것이 무엇입니까? 우리의 옛 사람이 예수와 함께 십자가에 못 박힌 것은 죄의 몸이 죽어 다시는 우리가 죄에게 종 노릇 하지 아니하려 함이라는 사실입니다.

우리의 옛 사람이 예수님과 함께 십자가에 못 박혀 죽었습니다. 이 말씀은 그의 죽으심과 합하여 세례를 받았다는 말씀과 같은 말씀입니다. 새 사람과 대조되는 우리의 옛 사람은 예수님과 함께 십자가에 못 박혔습니다(갈 2:20). '나' 즉 사탄과 연합되었던 나의 옛 사람입니다. 그는 예수님과 함께 십자가에 못 박혔습니다. 이것은 이미 완료된 사실입니다.

그런데 그것은 죄의 몸이 죽어 다시는 우리가 죄에게 종 노릇 하지 아니하려 함이라고 말씀하였습니다. 여전히 '하마르티아'는 정관사가 있는 단수입니다. 그 죄의 몸입니다. 우리를 죄로 몰아가는 그 죄는 우리의 생각과 몸을 통하여 죄들로 몰아갔습니다. 로마서는 그것을 육신으로 말씀합니다. 그런데 그 죄의 몸이 죽었다고 말씀합니다.

이 말씀에서 "죽어"는 죽어 없어졌다는 의미가 아니라 '완전히 쓸모없게 만들다', '효력 없이 만들다'의 뜻을 가진 '카타르게오'가 사용되었습니다. 존재하지만 무용지물로 만들었다는 의미입니다. 우리는 아직 새 마음과 새 몸을 입지 않았습니다. 우리는 거듭나기 전 죄로 몰아가는 그 죄를 따라 살던 육신을 그대로 가지고 있습니다. 그러나 그것은 그의 주인인 옛 사람이 죽었으므로 무용지물이 되었습니다. 그러므로 우리는 그 죄에게 종 노릇 하지 않을 수 있습니다.

5장에서는 왕 노릇을 말씀했습니다. 6장은 노예를 의미하는 종과 주인으로 설명합니다. 이제 그 죄는 우리의 주인이 아닙니다. 그러므로 우리는 그에게 종 노릇 하지 않습니다.

그리고 7절에서 그 이유를 말합니다. 이 구절 앞에도 이유를 말하는 '가르'가 사용되었습니다. 왜냐하면 그것은 죽은 자가 죄에서 벗어나 의롭다 하심을 얻었기 때문이라는 것입니다. 이 말씀에서 "의롭다 하심"도 '디카이오오'가 사용되었습니다. 죽은 자가 죄에서 벗어나 즉 죄와 분리되어 의롭고 흠 없는 자가 되었기 때문이라는 것입니다.

죄를 지은 자가 죽는다고 죄에서 벗어나 의롭게 되지는 않습니다. 여전히 그는 죄인으로 둘째 사망에까지 이르게 됩니다. 그러나 오직 예수님만이 죽으심으로 의롭게 되셨습니다. 죄가 되신 예수님은 모든 공의의 심판을 받으신 후 죄에서 벗어나 의롭게 되셨습니다(딤전 3:16). 그러므로 그분과 연합된 우리도 죄에서 벗어났으므로 그에게 종노릇 할 수 없습니다.

우리로 새 생명 가운데서 행하게 하심과(4절) 죄의 몸이 죽어 다시는 우리가 죄에게 종 노릇 하지 아니하려 함(6절) 이 두 가지가 하나님께서 우리를 그리스도와 연합하여 죽게 하신 목적입니다.

3. 죄에 거하지 않는 방법(롬 6:8~14)

1) 알고 믿는 것

**8절 만일 우리가 그리스도와 함께 죽었으면 또한 그와 함께 살 줄을
믿노니
9절 이는 그리스도께서 죽은 자 가운데서 살아나셨으매 다시 죽지
아니하시고 사망이 다시 그를 주장하지 못할 줄을 앎이로라**

만일 우리가 그리스도와 함께 죽었다면 또한 그분과 함께 살 것입니다.
이 말씀에서 "죽다"도 앞 절과 같이 '아포뜨네스코'가 사용되었습니다.
"함께 살 줄"은 헬라어 '쉬자오'로 '공동의 삶을 계속하다', '공생하다'의 뜻이
있습니다. 만일 우리가 그분과 연합되어 죽었다면 그분과 함께 새 생명으로
살아 그분과 함께 공생의 삶을 살 것이라는 말씀입니다. 그분과 함께
죽었다면 지금 그분은 우리와 함께 살아계십니다. 우리는 그것을 믿습니다.

그리고 그것을 믿는 이유는 그리스도께서 죽은 자 가운데서 살아
나셨으므로 다시 죽지 아니하시고 사망이 다시 그를 주장하지 못할 줄을
알기 때문이라고 합니다. 믿음은 아는 것에서 시작됩니다. 이 말씀에서
"안다"는 '에이도'가 사용되었습니다. '에이도'는 완료시제에만 사용되는
동사입니다. 우리는 이미 그것을 알고 있습니다.

그리스도께서 죽은 자 가운데서 다시 살아나셨으므로 다시
죽지 않으시고 다시 사망이 그분을 주장할 수 없습니다. 모든 죄가
처리되었으므로 사망이 더 이상 그분을 주장할 수 없습니다. 그러므로
다시 죽지 않으십니다. 오히려 그분은 세세토록 살아계심으로 사망과
음부의 열쇠를 가지셨습니다(계 1:18). 우리는 그것을 압니다. 우리의

어떠함은 우리의 대표이신 그분 안에서 찾을 수 있습니다. 그러므로 그 사실을 아는 것은 중요합니다. 우리도 다시 죽지 않고 사망이 우리의 삶에서 우리를 주장하지 못할 것입니다.

2) "여길지어다"

10절 그가 죽으심은 죄에 대하여 단번에 죽으심이요 그가 살아 계심은 하나님께 대하여 살아 계심이니
11절 이와 같이 너희도 너희 자신을 죄에 대하여는 죽은 자요 그리스도 예수 안에서 하나님께 대하여는 살아 있는 자로 여길지어다

10절 앞에도 '가르'가 사용되었습니다. 왜냐하면 그가 죽으심은 죄에 대하여 단번에 죽으심이요 그가 살아 계심은 하나님께 대하여 살아 계시기 때문이라는 것입니다. "단번에"는 헬라어 '에흐파팍스'로 뜻은 '한번에(오직)', '단번에'입니다. 예수님께서 죽으심은 그 죄에 대하여 단번에 죽으신 것입니다. '오직 한 번'을 뜻하는 '에흐파팍스'는 영원한 한 번의 제사를 설명하는 히브리서에서 여러 번 사용되었습니다(히 7:27, 9:12.28, 10:10). 예수님의 구속 사역은 단 한 번으로 영원히 이루어졌습니다.

그분의 죽으심은 "죄에 대하여 단번에 죽으심"입니다. 그리고 그가 살아계심은 "하나님께 대하여 살아계심"이라고 말씀합니다. "살아 계심"은 '자오'가 사용되었습니다. 그분은 하나님께 대하여 살아계십니다.

바울은 이와 같이 너희도 너희 자신을 죄에 대하여는 죽은 자요 그리스도 예수 안에서 하나님께 대하여는 살아 있는 자로 여기라고 말씀합니다. 이 말씀에서 "살아 있는 자"도 '자오'가 사용되었습니다. 예수님은 하나님께 대하여 살아계십니다. 우리도 하나님께 대하여 살아 있습니다. 우리는 그리스도와 공생합니다. 성경에서의 생명은 하나님과의 연합을 의미한다고 하였습니다. "너희가 내 안에, 내가 너희 안에"는 이루어졌습니다(요 14:20).

"여기다"는 '로기조마이'가 쓰였습니다. 이것이 사실이기 때문에 그렇다고 계산하여 기록하라, 즉 인정하라는 것입니다. 마음으로 확실하게 정립하는 것은 중요합니다. 우리는 죄에 대하여는 죽은 자요, 그리스도 예수 안에서 하나님께 대하여는 살아 있는 자입니다.

3) "내주지 말고, 드리라" : 행동

12절 그러므로 너희는 죄가 너희 죽을 몸을 지배하지 못하게 하여 몸의 사욕에 순종하지 말고
13절 또한 너희 지체를 불의의 무기로 죄에게 내주지 말고 오직 너희 자신을 죽은 자 가운데서 다시 살아난 자 같이 하나님께 드리며 너희 지체를 의의 무기로 하나님께 드리라

이 말씀은 중요한 말씀입니다. 그러므로 너희는 죄가 너희 죽을 몸을 지배하지 못하게 하여 몸의 사욕에 순종하지 말라고 말씀합니다. 앞 절에서 그리스도와 연합되었으므로 우리 자신을 죄에 대하여는 죽은 자요, 그리스도 예수 안에서 하나님께 대하여는 살아 있는 자로 인정하라고 하였습니다. 그다음에 뭔가 행동을 해야 합니다.

그러므로 몸을 어디에 순복시켜야 할지를 말씀합니다. 우리는 죄의 본성에 대해 죽었지만, 몸의 사욕은 여전히 남아 있습니다. 그 죄가 죽을 몸을 지배하지 못하게 하기 위하여 몸의 사욕에 순종하지 말라고 말씀합니다. 6절에서 죄의 몸이 쓸모없게 되었음을 말씀했습니다. 그렇지만 그 죄의 몸에 대해서 내가 무엇인가를 해야 합니다. 죄의 몸의 사욕에 순종하지 말아야 합니다.

13절은 지체에 대해서 말씀합니다. 우리의 지체를 불의의 무기로 죄에게 내주지 말고 오직 자신을 하나님께 드리며 너희 지체를 의의 무기로 하나님께 드리라고 말씀합니다. 이 말씀은 앞 절의 말씀을 어떻게 이룰 것인가에 대한 말씀입니다. 어떻게 해야 몸의 사욕에 순종하지 않습니까? 그것은 지체를 불의의 무기로 죄에게 내주지 않고 오직 자신을 하나님께 드리고 우리의 지체를 의의 무기로 하나님께 드리는 것입니다.

"내주지"와 "드리며"는 같은 헬라어 '파리스테미'입니다. 즉 죄에게 내주는 것과 하나님께 바치는 것에 같은 단어가 나란히 사용되었습니다. '파리스테미'는 '제공하다', '선물을 주다', '바치다 등'의 의미가 있습니다. 지체를 어느 곳에 내주는가, 바치는가에 대한 말씀입니다. 그리고 그 대상은 죄와 하나님입니다. 이 말씀에서도 죄는 정관사가 있는 단수입니다(테 하마르티아). 폭군처럼 죄들로 몰아가는 그 죄입니다.

말씀은 명확하게 말씀합니다. 지체를 불의의 무기로 그 죄에게 바치지 말고, 오직 너희 자신을 죽은 자 가운데서 다시 살아난 자 같이 너희의 지체들을 의의 무기로 하나님께 바치라는 것입니다. 거듭나지 않은 상태에서는 죄가 왕 노릇 하기 때문에 죄에게 바칠 수밖에 없습니다(롬 5:21). 그러나 예수님과 함께 죽고 새로운 생명을 가졌으므로 그 생명 안에서 살 수 있게 되었습니다. 그러므로 죽은 자 가운데서 다시 살아난 자 같이 행하라고 말씀합니다. 즉 하나님의 생명을 가진 자처럼 자신을 하나님께 드리며 지체를 의의 무기로 하나님께 바치라고 말씀합니다. 하나님의 생명을 가졌기 때문에 그렇게 할 수 있다는 것입니다.

14절 죄가 너희를 주장하지 못하리니 이는 너희가 법 아래에 있지

아니하고 은혜 아래에 있음이라

이 말씀 앞에도 '가르'가 있습니다. 왜냐하면 죄가 너희를 주장하지 못할 것이기 때문입니다. 우리가 지체를 불의의 무기로 죄에게 드리지 않고 의의 무기로 하나님께 드릴 수 있는 것은 그 죄가 우리를 지배하지 못하기 때문이라는 것입니다. 죄는 사망 안에 있는 자에게 왕으로 지배합니다. 그러나 우리는 그리스도와 함께 산 자가 되었습니다. 7절에서 죽은 자가 죄에서 벗어났음을 말씀하였습니다. 우리도 그리스도와 함께 그 죄에서 벗어났으므로 그 죄는 우리의 주인이 아닙니다. 그 죄는 우리에게 우리를 주장할 수 없습니다.

그러나 바울은 죄가 우리를 주장하지 못하는 다른 이유를 말합니다. 다음 연결하는 문장에도 '가르'가 있습니다. 왜냐하면 그것은 우리가 법 아래 있지 않고 은혜 아래 있기 때문이라는 것입니다. 대체적으로 사람들은 법이 있으면 죄가 없어질 것이라고 생각합니다. 그러나 법이 있으면 죄가 기회를 타서 우리를 죄로 몰아갑니다. 율법이 들어온 것은 죄를 더하게 하려 함입니다(롬 5:20). 그러므로 그는 죄가 너희를 주장하지 못하리니 이는 너희가 법 아래에 있지 아니하고 은혜 아래에 있기 때문이라고 말하였습니다.

율법은 육신의 법으로 영이 죽은 이스라엘에게 주어진 것입니다. 그리고 모든 인류는 그 율법의 따라 유죄판결 아래 있었습니다. 그들은 사망 안에 있었기 때문에 그리고 율법 아래 있었기 때문에 죄의 통치를 받을 수밖에 없었습니다.

그러나 우리는 언약의 대표이신 그리스도와 함께 연합되어 그분과 함께 새 생명 가운데 있게 되었습니다. 그것은 은혜가 왕 노릇 하여 일어난 일입니다(롬 5:21). 그리고 그 은혜는 우리를 떠나지 않고 여전히 주인 노릇을 합니다. 만약 하나님의 생명을 가진 우리도 율법의 지배를 받게 된다면 육신 속에 있는 그 죄는 우리를 죄들로 몰아갈 것입니다. 이에 대해서는 7장에서 자세히 설명합니다.

그러나 우리는 법 아래 있지 아니하고 은혜 아래에 있습니다. 우리에게는 법이 아니라 은혜가 주인이 되고 은혜가 왕이 됩니다. 하나님의 은혜와 자비와 긍휼은 언약 안에 있습니다. 은혜와 의의 선물을 넘치게 받은 우리가 왕이 되어 몸의 사욕과 지체를 주관할 수 있게 되었습니다. 그러므로 죄가 우리를 주장하지 못합니다. 우리는 죄에 거할 수 없습니다. 이제 두 번째 질문입니다.

4. 죄를 지으리요(롬 6:15~16)

15절 그런즉 어찌하리요 우리가 법 아래에 있지 아니하고
은혜 아래에 있으니 죄를 지으리요 그럴 수 없느니라

앞 절들에서 우리는 법 아래 있지 않고 은혜 아래 있기 때문에 죄는 우리를 주장하지 못한다고 하였습니다. 그는 묻습니다. 그런즉 어찌하겠습니까? 우리가 법 아래에 있지 아니하고 은혜 아래에 있으니 죄를 짓겠습니까?

앞(6절)에서 언급한 것처럼 6장은 종과 주인의 관계로 죄와 우리를 설명합니다. "법 아래"와 "은혜 아래"에서 '아래'로 번역된 '휘포'는 단순한 아래가 아니라 노예가 주인 아래 있는 것과 같은 의미로 사용되었습니다. 우리는 법의 지배 아래 있지 않고 은혜의 지배 아래 있습니다.

법이 아니라 은혜의 지배 아래 있으니 죄를 지을 것인가를 묻습니다.

"죄를 지으리요"는 헬라어 '하마르타노'가 사용되었습니다. '하마르타노'는 '과녁을 맞추지 못하다', '잘못하다', '죄를 짓다'로 정의합니다. 이 단어가 로마서 3장 23절 "(모든 사람이) 죄를 범하였으매"에서 사용되었습니다. 잘못하여 죄를 짓는 것, 죄를 범하는 것입니다. 우리가 법이 아니라 은혜의 지배 아래 있으니 죄를 범하겠습니까?

사람들은 은혜 아래에서는 방종을 가져와 모든 것이 엉망이 될 것이라고 생각합니다. 법의 규정이 없다면 마음대로 죄를 짓게 될 것이라는 것입니다. 유대인들이 바울의 가르침에 그것은 죄를 부추기는 것이 아니냐고 하였습니다(롬 3:8). 그러나 은혜가 주인이 된 것이 죄를 지어도 된다는 의미는 아닙니다. 바울은 "그럴 수 없느니라"라고 답합니다. 은혜 아래 있으므로 죄를 짓는 일은 있을 수 없다는 것입니다. 이제 그 이유에 대한 말씀이 이어집니다.

16절 너희 자신을 종으로 내주어 누구에게 순종하든지 그 순종함을 받는 자의 종이 되는 줄을 너희가 알지 못하느냐 혹은 죄의 종으로 사망에 이르고 혹은 순종의 종으로 의에 이르느니라

바울은 "너희가 알지 못하느냐"라는 말로 시작합니다. 무엇을 알지 못하느냐는 것입니까? 우리 자신을 종으로 내주어 누구에게 순종하든지 그 순종함을 받는 자의 종이 된다는 것입니다.

"종"은 헬라어로 '둘로스'입니다. 스트롱코드 사전은 '둘로스'를 '(문자적 혹은 상징적으로, 자발적으로 혹은 본의 아니게, 그러므로 자주 복종과 보조의 한정된 의미로)종, 묶인 사람'이라고 정의합니다. 즉 노예입니다. 이 말씀에서도 '내주어'는 13절에 사용된 '파리스테미'가 사용되었습니다. 노예로 자신을 바쳐 누구에게 순종하면 그 순종함을 받는 자의 노예가 된다는 것입니다. 이것은 당시 사회에서 흔히 볼 수 있는 주인과 노예의 모습이었으므로 그는 알지 못하느냐고 말하였습니다. 자신을 노예로 바쳐 순종하면 그 순종함을 받는 자의 노예입니다.

앞 절에서는 법 아래와 은혜 아래를 말했는데 이제 죄의 종과 순종의 종을 말합니다. 죄에게 순종하면 죄의 노예가 되고, 하나님께 순종하는 자는 순종의 노예가 됩니다. 우리는 지체를 죄에게 종으로 드릴 수도 있고, 의에게 종으로 드릴 수도 있습니다. 죄의 노예가 될 수도 있고, 순종의 노예가 될 수도 있습니다.

그리고 그 결과는 죄에 묶인 종은 사망에 이르고, 순종에 묶인 종은 의에 이른다고 말합니다. 사망은 아담 한 사람의 범죄로 말미암아 들어왔고, 의는 예수 그리스도 한 사람의 순종으로 말미암아 왔습니다. 같은 방법으로 죄의 종은 사망에 이르고 순종의 종은 의에 이릅니다. "이르고"와 "이르느니라"는 도달됨을 의미하는 '에이스'가 사용되었습니다. 죄의 종과 순종의 종의 결과는 사망과 의입니다. 사망은 하나님과 분리됨을 의미합니다. 즉 죄를 지을 수 없는 이유는 자신의 지체를 죄에게 종으로 드리면 죄의 노예로 하나님과 분리되고 하나님께 드리면 의에 이르게 됩니다. 그러나 이제 우리는 누구입니까?

5. 의에게 종이 된 우리(롬 6:17~19)

17절 하나님께 감사하리로다 너희가 본래 죄의 종이더니 너희에게
전하여 준 바 교훈의 본을 마음으로 순종하여
18절 죄로부터 해방되어 의에게 종이 되었느니라

바울은 "그러나 하나님께 감사하리로다"라고 말합니다. '카리스'가 사용되었습니다. 모두 은혜입니다.

"너희가 본래 죄의 종이더니" 그들은 본래 죄의 종이었습니다.

"너희에게 전하여 준 바 교훈의 본을 마음으로 순종하여 죄로부터 해방되어 의에게 종이 되었느니라"

이 말씀에서 '죄'와 '의'는 모두 정관사가 있는 단수입니다. 그들은 본래 그 죄의 종이었습니다. 그런데 그들에게 전하여 준 복음의 말씀을 듣고 마음으로 순종하여 그 죄로부터 해방되었습니다. 그리고 그들은 그 의의 종이 되었습니다.

그들만이 아니라 우리도 그러합니다. 우리도 본래 죄의 종이었지만, 복음에 순종함으로 그 죄로부터 해방되어 의의 종이 되었습니다. 죄로부터 해방되어 자유롭게 되었다는 것은 노예에서 벗어났음을 의미합니다. 우리는 이제 그 죄로부터 벗어나 그 죄의 노예에서 해방되어, 그 의의 노예가 되었습니다.

6장에서 말씀하는 우리입니다. 우리는 그 죄에 대하여 떨어져서 죽었습니다(2절). 우리의 옛 사람이 예수와 함께 십자가에 못 박힌 것은 죄의 몸이 죽어 다시는 우리가 그 죄에게 종 노릇하지 아니하려 함입니다(6절). 우리의 옛 사람이 그리스도와 함께 죄에 대하여 십자가에서 죽었으므로 더 이상 그의 노예가 아닙니다. 그러므로 그에게 종 노릇 할 필요가 없습니다.

또한 예수님께서 죽으심으로 죄에서 벗어나 의롭게 되셨습니다(7절). 우리가 그리스도와 함께 일으킴을 받았다면, 그때 우리도 그 죄에서 벗어나 의롭게 되었을 것입니다. 그것은 우리로 새 생명 가운데서 행하게 하심입니다(4절). 우리의 본성이 바뀌었습니다. 우리는 이제 죄의 노예가 아니라 의의 노예가 되었습니다.

하지만 주님을 영접한 성도들 중 많은 사람들이 자신을 이렇게 생각하지 않습니다. 자신을 그리스도를 영접하기 전 그대로라고 생각합니다. 현재 어떤 죄에서 벗어나지 못하는 자신의 모습을 보며 죄의 본성을 따르는 죄의 노예라고 생각합니다. 그러나 말씀은 철저하게 우리는 그리스도와 연합되었다고 말씀합니다. 현재 우리의 삶 속에 나타나는 모습과는 상관없이 우리는 그리스도와 연합되어 함께 죄에 대하여 죽은 자입니다. 그리고 그리스도와 함께 하나님께 대하여, 그리고 그 의에 대하여 산 자가 되었습니다. 이제 우리는 죄의 본성이 아니라 의의 본성을 가진 자가 되었습니다. 이것이 말씀이 말하는 그리스도 안에 있는 우리입니다. 그러므로 의에게 종으로 내주어 거룩함에 이르라고 말씀합니다.

19절 너희 육신이 연약하므로 내가 사람의 예대로 말하노니 전에
너희가 너희 지체를 부정과 불법에 내주어 불법에 이른 것 같이
이제는 너희 지체를 의에게 종으로 내주어 거룩함에 이르라

바울은 "너희 육신이" 연약하기 때문에 사람의 예대로 말한다고 합니다. "육신"은 '사르크스'로 7장과 8장에서 거듭난 영과 대조적 개념으로 사용됩니다. 영으로는 그리스도와 연합되어 죄의 종이 아니라 의의 종이 되었습니다. 그럼에도 육신은 여전히 연약합니다. 그러므로 바울은 사람의 예대로 즉 인간적으로 말한다는 것입니다.

그는 "전에 너희가 너희 지체를 부정과 불법에 내주어 불법에 이른 것 같이 이제는 너희 지체를 의에게 종으로 내주어 거룩함에 이르라"라고 말합니다. 이 말씀에서도 "내주어"는 '파리스테미'가 사용되었습니다. "너희가 너희 지체를 부정과 불법에 내주어", "너희 지체를 의에게 내주어"라고 말합니다. 우리가 주체가 되어 누군가에게 지체를 바치는 것입니다.

"전에" 즉 거듭나기 전입니다. 그때에 우리는 우리의 지체를 부정과 불법에 내주어 불법에 이르렀습니다. "부정"은 '불순, 불결'을 의미합니다. "불법"은 '아노미아'로 '율법의 위반, 악함'들을 의미합니다. 전에 우리가 복음에 순종하지 않았을 때는 아담과 연합되어 사망 안에서 죄의 노예였습니다. 그러므로 지체를 불순하고 불결함에 그리고 악함에 드려 율법을 위반함에 이르러 유죄판결을 받은 자였습니다.

그러나 이제 그리스도와 연합됨으로 의의 노예가 되었습니다. 그러므로 전에 그 죄에게 했던 것처럼, 이제는 지체를 그 의에게 드리라고 말합니다. 13절에서도 우리의 지체를 불의의 무기로 죄에게 내주지 말고, 오직 의의 무기로 하나님께 드리라고 말씀하였습니다. 이제 주인이 바뀌었습니다. 그 의의 노예로 살아야 합니다.

그러므로 지체를 새로운 주인인 그 의에게 드려서 행위에서도 거룩함에 이르라고 말씀합니다. "거룩함"은 '하기아스모스'로 '청결한 상태', '거룩', '성화' 등으로 정의합니다. 행위의 거룩함은 우리가 현재 의의 종이 되었음을 아는 데서 시작됩니다. 우리는 이제 의의 종이 되었기 때문에 지체를 의에게 바쳐서 거룩함을 이루라는 말씀입니다.

바울은 에베소 교회와 골로새 교회에 보내는 편지에서도 옛사람과 그 행위를 벗어 버리고 새 사람을 입으라고 말하였습니다(엡 4:22~24, 골 3:9,10). 본성이 바뀌었으므로 옛사람의 행위를 벗어버리고 새사람의 행위를 입어 행위의 거룩함에 이르라는 말씀입니다. 새로운 주인은 새로운 행위를 요구합니다. 우리는 새 생명 가운데서 행해야 합니다. 주님은 변화된 행동을 요구하십니다. 그러므로 우리가 은혜 아래 있다고 죄를 지을 수는 없습니다.

6. 죄의 노예와 의의 노예의 열매(롬 6:20~23)

20절 너희가 죄의 종이 되었을 때에는 의에 대하여 자유로웠느니라
21절 너희가 그 때에 무슨 열매를 얻었느냐 이제는 너희가 그 일을
부끄러워하나니 이는 그 마지막이 사망임이라

바울은 전에 죄의 종이었을 때에 대해 말합니다. 그때는 의에 대해서 자유로웠습니다. "자유로웠느니라"는 '엘류떼로스'로 뜻은 '거리낌 없는', '노예가 아닌', '(책무나 의무로부터) 면제된' 등입니다. 이 말씀에서도 죄와 의 앞에 정관사가 있습니다. '그 죄(테스 하마르티아)'의 노예가 되었던 그때에는 '그 의(테 디카이오쉬네)'에 대하여 의무가 면제되어 의의 노예가 아니었습니다. 그때는 죄가 왕 노릇 하고, 주인 노릇 할 때입니다.

바울은 그 때에 무슨 열매를 얻었는가를 묻습니다. 무슨 열매를 얻었습니까? 그는 먼저 이제는 우리가 그 일을 부끄러워한다고 말합니다. 왜냐하면 그것들의 결국은 사망이기 때문입니다. 죄의 노예로 행한 부정과 불법의 열매는 하나님과 분리되는 사망입니다. 모든 사람이 아담과 연합되어 죄를 지었으므로 사망이 뚫고 들어왔습니다(롬 5:12). 이제는 우리가 죄의 노예로 살았던 일들에 대하여 부끄러워합니다.

22절 그러나 이제는 너희가 죄로부터 해방되고 하나님께 종이 되어
거룩함에 이르는 열매를 맺었으니 그 마지막은 영생이라

그러나 이제는 너희가 죄로부터 해방되고 하나님께 종이 되어 거룩함에 이르는 열매를 맺었었다고 말씀합니다. 지금은 복음에 순종함으로 우리는 그 죄의 노예에서 벗어나 하나님께 묶인 노예가 되어 거룩함에 이르는 열매를 맺었습니다.

16절에서는 순종의 종은 의에 이른다고 하였습니다. 그리고 그 결과는 영생입니다. 이 말씀은 은혜는 의를 통하여 왕 노릇 하여 영생에 이르게 하려 함이라는 말씀과 같습니다(롬 5:21). 의와 거룩함의 열매는 영생입니다. 우리는 이제 사탄의 본성인 사망이 아니라 하나님의 생명과 연합되었습니다.

23절 죄의 삯은 사망이요 하나님의 은사는 그리스도 예수 우리 주 안에 있는 영생이니라

이 말씀 앞에 '가르'가 있습니다. 왜냐하면 죄의 삯은 사망이요 하나님의 은사는 그리스도 예수 우리 주 안에 있는 영생이기 때문입니다. 16절과 21절에서도 죄의 종의 마지막은 사망이라고 하였습니다. 죄의 삯 즉 대가는 사망입니다. 6장에서 세 번 말씀하여 죄의 결과가 사망임을 확증하였습니다. 죄로 말미암아 사망이 들어왔습니다. 사망은 하나님과 분리되고 사탄과 연합됨을 의미합니다. 그러나 하나님께서 값없이 주시는 선물은 그리스도 예수 우리 주 안에 있는 영생입니다. 우리는 복음에 순종함으로 죄로부터 해방되어 하나님께 종이 되어 거룩함에 이르는 열매인 영생을 얻었습니다(롬 6:22). 영생은 하나님의 선물입니다.

인류의 대표가 되어 순종하심으로 얻으신 그리스도 예수 우리 주 안에 있는 하나님의 생명입니다. 그러므로 하나님의 아들이 있는 자에게는 생명이 있고, 하나님의 아들이 없는 자에게는 그 생명이 없다고 말씀합니다(요일 5:11,12). 세례로 그리스도 안에 잠긴 자는 그분의 일으켜짐에도 함께 하여 그 새 생명 가운데서 행합니다(롬 6:4). 은혜와 의의 선물을 넘치게 받은 우리는 그 생명 안에서 왕으로 다스립니다(롬

5:17). 하나님의 생명을 가진 자 즉 하나님으로부터 난 자마다 죄를 짓지 않습니다(요일 3:9).

요약

로마서 6장은 우리가 철저하게 그분의 죽으심과 장사됨과 일으켜짐에 연합되었다고 말씀합니다. 그러므로 그분과 함께 죄에 대하여 죽고, 의에 대하여 그리고 하나님께 대하여 산 자가 되었습니다. 그러므로 죄에 거할 수 없습니다. 이제 죄의 노예가 아니라 의의 노예로 하나님과 연합되었습니다. 그러므로 분명하게 의의 종으로서의 새로운 행동을 요구합니다. 그러므로 우리가 은혜 아래 있다고 죄를 지을 수 없습니다. 죄를 짓는 자는 죄의 노예이기 때문입니다.

Ⅲ. 그리스도와 연합된 자의 율법의 문제(롬 7:1~25)

7장은 그리스도와 연합된 자들의 율법의 문제에 대한 말씀입니다. 로마서의 배경에서도 나누었던 것처럼 당시 유대인 성도들 중 많은 사람들이 율법에 열성이었습니다. 그러므로 할례를 비롯한 율법의 문제는 성도들에게 많은 혼란을 주었습니다. 바울은 그 율법을 명확하게 하기 위하여 로마서에서 자주 율법을 언급하였습니다. 특별히 로마서 7장은 전체가 율법에 대한 말씀입니다. 먼저 율법과 우리의 관계를 말씀하고 다음은 그 율법을 우리에게 적용하면 어떻게 되는가를 말씀합니다.

1. 사람이 살 동안만 주관하는 법(롬 7:1~3)

1절 형제들아 내가 법 아는 자들에게 말하노니 너희는 그 법이 사람이
    살 동안만 그를 주관하는 줄 알지 못하느냐
2절 남편 있는 여인이 그 남편 생전에는 법으로 그에게 매인 바 되나
    만일 그 남편이 죽으면 남편의 법에서 벗어나느니라
3절 그러므로 만일 그 남편 생전에 다른 남자에게 가면 음녀라
    그러나 만일 남편이 죽으면 그 법에서 자유롭게 되나니 다른
    남자에게 갈지라도 음녀가 되지 아니하느니라

바울은 먼저 법 아는 자들에게 말한다고 합니다. 이 말씀에서 "법"은

'노모스'인데 앞에 정관사가 없습니다. 그러므로 율법이 아니라 일반적인 법을 의미함을 알 수 있습니다. 개역개정 성경의 번역도 "법"이라고 하였습니다. 당시 로마에는 로마의 법이 있었습니다.

그는 이어서 "너희는 그 법이 사람이 살 동안만 그를 주관하는 줄을 알지 못하느냐"라고 말합니다. 어느 나라의 법이든 대부분의 법은 사람이 살 동안만 그를 주관합니다. 당시 로마의 법도 그러했을 것입니다. 간혹 어떤 법은 죽은 자에게 요구하는 세금의 법들이 있기도 했습니다. 하지만, 그것도 살아있는 사람이 징수할 뿐 죽은 자와는 상관이 없는 법이었습니다. 그것은 법을 아는 자는 모두가 아는 사실입니다.

그리고 그는 부부의 법으로 남편 있는 여인이 그 남편 생전에는 법으로 그에게 매이지만, 그 남편이 죽으면 남편의 법에서 벗어난다고 말합니다. 남편 있는 여인은 그 남편 생전에는 그에게 매이게 됩니다. 하지만 그 남편이 죽으면 남편의 법에서 벗어납니다. 이 말씀에서도 "벗어나느니라"는 무용지물이 됨을 의미하는 '카타르게오'가 사용되었습니다. 남편이 죽으면 아내는 법적으로 남편에 대한 책무나 의무로부터 벗어나게 됩니다. 아내에게 그 남편에 대한 그 법은 효력이 없어집니다. 현재 대부분의 법이 그러한 것처럼 당시 로마의 법도 그러했습니다.

3절에서 그는 구체적으로 말합니다. 만일 남편 생전에 다른 남자에게 가면 음녀이지만, 남편이 죽으면 그 법에서 자유롭게 되어 다른 남자에게 갈지라도 음녀가 되지 않는다는 것입니다. 이는 법 아는 자들은 다 아는 사실입니다.

바울은 율법과 우리의 관계를 말하기 위하여 법은 사람이 살 동안만 그를 주관함과 남편이 죽으면 아내는 그 남편의 법에서 벗어남을 말하고 있습니다. 다음은 율법과 우리에 대한 말씀입니다.

2. 율법에 대하여 죽임을 당한 우리(롬 7:4~6)

4절 그러므로 내 형제들아 너희도 그리스도의 몸으로 말미암아
율법에 대하여 죽임을 당하였으니 이는 다른 이 곧 죽은 자
가운데서 살아나신 이에게 가서 우리가 하나님을 위하여
열매를 맺게 하려 함이라

바울은 "내 형제들아 너희도"라고 말합니다. 로마의 성도인 그들입니다. 이 말씀은 우리에 대한 말씀입니다. 그는 "너희도 그리스도의 몸으로 말미암아 율법에 대하여 죽임을 당하였다"라고 말합니다. 우리는 그리스도의 몸으로 말미암아 율법에 대하여 죽임을 당하였습니다. 우리를 대속하기 위하여 주신 "그리스도의 몸으로 말미암아"입니다.

4절부터 '노모스'는 정관사와 함께 사용되었습니다. 율법입니다. 언약의 대표이신 그리스도께서 죄가 되셔서 율법으로 모든 인류에게 내려진 유죄판결의 형벌을 대신 받으셨습니다. 그러므로 율법은 더 이상 요구할 것이 없습니다. 우리를 거스르고 불리하게 하는 법조문으로 쓴 증서를 지우시고 제하여 버리사 십자가에 못 박으셨습니다(골 2:14).

또한 우리도 세례로 그분의 죽음에 연합되어 그분과 함께 죽었습니다. 그러므로 우리도 율법에 대하여 죽임을 당하였습니다. 율법이 죽은 것이 아니라 우리가 죽었습니다. 그 법은 사람이 살 동안만 그를 주관한다고 하였습니다. 동일하게 모든 사람을 죄 아래 가두었던 율법은 우리가 죽었으므로 더 이상 우리를 주관할 수 없습니다. 우리는 율법과 관계없게 되었습니다.

그런데 그것은 다른 이 곧 죽은 자 가운데서 살아나신 이에게 가서 우리로 하나님을 위하여 열매를 맺게 하려 하심이라고 말합니다. 율법에 대하여

죽임을 당하게 하신 이유입니다. 그것은 율법이 아닌 다른 이에게 가서 하나님을 위하여 열매를 맺게 하려 하심입니다.

"다른 이" 앞에 6장에서 연합을 의미하던 '에이스'가 사용되었습니다. "가서"는 발생됨을 의미하는 '기노마이'가 사용되었습니다. 다른 이, 곧 죽은 자 가운데서 살아나신 그리스도 안으로 연합하여 하나님을 위하여 열매를 맺게 하려 하셨다는 것입니다.

그리스도는 죽은 자 가운데서 먼저 나신 분이십니다. 우리는 그리스도와 함께 하나님의 생명으로 살아난 자가 되었습니다. 우리가 그리스도의 죽으심과 장사 됨에 연합된 것은 그리스도를 죽은 자 가운데서 살리심과 같이 우리로 또한 새 생명 가운데서 행하게 하려 하심입니다(롬 6:4). 우리는 그리스도와 함께 사는 자 즉 함께 공생하는 자들입니다(롬 6:8, 딤후 2:11).

율법은 육체의 법입니다. 그러나 그 율법으로는 하나님을 위하여 열매를 맺을 육체는 없습니다(롬 3:20, 갈 2:16). 그러므로 하나님은 인류의 대표이신 그리스도의 몸으로 말미암아 우리로 그 율법에 대하여 죽게 하시고, 죽은 자 가운데서 살아나신 그리스도와 연합하여 새 생명으로 살게 하셔서 하나님을 위하여 열매를 맺게 하려 하셨습니다. 그렇게 하신 이유입니다.

5절 우리가 육신에 있을 때에는 율법으로 말미암는 죄의 정욕이 우리 지체 중에 역사하여 우리로 사망을 위하여 열매를 맺게 하였더니

이 말씀 앞에도 이유를 말하는 '가르'가 사용되었습니다. 왜냐하면 그것은 우리가 육신에 있을 때에는 율법으로 말미암는 죄의 정욕이 우리 지체 중에 역사하여 우리로 사망을 위하여 열매를 맺게 하였기 때문이라는 것입니다. 이 말씀은 4절 말씀인 우리로 그리스도와 연합하여 죽어 율법에 대하여 죽임을 당하게 하셨고, 그리스도와 연합하여 살아서 하나님을 위하여 열매를 맺게 하신 이유에 대한 말씀입니다. 그것은 우리가 육신 안에 있으면서 율법을 통하여 사망을 위하여 열매를 맺고 있었기 때문입니다.

바울은 "육신에 있을 때"라고 말합니다. 앞 절에서 그리스도의 몸을 말한 바울은 육신을 말합니다. 4절에서 '몸'은 '소마'가 사용되었고, 이 말씀에서 '육신'은 '사르크스'가 사용되었습니다. 바울은 그의 서신들에서 이 두 가지로 몸을 표현하였습니다. '소마'는 구원을 의미하는 '소조'에서 유래된 말로 대부분 '몸'으로 번역되었습니다. 우리는 그리스도의 몸의 지체입니다(롬 12:5). '사르크스'는 하나님을 거역하고 죄를 짓는 몸과 마음을 나타내는 말로 대부분 '육신'으로 번역되었습니다. 우리의 육신은 하나님을 대적합니다(롬 8:7).

본래 사람은 영이신 하나님과 교제하는 존재로 영 안에 있었습니다. 그는 마음으로도 하나님을 아는 살아 있는 혼이었습니다(창 2:7). 그러나 아담이 타락함으로 사람은 육신이 되어 육신을 따르게 되었고 하나님의 영은 그들을 떠나셨습니다(창 6:3). 그렇게 육신 안에 있을 때 율법으로 말미암는 죄의 정욕이 우리 지체 중에 역사하여 우리로 사망을 위하여 열매를 맺게 하였다고 말합니다.

율법은 거듭나지 않은 육신 안에 있는 이스라엘에게 주신 하나님의 법으로 범법함으로 더하여진 것입니다(갈 3:19). 율법은 행하면 사는 법이지만, 타락한 육신 안에 있는 우리는 그 율법을 행할 수 없었습니다. 오히려 육신 안에 있는 죄의 정욕은 율법으로 말미암아 우리의 지체 중에서 역사하여 삶에서 죄의 삯인 사망을 위하여 열매를 맺게 하였습니다. 그 율법은 모든 인류를 죄 아래 가두었습니다(롬 3:19, 갈 3:22). 죄의 삯은 사망입니다(롬 6:23). 죄와 사망이 모든 인류에게 왕으로 통치했습니다(롬 5:17,21).

6절 이제는 우리가 얽매였던 것에 대하여 죽었으므로 율법에서
벗어났으니 이러므로 우리가 영의 새로운 것으로 섬길 것이요
율법 조문의 묵은 것으로 아니할지니라

6절 앞에 '뉘니 데'가 있습니다. '그러나 이제는'입니다. 그러나 이제는 그것과 같지 않습니다. 그러나 이제는 우리가 얽매였던 것에 대하여 죽었으므로 율법에서 벗어났다고 말합니다.

"얽매였던"은 헬라어 '카테코'로 '제지하다', '굳게 붙잡다', '점유하다', '묶다' 등의 뜻이 있습니다. 그리고 이 말씀에서는 수동태로 사용되었습니다. 로고스의 원어분해성경은 "그러나 지금은 그것에게 묶였던 우리가 죽어 율법으로부터 자유롭게 되었다"라고 번역하였습니다. 그러나 이제는 우리가 얽매였던 그것 안에서 죽었습니다. 우리가, 즉 우리의 옛 사람이 죽었습니다.

우리를 묶고 얽매었던 것이 무엇입니까? 바울은 그것을 말하지 않습니다. 로마서를 통하여 우리가 알 수 있는 것은 죄와 율법 그리고 육신이 우리를 묶어 하나님을 위하여 열매를 맺지 못하게 하였습니다(7장의 뒷부분에서는 율법과 관련하여 육신 안에 있는 죄를 말씀합니다).

우리가 육신 안에 있을 때 율법으로 말미암는 죄의 정욕이 우리 지체 중에서 역사하여 사망을 위해 열매를 맺게 하였습니다. 그러나 이제는 우리를 얽매었던 그것에 대해 우리가 죽었습니다. 육신 안에 있을 때 무엇으로 우리를 얽매이게 했습니까? 율법으로 말미암아 지체 중에 역사하는 죄의 정욕입니다. 6장에서도 죄의 몸, 몸의 사용을 말하였습니다(롬 6:6,12). 그러나 이제 그것에 묶였던 우리가 그리스도와 함께 죽었습니다. 그리스도 예수의 사람들은 육체와 함께 그 정과 욕심을 십자가에 못 박았습니다(갈 5:24). 우리의 옛 사람이 십자가에 못 박힌 것은 죄의 몸이 죽어 다시는 우리가 죄에게 종 노릇 하지 아니하려 함입니다(롬 6:6). 죽은 것은 율법이 아니라 나를 얽매이게 했던 것 안에서 내가 죽었습니다.

그리고 우리를 얽매이게 했던 것에서 죽어 우리는 율법에서 벗어 났다고 말씀합니다. "벗어났으니"는 2절에서와 같이 '카타르게오'가 사용되었습니다. 율법은 여전히 존재하지만, 그 율법은 우리에게 효력이 없습니다. 만일 남편이 죽으면 아내는 그 남편의 법에서 벗어납니다. 우리를 묶어 두었던 육신 안에 있던 우리가 그리스도와 함께 죽었으므로 우리는 그 육신의 법인 율법으로부터 벗어나 자유롭게 되었습니다. 율법은 우리에게 효력이 없습니다.

그러므로 우리가 영의 새로운 것으로 섬길 것이요 율법 조문의 묵은 것으로 아니할 것이라고 말씀합니다. 이 말씀에서 "섬길 것이요"는 헬라어 '둘류오'가 사용되었습니다. '둘류오'는 노예를 의미하는 '둘로스'에서 유래된 말로 '예속되다', '섬기다'의 뜻이 있습니다. 우리의 옛 사람이 죽어 이제는 율법의 노예로 예속되는 것이 아니라 영의 새로움에 예속되어 섬겨야 합니다.

"율법 조문의 묵은 것"과 "영의 새로운 것"이 대조됩니다. 율법 조문의 묵은 것은 옛 언약의 법으로 육신의 법입니다. 더 좋은 언약인 새 언약의 법은 영의 새로운 것으로 영의 법입니다. 그러므로 새 언약이라 말씀하셨으니 첫 것은 낡아지게 하신 것이니 낡아지고 쇠하는 것은 없어져 가는 것입니다(히 8:13). 그러므로 이제 옛 언약의 법인 기록된 낡은 율법

조문에 따라 살 것이 아니라 새 언약의 백성으로 하나님과 연합된 영의 새로움에 예속되어 살아야 한다고 말씀합니다.

우리는 그리스도의 일으켜짐에 연합되어 그리스도 안에서 새 생명으로 존재합니다(롬 6:4,23). 우리는 율법 아래 있지 않습니다(롬 6:14). 우리는 그리스도와 함께 삽니다(롬 6:8). 하나님의 성령은 우리 안에 계십니다. 그리스도께서 우리 안에 계시면 몸은 죄로 말미암아 죽은 것이지만 영은 의로 말미암아 살아 있는 것입니다(롬 8:10). 이제 우리는 육신 안에 있지 않고 영 안에 있습니다(롬 8:9). 그러므로 영의 새로운 것으로 섬겨야 합니다. 하나님은 우리를 그리스도의 새 생명에 연합하여 하나님을 위하여 열매를 맺게 하셨습니다(롬 7:4).

> **"내가 율법으로 말미암아 율법에 대하여 죽었나니 이는 하나님에 대하여 살려 함이라 내가 그리스도와 함께 십자가에 못 박혔나니 그런즉 이제는 내가 사는 것이 아니요 오직 내 안에 그리스도께서 사시는 것이라 이제 내가 육체 가운데 사는 것은 나를 사랑하사 나를 위하여 자기 자신을 버리신 하나님의 아들을 믿는 믿음 안에서 사는 것이라"(갈 2:19,20).**

바울은 갈라디아 교회에 보내는 편지에서 자신이 율법으로 말미암아 율법에 대하여 죽었다고 말합니다. 그리고 그것은 하나님에 대하여 살려 함이라고 말합니다. 하나님에 대하여 살기 위해서는 의로워져야 합니다, 그러나 율법은 우리를 죄로 몰아갑니다. 그러므로 하나님에 대하여 살기 위하여 율법으로 말미암아 율법에 대해 죽었다는 것입니다.

어떻게 율법에 대하여 죽었습니까? 그는 "내가 그리스도와 함께 십자가에 못 박혔나니"라고 말합니다. 우리는 율법으로 말미암아 죽으신 그리스도와 함께 죽었으므로 그리스도와 함께 율법에 대하여 죽은 자가 되었습니다. 이 말씀은 우리가 그리스도의 몸으로 말미암아 율법에 대하여 죽임을 당하였다는 로마서 7장 4절과 같은 말씀입니다.

그러므로 이제 내가 사는 것은 내가 사는 것이 아니라 오직 나와 연합되신 그리스도께서 사시는 것이라고 말합니다. 나의 옛 사람은 그리스도와 함께 죽고 나는 그리스도의 생명으로 삽니다. 이제 우리가 육체 가운데 사는 삶은 나를 사랑하사 나를 위하여 자기 자신을 버리신 하나님의 아들을 믿는 믿음 안에서 사는 것이라고 말합니다. 율법을 지키면서 사는 삶이 아니라 영이신 말씀을 믿는 믿음으로 사는 것입니다. 우리는 하나님을 위하여 열매를 맺기 위하여 새 생명인 영의 새로워진 것으로 섬겨야 합니다. 그러므로 로마서와 갈라디아서는 육신이 아니라 영을 따라 살 것을 말씀합니다.

3. 율법과 죄, 율법과 육신(롬 7:7~14)

1) 첫 번째 질문은 "그런즉 … 율법이 죄냐?" : 율법과 죄의 관계

7절 그런즉 우리가 무슨 말을 하리요 율법이 죄냐 그럴 수 없느니라 율법으로 말미암지 않고는 내가 죄를 알지 못하였으니 곧 율법이 탐내지 말라 하지 아니하였더라면 내가 탐심을 알지 못하였으리라

앞 절들에서 우리는 율법에 대하여 죽었다고 하였습니다. 그렇다면 우리가 무엇을 말하겠습니까? "율법이 죄냐"라고 바울은 묻습니다. 그리고 단호히 대답합니다. "그럴 수 없느니라" 그런 일은 있을 수 없습니다. 율법은 절대로 죄가 아닙니다.

그렇다면 율법은 무엇입니까? 그는 먼저 "율법으로 말미암지 않고는 내가 죄를 알지 못하였으니"라고 말합니다. 그는 그것을 탐심의 예를 들어 설명합니다. 그는 율법에서 탐내지 말라 하지 아니하였더라면 탐심을 알지 못하였을 것이라고 말합니다. "탐내지 말라"라는 계명은 십계명 중 열 번째 계명입니다. 율법이 탐내지 말라고 규정함으로 율법에 비추어 그 탐심이 죄인 줄을 알게 됩니다. 율법으로 말미암지 않고는 그것이 죄인 것을 알지 못합니다. 이는 율법의 대표적인 역할입니다.

법이 없으면 죄를 죄로 규정할 수 없습니다. 그러므로 율법이 있기 전인 아담으로부터 모세까지의 인류를 "아담과 같은 죄를 짓지 않은 자들"이라고 말씀하였습니다(롬 5:13,14). 인류는 타락하여 사망의 지배 아래 있었지만, 그들은 아담처럼 규정된 죄는 짓지 않은 자들이었습니다. 그러므로 그들은 그들의 실상을 알 수 없었습니다. 율법이 없으면 하나님께서 말씀하시는 죄를 알지 못합니다. 지금도 하나님의 법인 율법을 모르는 자들은 하나님 앞에서 그들이 왜 죄인인지를 잘 알지 못합니다.

8절 그러나 죄가 기회를 타서 계명으로 말미암아 내 속에서 온갖 탐심을 이루었나니 이는 율법이 없으면 죄가 죽은 것임이라

율법은 죄를 알게 해줍니다. 그러나 죄가 기회를 타서 계명으로 말미암아 내 속에서 온갖 탐심을 이루었다고 말합니다. 이 말씀에서도 '하마르티아'는 정관사가 있는 단수로 사용되었습니다. 죄들로 몰아가는 그 죄입니다. 그 죄가 계명을 통하여 기회를 잡아서 온갖 탐심을 일으킨다는 것입니다.

앞 절에서 율법이 죄냐고 하였습니다. 또한 율법은 죄를 알게 한다고 하였습니다. 그러나 그 율법은 죄에게 기회를 주어 그 계명을 통하여 온갖 탐심을 이루게 한다는 것입니다. 죄와 율법의 관계에 대한 말씀입니다. 율법은 죄가 아닙니다. 그러나 죄는 법을 통하여 기회를 타서 죄들을 만들어냅니다.

이어서 이유를 말하는 '가르'가 사용되었습니다. 왜냐하면 율법이 없으면 죄는 죽은 것이기 때문이라는 것입니다. 죄를 죄로 규정하는 율법이 없다면 죄는 죽은 것입니다. 율법은 그 죄가 살아나게 합니다. 죄의 권능은 율법입니다(고전 15:56). 9절도 같은 말씀을 합니다.

9절 전에 율법을 깨닫지 못했을 때에는 내가 살았더니 계명이 이르매 죄는 살아나고 나는 죽었도다

바울은 "전에 율법을 깨닫지 못했을 때"를 말합니다. "깨닫지 못했을 때"는 헬라어 '코리스'가 사용되었습니다. 뜻은 '분리하여', '떨어져', '없이', '관계없이' 등입니다. '코리스'는 율법과 관련하여 "율법 외에"(롬 3:21)로, 그리고 "율법이 없으면"(롬 7:8)으로 사용되었습니다. 율법이 없으면 죄는 죽은 것입니다.

바울은 전에 그가 율법과 관계없었을 때를 말합니다. 바울은 유대인입니다. 유대인은 태어날 때부터 율법과 관계있습니다. 그는 유대인으로서 거듭날 때까지 계속 율법에 매여있었습니다. 그러므로 "전에 율법을 깨닫지 못했을 때"는 거듭나기 전의 어느 때가 아님을 알 수 있습니다.

이 말씀에서 "전에"는 '언젠가, 과거의 한때'를 의미하는 '포테'가 사용되었습니다. 전에 언젠가 그는 율법과 관계없이 살았습니다.

그러므로 전에는 율법에서 벗어났을 때로 거듭났을 때를 의미함을 알 수 있습니다. 그때 그는 율법 외에 이제 나타난 하나님의 의로 의로워졌고 하나님을 향하여 산 자가 되었습니다. 그리스도와 연합되어 새 생명 가운데 있었습니다. 그는 율법에 대하여, 죄에 대하여 죽은 자가 되었습니다.

그런데 "계명이 이르매 죄는 살아나고 나는 죽었도다"라고 말합니다. 그에게 계명이 이르렀습니다. "이르매"는 '에르코마이'로 뜻은 '오다', '가져오다', '들어오다' 등입니다. 이제는 율법에서 벗어났으므로 율법 조문의 묵은 것이 아니라 영의 새로운 것에 예속되어 영을 따라 살아야 한다고 하였습니다(6절). 그런데 율법을 가져와 율법에 자신을 예속시킵니다. 그는 스스로 율법의 노예가 된 것입니다. 노예로 내주어 누구에게 순종하면 그 순종함을 받는 자의 노예가 됩니다(롬 6:16).

그러자 죄는 살아나고 나는 죽었습니다. 이 말씀에서 "살아나고"는 '아나자오'가 사용되었습니다. '아나자오'는 반복을 의미하는 '아나'와 살아 있음을 의미하는 '자오'에서 유래된 말로 '소생하다', '다시 살아나다', '부활하다'의 의미가 있습니다. 즉 전에 율법 없이 하나님을 향하여 살았던 그에게 계명을 가져와 율법에게 순종하니 그 죄는 다시 살아나고 그는 죽었다는 것입니다. 죽었던 죄가 다시 살아났습니다. 그리고 그는 죽었습니다.

7장에서 계속해서 말하는 그의 죽음, 그의 사망은 영의 죽음에 대한 것이 아닙니다. 로마서 6장부터는 본질적인 문제와 삶의 문제를 다룹니다. 그는 본질적으로 하나님을 향하여 산 자입니다. 죄의 종이 아니라 의의 종입니다. 그러나 계명을 가져와 율법에게 자신을 예속시키자 그 죄는 살아나고 그의 삶은 하나님과 관계없는 것이 되었습니다. 사망은 하나님과의 분리를 의미합니다.

지금 바울은 자신의 경험을 말하려는 것이 아닙니다. 우리는 율법에서 벗어났습니다. 그는 앞 절에서 율법이 없으면 죄는 죽은 것이라고 하였습니다. 그가 율법과 관계없었을 때 즉 율법에서 벗어났을 때에 죄는 죽었고 그는 살았습니다. 그러나 율법을 가져오자 죽었던 죄는 다시 살아나고 그는 죽었습니다. 율법이 없으면 죄는 죽은 것입니다.

10절 생명에 이르게 할 그 계명이 내게 대하여 도리어 사망에 이르게 하는 것이 되었도다

"생명에 이르게 할 그 계명"이라고 말합니다. 율법은 지키면 사는 법입니다. 그런데 그 계명이 그에게 도리어 사망에 이르게 하는 것이 되었다고 말합니다. 우리도 동일합니다. 거듭났을지라도 율법을 적용하면 오히려 죄가 살아나고 하나님과는 관계가 없어집니다. 생명에 이르게 하는 계명이지만 타락한 육신으로는 아무도 지킬 수 없는 법입니다. 생명에 이르게 하는 그 계명이 생명이 아니라 사망에 이르게 하는 것이 됩니다.

11절 죄가 기회를 타서 계명으로 말미암아 나를 속이고 그것으로 나를 죽였는지라

앞에 '가르'가 있습니다. 왜냐하면 죄가 기회를 타서 나를 속이고 그것으로 나를 죽였기 때문이라는 것입니다. 생명에 이르게 할 그 계명이 도리어 사망에 이르게 한 것은 그 죄가 기회를 타서 나를 속이고 그것으로 나를 죽게 했기 때문입니다. 이 말씀에서도 죄는 정관사가 있는 단수입니다. 인격체의 죄입니다.

그 죄가 나를 속여 죽음에 이르게 합니다. 계명이 아니라 죄가 그렇게 했다는 것입니다. 계명이 있으면 지킬 것 같습니다. 그러나 그 죄는 사람 안에서 온갖 죄들을 만들어냅니다. 8절에서는 죄가 기회를 타서 계명을 통하여 온갖 탐심을 이루었다고 하였습니다. 죄는 계명을 타고 들어오는데 계명으로 우리를 속여 죽음에 이르게 합니다. 죄는 우리로 하나님과 떨어져 사탄의 영역에 있게 합니다. 이제 첫 번째 물음의 답입니다.

12절 이로 보건대 율법은 거룩하고 계명도 거룩하고 의로우며 선하도다

거듭난 내가 율법의 계명을 지켜 선한 일을 이루려 하지만 죄가 속이는 것이라면 율법은 거룩하고 계명도 거룩하고 의로우며 선한 것이라고 말합니다. 그리스도와 연합된 새 생명을 가진 나는 의의 종으로 하나님의 계명을 지키기를 원합니다. 그러나 죄는 나를 속여 계명으로 나를 죽입니다. 그렇다면 율법은 죄가 아닙니다. 오히려 율법은 거룩하고 의로우며 선한 것입니다. 이 말씀은 7절의 "율법이 죄냐"라는 물음에 대한 답입니다.

2) 두 번째 질문은 "선한 것이 내게 사망이 되었느냐" : 율법과 죄, 육신의 관계

13절 그런즉 선한 것이 내게 사망이 되었느냐 그럴 수 없느니라 오직 죄가 죄로 드러나기 위하여 선한 그것으로 말미암아 나를 죽게 만들었으니 이는 계명으로 말미암아 죄로 심히 죄 되게 하려 함이라

바울은 묻습니다.
"그렇다면 선한 것이 내게 사망이 되었느냐?"

율법은 죄가 아니라 거룩하고 의롭고 선한 것입니다. 그렇다면 그 선한 율법이 그로 사망에 이르게 했습니까?

8절에서 율법이 없으면 죄는 죽은 것이라고 했고, 9절에서는 계명이 이르매 죄는 살아나고 그는 죽었다고 하였습니다. 또한 10절에서는 생명에 이르게 할 그 계명이 사망에 이르게 하는 것이 되었다고 하였습니다. 그렇다면 선한 율법이 그에게 사망을 초래하게 했습니까? 그는 "그럴 수 없느니라"라고 답변합니다. 선한 율법이 우리에게 사망이 되는 일은 결코 일어날 수 없습니다.

그렇다면 율법은 무엇입니까? 오직 죄가 죄로 드러나게 하기 위하여 선한 율법으로 말미암아 나를 죽게 만들었다고 말합니다. "오직 죄가 죄로 드러나기 위하여" 이것이 율법의 역할입니다. 율법은 죄가 죄로 드러나게 합니다. 율법은 선하지만, 죄가 죄로 드러나기 위하여 율법을 통하여 나를 죽게 만들었습니다.

그리고 그것은 계명으로 말미암아 죄로 심히 죄 되게 하려 함이라고 말합니다. '죄 되게'에서 '죄'는 '죄인, 범죄자'를 뜻하는 '하마르톨로스'가 사용되었습니다. 선한 율법이지만 죄가 심히 죄 되어 범죄자가 되게 하였습니다. 그것이 율법의 역할입니다. 율법이 들어온 것은 범죄를 더하게 하려 하심입니다(롬 5:20). 계명과 율법을 통하여 모든 인류는 범죄자가 되어 심판 아래 놓였습니다(롬 3:19). 성경은 모든 인류를 죄 아래 가두었습니다. 그리고 그것은 예수 그리스도를 믿음으로 말미암는 약속을 모든 믿는 자에게 주려 하심입니다(갈 3:22).

14절 우리가 율법은 신령한 줄 알거니와 나는 육신에 속하여 죄 아래에 팔렸도다

이 구절 앞에도 '가르'가 있습니다. 왜냐하면 우리가 율법은 신령한 줄 알지만 나는 육신에 속하여 죄 아래 팔렸기 때문이라는 것입니다. 선한 율법으로 말미암아 나를 죽게 만든 것은 내가 육신에 속하여 죄 아래 팔렸기 때문입니다.

우리가 율법이 신령한 줄 안다고 말합니다. "신령한"은 '프뉴마티코스'가 사용되었습니다. 율법은 영적입니다. 그렇지만 나는 육신에 속하여 죄 아래에 팔렸습니다. "육신에 속하여"는 '사르키노스(육적인, 육신의)'와 '에이미(나는 ~이다, 나는 있다)'가 합쳐진 말입니다. 율법은 영적인데 나는 육적입니다. 이스라엘은 영적인 율법을 오직 육신의 법으로 해석하여 규율에만 매달렸습니다. 하나님을 향한 사랑도 믿음도, 사람을 향한 의도 긍휼도 없었습니다. 그러나 우리가 율법을 섬기면 우리도 육신의 행위로 돌아가게 됩니다.

율법을 통하여 내가 죽게 된 것은 내가 육신에 속하여 죄 아래로 팔렸기 때문입니다. 그렇다면 두 번째 질문의 답이 되었습니다. 하나님의 율법은 영적인데 나는 육신이 되어 죄의 노예로 팔렸습니다. 선한 율법이 내게 사망이 된 것이 아닙니다. 내가 육신이 됨으로 사망에 이르렀습니다.

4. 그것을 행하는 자는 육신 속의 죄(롬 7:15~20)

15절 내가 행하는 것을 내가 알지 못하노니 곧 내가 원하는 것은 행하지 아니하고 도리어 미워하는 것을 행함이라

15절 앞에 이유를 말하는 '가르'가 있습니다. 왜냐하면 그것은 내가 행하는 것을 내가 알지 못하기 때문이라는 것입니다. 그는 구체적으로 말합니다.

"곧 내가 원하는 것은 행하지 아니하고 도리어 미워하는 것을 행함이라"

내가 나를 주관한다면 내가 하는 것을 내가 알 것입니다. 그런데 나는 내가 하는 것을 알지 못합니다. 그러므로 나는 죄 아래 팔린 노예입니다. 나는 내가 하고 싶어 하는 것을 행하는 것이 아니라 내가 미워하는 것을 행합니다. 나는 죄 아래 팔려 죄의 노예로 내가 아니라 죄가 원하는 것을 따라 삽니다.

16절 만일 내가 원하지 아니하는 그것을 행하면 내가 이로써 율법이 선한 것을 시인하노니

17절 이제는 그것을 행하는 자가 내가 아니요 내 속에 거하는 죄니라

그리스도와 연합된 나는 선한 일을 도모합니다. 그리고 내가 행하는 죄는 미워합니다. 그렇다면 내가 지키려 하는 율법은 선한 것임을 내가 시인하는 것입니다.

바울은 "이제는"이라고 합니다. 그리스도와 연합되어 옛 사람이 죽고 새 사람으로 살아난 "이제는"입니다. 이제는 그것을 행하는 자는 내가 아니고 내 속에 거하는 죄라는 것입니다. 나는 죄의 노예로 죄를 따라 삽니다. 그러나 그것은 거듭나기 전인 '전에'와는 다릅니다. 전에는 내가 죄의 노예로 그것을 행하였지만(롬 6:17,19), 의의 노예인 이제는 그것을 행하는 자가 내가 아닙니다. 그리스도와 연합된 새사람인 나는 선을 행하고자 합니다. 그러나 미워하는 것을 행하게 됩니다. 그렇다면 그것을 행하는 자는 내가 아니고 내 속에 거하는 죄라는 것입니다. 내 속이 어디입니까?

18절 내 속 곧 내 육신에 선한 것이 거하지 아니하는 줄을 아노니

원함은 내게 있으나 선을 행하는 것은 없노라
19절 내가 원하는 바 선은 행하지 아니하고 도리어 원하지 아니하는
바 악을 행하는도다

17절에서 "내 속에 거하는 죄"를 말했습니다. 내 속에 죄가 거합니다. 18절에서는 속은 "육신"이라고 말합니다. 나의 속 곧 나의 육신에 선한 것이 거하지 않는 것을 압니다.

그리고 이유를 말하는 '가르'가 있습니다. 왜냐하면 선을 행하기 원함은 나에게 있으나 선을 행하는 것은 없기 때문이라는 것입니다. 이는 육신에 선한 것이 거하지 않는 줄을 아는 이유입니다. 선을 행하기를 원하지만, 선을 행하는 것은 없기 때문에 내 속인 내 육신에 선한 것이 거하지 아니함을 안다는 것입니다.

19절에서는 그 이유를 반복합니다. 다시 '가르'가 사용되었습니다. 육신에 선한 것이 거하지 않는 줄을 아는 것은 내가 원하는 선은 행하지 않고 도리어 원하지 않는 악을 행하기 때문입니다. 같은 말씀입니다. 나는 선을 행하기 원합니다. 그런데 내가 원하는 선은 행하지 아니하고 원하지 않는 악을 행하여 내 행함에 선한 것이 없습니다. 그러므로 내 속 곧 내 육신에는 선한 것이 없는 것을 압니다. 우리는 아직 새로운 몸과 마음을 덧입지 못했습니다. 하나님을 대적하는 타락한 육신에는 선한 것이 없습니다.

20절 만일 내가 원하지 아니하는 그것을 하면 이를 행하는 자는 내가
아니요 내 속에 거하는 죄니라

이 말씀은 15절에서 19절의 말씀을 마무리하는 말씀입니다.

"만일 내가 원하지 아니하는 그것을 하면 이를 행하는 자는 내가 아니요 내 속에 거하는 죄니라"

내가 원하는 선이 아니라 원하지 않는 악을 행합니다. 그렇다면 그것을 행하는 자는 내가 아닙니다. 이제 그리스도와 연합된 나는 의의 종으로 선을 원하는 자이기 때문입니다. 17절에서도 그것을 행하는 자는 내 속에 거하는 죄라고 하였습니다. 나는 그리스도 안에서 새 생명으로 존재합니다. 그리스도와 연합된 나는 죄를 짓지 않습니다(요일 3:9). 내가 원하지 않는 것을 행한다면 그것은 변화 받지 못한 내 육신 속에 거하는 죄입니다.

5. 마음의 법과 육신 속에 있는 법(롬 7:21~25)

21절 그러므로 내가 한 법을 깨달았노니 곧 선을 행하기 원하는
나에게 악이 함께 있는 것이로다

그는 한 법을 깨달았다고 말합니다. 그것은 "선을 행하기 원하는 나에게 악이 함께 있는 것"이라고 말합니다. 그리스도와 연합된 나는 선을 행하기를 원합니다. 그런 나에게 악이 바로 가까이에 있습니다. 그는 그것을 설명합니다.

22절 내 속사람으로는 하나님의 법을 즐거워하되
23절 내 지체 속에서 한 다른 법이 내 마음의 법과 싸워 내 지체 속에
있는 죄의 법으로 나를 사로잡는 것을 보는도다

그리스도와 함께 새 생명으로 태어난 그의 속사람은 하나님의 법을 즐거워합니다. 그런데 그의 지체에는 하나의 다른 법이 있어 하나님의 법을 즐거워하는 마음의 법과 싸웁니다.

5절에서 율법으로 말미암는 죄의 정욕이 우리 지체 중에 역사한다고 하였습니다. 죄의 정욕은 지체 중에서 역사합니다. 그리고 그 법은 지체 속에 있는 죄의 법으로 그를 사로잡습니다. 옛 주인을 따라 살던 우리의 지체 속에 있는 죄의 법입니다. 그리스도와 연합된 자라도 율법을 적용하면 육신 안에서 행하게 되고, 지체 속에 있는 죄의 법으로 우리를 포로로 이끌어가는 것을 보게 됩니다. 그러므로 그는 탄식합니다.

24절 오호라 나는 곤고한 사람이로다 이 사망의 몸에서 누가 나를 건져내랴

이는 바울만이 아니라 율법 아래에 있게 되면 누구나 외칠 수밖에 없는 탄식입니다. "오호라 나는 곤고한 사람이로다"

"곤고한"은 '탈라이포로스'로 '무게'를 의미하는 '탈란톤'과 '시험, 심문'의 뜻을 가진 '페이라'의 어간에서 유래된 말로 '영속적인 시련,' '불행한', '곤고한' 등의 뜻이 있습니다. 지킬 수 있을 것 같은데 지킬 수 없는 율법 앞에서 그는 스스로를 비참한 자라고 말합니다.

그리고 "이 사망의 몸에서 누가 나를 건져내랴"라고 말합니다. 사망의 몸을 말합니다. 선을 행하기 원하는 내 마음의 법과 싸워 내 지체 속에 있는 죄의 법으로 나를 사로잡는 "이 사망의 몸"입니다. 육신에 대한 것입니다. 그는 사망에 처한 자신이 아니라 죄가 거하는 사망의 몸에서의 구출을 말합니다.

율법 행위로 의롭게 될 육체는 없습니다(롬 3:20). "율법이 육신으로 말미암아 연약하여 할 수 없는 그것"이라고 하였습니다(롬 8:3). 하나님의 법을 즐거워하며 선하게 살려 하지만, 지체 속의 죄의 법의 포로에서 벗어날 수 없는 비참한 자의 소리입니다. 그 사망의 몸에서 누가 나를 이끌어낼 수 있습니까? 결론입니다.

25절 우리 주 예수 그리스도로 말미암아 하나님께 감사하리로다 그런즉 내 자신이 마음으로는 하나님의 법을 육신으로는 죄의 법을 섬기노라

그는 앞 절의 탄식과는 다르게 "우리 주 예수 그리스도로 말미암아 하나님께 감사하리로다"라고 말합니다.

그리고 내 자신이 마음으로는 하나님의 법을 육신으로는 죄의 법을 섬긴다고 말합니다. 이 말씀에서 "섬기노라"도 노예로 예속되어 섬김을 말하는 헬라어 '둘류오'가 사용되었습니다. 그리스도와 연합되어 새 생명을 가진 우리는 마음으로는 하나님의 법에 예속되어 섬깁니다. 그러므로 내 속사람은 하나님의 법을 즐거워합니다(22절).

그러나 변화 받지 못한 우리의 육신은 죄의 법에 예속되어 섬깁니다. 그럼에도 그 육신 안에 있던 우리의 옛 사람이 그리스도와 연합하여 십자가에 못 박혀 죽었습니다. 육신 안에 있던 우리가 죽었습니다. 우리는 이미 그리스도와 함께 육신을 십자가에 못 박은 자들입니다. 우리의 죄의 몸이 죽었습니다. 그러므로 이제 그리스도 예수 안에 있는 새 사람인 나에게는 결코 정죄함이 없습니다(롬 8:1). 율법을 가져와 섬기면 탄식할 수밖에 없지만, 우리는 육신이 아니라 영을 따라 사는 자들입니다. 그러므로 우리를 구원하신 우리 주 예수 그리스도로 말미암아 하나님께 감사를 드립니다.

• 율법과 우리

율법에 대한 물음은 "율법이 죄냐?"로 시작하였습니다. 절대로 율법은 죄가 아닙니다. 율법은 하나님의 법으로 신령하고 거룩하고 계명도 거룩하고 의로우며 선합니다. 그러나 죄는 율법을 통하여 역사합니다. 율법은 죄가 죄로 드러나게 하고 죄로 심히 죄되게 합니다. 그것이 율법의 역할입니다. 그것은 거듭난 우리에게도 동일합니다. 영의 것으로 섬겨야 하는 우리가 율법을 지키려 하면 죄가 우리를 속이고 사로잡아 하나님과 관계없는 사망으로 몰아갑니다.

그러므로 내가 원하는 선한 일이 아니라 원하지 않는 악을 행함을 보게 됩니다. 죄가 나를 사로잡는 것을 보게 됩니다. 그런 자신을 보며 우리는 여전히 죄인이라고 생각하기도 합니다. 그러나 바울은 "이제는 그것을 행하는 자는 내가 아니요 내 속에 거하는 죄"라고 말합니다. 그것은 사탄과 연합된 영적 죽음 가운데서 행하던 변화 받지 못한 내 육신 속에 있는 죄입니다. 그러므로 그것은 내가 아니라고 말합니다. 나의 행위가 나의 본질을 변하게 할 수는 없습니다. 화목제물이 되신 그리스도를 믿음으로 얻은 하나님의 의는 변함이 없습니다. 그리스도와 연합하여 함께 죽고 함께 새 생명으로 살아난 자는 여전히 그분 안에서 의롭습니다.

그리스도와 연합된 거듭난 자들은 선하게 살고자 합니다. 또한 그렇게 살아야 합니다. 그러므로 삶의 기준을 율법에 맞추어 행하려 합니다. 그런데 율법을 지키려 하면 오히려 육신 속에 있는 죄가 나를 포로로 사로잡는다고 말씀합니다. 그렇다면 어떻게 살아야 합니까? 많은 사람들이 율법을 지키느냐 마느냐로 갈등합니다. 율법을 지켜야 합니까?

로마서는 이제는 우리가 율법에서 벗어났으므로 율법 조문의 묵은 것이 아니라 영의 새로운 것으로 섬길 것이라고 말씀합니다(롬 7:6). 로마서

8장에서는 그 육신이 아니라 영을 따라 사는 삶을 말합니다. 바울은 갈라디아서에서도 성령을 따라 행하라고 말합니다. 그리하면 육체의 소욕을 이루지 않을 것이라고 말합니다(갈 5:16).

그렇다면 어떻게 영의 새로운 것으로 섬기고, 어떻게 성령을 따라 삽니까? 바울은 율법에 대하여 죽었으므로 하나님의 아들을 믿는 믿음 안에서 산다고 하였습니다(갈 2:20). 영이요 생명이신 말씀을 믿는 믿음 가운데 행해야 합니다. 우리는 말씀이 말하는 대로 나 자신을 인정하고 받아들여야 합니다. 또한 영이신 성령님의 인도함을 받아야 합니다(롬 8:14).

그리고 삶에서 율법 조항이 아니라 예수님께서 주신 오직 하나의 계명인 "내가 너희를 사랑한 것 같이 너희도 서로 사랑하라"라는 계명에 초점을 맞추어야 할 것입니다. 율법을 모두 지키려 하지 않아도 사랑은 율법을 완성하는 길입니다(롬 13:8,10). 남편과 아내 사이에서 규정들을 만들어 놓고 지키라 하면 그 규정을 어기는 일들이 벌어집니다. 그러나 특별한 규정이 없어도 사랑만 있다면 규정을 어기는 일은 없고 사랑만 있을 것입니다. 사랑은 최고의 법입니다(약 2:8).

Ⅳ. 그리스도와 연합된 자의 육신의 문제(롬 8:1~14)

로마서 6장에서 8장은 그리스도와 연합된 자의 삶의 문제를 말씀한다고 하였습니다. 그리스도와 함께 옛사람이 죽고 그분과 함께 영으로 산 우리는 죄와 율법 그리고 육신에 대하여 죽었습니다. 그러나 죄와 율법과 육신은 없어지지 않고 존재합니다. 그러므로 로마서는 그것에 대하여 어떻게 해야 할 것인지에 대해 말씀합니다. 6장은 죄에 대해 죽었으므로 의의 종으로 살 것을, 7장은 율법에 대하여 죽었으므로 영의 새로워진 것으로 섬길 것을 말씀하였습니다. 이제 8장은 육신에 대하여 죽었으므로 육신이 아니라 영을 따라 살 것을 말씀합니다.

1. "육신에 죄를 정하사"(롬 8:1~4)

1절 그러므로 이제 그리스도 예수 안에 있는 자에게는 결코
정죄함이 없나니
2절 이는 그리스도 예수 안에 있는 생명의 성령의 법이 죄와 사망의
법에서 너를 해방하였음이라

바울은 "그러므로"라고 말합니다. '그러므로'는 앞의 내용을 마무리하여 결과를 나타내는 말입니다. 이제 그리스도 안에 있는 우리는 6장에서부터 시작되었습니다. 6장과 7장 전체의 결론으로 볼 수 있습니다. 우리는 죄에 대하여 율법에 대하여 그리고 육신에 대하여 죽었습니다. 그러므로 이제 그리스도 안으로 들어가 함께 일어난 자에게는 결코 정죄함이 없습니다.

그러나 또한 '그러므로'는 육신을 말씀한 7장의 뒷부분과 연결시켜도 좋을 것입니다. 내 자신이 마음으로는 하나님의 법에 육신으로는 죄의 법에 예속되어 섬깁니다. 그러나 죄의 법인 육신 안에 있던 옛사람인 나는 죽었으므로 우리가 영의 새로운 것으로 섬길 것입니다(롬 7:6). 그러므로 이제 그리스도 안에 있는 자에게는 결코 정죄함이 없습니다. 그리스도 예수 안에 있는 본질인 나의 속 사람에 대한 말씀입니다.

2절 앞에 그 이유를 말하는 '가르'가 사용되었습니다. 왜냐하면 그리스도 예수 안에 있는 생명의 성령의 법이 죄와 사망의 법에서 너를 해방하였기 때문이라는 것입니다. 이 말씀도 7장의 연장선으로 본다면 "너를"은 "나를"로 보는 것이 좋을 것입니다. 개역 개정 성경의 난외주에도 "어떤 사본에, 나를"이라고 기록되어 있습니다.

"해방하였느니라"는 노예에서 벗어나 자유롭게 됨을 의미하는 '엘류떼로스'가 사용되었습니다. 그리스도 예수 안에 있는 생명의 성령의 법이 죄와 사망의 법에 매인 노예에서 나를 자유롭게 하였습니다.

"생명의 성령의 법"과 "죄와 사망의 법"이 대조적으로 사용되었습니다. 두 가지 원리, 두 가지 법칙입니다. 로마서에서 '노모스'는 율법 외에도 자주 사용되는 단어입니다. 전에 나는 죄와 사망의 법의 지배 아래 있었습니다. 아담 안에서 모든 사람은 죄를 지었으므로 사망이 들어와 그들 위에 왕 노릇 했습니다(롬 5:12). 그리고 사망 안에서 죄가 왕 노릇 했습니다(롬 5:21). 나는 전에 육신 안에 있어 사망을 위하여 열매를 맺었습니다(롬 7:5). 죄가 있으면 사망이 있고, 사망이 있으면 죄가 있습니다.

그러나 이제 그리스도 예수 안에 있는 생명의 성령의 법이 그 법에서 나를 해방하였습니다. "생명"은 하나님의 생명을 의미하는 '조에'가 사용되었습니다. "성령"은 '프뉴마'가 사용되었는데, 성경에서 성령님을 '하기오스 프뉴마'로 특별하게 기록한 경우를 제외하고 '프뉴마'는 성령님과 우리의 영에 모두 사용되었습니다. 주와 합하는 자는 한 영이기 때문입니다(고전 6:17). 그러므로 같은 내용의 말씀에서도 '성령'과 '영'으로 다르게 번역되기도 합니다.

"생명의 성령의 법"은 생명을 주는 성령의 법입니다. 생명을 주는 영의 법입니다. 그리고 "생명의 성령의 법"은 내가 들어가 연합된 그리스도 안에 있습니다. 하나님께서는 그분의 영을 우리 속에 두어 우리가 살아나게 하실 것이라고 말씀하셨습니다(겔 37:14). 우리를 살리는 것은 영이므로 육은 무익합니다(요 6:63). 육으로 난 것은 육이고 영으로 난 것은 영입니다(요 3:6). 우리가 육으로 부모로부터 태어나 육의 생명으로 사는 것처럼 성령으로, 영으로 하나님으로부터 태어나 영의 생명으로 살게 됩니다. 살리는 성령을 통하여 나는 하나님의 생명과 연합되었습니다. 그러므로 죄와 사망의 법의 지배에서 벗어났습니다. 그러므로 그리스도 예수 안에 있는 영인 나에게는 결코 정죄함이 없습니다.

3절 율법이 육신으로 말미암아 연약하여 할 수 없는 그것을
하나님은 하시나니 곧 죄로 말미암아 자기 아들을 죄 있는
육신의 모양으로 보내어 육신에 죄를 정하사

이 말씀 앞에도 이유를 말하는 '가르'가 있습니다. 1절 말씀의 이유가 이어집니다. 그리스도 예수 안에 있는 자에게 결코 정죄함이 없는 것은 율법이 육신으로 말미암아 연약하여 할 수 없는 그것을 하나님께서 하시기 때문입니다.

"율법이 육신으로 말미암아 연약하여 할 수 없는 그것"이라고 말씀합니다.

그렇다면 '그것'은 무엇입니까? 내용상 그것은 4절에서의 "율법의 요구"임을 알 수 있습니다. 그리고 "율법의 요구"에서 '요구'는 '디카이오마'로 '공정한 행위', '의' 등의 뜻이 있습니다. 율법이 요구하는 의를 말씀함을 알 수 있습니다. 율법이 육신으로 말미암아 연약하여 할 수 없는 율법의 의입니다.

율법이 육신으로 말미암아 연약하여 할 수 없는 그것을 말씀하기 때문에 7장에서 율법과 육신에 대한 말씀들을 살펴보겠습니다. 우리가 육신에 있을 때에는 율법으로 말미암는 죄의 정욕이 우리 지체 중에 역사하여 우리로 사망을 위하여 열매를 맺게 하였습니다(5절). 계명이 이르매 죄는 살아나고 나는 죽었습니다(9절). 생명에 이르게 할 그 계명이 내게 사망에 이르게 하는 것이 되었습니다(10절). 사람의 육신에는 선한 것이 없습니다(18절). 율법은 신령하지만, 사람이 육신에 속하여 죄 아래 팔렸습니다(14절).

율법이 아니라 육신이 문제입니다. 그러므로 율법으로는 육신으로 말미암아 율법이 요구하는 의를 이룰 수 없습니다. 율법이 육신을 통하여 이루기에는 연약하여 불가능하다는 것입니다. 율법의 연약함입니다. 그러므로 그것을 하나님께서 하신다고 말씀합니다.

하나님께서 율법 대신하신 일입니다.

"곧 죄로 말미암아 자기 아들을 죄 있는 육신의 모양으로 보내어"

이 말씀에서 "말미암아"는 로마서에서 계속 사용된 '디아'가 아니라 '페리'가 사용되었습니다. '페리'는 '통하여, 주위에, 너머에' 등의 뜻이 있습니다. 하나님은 죄가 있는 곳에 그분의 아들을 죄 있는 육신의 모양으로 보내셨습니다.

모든 사람이 죄를 범하여 하나님의 영광에 이르지 못하였습니다. 육신에 속한 계명은 아무것도 온전하게 하지 못하였고 그 제사의 규범들은 연약하고 무익하였습니다(히 7:18,19). 해마다 늘 드리는 제사들은 온전함을 이루지 못하였습니다. 하나님은 율법을 따라 드리는 제사와 예물을 원하지도 기뻐하지도 않으신다고 말씀하셨고, 그분의 아들을 위하여 한 몸을 예비하셨습니다(히 10:5,6). 그분의 아들은 우리와 같은 모양인 혈과 육을 함께 지닌 사람의 몸으로 오셨습니다(히 2:14). 하나님은 죄가 있는 곳에 자기 아들을 죄 있는 육신의 모양으로 보내셨습니다.

그렇다면 어떤 방법으로 하셨습니까? "육신에 죄를 정하사"입니다. 이 말씀에서 "육신에"는 '육신'을 의미하는 '사르크스'와 '안'을 의미하는 '엔'이 사용되었습니다. 우리의 육신 안에 죄가 있습니다(롬 7:17). "정하사"는 '거스려서 판단하다', '정죄하다', '유죄판결하다' 등을 의미하는 '카타크리노'가 사용되었습니다. 하나님은 자기 아들을 죄 있는 육신의 모양으로 보내셔서 육신 안의 죄에 관하여 유죄판결하셨습니다. 그분은 정죄를 당하셔서 육신으로 죽으셨습니다.

4절 육신을 따르지 않고 그 영을 따라 행하는 우리에게 율법의 요구가 이루어지게 하려 하심이니라

"육신을 따르지 않고 그 영을 따라 행하는 우리"라고 말씀합니다. 우리는 정죄를 당하신 그리스도와 연합되었고 새 생명으로 살아나신 그리스도와도 연합되었습니다. 그리고 그 안으로 들어가는 자들도 함께 정죄를 받아 그리스도와 함께 육신 안에서 죽었습니다. 그리스도 예수의 사람들은 육체('사르크스')와 함께 그 정욕과 탐심을 십자가에 못 박은 자들입니다(갈 5:24).

또한 우리를 그리스도와 함께 새 생명인 영으로 살게 하셨습니다. 그러므로 이제 육신을 따라 사는 것이 아니라 영을 따라 살게 하셨습니다.

이미 그런 자입니다. 이미 육신이 아니라 영을 따르는 자입니다.

그런 우리에게 율법의 요구가 이루어지게 하려 하셨다고 말씀합니다. 먼저 우리를 그리스도와 연합하여 죽음으로 율법의 요구가 이루어지게 하셨습니다. 율법이 말하는 죄의 값은 사망이기 때문입니다. 또한 영을 따라 사는 우리의 삶에서도 율법이 요구가 이루어지게 하려 하셨습니다. 그러므로 그리스도 예수 안에 있는 자에게는 결코 정죄함이 없습니다.

2. 육신을 따르는 자와 영을 따르는 자(롬 8:5~11)

그렇다면 육신을 따르는 자와 영을 따르는 자는 어떻게 다른가를 설명합니다. 5절은 육신을 따르는 자와 영을 따르는 자의 생각을, 그리고 6절은 그 생각의 결과를 말합니다. 7절은 하나님과의 관계 속에서 육신의 생각에 대하여 말씀하고, 8절은 육신에 있는 자에 대해 말합니다. 9절은 영에 있는 자가 누군지, 그리고 10절과 11절은 영에 있는 자의 영과 육신은 하나님과의 관계 속에서 어떠한가를 말씀합니다. 그리고 이어서 그렇다면 영에 있는 우리는 어떻게 살아야 하는가를 말씀합니다.

1) 육신과 영의 생각 그리고 그 결과

5절 육신을 따르는 자는 육신의 일을, 영을 따르는 자는 영의 일을 생각하나니
6절 육신의 생각은 사망이요 영의 생각은 생명과 평안이니라

5절 앞에 '가르'가 있습니다. 왜냐하면 그것은 육신을 따르는 자는 육신의 일을, 영을 따르는 자는 영의 일을 생각하기 때문이라는 것입니다. 그러므로 하나님은 그 아들을 통하여 육신을 정죄하사 우리로 육신이 아니라 영을 따라 살게 하셨습니다.

"생각하나니"는 헬라어 '프로네오'가 사용되었습니다. 뜻은 '심적 훈련을 하다', '(집약적으로) 흥미를 가지다', '애정을 두다', '주목하다' 등입니다. 즉 집약적으로 흥미와 관심을 가지고, 애정을 두고 주목하여 심적 훈련을 하는 것을 의미함을 알 수 있습니다. 육신을 따르는 자는 육신의 일을 생각합니다. 즉 육신을 따르는 자들은 육신의 것들에 집약적인 흥미를 가지고 집중하여 생각합니다. 반면 영을 따르는 자들은 영의 것들에 집약적인 흥미를 가지고 집중하여 생각합니다.

6절 앞에도 '가르'가 있습니다. 왜냐하면 그것은 육신의 생각은 사망이고 영의 생각은 생명과 평안이기 때문입니다. 그런 이유로 하나님은 자기 아들을 보내어 육신 안의 죄를 정죄하셔서 그 안으로 들어간 우리로 육신이 아니라 영을 따라 살게 하셨습니다. 5절에서 집약적인 흥미를 가지고 집중적으로 한 생각들의 결과입니다. 육신의 일을 주목하는 육신의 생각은 죄의 결과인 사망에 이릅니다. 그러나 그리스도와 연합된 영의 일을 주목하는 생각은 그리스도 안에 있는 그 생명과 평안입니다.

2) 하나님과의 관계 속에서의 육신의 생각

**7절 육신의 생각은 하나님과 원수가 되나니 이는 하나님의 법에
굴복하지 아니할 뿐 아니라 할 수도 없음이라**

육신의 생각은 하나님과 원수가 된다고 말합니다. 그리고 '가르'가 사용되었습니다. 그 이유는 육신의 생각은 하나님의 법에 굴복하지 아니할

뿐 아니라 할 수도 없기 때문입니다. 사탄과 연합된 육신의 생각은 철저하게 하나님을 대적합니다. 그러므로 육신의 생각은 하나님의 법에 굴복하지 않을 뿐 아니라 할 수도 없습니다. 육신은 죄의 법에 굴복하여 섬깁니다.

8절 육신에 있는 자들은 하나님을 기쁘시게 할 수 없느니라

8절과 9절의 말씀은 육신에 있는 자와 영에 있는 자로 본질에 대한 말씀입니다. 본래 사람은 영이신 하나님과 교제하는 존재로 영 안에 있었습니다. 그러나 그들은 하나님의 말씀을 믿지 않았고 사탄의 말을 믿었습니다. 결과 그들은 사탄과 연합하여 육신이 되었고, 하나님의 영은 그들을 떠나셨습니다(창 6:2,3).

믿음이 없이는 하나님을 기쁘시게 할 수 없습니다(히 11:6). 육신 안에 있는 자들은 믿음이 아니라 육신으로 생각하고 육신으로 행합니다. 사탄과 연합된 생각과 행동을 따릅니다. 그것이 계시록에서 말씀하는 손이나 이마에 있는 짐승의 표 666입니다(계 13:18). 그러므로 육신의 생각은 사탄의 것인 사망이고, 하나님과 원수가 됩니다. 육신 안에 사는 자들은 하나님을 기쁘시게 할 수 없습니다. 이제 영에 있는 자에 대한 말씀입니다.

3) 그렇다면 영에 있는 자는 누구입니까?

9절 만일 너희 속에 하나님의 영이 거하시면 너희가 육신에 있지 아니하고 영에 있나니 누구든지 그리스도의 영이 없으면 그리스도의 사람이 아니라

9절 앞에 헬라어 '에이 페르'가 사용되었습니다. '에이 페르'는 '만약 그렇게 된다면', '만일 그것이 그렇다면'의 뜻이 있습니다. 앞 절과 연결하면 "육신에 있는 자들은 하나님을 기쁘시게 할 수 없다. 그러나 만일 하나님의 영이 너희 안에 거하신다면 너희가 육신에 있지 아니하고 영에 있다"는 말씀입니다. 아담의 범죄로 사람이 육신이 됨으로 떠나셨던 성령님께서 그리스도의 순종을 통하여 다시 사람 가운데 사십니다. 그는 영 안에 있는(존재하는) 자입니다.

"만일 하나님의 영이 너희 안에 거하시면", 즉 하나님의 영이 그 안에 거하는 자는 육신에 있지 않고 영에 있는 자입니다. 그는 성령님을 통하여 다시 하나님과 연합되었습니다. 생명을 주시는 성령님께서 그를 살게 하셨습니다.

이어서 그는 "누구든지 그리스도의 영이 없으면 그리스도의 사람이 아니라"라고 말합니다. 이 말씀 앞에 '에이 데'가 있습니다. '그러나 만일'입니다. 이를 앞의 구절과 연결하면 "만일 너희 속에 하나님의 영이 거하시면 너희가 육신에 있지 아니하고 영에 있다. 그러나 만일 누구든지 그리스도의 영이 없다면 그리스도의 사람이 아니다"라는 말씀입니다.

하나님의 영을 말한 바울은 이제 그리스도의 영을 말합니다. 그리스도의 영이 있는 자는 그리스도의 사람입니다. 다음 절에서는 "그리스도께서 너희 안에 계시면"이라고 말씀합니다. 그리스도는 그분의 영 즉 성령님을 통하여 우리 안에 사십니다. 그는 그리스도인으로 불립니다. 교회 나오는 자가 아니라 그 안에 성령님이 계신 자가 그리스도인입니다. 그는 이 세상에 살지라도 영 안에 있는 자입니다. 영이 본질입니다.

그러므로 바울은 고린도 교회 성도들에게 그들이 믿음 안에 있는가 자신을 시험하고 확증할 것을 말하며 예수 그리스도께서 그들 안에 계신 줄을 그들 스스로 알지 못한다면 그는 버림받은 자라고 말하였습니다(고후 13:5). 성령님을 통하여 그리스도께서 그들 안에 계시지 않는다면 그들은 구원받은 자가 아닙니다.

세상에는 두 종류입니다, 하나님의 영, 그리스도의 영이신 성령님이 그 안에 있는 자와 없는 자입니다. 성령님이 그 안에 계신다면 그는 그리스도의 사람으로 영 안에 있는 자이고, 성령님이 계시지 않는다면 그는 그리스도의 사람이 아닌 자로 육신 안에 있는 자입니다.

4) 영에 있는 자의 몸과 영에 대한 말씀

10절 또 그리스도께서 너희 안에 계시면 몸은 죄로 말미암아 죽은 것이나 영은 의로 말미암아 살아 있는 것이니라

이 말씀 앞에 '에이 데'가 있습니다. '그러나 만일'입니다. 앞 절과 연결하여 "누구든지 그리스도의 영이 없으면 그리스도의 사람이 아니다. 그러나 만일 그리스도께서 너희 안에 계시면 몸은 죄로 말미암아 죽은 것이나 영은 의로 말미암아 살아 있는 것이니라"입니다. 계속하여 두 부류를 말씀입니다.

우리는 그리스도와 연합되었습니다. 1절에서는 그리스도 안을 말씀했고, 10절은 우리 안에 계신 그리스도를 말씀합니다. 우리가 그분 안으로 들어갔고, 그분은 우리 안에 사십니다. "내가 너희 안에, 너희가 내 안에"는 이루어졌습니다.

몸은 죄로 말미암아 죽은 것이라고 말씀합니다. 죄의 몸입니다. "죽은"은 '시체'를 의미하는 헬라어 '네크론'에서 유래된 '네크로스'가 사용되었습니다. 몸은 죄로 말미암아 죽어 시체처럼 하나님과 관계가 없습니다. 지체 속에 있는 죄의 법은 내 마음에 있는 하나님의 법과 싸웁니다(롬 7:23). 육신은 여전히 하나님의 법이 아니라 죄의 법에 예속되었습니다(롬 7:15).

그러나 영은 의로 말미암아 살아 있는 것이라고 말씀합니다. 은혜는 의로 말미암아 왕 노릇 하여 우리 주 예수 그리스도로 말미암아 영생에 이르게 하였습니다(롬 5:21). 우리는 영으로 산 자입니다. 아들이 있는 자는 생명이 있고 하나님의 아들이 없는 자에게는 생명이 없습니다(요일 5:12).

그리스도와 연합된 자들이 어떻게 그들이 육신에 있지 않고 영에 있습니까? 몸은 죄로 말미암아 그리스도와 연합하여 함께 죽고, 영은 그리스도와 연합하여 함께 의로 말미암아 살아 있기 때문입니다. 다음 절은 하나님을 향하여 죽은 몸에 대한 말씀입니다.

11절 예수를 죽은 자 가운데서 살리신 이의 영이 너희 안에 거하시면 그리스도 예수를 죽은 자 가운데서 살리신 이가 너희 안에 거하시는 그의 영으로 말미암아 너희 죽을 몸도 살리시리라

"예수를 죽은 자 가운데서 살리신 이의 영"이라고 말씀합니다. 그리스도를 죽은 자 가운데서 살리신 이는 하나님이십니다. 그러므로 하나님의 영입니다. 하나님의 영이 우리 안에 거하시면 그리스도 예수를 죽은 자 가운데서 살리신 이 즉 하나님께서 우리 안에 거하시는 그분의 영으로 말미암아 우리 죽을 몸도 살리실 것을 말합니다.

하나님께서는 그분의 영으로 예수님을 죽은 자 가운데서 살리셨습니다. 그러므로 하나님의 영이 우리 안에 거하신다면 하나님께서는 우리의 죽을 몸에도 그 영을 통하여 생명을 주실 것이라는 말씀입니다.

그렇다면 생명을 주시는 죽을 몸은 무엇입니까? 부활의 몸입니까? 아니면 현재 우리의 몸입니까? "죽을 몸"에서 "죽을"은 헬라어 '뜨네토스'가 사용되었습니다. '뜨네토스'는 '죽기 쉬운', '죽음의 지배를 받는'의 뜻을 가지고 있습니다. 죽은 몸이 아니라 죽을 몸입니다. 그러므로 이 말씀에서 "죽을 몸도 살리시리라"는 죽은 후 부활의 몸에 대한 말씀이 아님을 알 수 있습니다. 이는 현재 하나님을 향하여 죽은 몸인 우리의 육신에 대한 말씀입니다.

모든 인류는 사망의 지배를 받고 있었습니다. 그러나 그리스도 안에 있는 자는 새 생명 가운데서 행하는 자들입니다. 우리의 영은 하나님을 향하여 살아 있습니다. 그러나 하나님을 향하여 죽은 우리의 몸은 여전히 죽기 쉬운, 죽음의 지배를 받는 몸을 가지고 있습니다. 그러므로 그 몸을 살리실 것이라고 말씀합니다.

'살리시리라'는 '조오포이에오'로 뜻은 '(다시) 활성화하다', '살리다' 등입니다. 하나님은 우리 안에 계신 성령님을 통하여 현재 우리의 몸에 생명으로 다시 활성화되게 하시겠다는 말씀입니다. 즉 우리 몸에 치유와 건강을 주실 것을 말씀하는 내용입니다. 우리 안에 계신 성령님을 통하여 우리 죽을 몸에도 생명으로 건강하게 하실 것입니다. 몸에 생명을 주는 것도 우리의 영과 연합된 성령님을 통하여 영에서 시작됨을 볼 수 있습니다.

3. "영으로써 몸의 행실을 죽이면 살리니"(롬 8:12~14)

12절 그러므로 형제들아 우리가 빚진 자로되 육신에게 져서 육신대로 살 것이 아니라

"그러므로" 어떻게 해야 하는가에 대한 말씀이 이어집니다. 그러나 먼저 "우리가 빚진 자"라고 말합니다. 우리는 빚진 자로 채무하에 있습니다.

어떤 채무가 있습니까? 8장의 말씀은 6장과 7장의 구조와 같습니다. 6장에서 우리는 그리스도와 연합하여 죄에 대하여는 죽은 자요, 하나님을 향하여는 산 자가 되었습니다. 그러므로 지체를 죄가 아니라 하나님께 의의 무기로 바칠 것을 말씀하였습니다. 우리는 이제 죄의 노예가 아니라 의의 노예가 되었기 때문에 의에게 그리고 하나님께 의무가 있기 때문입니다.

7장에서는 율법에 대하여 죽은 자이기 때문에 율법 조문의 묵은 것이 아니라 영의 새로운 것으로 섬길 것을 말씀하였습니다. 우리는 율법이 아니라 영의 새로운 것에 예속되었기 때문입니다.

8장도 동일합니다. 우리 안에 하나님의 영이 거하시므로 우리는 육신 안에 있지 않고 영 안에 있게 되었습니다. 우리의 몸은 죄로 인하여 죽은 것이지만 영은 의를 인하여 살아 있는 것이 되었습니다. 그러므로 우리는 육신이 아니라 살아 있는 영을 따라야 할 채무하에 있습니다. 본질이 바뀌었습니다.

바울은 그러므로 육신에게 져서 육신대로 살 것이 아니라고 말합니다. 죄의 몸인 육신은 거듭나기 전과 같이 지체 속에 있는 죄의 법으로 나를 포로로 사로잡으려 합니다. 그러므로 그런 육신에게 져서 육신을 따라 살지 말라는 것입니다. 왜 그렇게 살아야 합니까?

13절 너희가 육신대로 살면 반드시 죽을 것이로되 영으로써 몸의 행실을 죽이면 살리니

13절 앞에 '에이 가르'가 있습니다. 앞 절의 말씀과 연결하면 육신에게 져서 육신대로 살 것이 아닌 이유입니다. 그것은 만일 육신대로 살면 반드시 죽을 것이기 때문이라는 것입니다. 반드시 죽을 것이라고 말합니다. 어떤 죽음입니까? 6장부터는 본질적인 부분과 삶의 부분을 함께 말씀한다고 하였습니다. 이 말씀은 율법이 이르매 죄는 살아나고 나는 죽었다는 의미와 같습니다(롬 7:9). 거듭난 자가 육신대로 산다고 구원을 잃어버리지는 않습니다. 그러므로 영의 죽음이 아니라 삶에서 하나님과 관계 없어지는 죽음입니다. 그러나 만약 그 상태로 계속 간다면 주님을 부정하는 자리에까지 갈 수도 있을 것입니다.

그리스도와 연합된 자의 육신도 그대로입니다. 육신에는 선한 것이 없습니다. 육신은 죄의 법을 섬깁니다. 육신의 생각은 사망으로 하나님과 원수가 됩니다. 그런데 그런 육신에게 져서 육신을 따라 산다면 육신은 삶에서 하나님과 관계가 없어질 것입니다. 즉 사탄의 주관 아래 있게 됩니다.

이어서 '에이 데'가 사용되었습니다. '그러나 만일'입니다. 그러나 만일 영으로써 몸의 행실을 죽이면 살 것이라고 말씀합니다. "죽이면"은 '따나토오'가 사용되었습니다, '따나토오'는 '죽게 하다', '죽음에 넘겨주다'의 뜻이 있습니다. 영으로써 몸의 행실을 죽게 하는 것입니다. 바울은 내가 내 몸을 쳐서 복종시킨다고 하였습니다(고전 9:27). 영인 내가 몸의 행실을 영으로써 죽음에 넘겨주는 것입니다. 그러면 몸의 영역에서도 하나님을 향하여 살게 될 것입니다. 그의 영에 있는 하나님의 생명의 법이 그의 삶에서도 풍성하여질 것입니다.

> **"내가 이르노니 너희는 성령을 따라 행하라 그리하면 육체의 욕심을 이루지 아니하리라 육체의 소욕은 성령을 거스르고 성령은 육체를 거스르나니 이 둘이 서로 대적함으로 너희가 원하는 것을 하지 못하게 하려 함이니라"**(갈 5:16,17).

먼저 성령을 따라 행하라고 말합니다. 그리하면 육체의 욕심을 이루지 않는다고 말합니다. 육체의 욕심을 이루지 않는 방법은 성령을 따라 행하는 것입니다. 로마서에서 말씀하는 영으로써 몸의 행실을 죽이는 것입니다. 그것은 육체와 성령은 서로 거스르고 서로 대적하기 때문입니다.

14절 무릇 하나님의 영으로 인도함을 받는 사람은 곧 하나님의 아들이라

이 말씀 앞에도 '가르'가 있습니다. 12절 말씀인 육신에게 져서 육신대로 살 것이 아닌 이유가 반복됩니다. 그것은 누구든지 하나님의 영으로 인도함을 받는 사람은 곧 하나님의 아들이기 때문이라는 것입니다. 하나님의 영으로 인도함을 받는 사람은 하나님의 자녀이기 때문에 육신에게 져서 육신대로 살 것이 아니라는 것입니다. 생명을 주기 위해 오신 성령님은 하나님의 아들인 우리를 떠나지 않고 인도하십니다. 그러므로 그 인도를 따라 영으로써 몸의 행실을 죽일 수 있습니다. 우리는 육신을 따라 사는 자가 아니라 영을 따라 사는 자들이기 때문입니다. 하나님의 아들이 아닌 자들을 인도하는 영은 에베소 교회에 보내는 편지에서 찾을 수 있습니다.

> "그는 허물과 죄로 죽었던 너희를 살리셨도다 그 때에 너희는 그 가운데서 행하여 이 세상 풍조를 따르고 공중의 권세 잡은 자를 따랐으니 곧 지금 불순종의 아들들 가운데서 역사하는 영이라 전에는 우리도 다 그 가운데서 우리 육체의 욕심을 따라 지내며 육체와 마음의 원하는 것을 하여 다른 이들과 같이 본질상 진노의 자녀이었더니"(엡 2:1~3).

허물과 죄로 죽었던 우리를 살리셨다고 말씀합니다. 죽었던 그때를 말합니다. 그 때에 우리는 그 가운데서 행하여 이 세상 풍조를 따르고 공중의 권세 잡은 자를 따랐습니다. 그리고 그것은 지금 불순종의 아들들 가운데서 역사하는 영이라고 말합니다. 불순종의 아들들 가운데 역사하는 영이 있습니다. 그리고 그들은 본질상 진노의 자녀입니다.

두 부류입니다. 하나님의 영을 따르는 자와 공중의 권세를 잡은 자의 영을 따르는 자입니다. 성령님의 인도를 받는 자는 하나님의 자녀이고, 공중의 권세 잡은 자의 영을 따르는 자들은 불순종의 아들들로 본질상 진노의 자녀입니다.

요약

그리스도 예수 안에 있는 자에게는 결코 정죄함이 없습니다. 그것은 생명을 주는 성령의 법이 죄의 법과 사망의 법에서 나를 해방하였기 때문입니다. 하나님께서 자기 아들을 죄 있는 육신의 모양으로 보내어 육신에 죄를 정죄하셔서 육신을 따르지 않고 그 영을 따라 행하여 율법의 요구가 이루어지게 하려 하셨기 때문입니다.

하나님의 영이 거하시는 자는 육신에 있지 않고 영에 있습니다. 그리스도께서 우리 안에 계시면 몸은 죄로 말미암아 죽은 것이지만 영은 의로 말미암아 살아 있는 것입니다. 그러므로 육신에게 져서 육신대로 살 것이 아닙니다. 육신으로 살면 반드시 하나님과 관계없는 죽음의 삶이지만 영으로써 몸의 행실을 죽이면 하나님과 함께 사는 것입니다. 성령의 인도를 받는 자가 하나님의 자녀이기 때문입니다.

V. 영을 따르는 자가 승리할 수 있는 이유(롬 8:15~39)

우리는 믿는 순간 그리스도 안으로 들어가 그분과 연합됩니다. 그분의 죽음과 장사 됨과 일으켜짐에 연합되어 옛사람이 죽고 새 생명을 가진 새 사람으로 일어납니다. 그러므로 우리는 새로운 피조물입니다. 새로운 피조물에게는 새로운 삶이 요구됩니다. 로마서 6장에서 지체를 의의 무기로 하나님께 바칠 것을 말씀하였습니다. 그리고 7장과 8장에서는 율법과 육신이 아니라 영을 따라 살라고 말씀했습니다. 8장의 뒷부분은 영으로 사는 우리가 승리할 수 있는 이유에 대한 말씀이 이어집니다. 그 이유는 우리의 아들 됨과 성령님의 도우심 그리고 하나님의 경륜과 그분의 사랑입니다.

1. 하나님의 아들, 하나님의 상속자(롬 8:15~18)

15절 너희는 다시 무서워하는 종의 영을 받지 아니하고 양자의 영을 받았으므로 우리가 아빠 아버지라고 부르짖느니라

앞에 이유를 말하는 '가르'가 있습니다. 이 말씀은 14절 말씀의 이유입니다. 하나님의 영으로 인도함을 받는 자는 하나님의 아들입니다. 왜냐하면 그것은 너희는 다시 무서워하는 종의 영을 받지 아니하고 양자의 영을 받았기 때문입니다. 우리는 하나님을 아빠 아버지라고 부르짖습니다.

우리는 양자의 영을 받은 하나님의 아들로 하나님을 아빠 아버지라 부릅니다.

"무서워하는 종의 영"과 "양자의 영"이 대조됩니다. "종의 영"에서 '종'은 '종살이, 속박'의 뜻을 가진 '둘레이아'가 사용되었고, "양자의 영"에서 '양자'는 아들로 받아들임을 의미하는 '휘오떼이아'가 사용되었습니다. '휘오떼이아'는 갈라디아서 4장 5절에서는 '아들의 명분'으로, 에베소서 1장 5절에서는 '아들'로 번역되었습니다. 노예의 신분의 영과 아들의 명분의 영입니다.

당시 종은 노예로 주인의 소유물이었고, 양자는 친아들과 동동한 위치와 동등한 유산이 보장되었습니다. 양자의 영을 받은 우리는 하나님을 향하여 아빠 아버지라 부르짖습니다. "부르짖느니라"는 '크라조'가 사용되었습니다. 뜻은 '소리 지르다', '외치다', '크게 부르다' 등입니다. 갈라디아서는 '크라조'를 '부르다'로 번역하였습니다. 아들로 받아들여진 우리는 하나님을 아빠 아버지라고 크게 부릅니다.

16절 성령이 친히 우리의 영과 더불어 우리가 하나님의 자녀인 것을 증언하시나니

우리가 받은 성령께서 친히 우리의 영과 더불어 우리가 하나님의 자녀인 것을 증언하신다고 말씀합니다. "증언하시나니"는 다른 사람과 함께 입증하고 증명함을 나타내는 '쉼마르튀에오'가 사용되었습니다. "함께"를 의미하는 '쉰'의 합성어는 로마서에서 자주 사용되었습니다. 성령님과 우리의 영은 하나로 있습니다. 성령님은 우리가 하나님의 자녀인 것을 우리의 영과 함께 증언하십니다.

하나님은 아들의 영을 주셔서 우리가 하나님의 자녀임을 인을 치셨습니다. 하나님께서 인치시고, 보증금으로 우리 마음에 성령을 주셨습니다(고후 1:22). 누구든지 그리스도의 영이 없으면 그리스도의 사람이 아닙니다. 우리 안에 계신 성령님이 구원의 증거입니다. 그것이 계시록에서 말씀하는 하나님의 인입니다. 그들은 하나님의 성령으로 인침을 받은 십사만 사천으로 하나님 보좌 앞에 있는 자들입니다. 성령님은 친히 우리의 영과 함께 우리가 하나님의 자녀인 것을 증언하십니다.

17절 자녀이면 또한 상속자 곧 하나님의 상속자요 그리스도와 함께 한 상속자니 우리가 그와 함께 영광을 받기 위하여 고난도 함께 받아야 할 것이니라

이 말씀 앞에 '에이 데'가 있습니다. 그러나 만일 자녀이면 또한 하나님의 상속자이고 그리스도와 함께 한 상속자라고 말씀합니다. 당시 양자가 되기 위해서는 많은 증인이 요구되었고, 그 증인들은 그의 유산에 대하여 확실한 증인이 되었습니다. 양자를 삼은 아버지가 죽었을지라도 증인들을 통하여 친아들과 동등한 유산이 보장되었습니다. 동일하게 성령님은 우리 기업의 보증이 되십니다(엡 1:14). 하나님의 자녀이면 하나님의 상속자입니다. 그는 그리스도와 함께 한 상속자입니다. 갈라디아서의 말씀입니다.

"내가 또 말하노니 유업을 이을 자가 모든 것의 주인이나 어렸을 동안에는 종과 다름이 없어서 그 아버지가 정한 때까지 후견인과 청지기 아래에 있나니 이와 같이 우리도 어렸을 때에 이 세상의 초등학문 아래에 있어서 종 노릇 하였더니 때가 차매 하나님이 그 아들을 보내사 여자에게서 나게 하시고 율법 아래에 나게 하신 것은

율법 아래에 있는 자들을 속량하시고 우리로 아들의 명분을 얻게
하려 하심이라 너희가 아들이므로 하나님이 그 아들의 영을 우리
마음 가운데 보내사 아빠 아버지라 부르게 하셨느니라 그러므로
네가 이 후로는 종이 아니요 아들이니 아들이면 하나님으로
말미암아 유업을 받을 자니라"(갈 4:1~7).

유업을 이을 자가 모든 것의 주인이지만, 어렸을 동안에는 종과 다름이
없어서 후견인과 청지기 아래 있습니다. 동일하게 우리도 이 세상의
초등학문 아래에 있어서 무서워하는 종 노릇을 하였습니다. 하지만
때가 차매 하나님께서 그 아들을 보내셔서 노예로 율법의 속박 아래
있었던 우리를 속량하시고 아들의 명분을 얻게 하셨습니다. 우리는
이제 종이 아니고 아들입니다. 그러므로 종의 영이 아니라 아들의 영을
주셔서 하나님을 아빠 아버지라 부르게 하셨습니다. 우리는 종이 아니고
아들입니다. 우리가 아들이면 하나님으로 말미암아 유업을 받을 자입니다.
우리는 친아들이신 그리스도와 함께한 상속자입니다.

이어서 공동 상속자로써 우리가 그와 함께 영광을 받기 위하여 고난도
함께 받아야 할 것이라고 말씀합니다. 우리는 그분과 연합하여 모든 것을
함께 하는 자들입니다. 그렇다면 그분의 영광과 고난에도 참여할 것입니다.
어떤 영광과 어떤 고난입니까?

18절 생각하건대 현재의 고난은 장차 우리에게 나타날 영광과
**   비교할 수 없도다**

우리에게 장차 나타날 영광과 현재의 고난입니다. 이 구절 앞에도

'가르'가 있습니다. 왜냐하면 그것은 현재의 고난은 장차 우리에게 나타날 영광과 비교할 수 없는 것이라고 생각하기 때문이라는 것입니다. "생각하건대"는 4장에서 많이 사용된 '로기조마이'가 사용되었습니다. 우리는 우리가 잠시 받는 고난은 영원한 영광과 비교할 수 없다는 것을 대부분 인정합니다.

그리스도와 연합된 그리스도인이기에 현재 당하는 고난이 있습니다. 고난에 대한 말씀은 8장 뒷부분에서도 계속 이어집니다. 그리스도와 공동 상속자인 그리스도의 사람들은 그리스도의 고난에도 참여하는 자들입니다.

그러나 그것과 비교할 수 없는 장차 우리에게 나타날 영광이 있습니다. 환난 가운데서도 죽도록 믿음을 지키는 우리에게는 생명의 관이 예비되어 있습니다(계 2:10). 우리의 낮은 몸은 그분의 영광의 몸의 형체와 같이 될 것입니다(빌 3:21). 그가 나타나시면 우리가 그와 같을 줄을 아는 것은 그의 참모습 그대로 볼 것이기 때문입니다(요일 3:2). 그 몸은 육의 몸이 아니라 영광스러운 영의 몸입니다. 장차 우리에게 나타날 영광은 현재의 고난과 비교할 수 없음을 우리는 인정합니다.

그러므로 우리가 공동 상속자인 그리스도와 함께 그런 영광을 받기 위하여 고난도 함께 받아야 할 것입니다. 이어서 몸의 속량을 기다리는 탄식의 말씀들이 있습니다.

2. 몸의 속량을 기다리는 탄식과 성령님의 도우심(롬 8:19~28)

1) 피조물의 탄식

19절 피조물이 고대하는 바는 하나님의 아들들이 나타나는 것이니

이 구절 앞에 '가르'가 있습니다. 왜냐하면 그것은 피조물도 고대하는 바는 하나님의 자녀들이 나타나는 것이기 때문이라는 것입니다. 피조물도 하나님의 자녀들이 나타나는 것을 간절한 기대로 열렬하게 기다릴 만큼 하나님의 자녀의 나타날 영광은 큰 것입니다. 우리는 양자의 영을 받아 영화롭게 되었습니다. 그러나 그것은 영의 영역입니다. 그러므로 보이는 영역에서 하나님의 아들들이 신령한 몸을 입어 나타나기를 피조물은 고대한다는 것입니다. 피조물이 고대하는 이유입니다.

20절 피조물이 허무한 데 굴복하는 것은 자기 뜻이 아니요 오직 굴복하게 하시는 이로 말미암음이라
21절 그 바라는 것은 피조물도 썩어짐의 종 노릇 한 데서 해방되어 하나님의 자녀들의 영광의 자유에 이르는 것이니라

20절 앞에 '가르'가 있습니다. 피조물이 하나님의 자녀들이 나타나는 것을 고대하는 이유입니다. 왜냐하면 피조물이 허무한 데 굴복하는 것은 자기 뜻이 아니고 오직 굴복하게 하시는 이로 말미암았기 때문이라는 것입니다.

이 말씀에서 "굴복하는"과 "굴복하게 하는"은 헬라어 '휘포탓소'가 사용되었습니다. '휘포탓소'는 지배 아래 있음을 의미하는 '휘포'와 '배열하다'의 뜻을 가진 '탓소'에서 유래된 말로 지배 아래에 두어 종속되는 것을 의미합니다. 피조물이 허무한 것의 지배 아래 있는 것은 자기 뜻이 아니고 오직 지배 아래 두게 하는 이로 말미암았습니다. 그러므로 하나님의 자녀들이 나타나는 것을 고대합니다.

21절 앞에도 '가르'가 있습니다. 20절에 이어 피조물이 하나님의 자녀들이 나타나는 것을 고대하는 이유가 반복됩니다. 그 이유는 피조물도 그 바라는 것은 썩어짐의 종노릇 한 데서 해방되어 하나님의 자녀들의 영광의 자유에 이르는 것이기 때문입니다. 썩어짐의 종노릇을 말합니다. 앞 절에서 말한 그 "허무한 데 굴복하는 것"은 피조물이 겪고 있는 "썩어짐의 종 노릇"임을 알 수 있습니다. 피조물도 사망의 지배 아래에서 썩어짐의 노예의 자리에 있었습니다. 피조물이 허무한 것의 지배 아래에서 썩어짐을 당하게 된 것의 시작은 창세기의 말씀에서 찾을 수 있습니다.

"아담에게 이르시되 네가 네 아내의 말을 듣고 내가 네게 먹지 말라 한 나무의 열매를 먹었은즉 땅은 너로 말미암아 저주를 받고 … 땅이 네게 가시덤불과 엉겅퀴를 낼 것이라"(창 3:17,18).

땅은 사람의 타락으로 저주를 받았습니다. 땅이 가시덤불과 엉겅퀴를 내었습니다. 모든 피조물이 죽음의 지배를 받게 되었습니다. 피조물은 죽고 죽이는 멸망과 썩어짐을 당하였습니다. 그들도 허무한 썩어짐의 지배 아래 굴복할 수밖에 없었습니다.

그것은 그들의 뜻 즉 그들이 원하는 바가 아니었습니다. 오직 아담의 범죄로 인한 것이었습니다. 하나님의 생명의 지배를 받던 피조물이 사람과 함께 사탄의 본성인 죽음의 지배를 받게 되었습니다. 그러므로 피조물도 썩어짐의 종 노릇 한 데서 해방되어 하나님의 자녀들의 영광의 자유에 이르는 것을 소망하며 기다립니다.

22절 피조물이 다 이제까지 함께 탄식하며 함께 고통을 겪고 있는 것을 우리가 아느니라

앞에 '가르'가 있습니다. 22절의 이유입니다. 왜냐하면 피조물이 다지금까지 함께 탄식하며 함께 고통을 겪고 있는 것을 우리가 알기 때문이라는 것입니다. "함께 탄식하며"는 '함께(전부) 신음함'을 의미하는 '쉬스테나조'가 사용되었고, "함께 고통하는"은 '함께 (전부) 진통을 겪다'의 뜻을 가진 '쉰오디노'가 사용되었습니다. 모든 피조물이 아담의 타락 이후부터 지금까지 사망의 지배 아래에서 함께 신음하며 함께 산고의 고통을 겪고 있습니다. 우리는 그것을 알고 있습니다. 그러므로 피조물도 그 바라는 것은 썩어짐의 종 노릇 한 데서 해방되어 하나님의 자녀들의 영광의 자유에 이르는 것입니다.

2) 성령의 처음 익은 열매를 받은 우리의 탄식

23절 그뿐 아니라 또한 우리 곧 성령의 처음 익은 열매를 받은 우리까지도 속으로 탄식하여 양자 될 것 곧 우리 몸의 속량을 기다리느니라

그리고 그뿐만이 아니라 또한 처음 익은 열매를 받은 우리까지도 속으로 탄식하여 양자 될 것 곧 우리 몸의 속량을 기다립니다. 첫 열매는 그리스도입니다(고전 15:23). 성령의 처음 익은 열매인 그리스도를 받은 우리입니다. 우리는 양자의 영을 받은 하나님의 아들입니다. 그런 우리도 또한 양자 될 것을 기다리며 속으로 탄식합니다.

"양자 될 것 곧 우리 몸의 속량"이라고 말씀합니다. 우리는 아들로 받아들이는 양자의 영을 받았으므로 영으로는 이미 아들의 명분을 가졌습니다. 그러므로 우리는 하나님을 아빠 아버지라고 부릅니다. 그러나 아직 몸의 속량은 이루어지지 않았습니다. 우리의 몸은 하나님의 법을 대적하고 죄의 법에 굴복하여 섬깁니다. 우리의 몸은 여전히 죄와 사탄으로부터 벗어나지 못하였습니다. 우리의 몸은 피조물과 같이 썩어짐에 종 노릇하며 죽음의 지배 아래 굴복하여 있습니다.

그러므로 속으로 탄식하며 우리 몸으로도 죄와 사탄으로부터 완전히 벗어나 하나님과 연합되는 몸의 속량을 기다립니다. 썩을 것이 썩지 않음을 입고, 죽을 것이 죽지 않음을 입는 그 날을 기다립니다. 우리는 그리스도와 함께 하는 공동 상속자로 장차 나타날 영광을 기다립니다.

"기다리느니라"는 '아포'와 기다림을 의미하는 '크데코마이'에서 유래된 '아페크데코마이'로 학수고대함을 의미합니다. 그리고 이 단어는 25절에서도 사용되었습니다. 성령의 처음 익은 열매를 받은 우리까지도 속으로 탄식하여 양자 될 것 곧 우리 몸의 속량을 학수고대하여 기다립니다.

24절 우리가 소망으로 구원을 얻었으매 보이는 소망이 소망이 아니니 보는 것을 누가 바라리요

이 구절 앞에 '가르'가 있습니다. 왜냐하면 그것은 우리가 소망으로 구원을 얻었기 때문입니다. 그러나 보이는 소망이 소망이 아닙니다. 이어서 또 '가르'가 있습니다. 왜냐하면 보는 것을 누가 바라겠느냐는 것입니다. 보는 것을 소망하는 자는 없기 때문입니다.

우리는 몸의 속량에 대한 소망을 가지고 구원을 얻었습니다. 구원을 얻은 것은 이미 이루어진 일입니다. 이루어진 것에 대해서는 소망하지 않습니다. 우리가 지금은 하나님의 자녀입니다. 그러나 장래에 어떻게 될지는 아직 나타나지 않았습니다(요일 3:2). 몸의 속량은 이루어지지 않았으므로 보지 못합니다. 그러므로 보이지 않는 몸의 속량을 소망합니다. 보이는 소망을 소망하지는 않습니다. 현재 보는 것을 누가 바라겠습니까?

25절 만일 우리가 보지 못하는 것을 바라면 참음으로 기다릴지니라

이 말씀 앞에 '에이 데'가 있습니다. 그러나 만일 우리가 보지 못하는 것을 바라면 참음으로 기다려야 할 것이라고 말씀합니다. 우리가 현재 보지 못하는 몸의 구속을 바란다면 끈기 있는 기다림으로 기다려야 할 것입니다.

3) 성령님의 탄식

26절 이와 같이 성령도 우리의 연약함을 도우시나니 우리는 마땅히 기도할 바를 알지 못하나 오직 성령이 말할 수 없는 탄식으로 우리를 위하여 친히 간구하시느니라

이와 같이 즉 마찬가지로 성령도 우리 연약함을 도우십니다. 그리고 '가르'가 있습니다. 왜냐하면 우리가 마땅히 기도할 바를 알지 못하기 때문입니다. 그러나 성령께서 말할 수 없는 탄식으로 우리를 위하여 친히 간구하신다고 말씀합니다.

우리는 그리스도와 함께한 상속자로 고난을 받고 있습니다. 우리는 속으로 탄식하여 양자 될 것 곧 우리 몸의 속량을 기다립니다. 그러나 우리는 마땅히 기도할 바를 알지 못하는 연약함을 가지고 있습니다. 모든 믿는 자의 연약함은 마땅히 기도할 바를 알지 못한다는 것입니다. 그런데 성령께서 그런 우리의 연약함을 도우셔서 말할 수 없는 탄식으로 우리를 위하여 친히 간구하신다고 말씀합니다. 이 말씀은 성령님이 독자적으로 우리 연약한 것을 도와 탄식하시는 것처럼 보입니다. 그러나 그렇지 않습니다.

"도우시나니"의 헬라어는 '쉰안티람바노마이'입니다. 이 단어는 '쉰(함께)'과 '안틸람바노마이(원조하다, 참가하다)'에서 유래된 말로 '반대편을 같이 잡다', '협력하다', '버티다'의 뜻이 있습니다. 즉 성령님이 혼자 하신다는 의미가 아니라 우리가 기도할 때 함께 협력하시고 함께 대항하여 버티심을 나타냅니다. 우리가 하나님의 자녀인 것을 함께 증언하신 것처럼 그분은 우리의 기도에도 함께 하십니다(롬 8:16).

"간구하시느니라"는 '~를 위하여 중재하다'의 뜻을 가진 '휘페르엔팅카노'가 사용되었습니다. 그런데 이 단어는 '위에', '대신으로', '보다 뛰어난'의 뜻을 가진 '휘페르'와 '간청하다'의 뜻을 가진 '엔팅카노'에서 유래된 말입니다(이 두 단어는 다음절에서 사용되었습니다). 우리가 간청하는 것 위에 우리 대신으로 성령님께서 간구하십니다. 우리가 기도를 시작하면 성령님은 하나님의 뜻에 따라 기도할 말을 주시며 함께 협력하여 탄식하며 중재하십니다. 우리의 영과 성령님은 하나로 있다는 것을 염두에 두어야 합니다. 그러므로 말로 표현할 수 없는 신음과 탄식은 기도하는 성도를 통하여 나타나게 됩니다.

27절 마음을 살피시는 이가 성령의 생각을 아시나니 이는 성령이 하나님의 뜻대로 성도를 위하여 간구하심이니라

마음을 살피시는 이가 성령의 생각을 아신다고 말씀합니다. "생각"은 '의도', '경향'의 뜻을 가진 '프로네마'가 사용되었습니다. 하나님은 우리의 심령을 살피시는 분이십니다. 그러므로 우리의 영과 연합된 성령님의 생각과 의도를 아십니다.

그리고 이유를 말하는 '호티'가 사용되었습니다. 왜냐하면 성령이 하나님의 뜻대로 성도를 위하여 간구하시기 때문이라는 것입니다. 하나님의 영이신 성령님은 하나님을 따라 움직이십니다. 이 말씀에서 "위하여 간구하심이니라"에 앞 절에서 살펴본 '휘페르'와 '엔튕카노'가 사용되었습니다. 성도들의 간구 위에 성령님께서 함께 하셔서 간구하십니다. 성도의 기도에 협력하시는 성령님은 성도의 영과 하나로 있습니다. 그러므로 성령님은 마땅히 기도할 바를 모르는 우리에게 하나님을 따른 생각과 뜻을 가지고 기도하게 하십니다.

우리는 속으로 탄식하지만, 우리의 이성은 적절하게 무엇을 기도해야 할지 알지 못합니다. 그러나 기도를 시작하면 성령님께서 도우셔서 함께 버티는 기도를 하게 하십니다.

이러한 기도는 방언 기도에서 주로 나타납니다. 성령이 말하게 하심으로 다른 방언으로 말하게 됩니다(행 2:4). 방언은 이성의 기도가 아니라 영의 기도입니다(고전 14:14,15). 방언은 성령님과 연합된 영으로 하나님께 비밀을 말하는 것입니다(고전 14:2). 그러므로 눈에 보이는 세상 너머의 일들을 성령님과 협력하여 기도할 수 있습니다. 사실 새 언약의 일들은 영으로부터 시작되는 것들입니다. 하나님의 뜻대로 이루시는 구속 사역은 영으로 기도하는 방언 기도를 통하여 이루어집니다. 우리의 육신 안에 갇힌 이성은 하나님의 뜻에 대하여 한계가 있습니다. 그러므로 성경은 항상 성령 안에서 기도할 것을(엡 6:18), 그리고 성령으로 기도할 것을 말씀합니다(유 1:20). 성령님은 하나님을 따라 움직이시기 때문입니다.

4) "모든 것이 합력하여 선을 이루느니라"

28절 우리가 알거니와 하나님을 사랑하는 자 곧 그의 뜻대로

부르심을 입은 자들에게는 모든 것이 합력하여 선을 이루느니라

그리고 우리는 알고 있습니다. 하나님을 사랑하는 자 곧 그의 뜻대로 부르심을 입은 자들에게는 모든 것이 합력하여 선을 이룬다는 것을.

모든 것이 협력하여 선을 이루는 대상을 먼저 말씀합니다. "하나님을 사랑하는 자 곧 그의 뜻대로 부르심을 입은 자들"입니다. 이 말씀은 로마서 1장에서도 찾아볼 수 있습니다.

"로마에서 하나님의 사랑하심을 받고 성도로 부르심을 받은 모든 자들에게"(롬 1:7).

우리 안에 주신 성령으로 말미암아 부어진 하나님의 사랑으로 우리는 하나님의 사랑하심을 받고 하나님을 사랑하는 자들입니다.

그리고 "그의 뜻대로 부르심을 입은 자들"입니다. "뜻대로"에서 '뜻'은 '프로떼시스'가 사용되었습니다. '프로떼시스'는 '앞에 놓다', '목적하다', '결정하다'의 뜻을 가진 '프로티떼마이'에서 유래된 말로 '제시', '의향'으로 정의합니다. 하나님께서 미리 목적하신 제시에 따라 부르심을 입은 자들입니다.

"부르심을 입은"은 '에클레토스'로 '초대받은', '지명받은', '부르심 받은'의 뜻이 있습니다. 하나님은 기치를 세우고 모든 사람을 부르십니다. 그리고 그 부르심에 믿음으로 응답하는 자를 성도로 부르십니다. 하나님께서 미리 목적하신 대로 성도로 부르심을 입은 자들입니다.

그들에게는 모든 것이 합력하여 선을 이룬다고 말씀합니다. 모든 것이 합력한다고 말씀합니다. 영을 따라 사는 그들에게 하나님의 영으로 인도함을 받는 하나님의 아들들에게는 모든 것이 합력하여 선을 이룹니다.

이 말씀은 앞 절의 말씀들도 포함됩니다. 성령님께서 하나님의 뜻대로 간구하게 하시는 탄식의 기도를 통하여 하나님은 모든 것을 합력하여 선을 이루게 하십니다. 성령님께서 주시는 기도의 감동에 순종한 성도의 기도가 한 영혼을 구원하고, 한 사람을 위태한 데서 건져내는 일들을 우리는 믿음의 사람들의 간증으로 알 수 있습니다. 우리를 도우시는 성령님에게 귀를 기울이며 기도에서도 자신을 맡기는 것은 중요한 일입니다.

3. 하나님의 경륜: 두 가지 예정(롬 8:29~30)

29절 하나님이 미리 아신 자들을 또한 그 아들의 형상을 본받게 하기 위하여 미리 정하셨으니 이는 그로 많은 형제 중에서 맏아들이 되게 하려 하심이니라

이 말씀은 앞 절 말씀과 이어지는 말씀입니다. 28절은 하나님을 사랑하는 자 곧 그의 뜻대로 부르심을 입은 자들에게는 모든 것이 합력하여 선을 이룬다는 말씀이었습니다. 그리고 이유를 말하는 '호티'가 있습니다. 왜냐하면 그것은 하나님께서 미리 아신 자들을 그 아들의 형상을 본받게 하기 위하여 미리 정하셨기 때문입니다.

앞 절의 말씀과 연결되는 말씀이므로 내용상 이 말씀에서 "하나님이 미리 아신 자들"은 "하나님을 사랑하는 자 곧 그의 뜻대로 부르심을 입은 자들"임을 알 수 있습니다. 앞 절에서 하나님을 사랑하는 자 곧 그의 뜻대로 부르심을 입은 자들은 성도와 자녀로 부르심을 받은, 구원받은 자들을 의미한다고 하였습니다.

"미리 아신"은 개역개정의 스트롱코드 사전은 헬라어 '프로고노스'의 번호를 기록하였습니다. '프로고노스'는 '앞서 태어난'의 뜻이 있습니다. 우리는 그리스도 안에서 하나님의 생명으로 이미 태어난 자들입니다. 그러나 로고스 원어분해 성경에는 '프로기노스코'가 사용되었습니다. 먼저 알려진 자들입니다. 개역개정 성경도 "미리 아신 자들"이라고 번역하였습니다. 우리는 하나님을 아는 자들이지만 더욱이 하나님의 아신 바 된 자들입니다(갈 4:9). 우리는 하나님께 아신 바 된 자들입니다.

우리는 영으로 하나님으로부터 태어날 때 영생을 가집니다. 그런데 예수님은 하나님을 아는 것과 예수 그리스도를 아는 것이 영생이라고 말씀합니다(요 17:3). 그렇다면 하나님으로부터 태어난, 영생을 가진 자가 하나님께 미리 아신 자임을 알 수 있습니다. 그러므로 '프로고노스'도, '프로기노스코'도 하나님의 생명을 가진 그분의 자녀인 우리를 의미함을 알 수 있습니다. 우리는 성도로 부르심을 받았을 뿐 아니라 그분으로부터 태어난 하나님의 자녀입니다. 그런데 그들로 그 아들의 형상을 본받게 하기 위하여 미리 정하셨다고 말씀합니다.

이 말씀에서 "미리 정하셨으니"는 '미리 제한하다', '미리 결정하다', '예정하다'의 뜻을 가진 '프로오리조'가 사용되었습니다. 미리 정하는 예정을 의미하는 단어입니다. 이 말씀에서의 예정은 하나님의 자녀인 우리를 그분의 아들의 형상을 본받게 하도록 하신 예정입니다. 그리고 그것은 그로 많은 형제 중에서 맏아들이 되게 하려 하심이라고 말씀합니다.

그분은 죽은 자 가운데서 먼저 나신 분이십니다. 그리고 그것은 그분이 친히 만물의 으뜸이 되려 하심입니다(골 1:18). 그리스도는 교회의 머리이십니다. 그리스도는 몸을 통하여 그분을 나타내십니다. 그러므로 우리로 이 땅에서 그분의 삶을 살게 하셨습니다. 우리는 하나님 우편에 계신 그리스도를 대신하여 사는 자들입니다. 하나님은 우리를 그리스도와 함께 새 생명으로 일어나 그 생명 가운데서 영으로 살게 하셨습니다. 하나님은 우리로 맡아들이신 그리스도의 형상을 따라 살도록 미리 정하셨습니다.

그러므로 예수님께서는 내가 하는 일을 너희도 할 것이라고 말씀하셨습니다(요 14:12). 주께서 그러하심과 같이 우리도 이 세상에서 그러합니다(요일 4:17). 그리스도는 우리에게 본을 끼쳐 우리로 그 자취를 따라오게 하셨습니다(벧전 2:21). 하나님은 우리로 맡아들이신 그리스도의 형상을 본받아 살도록 예정하셨습니다. 이것이 하나님의 하나의 예정입니다. 예정을 의미하는 '프로오리조'는 다음절에도 이어집니다.

30절 또 미리 정하신 그들을 또한 부르시고 부르신 그들을 또한 의롭다 하시고 의롭다 하신 그들을 또한 영화롭게 하셨느니라

이 말씀은 세 가지를 말씀합니다. 첫째 또 미리 정하신 그들을 또한 부르셨다는 말씀, 두 번째는 부르신 그들을 또한 의롭다 하셨다는 말씀, 그리고 세 번째는 의롭다 하신 그들을 또한 영화롭게 하셨다는 말씀입니다. 하나씩 살펴봅니다.

1) "또 미리 정하신 그들을 또한 부르시고"

이 말씀에서 "미리 정하신"에서도 '프로오리조'가 사용되었습니다. 하나님께서 예정하신 그들을 부르셨습니다. 이 말씀은 구원에서의 예정에 대한 말씀입니다. 그러므로 구원에서의 예정을 말씀하는 다른 성경 구절을 살펴보겠습니다.

"곧 창세 전에 그리스도 안에서 우리를 택하사 우리로 사랑 안에서 그 앞에 거룩하고 흠이 없게 하시려고 그 기쁘신 뜻대로 우리를 예정하사 예수 그리스도로 말미암아 자기의 아들들이 되게 하셨으니"(엡 1:4,5).

하나님은 창세 전에 그리스도 안에서 우리를 택하셨다고 말씀합니다. 그리고 우리로 그분 앞에서 거룩하고 흠 없게 하시려고 그 기쁘신 뜻대로 우리를 예정하셔서 예수 그리스도로 말미암아 자기의 아들들이 되게 하셨다고 말씀합니다. 이 말씀에서 "예정하사"에 '프로오리조'가 사용되었습니다. 하나님의 기쁘신 뜻대로 우리를 예정하셔서 자기의 아들들이 되게 하셨습니다. 하나님께서는 "우리를" 예정하셨습니다. 에베소서에서의 예정의 말씀은 13절의 말씀으로 이어집니다.

"그 안에서 너희도 진리의 말씀 곧 너희의 구원의 복음을 듣고 그 안에서 또한 믿어 약속의 성령으로 인치심을 받았으니"(엡 1:13).

그 안에서 그들(너희)도 구원의 복음을 듣고 믿어서 약속의 성령으로 인치심을 받았습니다. 바울은 에베소서 1장에서 전체인 "우리"와 에베소의 성도인 "너희"로 다르게 말씀합니다. 그리스도 안에서 "우리를" 예정하셨지만, 듣고 믿은 "너희가" 약속의 성령으로 인치심을 받았습니다. 성령으로 인침을 받는 것은 구원을 의미합니다. 믿는 자가 그리스도 안으로 들어가 그분 앞에서 거룩하고 흠 없는 하나님의 아들이 됩니다.

그러므로 에베소서에서의 예정의 말씀은 개인의 예정이 아니라 전체인 우리에 대한 예정임을 알 수 있습니다. 하나님은 우리로 거룩하고 흠 없게 하시려고 그분의 기쁘신 뜻대로 전체인 우리를 예정하셔서 자기의 아들들이 되게 하셨습니다. 이것이 성경이 말씀하는 구원에서의 예정입니다. 그리고 그 안에서 진리의 말씀을 듣고 믿는 자가 약속의 성령으로 인치심을 받습니다.

이 두 가지가 성경이 말씀하는 예정입니다. 하나님은 창세 전부터 그리스도 안에서 우리를 그분의 아들들로 삼으실 것을 예정하셨습니다. 하나님은 우리를 맞아들이신 그리스도의 형상을 본받아 살도록 예정하셨습니다.

하나님은 예정하신 그들을 또한 부르셨습니다. "부르시고"는 헬라어 '칼레오'가 사용되었습니다. '칼레오'는 '부르다, 일으키다, 특별한 이름으로 불리다' 등의 뜻이 있습니다. 하나님은 그 아들의 죽음을 통하여 예정하신 그들을 부르시고, 일으키시고, 특별한 이름으로 부르셨습니다. 하나님은 구속 사역을 이루시고 예정하신 그들을 부르셨습니다.

• 하나님께서 예정하여 부르시는 그들은 누구입니까?

부르시는 대상이 성경에 기록되었습니다. 그날에 이새의 뿌리에서 한 싹이 나며 만민의 기치로 설 것이고 열방이 그에게로 돌아올 것이라고 말씀합니다(사 11:10). 여호와께서 열방을 향하여 기치를 세우시고 쫓긴 자 흩어진 자를 모으실 것입니다(사 11:12). 그리고 너희가 기치를 세우고 소리를 높여 그들을 부르며 손을 흔들어 그들을 존귀한 자의 문에 들어가게 하라고 말씀합니다(사 13:2). 너희가 나라들 가운데에 전파하고 공포하고 깃발을 세우라고 말씀합니다(렘 50:2). 하나님께서는 해 돋는 데서부터 해지는 데까지 그들을 부르셨습니다(시 50:1).

예수님께서도 "온 천하에 다니며 만민에게 복음을 전파하라고 하셨고, 모든 민족을 제자로 삼으라고 말씀하셨습니다(막 16:15, 마 28:19). 우리가 복음 전해야 할 대상은 모든 민족과 종족과 백성과 방언과 나라입니다(계 14:6). 성경 전체에서 부르시는 대상은 땅 위에 사는 모든 거민입니다.

그렇다면 구원에서의 하나님의 예정은 우리 모두에 대한 것입니다. 하나님은 우리를 창조하신 분이십니다. 사람은 영으로 하나님을 섬기며 교제하는 하나님의 사랑의 대상으로 그분의 모양과 형상을 따라 지어졌습니다. 그러나 사람은 타락하여 사탄과 연합하게 되었고 하나님과 원수가 되었습니다. 모든 사람이 유죄판결 아래 있었습니다. 모든 인류가 이 땅에서 저주 아래 살다가 사람이 아니라 마귀와 그 사자들을 위하여 예비 된 영원한 불 못에 던져지게 되었습니다.

그러나 하나님은 요나가 박 넝쿨을 아끼는 것보다 그분이 창조하신 한 사람 한 사람을 더 많이 아끼시고 더 많이 사랑하십니다. 더구나 그분은 사랑이십니다. 그러므로 하나님은 창세 전부터 그분의 아들을 세상 죄를 지실 어린 양으로 정하셨습니다(고전 2:7). 여자의 후손이 뱀의 머리를 상하게 할 것입니다. 아브라함의 씨로 말미암아 천하 만민이 복을 받을 것입니다(창 22:18).

우리의 구원은 하나님의 그 큰 사랑, 변함없는 사랑과 긍휼로 말미암습니다. 하나님은 우리가 아직 죄인으로 있을 때에 그 아들을 내주심으로 그분의 사랑을 확증하셨습니다.

하나님은 예수님을 그 피를 믿음으로 말미암는 화목제물로 세우셨습니다(롬 3:25). 그분은 우리만 위할 뿐 아니라 온 세상의 죄를 위한 화목제물이십니다(요일 2:2). 예수님은 모든 사람을 위한 대속물이셨습니다(고후 5:14,15 딤전 2:6, 히 2:9). 그분은 세상 죄를 지고 가는 하나님의 어린 양이십니다(요 1:29). 하나님은 이 땅의 죄악을 하루에 제거하셨습니다(슥 3:9).

모든 사람이 그분의 생명으로부터 지은 바 되었다면, 더구나 예수님께서 모든 사람의 죄를 다 담당하셨다면 하나님은 모든 사람이 구원받기를 원하실 수밖에 없습니다. 그러므로 하나님은 그분의 마음을 성경을 통하여 우리에게 전하십니다.

하나님은 아무도 멸망하지 않고 다 회개하기에 이르기를 원하신다고 말씀합니다(벧후 3:9). 하나님은 모든 사람이 구원을 받고 진리를 아는데 이르기를 원하신다고 말씀합니다(딤전 2:4). 하나님은 악인이 죽는 것을 기뻐하지 않으시고 악인이 그의 길에서 돌이켜 사는 것을 기뻐하신다고 말씀합니다(겔 18:23, 33:11). 그러므로 하나님은 말씀합니다.

"죽을 자가 죽는 것도 내가 기뻐하지 아니하노니 너희는 스스로 돌이키고 살지니라"(겔 18:32).

공의의 하나님에게 특정한 사람만의 예정은 없습니다. 그분은 사람을 차별하지 않는 분이십니다. 누군 예정하여 구원하고 누군 예정하지 않아 구원받지 못한다면 하나님은 아무도 심판하실 수 없습니다. 그렇다면 그건 그 사람의 책임이 아니라 하나님의 책임이기 때문입니다. 하나님께 불의는 있을 수 없습니다. 더구나 그분께서 지은 바 된 창조물이며, 그분의 외 아들의 피로 모든 사람의 모든 죄를 제거하셨다면 어찌 예외의 사람이 있을 수 있겠습니까? 하나님은 말씀하십니다.

"내가 네 허물을 빽빽한 구름 같이, 네 죄를 안개 같이 없이하였으니 너는 내게로 돌아오라 내가 너를 구속하였음이니라"(사 44:22).

하나님은 "내가 네 죄와 허물을 제거하였다. 너는 내게로 돌아오라. 내가 너를 값 주고 샀다"라고 말씀합니다. 모든 사람에게 구원을 주시는 하나님의 은혜가 나타났습니다(딛 2:11). 누구든지 주의 이름을 부르는 자는 구원을 받게 됩니다(롬 10:13). 누구든지 예수 믿으면 영생을 얻게 됩니다(요 3:15,16). 복음은 모든 믿는 자에게 구원을 주시는 하나님의 능력입니다(롬 1:16). 그러므로 이제 어디든지 사람에게 명하사 다 회개하라 하십니다(행 17:30).

모든 사람이 똑같은 조건 아래 있습니다. 모든 사람이 죄를 범하여 하나님의 영광에 이르지 못하였습니다. 사랑의 하나님은 그리스도를 모든 사람을 위한 화목제물로 삼으셨습니다. 그리고 돌이키라고, 예수 믿으라고, 주의 이름을 부르라고, 영접하라고 부르십니다. 그 부르심에 응답함으로 구원을 받게 되고, 거절함으로 멸망을 받게 됩니다. 하나님은 부르심에 회개하고 돌아온 그들을 사랑하는 자라, 하나님의 아들이라, 거룩한 성도라고 부르십니다.

2) "부르신 그들을 또한 의롭다 하시고"

하나님은 부르신 그들을 의롭게 하셨습니다. "의롭다 하시고"와 "의롭다 하신"은 헬라어 '디카이오오'가 사용되었습니다. 의롭게 되는 것입니다(갈 2:16, 3:11). 부르신 그들을 의롭게 하시는 분은 하나님이십니다. 그리고 사람이 의롭게 되는 것은 오직 믿음입니다.

3) "의롭다 하신 그들을 또한 영화롭게 하셨느니라"

하나님은 의롭게 된 그들을 영화롭게 하셨습니다. 하나님은 우리로 그 아들의 형상을 본받게 하기 위하여 그로 많은 형제 중에서 맏아들이 되게 미리 정하셨습니다. 우리는 친아들이신 그분과 동일한 아들입니다. 그러므로 우리를 그리스도 안으로 연합되어 우리도 그분처럼 의롭고,

그분처럼 아들로서 영화롭게 하셨습니다. 어린 양의 아내인 새 예루살렘은 하나님의 영광이 있어 그 빛이 지극히 귀한 보석 같고 벽옥과 수정과 같이 맑습니다(계 21:11). 하나님의 보좌는 우리 안에 있습니다. 하나님은 우리를 영화롭게 하셨습니다.

4. "그런즉 이 일에 대하여 누가"(롬 8:31~36)

1) "누가 우리를 대적하리요"

31절 그런즉 이 일에 대하여 우리가 무슨 말 하리요 만일 하나님이 우리를 위하시면 누가 우리를 대적하리요

그래서 우리가 이 일들에 대해 무슨 말을 하겠느냐고 묻습니다. 그리고 이어서 만일 하나님이 우리를 위하시면 누가 우리를 대적하겠느냐고 묻습니다. 하나님께서 그분의 아들을 맏아들로 세우시고 우리로 그분의 형상을 본받아 살게 하셨습니다. 하나님은 우리를 예정하시고 그 아들 안에서 우리를 부르셨습니다. 스스로 구원하기에 무기력한 죄인인 우리를 대신하여 하나님의 아들을 죽게 하시고, 그 아들 안에서 우리를 의롭게 하시고 영화롭게 하셨습니다. 이런 것들에 대해서 우리가 무슨 말을 하겠습니까? 우리는 자랑할 것이 없습니다. 하나님을 자랑하고 감사를 드립니다.

하나님께서 그렇게 우리를 위하시는데 누가 우리를 대적하겠습니까? 하나님께서 우리를 위한 일에 아무도 우리를 대적할 수 없습니다. 하나님은 공의에 따라 그 일을 행하셨기 때문입니다. 그러므로 아무도 하나님의 구원에 대항할 수 없습니다.

**32절 자기 아들을 아끼지 아니하시고 우리 모든 사람을 위하여
내주신 이가 어찌 그 아들과 함께 모든 것을 우리에게 주시지
아니하겠느냐**

이 구절 앞에 '참으로, 심지어'의 뜻을 가진 '게'가 있습니다. 심지어 자기 아들을 아끼지 아니하시고 우리 모든 사람을 위하여 내주셨는데 어찌 그 아들과 함께 모든 것을 우리에게 주시지 않겠느냐는 것입니다. 우리가 원수 되었을 때에 그 아들을 내주셨습니다. 그러나 이제 우리는 양자의 영을 받은 하나님의 아들이 되었습니다. 그리스도와 함께한 상속자가 되었습니다. 우리는 그 아들과 연합하여 하나님의 영광으로 영화롭게 되었습니다. 그렇다면 심지어 원수일 때 아들을 주신 하나님께서는 자녀인 우리에게 당연히 그 아들과 함께 모든 것을 선물로 주실 것입니다.

2) "누가 고발하리요"

**33절 누가 능히 하나님께서 택하신 자들을 고발하리요 의롭다 하신
이는 하나님이시니**

이제 바울은 "누가 능히 하나님께서 택하신 자들을 고발하리요"라고 묻습니다. 하나님께서 택하신 자를 누가 능히 고발하겠습니까? 우리를 의롭다 하신 이는 하나님이시라고 말합니다. 이 말씀에서 "의롭다 하신"도 '디카이오오'가 사용되었습니다. 우리를 의롭게 하신 분은 하나님이십니다. 우리는 하나님의 의로 의로워졌습니다. 그런데 누가 능히 고발하겠습니까?

하나님께서 택하신 자를 말씀합니다. 이 말씀에서 "택하신"은 헬라어 '엑클렉토스'가 사용되었습니다. 하나님께 선택을 받은 자입니다.

하나님은 누구를 선택하십니까? 바울이 말하는 것은 두 가지입니다. "믿음으로냐", "행위로냐"입니다. 하나님은 상속자가 되는 것이 확실히 존재하기 위하여 믿음으로 하셨습니다(롬 4:16).

하나님은 그 뜻이 변치 않으심을 충분히 나타내시려고 맹세로 보증하셨습니다(히 6:17). 하나님은 거짓말을 하지 않으시는 분이십니다. 그런데 그런 하나님께서 맹세로 언약을 맺으셨다면 그 일은 절대 변할 수 없습니다. 하나님은 그분의 말씀을 벗어난 일은 절대로 하실 수 없습니다. 하나님께서 선택하시는 방법은 오직 믿음입니다. 믿는 자를 의롭게 하시는 하나님의 택하심에 따라 우리에게 그분의 의를 주셨습니다. 그러므로 아무도 우리를 고발할 수 없습니다.

3) "누가 정죄하리요"(이제 그리스도 예수에 대한 말씀입니다)

34절 누가 정죄하리요 죽으실 뿐 아니라 다시 살아나신 이는
그리스도 예수시니 그는 하나님 우편에 계신 자요 우리를
위하여 간구하시는 자시니라

이어서 그는 누가 우리를 정죄할 것인가에 대해서 묻습니다. 누가 우리를 유죄판결하겠습니까? 그리고 우리를 위해 죽으실 뿐 아니라 다시 살아나신 분은 그리스도 예수시라고 말합니다. 그분은 우리의 범죄 때문에 내줌이 되고 우리를 의롭게 하시기 위하여 살아나셨습니다(롬 4:25). 그분은 우리 죄를 처리하셨고, 우리를 의롭게 하기 위하여 살아나셨습니다. 그런데 누가 우리를 정죄하겠습니까?

그런데 거기서 멈추지 않습니다. "그는 하나님 우편에 계신 자요 우리를 위하여 간구하시는 자시니라"라고 말합니다. 우리를 위해 죽으시고 우리를 의롭게 하시기 위하여 살아나신 그리스도께서 지금 하나님 우편에 계셔서 우리를 위하여 간구하십니다. 우리의 영원한 대제사장이신 그리스도는 더 좋은 언약의 보증이 되십니다(히 7:22). 그분은 영원히 살아계셔서 우리를 위하여 항상 하나님께 간구하십니다. 그러므로 그분을 힘입어 하나님께 나아가는 자들을 온전히 구원하실 수 있습니다(히 7:25).

우리가 죄를 범하여도 아버지 앞에서 우리를 변호하시는 의로우신 대언자 예수님이 계십니다(요일 2:2). 그리스도는 지금도 하나님 우편에서 우리를 위해 간청하십니다. 그러므로 아무도 우리를 정죄할 수 없습니다.

4) "누가 우리를 그리스도의 사랑에서 끊으리요"

35절 누가 우리를 그리스도의 사랑에서 끊으리요 환난이나 곤고나 박해나 기근이나 적신이나 위험이나 칼이랴
36절 기록된 바 우리가 종일 주를 위하여 죽임을 당하게 되며 도살 당할 양 같이 여김을 받았나이다 함과 같으니라

이제 누가 우리를 그리스도의 사랑으로부터 끊을 것인가에 대해서 묻습니다. 누가 우리를 그리스도의 사랑에서 끊겠습니까?

그리고 우리가 이 땅에서 당하는 고난들을 나열합니다. 환난입니까? 곤고입니까? 박해입니까? 기근입니까? 벌거벗음입니까? 위험입니까? 칼입니까? 그 무엇이 그리스도의 사랑에서 우리를 끊겠습니까?

그는 이어서 "기록된 바"하며 시편 44편 22절 말씀을 인용합니다. 시편에 기록된 것처럼 우리가 주님을 위하여 종일 죽임을 당하게 되며 도살할 양과 같이 여김을 받았나이다 함과 같습니다. 종일 죽임을 당하는 고난, 도살당하는 양과 같은 고난이 있습니다. 그리스도인이기에 당하는 고난들입니다. 환난, 곤고, 박해, 기근, 헐벗음, 위험, 칼 등이 있습니다.

이 말씀들은 당시 성도들의 고난을 떠올리게 합니다. 그러나 지금도 많은 사람들이 그런 고난 가운데 있습니다. 또한 그렇지 않을지라도 믿는 자이기에 당하는 질시와 불이익들이 있습니다. 성전 바깥마당은 이방인에게 내주어 예수님 승천부터 재림 때까지 마흔두 달 동안 짓밟힘을 당합니다(계 11:2). 사실 영적인 영역에서는 성도들은 원수와의 치열한 싸움의 한복판에 있습니다. 그리스도인은 하나님의 나라에 동참한 자들이지만, 환난과 참음에도 동참하는 자들입니다(계 1:9). 그리스도와 함께한 상속자로 그와 함께 영광을 받기 위하여 고난도 함께 받아야 할 것입니다(롬 8:17).

5. 우리를 넉넉히 이기게 하시는 사랑(롬 8:37~39)

37절 그러나 이 모든 일에 우리를 사랑하시는 이로 말미암아 우리가 넉넉히 이기느니라

그러나 이 모든 일에 우리를 사랑하시는 그리스도로 말미암아 우리가 넉넉히 이긴다고 말씀합니다. "넉넉히 이기느니라"는 헬라어 '휘페르니카오'가 사용되었습니다. '휘페르니카오'는 뛰어남을 의미하는 '휘페르'와 승리함을 나타내는 '니카오'에서 유래된 말로 뛰어나게 이김을 의미합니다. 흠정역은 "정복자보다 더 나은 자들"이라고 번역하였습니다. 우리는 대단하게 이기는 자들로 정복자보다 더 나은 자들입니다.

우리는 세상을 이긴 자들입니다. 우리는 하나님으로부터 태어나 그분께 속하였습니다. 우리 안에 계신 분이 세상에 있는 자보다 더 크십니다(요일 4:4).

예수님께서도 "세상에서 너희가 환난을 당할 것이나 담대하라 내가 세상을 이기었노라"라고 말씀하셨습니다(요 16:33). 그리스도와 연합된 우리는 그분의 승리 안으로 들어간 자들입니다. 그분의 승리가 우리의 승리입니다. 그러므로 그분 안에서 우리는 정복자보다 더 나은 자들입니다. 우리는 우리를 사랑하시는 그리스도를 통하여 고난에서도 탁월한 승리를 누리는 자들입니다. 그리고 그런 고난들도 우리를 그리스도의 사랑에서 끊을 수 없습니다.

38절 내가 확신하노니 사망이나 생명이나 천사들이나 권세자들이나 현재 일이나 장래 일이나 능력이나
39절 높음이나 깊음이나 다른 어떤 피조물이라도 우리를 우리 주 그리스도 예수 안에 있는 하나님의 사랑에서 끊을 수 없으리라

38절 앞에도 '가르'가 있습니다. 우리가 넉넉히 이기는 이유입니다. 그것은 사망이나 생명이나 천사들이나 권세자들이나 현재 일이나 장래 일이나 능력이나 높음이나 깊음이나 다른 어떤 피조물이라도 우리를 우리 주 그리스도 예수 안에 있는 하나님의 사랑에서 끊을 수 없다는 것을 우리가 확신하기 때문입니다. 사망과 생명은 반대되는 것입니다. 그리고 생명은 하나님의 생명으로 우리를 살리는 것입니다. 그러나 바울은 우리가 생각할 수 있는 개념들을 말합니다. 천사들, 권세들, 현재일, 장래일, 능력, 높음, 깊음, 그리고 다른 어떤 피조물입니다. 이렇게 나열된 단어 하나하나 앞에 '~도 아니다', '않다'의 뜻을 가진 '우테'가 모두 사용되었습니다. 우리가 생각할 수 있는 그 무엇도 우리를 우리 주 그리스도 예수 안에 있는 하나님의 사랑에서 끊을 수 없습니다.

이 말씀은 35절 "누가 우리를 그리스도의 사랑에서 끊으리요"에 대한 대답이기도 합니다. 그리스도의 사랑에서 우리를 끊을 자는 아무도 없습니다. 그 무엇도 우리를 그리스도의 사랑에서, 하나님의 사랑에서 끊을 수 없습니다. 그리고 우리는 그것을 확신하기 때문에 모든 상황에서도 넉넉히 이깁니다. 영을 따르는 자의 승리하는 삶은 하나님의 사랑이 있기 때문입니다.

> **"항상 우리를 그리스도 안에서 이기게 하시고 우리로 말미암아 각처에서 그리스도를 아는 냄새를 나타내시는 하나님께 감사하노라"** (고후 2:14).

요약

영을 따라 사는 우리가 승리할 수 있는 이유를 말씀합니다.

우리는 하나님의 아들로 예수님과 함께한 상속자입니다. 그리고 우리는 성령님의 인도로 모든 것이 합력하여 선을 이루는 삶을 살 수 있습니다.

하나님은 그리스도 안에서 하나님의 생명으로 태어난 우리를 맞아들이신 그리스도의 형상을 본받아 살도록 예정하셨습니다. 또한 하나님은 그리스도 안에서 예정하신 우리를 부르시어 의롭게 하시고 영화롭게 하셨습니다.

우리에게는 그 누구도 그 무엇도 끊을 수 없는 그리스도의 사랑과 하나님의 사랑이 있습니다. 우리는 그것을 확신하기 때문에 모든 고난에서도 압도적으로 이기는 자들입니다.

ROMANS

God's righteousness that leads only to faith

4부 유대인과 이방인의 구원

Ⅰ. 하나님의 구원의 섭리

Ⅱ. 사람이 의에 이르고 구원에 이르는 방법

Ⅲ. 하나님의 구원의 신비

Ⅰ. 하나님의 구원의 섭리(롬 9:1~33)

로마서 9장에서 11장은 이스라엘과 이방인의 구원에 대한 이야기입니다. 그러므로 이 부분의 말씀은 로마서 3장까지에서처럼 유대인과 이방인의 관계 속에서 보아야 합니다. 이스라엘과 이방인의 구원을 말씀하는 첫 장인 9장은 하나님의 구원의 섭리를 설명합니다. 바울은 창세기에서 말라기까지의 말씀으로 그 비밀들을 풀어줍니다. 바울이 전하는 복음의 계시는 구약의 말씀에서의 계시로 그는 성경대로 말하였고, 모세와 선지자들의 글을 말하였습니다(행 26:22,28:23, 롬 3:21, 고전 15:3,4).

1. 바울의 큰 근심과 이스라엘(롬 9:1~5)

> 1-2절　내가 그리스도 안에서 참말을 하고 거짓말을 아니하노라
> 　　　　나에게 큰 근심이 있는 것과 마음에 그치지 않는 고통이 있는
> 　　　　것을 내 양심이 성령 안에서 나와 더불어 증언하노니
> 3절　　　나의 형제 곧 골육의 친척을 위하여 내 자신이 저주를 받아
> 　　　　그리스도에게서 끊어질지라도 원하는 바로라

바울은 먼저 "내가 그리스도 안에서 참말을 하고 거짓말을 아니하노라"라는 말로 시작합니다. "참말"은 헬라어 '알레떼이아'로 '진리', '진실', '사실'을 의미합니다. 그는 자신의 말이 진실이라고 말합니다.

그리고 이어서 나에게 큰 근심이 있는 것과 마음에 그치지 않는 고통이

있는 것을 내 양심이 성령 안에서 나와 더불어 증언한다고 말을 합니다. 그에게 큰 근심과 마음에 그치지 않는 고통이 있습니다. 그런데 그것을 내 양심이 성령 안에서 나와 더불어 증언합니다.

그리고 3절 앞에는 이유를 말하는 '가르'가 있습니다. 왜냐하면 그것은 나의 형제 곧 골육의 친척을 위하여 내 자신이 저주를 받아 그리스도에게서 끊어질지라도 원하는 바이기 때문이라는 것입니다.

그는 그리스도 안에서 진실을 말하고 거짓말을 하지 않는다고 말하였고, 그에게 있는 큰 근심과 마음에 그치지 않는 고통이 있는 것을 그의 양심이 성령 안에서 그와 더불어 증언한다고 말하였습니다. 또한 그의 형제, 골육의 친척이라는 말을 사용하여 그들과 자신의 친밀함을 나타냅니다. 그는 더 나아가 "내 자신이 저주를 받아 그리스도에게서 끊어질지라도 원하는 바로라"라는 말을 합니다. 그는 자신이 그토록 사랑하는 그리스도에게서 끊어질지라도 그들을 위하여 원한다는 말로 그의 간절한 마음을 나타냅니다.

그렇다면 그들이 누구입니까? 그들은 그리스도를 전하는 바울을 끊임없이 비난하고 박해하고 죽이려 하는 자들입니다. 하지만 그리스도의 사랑이 그를 강권하였습니다(고후 5:14). 바울은 그들의 구원을 향한 간절한 마음을 나타냅니다. 10장에서도 "내 마음에 원하는 바와 하나님께 구하는 바는 이스라엘을 위함"이라고 말하였습니다(롬 10:1). 또한 11장에서도 이방인의 사도인 자신의 직분을 영광스럽게 여기는데 그것은 자신의 골육인 그들을 시기하게 하여 그들 중 얼마를 구원받게 하려 함이라고 말하였습니다(롬 11:13,14).

그는 그들의 구원에 대한 자신의 열망을 로마서를 통해 세 번 밝혔습니다. 이는 그가 로마서를 통해서 하는 말들이 그들을 비난하거나 논쟁하려는 것이 아니라 그들도 진리를 바로 알아 구원을 받게 하려는 간절한 마음에서 나온 것임을 전하려 함을 알 수 있습니다. 다음 절에서 그들이 누구인지를 구체적으로 말합니다.

4절 그들은 이스라엘 사람이라 그들에게는 양자 됨과 영광과 언약들과 율법을 세우신 것과 예배와 약속들이 있고
5절 조상들도 그들의 것이요 육신으로 하면 그리스도가 그들에게서 나셨으니 그는 만물 위에 계셔서 세세에 찬양을 받으실 하나님이시니라 아멘

그들은 이스라엘 사람들입니다. 그리고 그들에게 있는 유익들을 말합니다. 그들에게는 양자 됨, 영광, 언약들, 율법을 세우신 것, 예배와 약속들이 있습니다. 또한 조상들도 그들의 것이고, 육신으로 하면 그리스도는 그들에게서 나셨습니다.

"양자 됨"은 아들로 받아들임을 의미하는 '휘오떼시아'가 사용되었습니다. 이스라엘은 하나님께 아들로 받아들여진 자들입니다. 하나님은 모세에게 바로에게 가서 그분의 아들인 이스라엘을 보내지 않으므로 바로의 장자를 죽일 것이라고 말하라고 하셨습니다. 하나님은 "이스라엘은 내 아들 내 장자"라고 말씀하셨습니다(출 4:22,23).

또한 그들에게는 하나님의 성민으로서의 영광과 언약들이 있었습니다. 하나님은 그들에게 율법과 약속들을 주셨고 제사장을 세워 하나님을 예배하고 섬기게 하셨습니다. 그런 조상들도 그들의 것이며 육신으로 하면 그리스도는 그들에게서 나셨습니다. 3장에서도 유대인의 나음은 범사에 많은데 우선은 그들이 하나님의 말씀을 맡은 것이라고 하였습니다(롬 3:1,2). 그들이 가진 유익들은 범사에 많았습니다. 바울은 멈추어서 그분을 경배합니다.

"그는 만물 위에 계셔서 세세에 찬양을 받으실 하나님이시니라 아멘"

아멘! 그렇습니다. 예수 그리스도는 육신으로는 이스라엘에게서 나셨지만, 만물 위에 계신 하나님으로 영원토록 찬양을 받으실 분이십니다!

2. 약속과 택하심에 따른 긍휼(롬 9:6~18)

6절 그러나 하나님의 말씀이 폐하여진 것 같지 않도다 이스라엘에게서 난 그들이 다 이스라엘이 아니요

이 말씀 앞에 접속사 '데'가 있습니다. 그러나 하나님의 말씀이 폐하여진 것 같지 않습니다. "폐하여진"은 헬라어 '에크핍토'가 사용되었습니다. 뜻은 '(과정으로부터) 떨어져 나가다', '무능하게 되다' 등입니다. 하나님의 말씀이 언약을 이루는 과정에서 떨어져 나가 무력하게 된 것 같지 않다고 말합니다.

그리고 이유를 말하는 '가르'가 있습니다. 그것은 이스라엘에게서 난 그들이 다 이스라엘이 아니기 때문입니다. 이 말씀은 하나님의 말씀이 폐하여진 것 같지 않은 이유입니다. 앞에서 하나님께서 이스라엘에게 주신 유익들을 말하였습니다. 그런 이스라엘만의 유익을 가지고 있을지라도 이스라엘에게서 난 자들이 모두 이스라엘이 아니라는 것입니다. "이스라엘에게서 난 그들이"에서 '이스라엘'이 혈통적인 이스라엘을 의미한다면, "이스라엘이 아니요"의 '이스라엘'은 하나님의 백성 이스라엘을 의미함을 알 수 있습니다. 이 말씀은 표면적 유대인이 유대인이 아니고 이면적 유대인이 유대인이라는 말씀과 같은 말씀입니다(롬 2:28,29).

3장에서도 어떤 자들이 믿지 아니하였으면 그 믿지 아니함이 하나님의 미쁘심을 폐하겠느냐고 물었습니다(롬 3:3). 아브라함의 자손인 이스라엘 사람들이 믿지 않아 다 구원받지 못한다면 그것은 그들의 조상들에게 하신 하나님의 말씀이 무능하게 되는 것이고, 하나님의 미쁘심도 효력이 없어지는 것입니다. 이에 대해 바울은 그러나 아브라함의 자손인 이스라엘이 다 구원받지 못한다고 해서 하나님의 말씀이 폐하여진 것 같지는 않다고 말합니다. 이제 그 이유를 말합니다.

1) 아브라함의 자녀

7절 또한 아브라함의 씨가 다 그의 자녀가 아니라 오직 이삭으로부터
난 자라야 네 씨라 불리리라 하셨으니

이 말씀 앞에도 이유를 말하는 '호티'가 있습니다. 이스라엘에게서 난 그들이 다 이스라엘이 아닌 이유입니다. 그것은 아브라함의 씨가 다 그의 자녀가 아니기 때문입니다. 그렇다면 누가 아브라함의 자녀입니까?
"오직 이삭으로부터 난 자라야 네 씨라 불리리라 하셨으니"
하나님은 오직 이삭으로부터 난 자라야 네 씨라 불리리라 하셨습니다. 이 말씀은 창세기 21장 12절의 말씀으로, 여종과 그 아들을 내쫓으라는 사라의 말로 고민하는 아브라함에게 하나님께서 하신 말씀입니다. 하나님은 이삭으로부터 난 자만이 그의 씨로 불릴 것이므로 사라의 말을 다 들으라고 말씀하셨습니다. 그러므로 아브라함의 씨가 다 그의 자녀가 아닙니다. 오직 이삭으로부터 난 자만이 그의 자녀로 불릴 것입니다. 이 말씀은 세상의 상속자가 되는 언약 백성에 대한 말씀입니다. 그러므로 8절에서는 하나님의 자녀로 연결이 됩니다.

8절 곧 육신의 자녀가 하나님의 자녀가 아니요 오직 약속의 자녀가 씨로 여기심을 받느니라

곧 육신의 자녀가 하나님의 자녀가 아니라고 말합니다. 아브라함의 표면적인 육신의 자녀는 하나님의 자녀가 아닙니다. 이어서 오직 약속의 자녀가 아브라함의 씨로 여기심을 받을 것이라고 말씀합니다.

이 말씀에서 "여기심을 받느니라"는 4장에서 많이 사용된 '로기조마이'가 사용되었습니다. 뜻은 '목록에 작성하다', '계산하다' 등으로 그렇다고 인정하는 것입니다. 하나님께서 이삭으로부터 난 자라야 네 씨라 불리리라 약속하셨으므로 육신의 자녀가 아니라 그 약속의 자녀가 아브라함의 씨로 기록될 것입니다. 또한 앞의 내용과 연결한다면 오직 약속의 자녀가 하나님의 자녀로 인정될 것입니다. 아브라함의 육신의 자녀와 약속의 자녀에 대한 바울의 다른 서신의 말씀입니다.

> "기록된 바 아브라함에게 두 아들이 있으니 하나는 여종에게서, 하나는 자유 있는 여자에게서 났다 하였으며 여종에게서는 육체를 따라 났고 자유 있는 여자에게서는 약속으로 말미암았느니라 이것은 비유니 이 여자들은 두 언약이라…그러나 성경이 무엇을 말하느냐 여종과 그 아들을 내쫓으라 여종의 아들이 자유 있는 여자의 아들과 더불어 유업을 얻지 못하리라 하였느니라 그런즉 형제들아 우리는 여종의 자녀가 아니요 자유 있는 여자의 자녀니라"(갈 4:22~24, 30,31).

아브라함에게는 두 아들이 있습니다. 하나는 여종에게서 하나는 자유 있는 여자에게서 났습니다. 여종에게서는 육체를 따라 낳았고 자유 있는 여자에게서는 약속으로 말미암았습니다. 그리고 그것은 비유라고 말씀합니다. 어떤 비유입니까? 그들을 낳은 두 여자는 두 언약입니다. 옛 언약과 새 언약의 비유입니다.

율법은 육체를 따라 자녀를 낳았고 새 언약은 약속을 따라 자녀를 낳았습니다. 그리고 여종과 그 아들을 내쫓으라고 말씀합니다. 왜냐하면 여종의 아들이 자유 있는 여자의 아들과 더불어 유업을 얻지 못할 것이기 때문입니다. 육체를 따라 난 자들은 약속을 따라 난 자들과 더불어 유업을 누릴 수 없습니다.

여종의 아들인 옛 언약의 자녀는 새 언약의 자녀와 함께 유업을 누릴 수 없습니다. 우리는 자유 있는 여자인 새 언약의 자녀입니다. 아브라함의 씨가 다 아브라함의 자녀가 아닙니다. 하나님께서 약속하신 하나님의 자녀는 영의 자녀로 새 언약의 자녀입니다.

9절 약속의 말씀은 이것이니 명년 이 때에 내가 이르리니 사라에게 아들이 있으리라 하심이라

이 말씀 앞에도 '가르'가 있습니다. 이유를 반복합니다. 그는 그것을 강조하기 위해 먼저 "약속의 말씀은 이것이니"라고 말합니다. 약속의 말씀은 무엇입니까? 하나님의 약속의 말씀은 "명년 이 때에 내가 이르리니 사라에게 아들이 있으리라" 하신 말씀입니다. 이 말씀은 창세기 18장 10절의 말씀입니다. 하나님께서 사라에게 약속하셨기 때문에 육신의 자녀가 아니라 약속의 자녀가 씨로 여기심을 받을 것입니다. 하나님은 창세기 17장에서도 사라가 아들을 낳을 것이라고, 또한 그가 낳을 이삭과 언약을 세우실 것이라고 거듭 말씀하셨습니다(창 17:16,19,20). 아브라함의 자손 즉 씨에 대한 바울의 다른 서신의 말씀입니다.

"이 약속들은 아브라함과 그 자손에게 말씀하신 것인데 여럿을 가리켜 그 자손들이라 하지 아니하시고 오직 한 사람을 가리켜 네 자손이라 하셨으니 곧 그리스도라"(갈 3:16).

하나님은 아브라함과 그의 씨와 언약을 맺으셨습니다(창 17:8). 그리고 그 씨는 오직 한 사람 그리스도입니다. 하나님은 처음부터 아브라함의 씨인 그리스도와 언약을 세우실 것을 말씀하셨습니다. 그 씨로 말미암아 천하 만민이 복을 받을 것입니다(창 22:18). 그리스도의 것이면 그는 아브라함의 자녀이고 약속대로 유업을 이을 자입니다(갈 3:29).

2) 이삭의 자녀

10절 그뿐 아니라 또한 리브가가 우리 조상 이삭 한 사람으로
　　　말미암아 임신하였는데
11절 그 자식들이 아직 나지도 아니하고 무슨 선이나 악을 행하지
　　　아니한 때에 택하심을 따라 되는 하나님의 뜻이 행위로
　　　말미암지 않고 오직 부르시는 이로 말미암아 서게 하려 하사
12절 리브가에게 이르시되 큰 자가 어린 자를 섬기리라 하셨나니
13절 기록된 바 내가 야곱은 사랑하고 에서는 미워하였다 하심과
　　　같으니라

그뿐 아니라 또한 리브가가 우리 조상 이삭 한 사람으로 말미암아 임신하였다고 말합니다. 그리고 '가르'가 있습니다. 왜냐하면 그 자식들이 아직 나지도 아니하고 무슨 선이나 악을 행하지 아니한 때에 택하심을 따라 되는 하나님의 뜻이 행위로 말미암지 않고 오직 부르시는 이로 말미암아

서게 하려 하사 리브가에게 이르시되 큰 자가 어린 자를 섬기리라 하셨기 때문이라는 것입니다.

행위가 아니라 오직 부르시는 하나님으로 말미암아 서게 하시려고 행위와 상관없이 택하셨다는 것입니다. 그는 이어서 말라기 1장 2절의 말씀을 인용합니다.

"기록된 바 내가 야곱은 사랑하고 에서는 미워하였다 하심과 같으니라" 말라기의 말씀을 더 살펴보겠습니다.

"여호와께서 이르시되 내가 너희를 사랑하였노라 하나 너희는 이르기를 주께서 어떻게 우리를 사랑하셨나이까 하는도다 나 여호와가 말하노라 에서는 야곱의 형이 아니냐 그러나 내가 야곱을 사랑하였고 에서는 미워하였으며 그의 산들을 황폐하게 하였고 그의 산업을 광야의 이리들에게 넘겼느니라 에돔은 말하기를 우리가 무너뜨림을 당하였으나 황폐된 곳을 다시 쌓으리라 하거니와 나 만군의 여호와는 이르노라 그들은 쌓을지라도 나는 헐리라 사람들이 그들을 일컬어 악한 지역이라 할 것이요 여호와의 영원한 진노를 받은 백성이라 할 것이며 너희는 눈으로 보고 이르기를 여호와께서는 이스라엘 지역 밖에서도 크시다 하리라 … 만군의 여호와가 이르노라 해 뜨는 곳에서부터 해 지는 곳까지의 이방 민족 중에서 내 이름이 크게 될 것이라 각처에서 내 이름을 위하여 분향하며 깨끗한 제물을 드리리니 이는 내 이름이 이방 민족 중에서 크게 될 것임이니라"(말 1:2~5,11).

하나님께서 말씀하십니다.
"너희를 사랑한다"

그런데 그들은 말합니다.

"주께서 어떻게 우리를 사랑하셨습니까?"

하나님께서 말씀하십니다.

"에서는 야곱의 형이 아니냐 그러나 내가 야곱을 사랑하였고 에서는 미워하였으며 그의 산들을 황폐하게 하였고 그의 산업을 광야의 이리들에게 넘겼느니라"

에돔 즉 에서의 자손들이 말합니다.

"우리가 무너뜨림을 당하였으나 황폐된 곳을 다시 쌓으리라."

그러나 하나님은 그들이 쌓을지라도 헐 것이라고 말씀합니다.

사람들이 그들을 일컬어 악한 지역이라, 여호와의 영원한 진노를 받은 백성이라 할 것을 말씀합니다. 그리고 그들이 눈으로 보고 이르기를 "여호와께서는 이스라엘 지역 밖에서도 크시다"라고 할 것이라고 말씀합니다. 하나님께서도 두 번 말씀합니다.

"해 뜨는 곳에서부터 해 지는 곳까지의 이방 민족 중에서 내 이름이 크게 될 것이라",

"내 이름이 이방 민족 중에서 크게 될 것임이니라".

그러므로 하나님께서 사랑하시는 야곱은 하나님을 높이는 자들인데 이스라엘만이 아니라 그 지역 밖, 이방 민족에서도 나올 것임을 알 수 있습니다. 하나님은 무슨 선이나 악을 행하지 아니한 때에 택하심을 따라 되는 하나님의 뜻을 말씀합니다. 그리고 행위로 말미암지 않고 부르시는 이로 말미암아 서게 하셨다고 말씀합니다.

그렇다면 하나님은 누구를 택하셔서 부르시기로 하셨습니까? 하나님 곧 우리 주 예수 그리스도의 아버지께서 창세 전에 그리스도 안에서 우리를 택하셨습니다(엡 1:4). 모형과 예표인 아담 안에 있던 우리를 그리스도 안에서 택하셨습니다. 하나님께서는 예수님을 화목제물로 세우시고 해 돋는 데서부터 해지는 데까지 모든 사람을 부르셨습니다.

에서는 야곱의 형입니다. 먼저 하나님께서 택하여 부르신 이스라엘이 장자 에서라면, 그리스도 안에서 부르심을 받은 새 언약의 백성은 하나님께 사랑을 받은 야곱입니다. 하나님은 우리가 무슨 선이나 악을 행하지 아니한 때에 택하심을 따라 되는 하나님의 뜻이 행위로 말미암지 않고 부르시는 하나님으로 말미암아 서게 하셨습니다. 하나님은 은혜에 속하게 하기 위하여 믿음으로 하셨습니다(롬 4:16).

14절 그런즉 우리가 무슨 말을 하리요 하나님께 불의가 있느냐 그럴 수 없느니라

그런즉, 그러므로 우리가 무슨 말을 하겠느냐고 말씀합니다. 이는 앞의 내용들에 대하여 우리가 무슨 말을 할 것인가에 대한 물음입니다. 하나님은 아브라함의 육신의 자녀인 이스라엘이 아니라 약속의 자녀가 그분의 자녀가 되게 하셨습니다. 하나님은 이삭의 자녀가 무슨 선이나 악을 행하지 아니한 때에 택하심을 따라 되는 하나님의 뜻이 행위로 말미암지 않고 부르시는 하나님으로 말미암아 서게 하셨습니다. 그러므로 이스라엘에서 난 그들이 다 이스라엘이 아닙니다. 그렇다면 우리가 무슨 말을 하겠습니까?

그는 이어서 "하나님께 불의가 있느냐"라고 묻습니다. 그리고 그럴 수 없다고 말을 합니다. 하나님께 절대 불의는 있을 수 없습니다. 이스라엘을 다 구원하지 않으실지라도 그분은 불의하지 않다는 말씀입니다. 하나님은 공의에 따라 움직이시기 때문입니다.

예수님의 큰 잔치 비유입니다. 주인은 큰 잔치를 벌여놓고 먼저 청하였던 자들을 먼저 부릅니다. 하지만 그들은 모두 거절합니다. 그러자 주인은 노하여 시내의 거리와 골목으로 나가서 사람들을 데려오라고 말합니다. 그리고 먼저 청하였던 자들은 하나도 그의 잔치를 맛보지 못할 것이라고 말합니다(눅 14:16~24). 하나님은 복음의 큰 잔치를 벌여놓고 먼저 그들을 부르셨습니다. 그러나 그들은 모두 거절하였습니다. 오히려 하나님의 이름은, 주 예수의 이름은 이방 민족 중에서 크게 되었습니다.

히브리서는 "한 그릇 음식을 위하여 장자의 명분을 판 에서와 같이 망령된 자"라고 말씀합니다(히 12:16). 그들은 은혜를 저버려 장자의 명분을 팔았고, 헐어버린 율법을 다시 세우려 합니다. 하나님의 택하심에는 그들도 포함됩니다. 그러나 이스라엘로 대표되는 장자 에브라임은 하나님이 아니라 우상과 연합되었습니다(호 4:17). 그러므로 하나님께 불의는 절대로 있을 수 없습니다.

3) 모세와 바로의 이야기

15절 모세에게 이르시되 내가 긍휼히 여길 자를 긍휼히 여기고
불쌍히 여길 자를 불쌍히 여기리라 하셨으니
16절 그런즉 원하는 자로 말미암음도 아니요 달음박질하는 자로
말미암음도 아니요 오직 긍휼히 여기시는 하나님으로
말미암음이니라

15절 말씀 앞에도 '가르'가 있습니다. 왜냐하면 하나님은 모세에게 말씀하시기를 내가 긍휼히 여길 자를 긍휼히 여기고 불쌍히 여길 자를 불쌍히 여기리라 하셨기 때문이라는 것입니다.

그리고 "그러므로 원하는 자로 말미암음도 아니요 달음박질하는 자로 말미암음도 아니라"라고 말합니다. 원한다고 열심히 애쓴다고 되는 것이 아니라는 말씀입니다. 이스라엘은 의에 이르기를 원하였고, 그래서 율법으로 의에 이르기 위해 달음박질하였습니다. 그러나 그들은 그 의를 이루지 못하였습니다.

바울은 "오직 긍휼히 여기시는 하나님으로 말미암음이니라"라고 결론을 내립니다. 오직 긍휼히 여기시는 하나님으로 말미암아 긍휼히 여김을 받을 수 있습니다.

그렇다면 모세는 누구입니까? 그는 하나님으로부터 율법을 받아 이스라엘에게 전해준 사람입니다. 율법은 행하면 사는 법입니다. 그런데 하나님의 긍휼히 여기심과 불쌍히 여기심에 대해서 말합니다. 더구나 이 말씀은 이스라엘이 금송아지로 범죄한 후에 하나님 앞에서 그들을 대신하여 중보하는 모세에게 하나님께서 하신 말씀입니다. 하나님은 "내가 긍휼히 여길 자를 긍휼히 여기고 불쌍히 여길 자를 불쌍히 여기리라"라고 말씀하셨습니다.

그들은 목이 곧은 백성입니다. 행위의 법인 율법은 공정합니다. 범죄한 그들은 죽어야 합니다. 그러나 하나님은 그들을 긍휼히 여기셨습니다. 그들을 긍휼히 여기신 것은 그들은 하나님과 언약을 맺은 아브라함과 이삭과 야곱의 자손이기 때문입니다. 하나님께서는 언약을 맺은 조상들을 통하여 그들을 택하셨기 때문입니다. 그러므로 하나님은 그들의 조상들과의 언약을 자주 말씀하시며 거듭거듭 그들의 죄를 용서하시고 긍휼을 베푸셨습니다.

율법으로 원한다고 달음질한다고 이루어지는 것이 아닙니다. 오직 긍휼히 여기시는 하나님으로 말미암아 그분 앞에 설 수 있습니다. 성경은 하나님의 긍휼의 때에 대해서 많은 말씀합니다.

"주께서 일어나사 시온을 긍휼히 여기시리니 지금은 그에게 은혜를

베푸실 때라 정한 기한이 다가옴이니이다"(시 102:13).

하나님께서 은혜를 베푸실 정한 기한을 말씀합니다. 하나님은 시온을 긍휼히 여기실 것입니다. 하나님은 이사야를 통해서도 은혜 베풀 때와 구원의 날을 말씀하였습니다(사 49:8). 은혜와 긍휼은 오직 그리스도 안에 있습니다. 바울은 "보라 지금은 은혜 받을 만한 때요 보라 지금은 구원의 날이로다"라고 말합니다(고후 6:2). 지금 하나님은 그리스도 안에서 우리를 긍휼히 여기시고 은혜를 베푸십니다. 은혜는 행위가 아니라 믿음을 말합니다.

17절 성경이 바로에게 이르시되 내가 이 일을 위하여 너를 세웠으니
곧 너로 말미암아 내 능력을 보이고 내 이름이 온 땅에
전파되게 하려 함이라 하셨으니

이 구절 앞에도 '가르'가 있습니다. 왜냐하면 성경이 바로에게 내가 이 일을 위하여 너를 세웠으니 곧 너로 말미암아 내 능력을 보이고 내 이름이 온 땅에 전파되게 하려 함이라 하셨기 때문입니다. "세웠으니"는 헬라어 '엑세게이로'가 사용되었습니다. 뜻은 '완전히 깨우다', '부활시키다', '일으키다' 등입니다.

이 말씀은 바로가 완강하게 이스라엘을 보내기를 거부하자 일곱째 재앙 전에 하나님께서 하신 말씀입니다. 하나님은 그분의 손을 펴서 돌림병으로 바로와 그의 백성을 친다면 그가 이 세상에서 끊어졌을 것이지만, 그를 통해 하나님의 능력과 하나님의 이름을 온 땅에 전파되게 하시려고 그를 세웠다고 말씀하셨습니다(출 9:15,16). 하나님은 그분의 능력을 나타내 보이시고, 그분의 이름을 온 땅에 전파하기 위하여 바로와 그의 백성을 죽이지 않고 그대로 두셨습니다. 결론을 내립니다.

18절 그런즉 하나님께서 하고자 하시는 자를 긍휼히 여기시고
하고자 하시는 자를 완악하게 하시느니라

'아라 운'이 사용되었습니다. '따라서', '그러므로'로 결론으로 이끕니다. 그러므로 하나님께서 하고자 하시는 자를 긍휼히 여기시고 하고자 하시는 자를 완악하게 하십니다. 이 말씀은 문맥상 하나님께서 완악하게 하시는 것처럼 보입니다. 그러나 사람이 완고하게 되는 것이지 하나님께서 완고하게 하시는 것이 아닙니다.

"완악하게 하시느니라"는 헬라어로 '스클레뤼노'가 사용되었습니다. 이 단어의 뜻은 '완고하도록 내버려두다', '불순종하도록 내버려두다' 등입니다. 하나님은 완고하여 불순종하는 자를 그대로 내버려 두십니다. 성경은 우리에게 완고하게 되지 말라고 말씀합니다(히 3:8). 하나님은 "마음의 정욕대로 더러움에", "부끄러운 욕심에", "그 상실한 마음대로" 내버려 두십니다(롬 1:24,26,28).

또한 이 말씀은 앞 절과 이어지는 말씀으로 이스라엘과 바로 사이에서 하시는 말씀입니다. 바로가 애굽의 왕이듯 사탄은 이 세상의 임금과 신으로 불립니다. 그는 그리스도께서 승리하심으로 땅으로 바다로 내쫓긴 자입니다. 이 세상의 임금이 심판을 받았습니다(요 16:11). 그러나 하나님은 그와 그의 백성을 멸하지 않고 그를 믿지 않는 자의 임금으로 세우셨습니다. 그리고 그와 그의 백성을 완악한 가운데 그대로 놔두십니다. 하나님이 자기 뜻대로 할 마음을 그들에게 주사 한 뜻을 이루게 하시고 그들의 나라를 그 짐승에게 주게 하시되 하나님의 말씀이 응하기까지 하셨습니다(계 17:17).

하나님은 바로로 상징되는 사탄을 이 세상의 임금으로 세우셔서 하나님의 능력을 보이시고 주 예수의 이름을 온 세상에 전파되게 하십니다. 하나님은 그와 연합된 인류를 오래 참으시며 그들의 심판을 지체하시며 그들이 회개하기에 이르기를 기다리십니다.

3. 토기장이와 그릇(롬 9:19~24)

1) 이스라엘의 반문과 답변

19절 혹 네가 내게 말하기를 그러면 하나님이 어찌하여 허물하시느냐 누가 그 뜻을 대적하느냐 하리니

그렇다면 혹 네가 내게 "그러면 하나님께서 어찌하여 허물하시느냐"라고 말할 것이라고 합니다. 그리고 '가르'가 있습니다. 왜냐하면 누가 하나님의 뜻을 대적하느냐 할 것이기 때문입니다. 즉 하나님의 뜻을 대적할 수 없는데 하나님께서 어찌하여 허물하시느냐는 것입니다. 이 말씀은 이스라엘 사람들이 바울에게 던지는 질문으로 볼 수 있습니다.

앞 절들을 통하여 말씀하는 하나님의 뜻은 오직 아브라함의 약속의 자녀가 씨로 여기심을 받는다는 말씀이었습니다. 또한 부르시는 하나님으로 말미암아 사랑을 받는 하나님의 택하심을 말하였습니다. 원한다고 달음박질한다고 이르는 것이 아니라 오직 긍휼히 여기시는 하나님으로 말미암는다고 하였습니다.

그런 바울의 말대로라면 육신의 자녀인 그들이 아니라 약속의 자녀가 씨로 여기심을 받을 것입니다. 그들은 율법 행위와 관계없이 태어나기도 전부터 사랑을 받은 작은 자를 섬기는 큰 자의 위치에 있습니다. 그렇다면 그런 하나님의 뜻을 대적할 수 없는데 하나님께서는 아브라함의 자손인 우리를 어찌 허물하시겠느냐는 것입니다. 다음은 바울의 답변입니다.

20절 이 사람아 네가 누구이기에 감히 하나님께 반문하느냐 지음을 받은 물건이 지은 자에게 어찌 나를 이같이 만들었느냐 말하겠느냐

바울은 "이 사람아 네가 누구이기에 감히 하나님께 반문하느냐"라고 말합니다. "반문하느냐"는 반대하는 것을 의미하는 '안티'와 '대답하다'의 뜻을 가진 '아포크리노마이'에서 유래된 말로 '안타포크리노마이'입니다. 이 단어는 상충하여 논박함을 의미합니다. 사람이 어찌 하나님께 반대하여 논박할 수 있겠습니까?

바울은 다시 말합니다.

"지음을 받은 물건이 지은 자에게 어찌 나를 이같이 만들었느냐 말하겠느냐"

지음을 받은 물건은 지은 자에게 어찌 나를 이같이 만들었느냐라고 말할 수 없다는 것입니다. 피조물인 사람은 창조주이신 하나님께 어찌 나를 이같이 만들었느냐고 말할 수 없습니다. 질그릇 조각 중 한 조각 같은 자가 자기를 지으신 이와 더불어 다툴 수는 없습니다(사 45:9).

이 말씀은 앞 절에 대한 바울의 대답입니다. 그들은 어찌 나를 아브라함의 육신의 자녀로 태어나게 하셨느냐고 하나님께 말할 수는 없습니다. 하나님께서는 그들이 아브라함의 육신의 자녀로 태어났다고 구원에서 그들을 제외시키지는 않으셨기 때문입니다. 하나님의 구원의 섭리는 그들에게도 공정합니다. 오히려 하나님은 그들을 먼저 부르셨습니다.

하지만 육신적인 아브라함의 자손인 그들은 율법과 할례를 고집하며 하나님께서 그리스도를 통하여 주신 구원의 복음을 거절하였습니다. 약속하시고 택하시는 하나님의 섭리에 이스라엘이 불순종한 것이지 하나님께서 그렇게 만드신 것이 아닙니다. 그러므로 감히 하나님께 어찌 나를 이같이 만들었느냐고 반문할 수 없습니다. 지음을 받은 물건과 지은 자는 그릇과 토기장이로 이어집니다.

2) 그릇에 대한 토기장이의 권한

21절 토기장이가 진흙 한 덩이로 하나는 귀히 쓸 그릇을, 하나는 천히 쓸 그릇을 만들 권한이 없느냐

토기장이가 진흙 한 덩이로 하나는 귀히 쓸 그릇을, 하나는 천히 쓸 그릇을 만들 권한에 대해서 말합니다. 귀히 쓸 그릇과 천히 쓸 그릇입니다. 이 말씀에서 "권한"은 '엑수시아'가 사용되었습니다. '특권', '권세'. '사법권'입니다. 하나님이 토기장이시라면, 어떤 그릇을 만들든 그것은 하나님의 특권이고 권세입니다. 그러므로 토기장이이신 하나님께 어찌 나를 이같이 만들었느냐고 반문할 수 없습니다. 토기장이와 그릇에 대하여 말씀하는 구약의 말씀입니다.

"내가 토기장이의 집으로 내려가서 본즉 그가 녹로로 일을 하는데 진흙으로 만든 그릇이 토기장이의 손에서 터지매 그가 그것으로 자기 의견에 좋은 대로 다른 그릇을 만들더라 그 때에 여호와의 말씀이 내게 임하니라 이르시되 여호와의 말씀이니라 이스라엘 족속아 이 토기장이가 하는 것 같이 내가 능히 너희에게 행하지

못하겠느냐 이스라엘 족속아 진흙이 토기장이의 손에 있음 같이 너희가 내 손에 있느니라"(렘 18:3~6).

예레미야가 토기장이의 집으로 내려가서 보니 그가 녹로로 일을 하는데 진흙으로 만든 그릇이 토기장이의 손에서 터졌습니다. 그러자 그는 그것으로 자기 의견에 좋은 대로 다른 그릇으로 만들었습니다. 하나님께서 말씀하십니다.

"이 토기장이가 하는 것 같이 내가 능히 너희에게 행하지 못하겠느냐 진흙이 토기장이의 손에 있음 같이 너희가 내 손에 있느니라"

모든 사람이 하나님의 손에서 파상하였습니다. 아담 한 사람의 죄가 그 안에 있는 모든 사람의 죄가 되었습니다. 그런 우리이지만 토기장이이신 하나님은 토기장이가 하는 것처럼 능히 우리를 다른 그릇을 만드실 수 있습니다. 진흙이 토기장이의 손에 있음같이 우리는 그분의 손에 있습니다.

사람들은 토기장이와 진흙의 말씀으로 하나님의 주권을 말합니다. 하나님께서 모든 것을 그분의 마음대로 주관하신다고 말합니다. 그리고 그 주권에는 어떤 기준도 없습니다. 주권자이신 하나님 마음대로 하나님 뜻대로 라고 말합니다. 하나님께서 마음대로 사람을 선택하여 구원하시고 그렇지 않은 사람들은 구원받을 수 없다는 예정은 하나님의 절대적 주권에 기반을 둔 생각에서 나온 것입니다. 또한 하나님의 자녀의 삶에서도 하나님의 주권은 모든 것을 하나님의 뜻으로 받아들이는 숙명론적인 사고로 이끌었습니다.

하나님은 우리를 지으신 분이시며, 우리의 최고의 권력자가 되시므로 그분은 우리의 주권자이심은 분명합니다. 그러나 통상적으로 생각하는 폭군과 같은 하나님의 주권을 의미하지는 않습니다. 그분은 사랑이십니다.

의와 공의, 공평이 하나님의 보좌의 기초입니다(시 89:14, 97:2). 주의 나라의 규는 공평한 규입니다(시 45:6). 인자함과 진실함이 그분 앞에 있습니다(시 89:14). 그분은 모든 일을 인자하심과 진실하심과 공의에 따라 행하십니다

모든 사람은 불의하지만, 오직 하나님만 의롭고 거룩합니다. 그런데 불의한 사람도 상식을 가지고 생각하고 행합니다. 그런 사람을 만드신 하나님이시라면 더더욱 상식이 있는 분이실 것입니다. 귀를 지으신 이가 듣지 아니하시며 눈을 만드신 이가 보지 아니하시겠느냐고 물으십니다(시 94:9). 사람에게 생각할 수 있는 지각을 주신 하나님이시라면 그분도 지각을 가지고 일하실 것입니다. 여기서는 이렇게 말씀하시고 저기서는 그것을 뒤집는 말씀을 하시는 그런 하나님이 아니십니다. 한결같은 하나님의 뜻은 변함이 없습니다. 바울은 말합니다.

"깊도다 하나님의 지혜와 지식의 풍성함이여, 그의 판단은 헤아리지 못할 것이며 그의 길은 찾지 못할 것이로다"(롬 11:33).

하나님은 인류를 위한 구속을 창세 전부터 계획하셨습니다. 사람이 범죄할 경우 영광의 주를 십자가에 죽게 하심으로 그들을 회복시키는 구원이었습니다. 그러므로 하나님은 아담이 범죄하자 그들에게 저주를 말씀하시면서 동시에 여자의 후손이 뱀의 머리를 상하게 할 구원의 말씀을 주셨습니다(창 3:15). 여자의 후손이 뱀의 머리를 상하게 할 것입니다. 그것이 구원의 말씀입니다.

또한 하나님은 모든 인류 중 한 사람 아브라함을 부르시어 그와 언약을 맺으셨습니다. 하나님은 그에게 복음의 말씀을 주셨습니다. 모든 이방이 그로 말미암아 복을 받을 것입니다(갈 3:8). 그의 씨로 말미암아 천하만민이 복을 받을 것입니다(창 22:18). 그 씨는 그리스도입니다(갈 3:16). 하나님은

아브라함의 씨인 그리스도와 언약을 맺으실 것입니다.

그렇다면 율법은 무엇입니까? 율법은 아브라함의 육신의 자녀인 이스라엘과 맺으신 옛 언약으로 새 언약의 길을 예비하는 언약입니다. 하나님은 율법을 통하여 하나님 자신을 계시하시고 인간의 실상을 보여주시며 그리스도께서 오셔서 하실 일의 모형과 그림자를 보여주셨습니다. 율법은 그리스도께로 이끄는 초등교사입니다(갈 3:24).

그리고 하나님은 구약의 선지자들을 통하여 새 날을 말씀하십니다. 그날에 이루어질 일을 말씀하여 새 언약이 어떠한 것인지를 말씀합니다. 하나님은 그 구원의 일을 열심히 이루셨습니다(사 9:7, 26:11, 59:17, 62:1).

드디어 그리스도의 피는 참 성소인 하늘의 장막에 뿌려졌고 새 언약은 이루어졌습니다(히 9:12). 이제 누구나 그 언약 안으로 들어가는 자는 구원을 받을 수 있습니다. 모든 인류가 토기장이의 손에서 파상하였지만, 하나님은 그분의 방법으로 그들을 구원하십니다. 하나님은 성경 전체에 걸쳐 그 구원의 섭리를 계시하시고 모든 사람을 부르십니다. 그러므로 그분이 빚으시는 그릇에 대하여 아무도 반문하거나 대적할 수 없습니다. 이제 그릇들에 대한 말씀입니다.

3) 진노의 그릇과 긍휼의 그릇

22절 만일 하나님이 그의 진노를 보이시고 그의 능력을 알게 하고자 하사 멸하기로 준비된 진노의 그릇을 오래 참으심으로 관용하시고
23절 또한 영광 받기로 예비하신 바 긍휼의 그릇에 대하여 그 영광의 풍성함을 알게 하고자 하셨을지라도 무슨 말을 하리요

22절 앞에 '에이 데'가 있습니다. '그러나 만일'입니다. 그러나 만일 하나님이 그의 진노를 보이시고 그의 능력을 알게 하고자 하사 멸하기로 준비된 진노의 그릇을 오래 참으심으로 관용하시고 또한 영광 받기로 예비하신 긍휼의 그릇에 대하여 그 영광의 풍성함을 알게 하고자 하셨을지라도 무슨 말을 하겠느냐는 것입니다. 바울은 두 가지 그릇을 말합니다. 진노의 그릇과 긍휼의 그릇입니다. 모든 인류가 두 가지 그릇 중 하나일 것입니다. 18절에서도 하나님은 하고자 하시는 자를 긍휼히 여기시고 하고자 하시는 자를 완악하게 놔두신다고 하였습니다. 긍휼히 여기는 자와 완악하게 놔두신 자입니다.

진노의 그릇은 진노를 보이시고 그의 능력을 알게 하고자 하사 멸하기로 준비된 그릇입니다. 하나님의 진노는 진노의 심판으로 나타납니다(롬 2:5). 하나님은 그 그릇을 오래 참으심으로 관용하신다고 말씀합니다. 하나님은 그들의 심판을 지체하십니다. 그분의 인자하심과 용납하심과 길이 참으심의 풍성함은 그들을 인도하여 회개하게 하심입니다(롬 2:4). 그것은 하나님은 한 사람도 멸망하지 않고 다 회개하기에 이르기를 원하시기 때문입니다(벧후 3:9).

긍휼의 그릇은 영광 받기로 예비하신 그릇입니다. 하나님의 긍휼은 그리스도 안에 있습니다. 하나님은 영원한 자비로 그들을 긍휼히 여기실 것이라고 말씀하셨습니다(사 54:8). 그들은 하나님의 영광을 위하여 하나님께서 창조하시고, 지으시고, 만드신 새로운 피조물입니다(사 43:7, 고후 5:17).

하나님은 그 그릇에 대하여 그 영광의 풍성함을 알게 하고자 하셨다고 말씀합니다. 하나님은 미리 정하신 그들을 부르시고, 부르신 그들을 의롭게 하시고, 의롭게 하신 그들을 하나님의 영광으로 영화롭게 하셨습니다 (롬 8:30). 하나님께서 그렇게 하셨을지라도 무슨 말을 하겠습니까?

24절 이 그릇은 우리니 곧 유대인 중에서뿐 아니라 이방인 중에서도
부르신 자니라

그런데 "이 그릇은 우리"라고 말합니다. 이 말씀은 앞 절과 연결되는 말씀으로 하나님께서 영광 받기로 예비하신 긍휼의 그릇에 대한 말씀입니다. 하나님께서 영광 받기로 예비하신 긍휼의 그릇은 우리 즉 유대인 중에서뿐 아니라 이방인 중에서도 부르심을 받은 자입니다.

바울은 "유대인 중에서뿐 아니라"라고 말합니다. 유대인이 포함될 뿐 아니라 먼저입니다. 그리고 "이방인 중에서도"입니다. 유대인들은 이방인을 용납할 수 없었습니다. 아브라함은 그들만의 아버지이며 하나님은 오직 그들의 하나님이라고 생각했습니다. 그러나 하나님께서 영광 받기로 예비하신 긍휼의 그릇은 유대인 중에서뿐 아니라 이방인 중에서도 하나님의 자녀로 성도로 부르심을 받은 자들입니다. 하나님은 이방인의 하나님도 되십니다(롬 3:29). 그리스도의 것이면 아브라함의 자손입니다(갈 3:29). 세계가 다 하나님께 속하였습니다(출 19:5). 하나님은 유대인 중에서뿐 아니라 이방인 중에서도 부르십니다.

4. 이방인과 유대인의 구원에 대한 말씀들(롬 9:25~29)

1) 이방인의 구원을 말하는 호세아의 글

25절 호세아의 글에도 이르기를 내가 내 백성 아닌 자를 내 백성이라,
사랑하지 아니한 자를 사랑한 자라 부르리라
26절 너희는 내 백성이 아니라 한 그 곳에서 그들이 살아 계신

하나님의 아들이라 일컬음을 받으리라 함과 같으니라

이 말씀 앞에 '호스 카이'가 있습니다. "또한 ~같이"입니다. 앞 절에서 유대인 중에서뿐 아니라 이방인 중에서도 부르신 긍휼의 그릇을 말하였습니다. 그것은 또한 호세아의 글에 이르기를 내가 내 백성 아닌 자를 내 백성이라, 사랑하지 아니한 자를 사랑한 자라 부르리라 너희는 내 백성이 아니라 한 그 곳에서 그들이 살아 계신 하나님의 아들이라 일컬음을 받으리라 함과 같습니다. 이 말씀의 난외주는 "호 2:23", "호 1:10"이라고 기록합니다.

> "그러나 이스라엘 자손의 수가 바닷가의 모래 같이 되어서 헤아릴 수도 없고 셀 수도 없을 것이며 전에 그들에게 이르기를 너희는 내 백성이 아니라 한 그 곳에서 그들에게 이르기를 너희는 살아 계신 하나님의 아들들이라 할 것이라"(호 1:10).

이스라엘 자손의 수가 바닷가의 모래 같이 되어서 헤아릴 수도 없고 셀 수도 없을 것이라고 말씀합니다. 이 말씀은 육신의 이스라엘이 아니라 영적인 이스라엘에 대한 말씀입니다. 전에 너희는 내 백성이 아니라 한 그곳에서 이방 사람인 그들에게 너희는 살아 계신 하나님의 아들들이라 할 것입니다.

> "내가 나를 위하여 그를 이 땅에 심고 긍휼히 여김을 받지 못하였던 자를 긍휼히 여기며 내 백성 아니었던 자에게 향하여 이르기를 너는 내 백성이라 하리니 그들은 이르기를 주는 내 하나님이시라 하리라 하시니라"(호 2:23).

하나님은 긍휼히 여김을 받지 못하였던 자를 긍휼히 여기시며, 그분의 백성이 아니었던 자에게 이르기를 "너는 내 백성이라" 하실 것을 말씀합니다. 그리고 그들은 "주는 내 하나님이시라" 할 것입니다. 이는 이방인이었던 우리에 대한 말씀입니다. 전에 우리는 하나님의 백성이 아니었습니다. 그러나 우리를 살아 계신 하나님의 아들들이라, 내 백성이라, 사랑한 자라 부르십니다.

2) 이스라엘의 구원을 말하는 이사야의 외침

**27절 또 이사야가 이스라엘에 관하여 외치되 이스라엘 자손들의 수가 비록 바다의 모래 같을지라도 남은 자만 구원을 받으리니
28절 주께서 땅 위에서 그 말씀을 이루고 속히 시행하시리라 하셨느니라**

이 말씀 앞에 접속사 '데'가 있습니다. '데'는 '그러나', '그리고', '더욱이', '지금'의 뜻이 있습니다. 그러나 이사야가 이스라엘에 관하여 외쳤습니다. "이스라엘 자손들의 수가 비록 바다의 모래 같을지라도 남은 자만 구원을 받으리니 주께서 땅 위에서 그 말씀을 이루고 속히 시행하시리라 "

"남은 자"는 헬라어 '카탈레임마'로 '남는 것', '즉 (함축적으로) 소수'라고 정의합니다. 이스라엘 자손의 수가 바다의 모래 같이 많을지라도 소수의 남은 자만 구원을 받을 것입니다. 그리고 '가르'가 있습니다. 왜냐하면 주께서 땅 위에서 그 말씀을 이루고 속히 시행하시리라 하셨기 때문입니다. 이 말씀의 난외주는 "이사야 10:22 이하"라고 기록합니다.

"이스라엘이여 네 백성이 바다의 모래 같을지라도 남은 자만

돌아오리니 넘치는 공의로 파멸이 작정되었음이라 이미 작정된 파멸을 주 만군의 여호와께서 온 세계 중에 끝까지 행하시리라" (사 10:22,23).

하나님은 땅 위에서 이스라엘 백성의 수가 비록 바다의 모래 같을지라도 남은 자만 구원을 받을 것이라고 말씀합니다. 그리고 그것은 넘치는 공의로 파멸이 작정되었기 때문이라고 말씀합니다. 하나님은 그 파멸을 온 세계 중에 끝까지 행하실 것입니다. 하나님은 그 말씀을 이루시고 속히 시행하십니다.

그날에 남은 자가 능하신 하나님께로 돌아올 것입니다(사 10:21). 하나님은 아브라함의 육신의 자녀도 남은 자는 구원을 받을 것에 대해서 말씀합니다. 이스라엘의 남은 자는 약속의 자녀로 하나님의 자녀입니다. 그러나 그들은 소수입니다.

호세아의 글은 하나님께서는 그분의 백성이 아닌 우리를 내 백성이라, 사랑한 자라, 살아계신 하나님의 아들이라 하실 것이라고 말씀하였습니다. 이방인의 구원입니다. 또한 이사야는 이스라엘 자손들의 수가 비록 바다의 모래 같을지라도 소수의 남은 자만 돌아올 것이라고 말씀하였습니다. 이스라엘의 구원입니다.

3) 우리 모두의 구원을 말씀하는 이사야

29절 또한 이사야가 미리 말한 바 만일 만군의 주께서 우리에게 씨를 남겨 두지 아니하셨더라면 우리가 소돔과 같이 되고 고모라와 같았으리로다 함과 같으니라

이 말씀에서 "미리 말한 바"는 헬라어 '프로오리오'가 사용되었습니다. 뜻은 '미리 보다', '미리 알아채다' 등입니다. 이 단어는 베드로의 설교 중 "다윗은 선지자라…미리 본 고로 그리스도의 부활을 말하되"에서 '미리 본 고로'에 사용된 단어입니다(행 2:31). 그러므로, 또한 이사야가 미리 보고 만일 만군의 주께서 우리에게 씨를 남겨 두지 아니하셨더라면 우리가 소돔과 같이 되고 고모라와 같았으리로다 함과 같습니다. 이 말씀의 난외주는 "사 1:9"이라고 기록합니다.

"만군의 여호와께서 우리를 위하여 생존자를 조금 남겨 두지 아니하셨더면 우리가 소돔 같고 고모라 같았으리로다"(사 1:9).

하나님께서는 우리를 위하여 생존자를 조금 남겨 두셨습니다. 그렇게 하지 않으셨더라면 우리는 소돔 같고 고모라 같았을 것입니다. 주께서 우리에게 아브라함의 자손인 씨 즉 아브라함의 계보를 이어오는 씨를 남겨 두시지 아니하셨더라면 모든 인류는 소돔처럼 고모라처럼 전멸했을 것입니다. 예수 그리스도를 이 땅에 보내실 수 없었다면 아무도 구원받을 수 없었을 것이기 때문입니다. 하나님은 밤나무와 상수리나무가 베임을 당하여도 그 그루터기는 남아 있는 것같이 거룩한 씨가 이 땅의 그루터기라고 말씀하십니다(사 6:13).

5. 의를 얻은 이방인과 이르지 못한 이스라엘(롬 9:30~33)

30절 그런즉 우리가 무슨 말을 하리요 의를 따르지 아니한 이방인들이 의를 얻었으니 곧 믿음에서 난 의요

31절 의의 법을 따라간 이스라엘은 율법에 이르지 못하였으니

접속사 '운'이 사용되었습니다. 그러므로 우리가 무슨 말을 하겠습니까? 의를 따르지 아니한 이방인들이 의를 얻었습니다. 그리고 '데'가 사용되었습니다. 그리고 그것은 믿음에서 난 의입니다. 이방인들이 의를 얻었는데 그것은 믿음에서 난 의라는 것입니다. 그리고 '데'가 사용되었습니다. 그리고 의의 법을 따라간 이스라엘은 율법에 이르지 못하였습니다. 의를 이루기 위하여 원하고 달음박질한 이스라엘은 율법의 의에 이르기 못하였습니다.

하나님이 아니라 그들이 믿음으로 의에 이르고, 그들이 의의 법인 율법을 따라가므로 율법이 요구하는 의에 이르지 못하였습니다. 그렇다면 무슨 말을 하겠습니까? 아무도 감히 하나님께 반문할 수 없습니다. 이스라엘이 율법에 이르지 못한 이유를 말합니다.

32절 어찌 그러하냐 이는 그들이 믿음을 의지하지 않고 행위를 의지함이라 부딪칠 돌에 부딪쳤느니라
33절 기록된 바 보라 내가 걸림돌과 거치는 바위를 시온에 두노니 그를 믿는 자는 부끄러움을 당하지 아니하리라 함과 같으니라

어찌 그러합니까? 무엇 때문입니까? 그것은 그들이 믿음을 의지하지 않고 행위를 의지하였기 때문입니다. 로마서를 통하여 바울이 말하는 것은 오직 율법 행위냐 믿음이냐입니다. 그들은 믿음을 의지하지 않고 율법 행위를 의지하였습니다.

그들은 부딪칠 돌에 부딪쳤다고 말씀합니다. 그리고 이어서 기록된 바 하며 사 28:16의 말씀을 인용합니다. 기록된 바 보라 내가 걸림돌과 거치는 바위를 시온에 두노니 그를 믿는 자는 부끄러움을 당하지 아니하리라 함과 같습니다. "걸림돌"과 "거치는 바위"에서 '걸림'은 헬라어 '프로스콤마'가, '거치는'은 '스칸달론'이 사용되었습니다. 두 단어 모두 걸려 넘어져 죄를 짓게 하는 것을 의미합니다. 하나님께서는 시온에 걸려 넘어져 죄를 짓게 하는 돌과 바위를 두셨습니다.

걸림돌과 거치는 바위는 무엇입니까? 바울은 "그를 믿는 자는 부끄러움을 당하지 아니하리라 함과 같으니라"라고 말합니다. 바울이 인용한 이사야의 말씀입니다.

> **"보라 내가 한 돌을 시온에 두어 기초를 삼았노니 곧 시험한 돌이요 귀하고 견고한 기촛돌이라 그것을 믿는 이는 다급하게 되지 아니하리로다"**(사 28:16).

하나님께서는 한 돌을 시온에 두셨습니다. 그 돌은 견고한 기촛돌이신 예수 그리스도입니다. 예수님은 머릿돌이 되셨습니다(시 118:22). 그분은 시온의 기촛돌이지만, 유대인들에게는 걸림돌과 거치는 바위가 되었습니다.

예수님께서도 나로 말미암아 실족하지 않는 자는 복이 있다고 말씀하셨습니다(마 11:6, 눅 7:23). 이 말씀에서는 "실족하지"는 '스칸달론'의 동사 '스칸달리조'가 사용되었습니다. 예수님으로 인하여 걸려 넘어지지 않는 자는 복이 있습니다. 그러나 그분을 믿는 자는 부끄러움을 당하지 않을 것입니다.

아브라함의 자손이요 율법을 받은 유대인들에게 십자가에 못 박히신 그리스도는 거리끼는 것('스칸달론')이었습니다(고전 1:23). 율법은 나무에 달린 자마다 저주 아래 있는 자라고 말씀합니다(신 21:23). 저주받은 자가 하나님의 아들일 리가 없었습니다. 그러나 그분은 우리를 위하여 저주를 받으신 분이십니다(갈 3:13).

요약

로마서 9장에서 말씀하는 인류의 구원에 대한 하나님의 뜻은 분명합니다. 아브라함의 육신의 자녀인 옛 언약의 자녀가 아니라 약속의 자녀인 새 언약의 자녀가 아브라함의 씨, 하나님의 자녀입니다. 또한 하나님의 뜻은 행위가 아니라 하나님께서 택하여 부르심에 있음을 말씀합니다. 그리스도 안에서의 택하심입니다.

모든 인류가 토기장이이신 하나님의 손에서 파상하였습니다. 그러므로 하나님은 임의로 그분의 뜻에 따라 다른 그릇으로 만드십니다. 멸하기로 준비된 진노의 그릇과 영광 받기로 준비된 긍휼의 그릇입니다. 하나님은 진노의 그릇을 오래 참으시고 기다리십니다. 하나님은 유대인 중에서뿐 아니라 이방인 중에서도 그분의 자녀로 부르십니다.

이방인들은 오직 예수 그리스도를 믿음으로 얻는 의를 얻었지만, 원하고 달음박질한 이스라엘은 행위를 의지함으로 율법이 말하는 의에 이르지 못했습니다. 하나님께서 이방인은 택하시고 그들을 버리신 것이 아니라 그들이 걸리는 돌에 거치는 바위에 걸려 넘어졌습니다.

서론에서도 언급한 것처럼 로마서를 통하여 성도의 예정을 말하지만, 바울이 전한 복음은 오직 믿음의 법으로 얻는 하나님의 의입니다.

Ⅱ. 사람이 의에 이르고 구원에 이르는 방법(롬 10:1~21)

로마서는 구원의 복음, 의의 복음을 말씀합니다. 로마서 9장에서는 하나님의 구원의 섭리를 설명하였습니다. 옛 언약이 아니라 새 언약의 자녀가 하나님의 자녀로 여기심을 받을 것입니다. 하나님은 이스라엘 중에서뿐 아니라 이방인 중에서도 부르시여 그분의 영광을 위한 긍휼의 그릇으로 빚으십니다.

10장은 하나님의 의에 복종하지 않은 이스라엘에 대한 말씀이 이어집니다. 그리고 사람이 의에 이르고 구원에 이르는 방법은 무엇인가를 설명합니다.

1. 하나님의 의에 복종하지 않은 이스라엘(롬 10:1~5)

1) 이스라엘의 구원을 원하고 구하는 바울

**1절 형제들아 내 마음에 원하는 바와 하나님께 구하는 바는
이스라엘을 위함이니 곧 그들로 구원을 받게 함이라**

이 구절과 앞 장과 연결되는 말씀입니다. 이스라엘은 의의 법을 따라갔지만 의에 이르지 못하였습니다(롬 9:31). 그들은 믿음을 의지하지 않고 행위를 의지하였습니다. 그리고 그것은 그들이 부딪칠 돌에 부딪쳤기

때문이라고 하였습니다(롬 9:32). 그러므로 바울은 그의 마음에 원하는 것과 하나님께 구하는 것은 이스라엘이 구원을 받게 하는 것이라고 말합니다.

2) 그들에 대한 바울의 증언

2절 내가 증언하노니 그들이 하나님께 열심이 있으나 올바른 지식을 따른 것이 아니니라

이 말씀 앞에 '가르'가 있습니다. 1절의 이유입니다. 왜냐하면 그것은 내가 증언하는데 그들이 하나님께 열심이 있으나 그것은 올바른 지식을 따른 것이 아니기 때문이라는 것입니다. 그들에 대한 바울의 증언입니다. 그들은 하나님께 열심히 있었습니다. 그러나 그것은 하나님께서 말씀하시는 진리의 지식를 따른 것이 아니었습니다. 하나님은 "내 백성이 지식이 없으므로 망하는도다"라고 말씀하셨습니다(호 4:6). 진리가 우리를 자유케 합니다(요 8:32). 어떤 지식입니까?

3절 하나님의 의를 모르고 자기 의를 세우려고 힘써 하나님의 의에 복종하지 아니하였느니라

이 말씀 앞에도 '가르'가 있습니다. 왜냐하면 그들은 하나님의 의를 모르고 자기 의를 세우려고 힘써 하나님의 의에 복종하지 않았기 때문입니다. 그들은 하나님께 열심히 있지만, 하나님의 의를 모르고 자기 의를 세우려고 힘써 하나님의 의에는 복종하지 않았습니다.

바울은 두 가지 의를 말합니다. "하나님의 의"와 "자기의 의"입니다.

은혜로 얻는 하나님께로부터 난 하나님의 의와, 자신이 율법을 행하여 얻는 율법에서 나는 자기의 의입니다(빌 3:9). 바울은 이제 나타난 하나님의 의는 율법과 선지자들에게 증거를 받은 것이라고 말하였습니다(롬 3:21). 실제로 율법과 선지자들은 하나님의 의를 증거하였습니다. 하지만 그들은 그 하나님의 의에 대하여 무지하였습니다. 그 의의 복음을 알지 못하였습니다. 그러므로 율법으로 자신의 의를 세우려고 하나님의 의에 복종하지 않았습니다.

이스라엘 사람들로부터 끊임없는 비방과 박해를 당하고 있었지만, 바울은 누구보다 그들을 잘 아는 사람이었습니다. 그는 말합니다.

> **"나는 유대인으로 길리기아 다소에서 났고 이 성에서 자라 가말리엘의 문하에서 우리 조상들의 율법의 엄한 교훈을 받았고 오늘 너희 모든 사람처럼 하나님께 대하여 열심이 있는 자라 내가 이 도를 박해하여 사람을 죽이기까지 하고 남녀를 결박하여 옥에 넘겼노니"(행 22:3,4).**

그는 유대인으로 길리기아 다소에서 났고 가말리엘의 문하에서 조상들의 율법의 엄한 교훈을 받았다고 말합니다. 그리고 "오늘 너희 모든 사람처럼" 즉 그를 박해하는 모든 유대인들처럼 하나님께 대하여 열심이 있는 자로 그리스도의 도를 박해하고 사람들을 죽이기까지 하고 남녀를 결박하여 옥에 넘겼다고 말합니다. 그는 그런 행동을 하는 유대인들을 "하나님께 대하여 열심 있는 자"라고 말합니다. 그들은 그것이 하나님을 열심히 섬기는 것이라고 생각하였습니다.

예수님께서도 "사람들이 너희를 출교할 뿐 아니라 때가 이르면 무릇 너희를 죽이는 자가 생각하기를 이것이 하나님을 섬기는 일이라

하리라"라고 말씀하셨습니다(요 16:2). 그리고 "그들이 이런 일을 할 것은 아버지와 나를 알지 못함이라"라고 그 이유에 대해서도 말씀하셨습니다(요 16:3). 유대인들은 하나님과 그분의 아들 예수 그리스도를 알지 못하였습니다. 모형과 그림자인 율법을 가진 그들에게 그리스도는 걸림돌이었고, 그들은 믿음에 대하여 불리한 위치에 있었습니다. 그러므로 그들은 그리스도를 죽이고 그를 믿는 자를 박해하고 죽이는 것이 하나님을 섬기는 일이라고 생각하였습니다. 그들은 올바른 지식을 따르지 않았습니다.

하나님께서 제시하시는 구원의 방법은 그들에게도 동일합니다. 하나님은 상속자가 되는 것이 은혜에 속하게 하기 위하여 믿음으로 하셨습니다. 하나님은 창세 전에 우리를 그리스도 안에서 택하셨습니다. 율법의 의가 아니라 하나님의 의로 하셨습니다.

그러나 그들은 그 의에 대하여 무지하였고, 믿음을 의지하지 않고 행위를 의지했습니다. 그들은 자기 의를 세우려고 힘써 하나님의 의에 복종하지 않았습니다. 그들은 여전히 원하고 달음박질하며 그 의의 법을 따라갔지만, 그 율법에는 이르지 못하였습니다. 그러므로 "나의 골육의 친척을 위하여 내 자신이 저주를 받아 그리스도에게서 끊어질지라도 원하는 바로라"라는 말로 그들을 향한 안타까운 마음을 나타내었습니다(롬 9:3).

3) 율법의 마침이 되신 그리스도

4절 그리스도는 모든 믿는 자에게 의를 이루기 위하여 율법의 마침이 되시니라

이 말씀 앞에도 '가르'가 있습니다. 왜냐하면 그리스도는 모든 믿는

지에게 의를 이루기 위하여 율법의 마침이 되셨기 때문입니다. "마침"은 헬라어 '텔로스'로 '한계로서의 도달점', '결국', '완성', '끝' 등의 뜻이 있습니다. 그리스도는 모든 믿는 자에게 의를 이루기 위하여 율법의 완성하셨고, 의에서 율법은 한계로서의 도달점에 이르렀습니다. 즉 믿는 자에게 주시는 하나님의 의를 위해 율법을 완성하시고 의로써의 율법의 역할을 마치게 하셨습니다. 그러나 이스라엘은 하나님의 의에 무지하여 자기의 의로 하나님 앞에 서려고 율법에 열중하였습니다.

이스라엘은 율법을 행함으로가 아니라 하나님께서 주신 동물의 제사들로 그들의 죄를 덮어왔습니다. 그러나 그 제사는 연약하고 무익하므로 온전함을 얻지 못하였습니다(히 7:18). 영원하신 대제사장이신 그리스도께서는 자기의 피로 영원한 속죄를 이루셔서 단번에 성소에 들어가셨습니다(히 9:12). 모든 죄가 처리되었습니다. 동물의 제사로 담보되었던 구약의 모든 제사들도 완결되었습니다. 하나님께서 모든 죄를 사하셨으므로 더 이상 죄를 위한 제사는 필요없다고 말씀하십니다(히 10:18).

한 번의 제사로 그리스도 안에 있는 우리를 거룩하게 하셨고, 영원히 온전하게 하셨습니다(히 10:10,14). 예수 그리스도께서 오셔서 모형과 그림자로 주어진 율법을 완성하셨습니다.

이제 나타난 하나님의 의는 하나님께서 화목제물로 세우신 그리스도의 피를 믿는 자는 누구나 의롭게 되는 것입니다(롬 3:25,26). 이제 그리스도를 믿음으로 말미암는 약속을 주시는 믿음의 때가 되었습니다. 믿음이 온 후로는 우리가 초등교사인 율법 아래 있지 않습니다(갈 3:25).

5절 모세가 기록하되 율법으로 말미암는 의를 행하는 사람은 그 의로 살리라 하였거니와

5절 앞에도 '가르'가 있습니다. 이는 앞 절 말씀의 이유입니다. 그리스도께서 모든 믿는 자에게 의를 이루기 위하여 율법의 마침이 되신 것은 율법으로 말미암는 의를 행하는 사람은 그 의로 살리라 하였기 때문이라는 것입니다. 그리스도께서 율법을 완성하신 이유입니다.

바울은 레위기 18장 5절의 말씀을 인용하였습니다. 하나님은 이스라엘에게 "너희는 내 규례와 법도를 지키라 사람이 이를 행하면 그로 말미암아 살리라"라고 말씀하셨습니다. 율법을 행하는 사람은 그 의로 산다는 말씀이었습니다. 이 말씀과 그리스도께서 율법을 완성하신 것에는 무슨 연관이 있습니까? 바울의 말입니다.

> **"무릇 율법 행위에 속한 자들은 저주 아래에 있나니 기록된 바 누구든지 율법 책에 기록된 대로 모든 일을 항상 행하지 아니하는 자는 저주 아래에 있는 자라 하였음이라"(갈 3:10).**

그는 율법 행위에 속한 자들은 저주 아래에 있다고 말합니다. 그것은 누구든지 율법 책에 기록된 대로 모든 일을 항상 행하지 아니하는 자는 저주 아래에 있는 자라고 말씀하기 때문이라는 것입니다. 율법은 하나의 체계입니다. 모든 율법을 하나라도 어기면 저주 아래 놓이게 됩니다. 그러나 율법 책에 기록된 대로 모든 일을 항상 행할 사람은 아무도 없습니다. 그러므로 율법 행위에 속한 자들은 저주 아래 있습니다. 육신의 연약함입니다. 율법의 행위로써는 의롭다 함을 얻을 육체가 없습니다 (갈 2:16).

그러므로 그리스도는 모든 믿는 자에게 의를 이루기 위하여 율법의 마침이 되셨습니다. 하나님께서는 우리로 그리스도와 연합하여 율법에 대하여 죽임을 당하게 하셨습니다. 그것은 죽은 자 가운데서 살아나신 이에게 가서 우리가 하나님을 위하여 열매를 맺게 하려 하심입니다(롬 7:4). 하나님께서는 자기 아들을 죄 있는 육신의 모양으로 보내어 육신에 죄를 정죄하셔서 육신을 따르지 않고 그 영을 따라 행하는 우리에게 율법의 요구가 이루어지게 하려 하셨습니다(롬 8:3). 율법이 육신으로 말미암아 연약하여 할 수 없는 그것을 하나님은 그리스도를 통하여 이루셨습니다.

그러나 그 일은 만세 전에 우리를 위한 하나님의 지혜였습니다(고전 2:7). 하나님은 상속자가 되는 그 약속을 확실하게 존재하게 하시려고 율법이 아니라 은혜에 속하게 하셨습니다(롬 4:16).

2. 의에 이르고 구원에 이르는 방법(롬 10:6~15)

1) 믿음으로 말미암는 의에서 하지 말아야 할 말

6절 믿음으로 말미암는 의는 이같이 말하되 네 마음에 누가 하늘에 올라가겠느냐 하지 말라 하니 올라가겠느냐 함은 그리스도를 모셔 내리려는 것이요

7절 혹은 누가 무저갱에 내려가겠느냐 하지 말라 하니 내려가겠느냐 함은 그리스도를 죽은 자 가운데서 모셔 올리려는 것이라

6절 앞에 헬라어 '데'가 있습니다. '그러나'입니다. 앞 절에서 율법으로 말미암는 의를 말하였습니다. 그러나 믿음으로 말미암는 의는 이같이 말합니다. 무엇이라고 말합니까?

바울은 "네 마음에 누가 하늘에 올라가겠느냐 하지 말라", "혹은 누가 무저갱에 내려가겠느냐 하지 말라"라고 합니다. 그는 먼저 믿음으로 말미암는 의에서 하지 말아야 할 말을 언급하고 있습니다. 앞 절과 연결하여 율법으로 말미암는 의는 행함에 대해서 말한다면, 믿음으로 말미암는 의는 말에 대한 것임을 알 수 있습니다.

또한 바울은 믿음으로 말미암는 의에서 하지 말아야 할 말을 하기 위해 신명기 말씀을 인용하였습니다. 그 말씀은 8절에서 살펴보겠습니다. 신명기에서는 그의 명령을 위하여 하늘로 올라가거나 바다를 건널 필요가 없다는 말씀이었습니다. 하지만 로마서의 말씀은 그리스도와 관련하여 말씀합니다.

먼저 "네 마음에 누가 하늘에 올라가겠느냐 하지 말라"라고 합니다. "마음"은 마음의 중심부를 의미하는 '카르디아'가 사용되었습니다. 그리고 이 단어는 8절에서 10절까지에서도 계속 사용됩니다. "하지 말라"에서 '하지'는 '말하다, 대답하다, 부르다'의 뜻을 가진 '에포'가 사용되었습니다. 즉 네 마음 중심에 "누가 하늘에 올라가겠느냐"라고 말하지 말라는 것입니다. 그리고 그것은(누가 올라가겠느냐고 말하는 것은) 그리스도를 모셔 내리려는 것이라고 합니다. 그리스도는 우리의 죄를 정결하게 하는 일을 하시고 높은 곳에 계신 지극히 크신 이의 우편에 앉으셨습니다(히 1:3). 그러므로 그렇게 말하는 것은 우리를 위해 그곳에 계신 그리스도를 모셔 내리려는 것이라고 말합니다.

이어서 "혹은 누가 무저갱에 내려가겠느냐 하지 말라"라고 합니다. 그리고 그것은(누가 무저갱에 내려가겠느냐고 말하는 것은) 그리스도를 죽은 자 가운데서 모셔 올리려는 것이라고 말합니다. '무저갱'은 헬라어 '아뷔소스'로 '무저갱', '(지옥의) 심연'의 뜻이 있습니다. 무저갱은 지옥의 밑바닥을 의미합니다. 그리스도께서 우리 죄를 지고 지옥의 가장 낮은 곳인 무저갱으로 가셨습니다. 그러므로 "누가 무저갱에 내려가겠느냐"라고 말하는 것은 그리스도를 죽은 자 가운데서 모셔 올리려는 것이라고 말합니다. 에베소 교회에 보내는 서신에서 바울은 말합니다.

> **"올라가셨다 하였은즉 땅 아래 낮은 곳으로 내리셨던 것이 아니면 무엇이냐 내리셨던 그가 곧 모든 하늘 위에 오르신 자니 이는 만물을 충만하게 하려 하심이라"(엡 4:9,10).**

그분은 땅 아래 더 낮은 곳으로 내리셨습니다. 그리고 내리셨던 그분은 모든 하늘 위에 오르셨습니다. "누가 하늘에 올라가겠느냐", "누가 무저갱에 내려가겠느냐"라고 말하는 것은 그리스도께서 우리를 위해 하신 일을 부정하는 것입니다. 그러므로 그렇게 말하지 말라는 것입니다.

> **"내게는 요한의 증거보다 더 큰 증거가 있으니 아버지께서 내게 주사 이루게 하시는 역사 곧 내가 하는 그 역사가 아버지께서 나를 보내신 것을 나를 위하여 증언하는 것이요"(요 5:36).**

하나님께서 예수님에게 주사 이루게 하시는 역사 곧 예수님께서 하시는 그 일이 예수님을 증언합니다. 믿음은 그리스도께서 우리를 위해 하신 일을 믿는 것입니다.

2) 마음에 있고 입에 있는 믿음의 말씀

> **8절 그러면 무엇을 말하느냐 말씀이 네게 가까워 네 입에 있으며 네 마음에 있다 하였으니 곧 우리가 전파하는 믿음의 말씀이라**

그렇다면 그것이 무엇을 말합니까? 6절에서 "믿음으로 말미암는 의는 이같이 말하되"로 시작하였습니다. 믿음으로 말미암는 의는 무엇을 말합니까? "말씀이 네게 가까워 네 입에 있으며 네 마음에 있다 하였으니 곧 우리가 전파하는 믿음의 말씀이라"고 말씀합니다. 바울이 인용한 신명기의 말씀입니다.

> **"내가 오늘 네게 명령한 이 명령은 네게 어려운 것도 아니요 먼 것도 아니라 하늘에 있는 것이 아니니 네가 이르기를 누가 우리를 위하여 하늘에 올라가 그의 명령을 우리에게로 가지고 와서 우리에게 들려 행하게 하랴 할 것이 아니요 이것이 바다 밖에 있는 것이 아니니 네가 이르기를 누가 우리를 위하여 바다를 건너가서 그의 명령을 우리에게로 가지고 와서 우리에게 들려 행하게 하랴 할 것도 아니라 오직 그 말씀이 네게 매우 가까워서 네 입에 있으며 네 마음에 있은즉 네가 이를 행할 수 있느니라"(신 30:11~14).**

하나님의 명령은 어려운 것도 아니요, 먼 것도 아니라고 말씀합니다. 그러므로 그것을 구하려고 하늘에 올라가거나 바다를 건널 필요가 없다고 말씀합니다. 왜냐하면 그 말씀은 네게 매우 가까워서 오직 네 입에 있으며 네 마음에 있기 때문이라고 말씀합니다.

이 말씀은 세겜에서 모세가 이스라엘에게 하는 말씀이지만, 이스라엘이 하나님을 떠남으로 하나님으로부터 쫓겨난 후 돌이킬 것을 말씀하는 새 언약의 날에 대한 말씀입니다. 그때에 하나님의 말씀은 네게 매우 가까워서 네 입에 있으며 네 마음에 있을 것이라고 말씀합니다.

그리고 그 말씀은 우리 즉 바울을 비롯한 믿음의 사람인 우리가 전하는 믿음의 말씀입니다. 믿음으로 말미암는 의를 얻는 믿음의 말씀은 우리의 입에, 그리고 마음 중심에 있습니다. 왜 그렇습니까?

9절 네가 만일 네 입으로 예수를 주로 시인하며 또 하나님께서 그를 죽은 자 가운데서 살리신 것을 네 마음에 믿으면 구원을 받으리라

이 말씀 앞에도 이유를 말하는 '호티'가 있습니다. 앞 절 말씀의 이유입니다. 왜냐하면 그것은 네가 만일 네 입으로 예수를 주로 시인하며 또 하나님께서 그를 죽은 자 가운데서 살리신 것을 네 마음에 믿으면 구원을 받을 것이기 때문입니다.

예수님이 주님이시라고 입으로 고백하고 하나님께서 그를 죽은 자 가운데서 살리신 것을 마음으로 믿음으로 구원을 받게 됩니다. 그러므로 하나님의 구원의 말씀은 멀리 있지 않습니다. 그것은 나의 입에 있고 나의 마음에 있는 믿음의 말씀입니다. 이것이 구원을 얻는 방법입니다. 내가 내 입으로 예수를 주로 시인하고 하나님께서 그를 죽은 자 가운데서 살리신 것을 내 마음으로 믿는 것입니다.

9절과 10절에서 말씀하는 "시인하다"는 헬라어 '호몰로게오'가 사용되었습니다. 뜻은 '동의하다', '인정하다', '고백하다' 등입니다. 그런데, 이 단어는 '함께', '동일한'의 뜻을 가진 '호무'와 '말씀'을 의미하는 '로고스'에서 유래되었습니다. 즉 말씀과 동일한 것을 인정하고 동의하는 것입니다. 말씀과 같은 말을 고백하는 것입니다. 바울은 말합니다.

"내가 받은 것을 먼저 너희에게 전하였노니 이는 성경대로 그리스도께서 우리 죄를 위하여 죽으시고 장사 지낸 바 되셨다가 성경대로 사흘 만에 다시 살아나사"(고전 15:3,4).

그분은 성경대로 우리 죄를 위해 죽으시고, 장사지낸 바 되셨다가 성경대로 사흘 만에 다시 살아나셨습니다. 바울이 말하는 성경대로는 모세와 선지자들이 말씀하는 성경대로입니다.

사도행전을 통하여 전하는 사도들의 복음은 너희(유대인과 이방인이)가 죽인 예수를 하나님께서 살리셔서 주와 그리스도가 되게 하셨다는 말씀이었습니다(행 2:23,24,36, 3:15, 4:10,11, 10:40, 13:28~30). 육신으로 다윗의 혈통에서 나신 그리스도는 죽은 자들 가운데서 부활하심으로 하나님의 아들로 선포되셨습니다(롬 1:3,4). 그것은 우리가 믿어야 하는 믿음의 말씀입니다. 그리고 그 믿음은 우리의 입에도 있습니다.

베드로는 "다른 이로써는 구원을 받을 수 없나니 천하 사람 중에 구원을 받을 만한 다른 이름을 우리에게 주신 일이 없음이라"라고 말하였습니다(행 4:12). 하나님의 아들이신 예수님을 주로 시인하는 것입니다. 그분이 내 죄를 위해 죽으시고 다시 살아나신 것을 믿는 것입니다.

성경이 말씀하는 구원의 방법은 변함이 없습니다. 예수님께서도 누구든지 사람 앞에서 그분을 주님으로 시인('호몰로게오')하면 예수님도 하늘에 계신 아버지 앞에서 그를 시인하실 것을 말씀하였습니다(마 10:32, 눅 12:8,9). 이것이 구원받는 방법입니다. 다른 길은 없습니다.

10절 사람이 마음으로 믿어 의에 이르고 입으로 시인하여 구원에 이르느니라

이 말씀 앞에도 '가르'가 있습니다. 9절 말씀 즉 만일 입으로 예수를 주로 시인하고, 하나님께서 그를 죽은 자 가운데서 살리신 것을 마음에 믿으면 구원을 받는 이유입니다. 그것은 사람이 마음으로 믿어 의에 이르고 입으로 시인하여 구원에 이르기 때문입니다.

"이르고"와 "이르느니라"는 도달됨을 의미하는 헬라어 '에이스'가 사용되었습니다. 사람이 마음으로 믿어 의에 도달하게 되고, 입으로 시인하여 구원에 도달하게 됩니다. 사람이 하나님의 의를 얻는 방법과 구원을 받는 방법에 대한 말씀입니다. 그것은 마음으로 믿고 입으로 시인하는 것입니다. 왜 그렇습니까?

11절 성경에 이르되 누구든지 그를 믿는 자는 부끄러움을 당하지 아니하리라 하니

이 말씀 앞에도 '가르'가 있습니다. 이 말씀은 앞 절 말씀의 이유입니다. 왜냐하면 성경이 이르기를 누구든지 그를 믿는 자는 부끄러움을 당하지 아니하리라고 말씀하기 때문입니다. 하나님의 약속인 성경에 그렇게 기록되어 있기 때문에 사람이 마음으로 믿어 의에 이르고 입으로 시인하여 구원에 이르게 된다는 것입니다. 바울은 이사야의 말씀을 인용하였습니다.

"그것(한 돌)을 믿는 자는 다급하게 되지 아니하리로다"(사 28:16).

이 구절은 로마서 9장 33절에도 인용되었습니다. 그를 믿는 자는 부끄러워 다급하게 되지 않을 것입니다. 아담은 죄를 짓고 하나님 앞에서 부끄러워 숨었습니다. 하나님을 바라는 하나님의 백성은 영원히 수치를 당하지 않을 것이라고 성경은 말씀합니다(사 49:23, 욜 2:26,27, 습 3:11). 주님은 의의 흰옷을 사서 입어 벌거벗은 수치를 보이지 않게 하라고 라오디게아 교회에도 말씀하셨습니다(계 3:18). 그러므로 사람이 마음으로 믿어 의에 이르고 입으로 시인하여 구원에 이릅니다. 누구든지 그를 믿는 자는 하나님의 의의 흰옷을 입었으므로 부끄러움을 당하지 않을 것입니다.

3) 주의 이름을 부르는 자는 누구나

12절 유대인이나 헬라인이나 차별이 없음이라 한 분이신 주께서
모든 사람의 주가 되사 그를 부르는 모든 사람에게
부요하시도다

이 말씀 앞에도 '가르'가 있습니다. 왜냐하면 유대인이나 헬라인이나 차별없이 한 분이신 주께서 모든 사람의 주가 되셔서 그를 부르는 모든 사람에게 부요하시기 때문입니다. 이 말씀은 앞 절의 이유입니다. 즉 누구든지 그를 믿는 자는 부끄러움을 당하지 않는 것은, 한 분이신 주님은 그를 부르는 모든 사람에게 부요하시기 때문입니다.

"부르는"은 '에피칼레오마이'가 사용되었습니다. 뜻은 '이름을 붙이다', '(함축적으로)호소하다', '부르다' 등입니다. 그를 주님으로 부르는 자, 구원을 위하여 그에게 호소하는 자입니다. 전에는 사탄이 모든 사람의 주였습니다. 그러나 이제 모든 사람의 주가 되신 예수님을 주님으로 부르는 모든 자에게 그분은 주가 되십니다. 그것은 유대인이나 헬라인이나 차별이 없습니다. 모든 사람에게 동일합니다. 한 분이신 주께서 모든 사람의 주가 되사 그를 부르는 모든 사람에게 부요하십니다.

13절 누구든지 주의 이름을 부르는 자는 구원을 받으리라

이 말씀 앞에도 '가르'가 있습니다. 왜냐하면 그것은 누구든지 주의 이름을 부르는 자는 구원을 받을 것이기 때문입니다. 이 말씀도 앞 구절 그분을 부르는 자에게 부요하신 이유입니다. 바울은 요엘 2장 32절의 말씀을 인용하였습니다. "누구든지"입니다.

부요하신 우리의 주님에게 예외는 없습니다. 누구든지 그를 믿는 자는 부끄러움을 당하지 않습니다(11절). 한 분이신 주께서 모든 사람의 주가 되사 그를 부르는 모든 사람에게 부요하십니다(12절). 누구든지 주의 이름을 부르는 자는 구원을 받습니다(13절). "누구든지", "모든 사람"입니다.

믿음에서 말의 중요성을 생각해 보겠습니다. 구원의 말씀은 10장 6절에서 "믿음으로 말미암는 의는 이같이 말하되"하며 시작하였습니다. 6,7절은 하지 말아야 할 말이었습니다. 8절은 "그러면 무엇을 말하느냐"라고 하였고, 입과 마음을 말하였습니다. 그리고 9, 10절에서 두 번 입의 시인과 마음의 믿음을 말하였습니다. 11절은 믿음을 말합니다. 12절과 13절은 부르는 자 즉 말에 대해서 말합니다. 구원에서 믿음은 중요합니다. 주를 믿는 자는 부끄러움을 당하지 않습니다. 그러나 그것은 말로 나타납니다. 고백하는 것입니다.

예수님께서 제자들에게 물으셨습니다.
"너희는 나를 누구라 하느냐?"(마 16:15).
시몬 베드로가 대답하였습니다.
"주는 그리스도시요 살아 계신 하나님의 아들이십니다"(마 16:16).

예수님께서 마르다에게 물으셨습니다.
"나는 부활이요 생명이니 나를 믿는 자는 죽어도 살겠고 무릇 살아서 나를 믿는 자는 영원히 죽지 아니하리니 이것을 네가 믿느냐?"(요 11:25).
마르다가 대답했습니다.
"주여 그러하외다 주는 그리스도시요 세상에 오시는 하나님의 아들이신 줄 내가 믿나이다"(요 11:27).

예수님께서는 동일한 것을 물으십니다.

"너는 내가 한 일을 믿느냐?, 너는 나를 누구라 하느냐?"

베드로처럼 마르다처럼 고백하는 것입니다.

"주여 그렇습니다. 아멘입니다. 주는 그리스도시요 살아 계신 하나님의 아들이십니다."

누구든지 예수님을 주님으로 인정하는 자, 주의 이름을 부르는 자는 구원을 받을 것입니다.

4) 부르기 위한 하나님의 방법

14절 그런즉 그들이 믿지 아니하는 이를 어찌 부르리요 듣지도 못한 이를 어찌 믿으리요 전파하는 자가 없이 어찌 들으리요 15절 보내심을 받지 아니하였으면 어찌 전파하리요 기록된 바 아름답도다 좋은 소식을 전하는 자들의 발이여 함과 같으니라

13절의 말씀은 누구든지 주의 이름을 부르면 구원을 받는다는 말씀이었습니다. 그리고 14절 앞에 접속사 '운'이 사용되었습니다. '따라서, 그리고, 그러나, 그런즉' 등입니다. 그런즉, 그러나 그들이 믿지 아니하는 이를 어찌 부르리요 라고 말합니다. 예수님이 주님이신 것을 믿지 않는다면 그분을 주님으로 부를 수 없습니다. 사람은 마음에 가득한 것을 말합니다. 믿어야 주의 이름을 부를 수 있습니다.

다음은 "듣지도 못한 이를 어찌 믿으리요"입니다. 예수님에 대해서 듣지 못하였다면 그분을 믿을 수 없습니다. 들어야 믿을 수 있습니다. 이 말씀은 17절에서도 설명됩니다.

다음은 "전파하는 자가 없이 어찌 들으리요"입니다. 예수님에 대해 전파하는 자가 없다면 들을 수 없습니다. 전파하는 자가 있어야 들을 수 있습니다.

다음은 "보내심을 받지 아니하였으면 어찌 전파하리요"입니다. 복음을 전파하기 위해 보내심을 받지 않았다면 전파할 수 없습니다. 보내심을 받아야 합니다. 예수님은 제자들을 온 천하, 온 세상, 모든 민족으로 보내셨습니다. 바울도 보내심을 받은 사도입니다. 믿는 자는 모두 각자의 영역에서 보내심을 받았습니다.

역으로 말하면 보내심을 받은 자가 전해야 들을 수 있고, 들어야 믿을 수 있고, 믿어야 예수님을 주님이라고 부를 수 있습니다. 그러므로 기록된 바 아름답도다 좋은 소식을 전하는 자들의 발이여 함과 같다고 말합니다. 바울이 인용한 이사야의 말씀입니다.

"좋은 소식을 전하며 평화를 공포하며 복된 좋은 소식을 가져오며 구원을 공포하며 시온을 향하여 이르기를 네 하나님이 통치하신다 하는 자의 산을 넘는 발이 어찌 그리 아름다운가"(사 52:7).

복음은 좋은 소식, 평화의 소식, 복된 좋은 소식, 구원의 소식입니다. "네 하나님이 통치하신다" 하는 구원의 기쁜 소식을 전하는 자의 산을 넘는 발은 즐겁고 아름답습니다.

3. 듣고도 믿지 않은 이스라엘(롬 10:16~21)

1) 듣고도 알고도 순종하지 않은 이스라엘

16절 그러나 그들이 다 복음을 순종하지 아니하였도다 이사야가
이르되 주여 우리가 전한 것을 누가 믿었나이까 하였으니
17절 그러므로 믿음은 들음에서 나며 들음은 그리스도의 말씀으로
말미암았느니라

"그러나 그들이 다 복음을 순종하지 아니하였도다"라고 바울은 말합니다. 이 말씀은 이스라엘에 대한 말씀입니다. "순종하지"는 헬라어 '휘파쿠오'가 사용되었습니다. 이 단어는 아래를 의미하는 '휘포'와 '듣다', '깨닫다'의 뜻을 가진 '아쿠오'에서 유래된 말로 '아래에서 듣다', '주의깊게 듣다', '따르다' 등의 뜻이 있습니다. 그들은 아름다운 복음의 소식에 귀를 기울여 듣지 않고, 그 말씀을 따르지 않았습니다.

바울은 이어서 이사야가 이르되 주여 우리가 전한 것을 누가 믿었나이까 하였다고 말합니다. 바울은 "우리가 전한 것을 누가 믿었느냐"는 이사야의 말씀을 인용하였습니다(사 53:1). 그들은 보내심을 받은 우리가 전한 것을 믿지 않았습니다.

그리고 17절 앞에 '아라'가 사용되었습니다. '그러므로'입니다. 그러므로 믿음은 들음에서 나며 들음은 그리스도의 말씀으로 말미암는다고 말합니다. 믿음은 기도해서 하나님으로부터 받는 것이 아니라 말씀을 들음으로 나는 것임을 알 수 있습니다. 믿으려면 들어야 합니다. 14절에서도 "듣지 못한 이를 어찌 믿으리요"라고 하였습니다. 들어 아는 만큼 우리는 믿음을 가질 수 있습니다.

무엇을 들어야 합니까? "들음은 그리스도의 말씀으로 말미암았느니라" 라고 말합니다. 복음을 믿는 믿음은 그리스도의 말씀을 통하여 얻게 됩니다. 요한은 요한복음을 기록하는 목적을 그 말씀을 읽고 예수님이 하나님의 아들 그리스도이심을 믿고 그 이름을 힘입어 생명을 얻게

하려 함이라고 말하였습니다(요 20:31). 듣고 믿는 자가 입으로 고백하여 하나님의 생명을 얻게 됩니다.

> **18절 그러나 내가 말하노니 그들이 듣지 아니하였느냐 그렇지 아니하니 그 소리가 온 땅에 퍼졌고 그 말씀이 땅 끝까지 이르렀도다 하였느니라**

2절에서 그들에 대해 증언한다고 한 바울은 이제 그가 말한다고 합니다. 이스라엘인 그들입니다. 그는 "그들이 듣지 아니하였느냐 그렇지 아니하니 그 소리가 온 땅에 퍼졌고 그 말씀이 땅 끝까지 이르렀도다 하였느니라"라고 말합니다. 난외주의 말씀입니다.

> **"그의 소리가 온 땅에 통하고 그의 말씀이 세상 끝까지 이르도다"**
> (시 19:4).

복음의 그 소리가 온 땅에 퍼졌고 그 말씀이 땅끝까지 이르렀습니다. 말씀이 그렇게 말합니다. 그들은 들었습니다. 그러나 그들은 다 복음을 순종하지 아니하였습니다.

2) 이스라엘과 이방인을 부르시는 하나님

> **19절 그러나 내가 말하노니 이스라엘이 알지 못하였느냐 먼저 모세가 이르되 내가 백성 아닌 자로써 너희를 시기하게 하며 미련한 백성으로써 너희를 노엽게 하리라 하였고**

바울은 이스라엘이 알지 못하였느냐고 묻습니다. 그리고 모세와 이사야의 말씀을 인용합니다. 그들은 이 말씀들을 알고 있었습니다.

먼저 모세가 말하였습니다. 이르되 "내가 백성 아닌 자로써 너희를 시기하게 하며 미련한 백성으로써 너희를 노엽게 하리라" 하였다고 말합니다. 이 말씀은 신명기 32장 21절의 말씀입니다. 하나님은 이스라엘이 하나님이 아닌 것, 허무한 것으로 하나님의 질투와 진노를 일으켰으므로 하나님께서도 백성이 아닌 어리석은 민족으로 그들에게 시기가 나게 하고 그들의 분노를 일으키실 것을 말씀하였습니다. 즉 이스라엘이 하나님을 떠나 다른 신을 섬겨 하나님의 진노와 질투를 일으킨 것처럼, 하나님은 이방인을 구원하여 그들을 시기하게 하실 것을 말씀하셨습니다.

20절 이사야는 매우 담대하여 내가 나를 찾지 아니한 자들에게 찾은 바 되고 내게 묻지 아니한 자들에게 나타났노라 말하였고 21절 이스라엘에 대하여 이르되 순종하지 아니하고 거슬러 말하는 백성에게 내가 종일 내 손을 벌렸노라 하였느니라

그러나 이사야는 매우 담대하여 거리낌 없이 말하였습니다. "내가 나를 찾지 아니한 자들에게 찾은 바 되고 내게 묻지 아니한 자들에게 나타났노라 말하였고 이스라엘에 대하여 이르되 순종하지 아니하고 거슬러 말하는 백성에게 내가 종일 내 손을 벌렸노라" 하였다고 말합니다.

이 말씀은 이사야 65장 1,2절 말씀입니다. 하나님을 구하지도 찾지도 않던 이방인들에게 하나님은 찾아냄이 되어 하나님의 이름을 부르지 않던 나라에 하나님은 "내가 여기 있노라"라고 하실 것을 말씀합니다. 또한 자기 생각을 따라 옳지 않은 길을 걸어가는 패역한 백성들에게 하나님은 종일 손을 펴 부르셨다고 말씀합니다.

하나님은 이방인을 부르십니다. 그러나 순종하지 않는 이스라엘에게도 종일 손을 벌려 그들을 부르십니다. 하나님이 아니라 그들이 듣고도 알고도 그 말씀에 경청하지 않았고 그 말씀에 순종하지 않았습니다. 그러므로 바울은 그들의 구원을 원하고 그들의 구원에 대해 하나님께 간구합니다.

요약

이스라엘은 하나님께 열심이 있으나 하나님의 의를 모르고 자기 의를 세우려고 힘써 하나님의 의에 복종하지 않았습니다. 그리스도는 모든 믿는 자에게 의를 이루기 위하여 율법의 마침이 되셨습니다.

율법으로 말미암는 의는 행하면 사는 행위의 법입니다. 믿음으로 말미암는 의는 마음의 믿음과 입의 고백으로 나타납니다. 네가 만일 네 입으로 예수를 주로 시인하며 또 하나님께서 그를 죽은 자 가운데서 살리신 것을 네 마음에 믿으면 구원을 받습니다. 사람이 마음으로 믿어 의에 이르고 입으로 시인하여 구원에 이르기 때문입니다. 누구든지 주의 이름을 부르는 자는 구원을 받을 것입니다.

믿음은 들음에서 나며 들음은 그리스도의 말씀으로 말미암습니다. 그러나 이스라엘은 듣고도, 알고도 순종하지 않았습니다. 하나님은 하나님을 찾지 않던 이방인들에게 찾은 바 되고 나타났노라 말씀하십니다. 또한 순종하지 않고 거슬러 말하는 이스라엘에게 종일 손을 벌려 부르셨다고 말씀합니다.

Ⅲ. 하나님의 구원의 신비(롬 11:1~36)

11장은 이스라엘과 이방인즉 모든 인류를 향한 하나님의 구원의 신비에 대한 말씀입니다. "신비"는 헬라어 '뮈스테리오'로 '비밀', '신비'의 뜻이 있습니다. 구원을 위한 하나님의 비밀의 첫 번째 이야기는 이스라엘에 대한 말씀으로 두 가지 질문이 있습니다.

1. 하나님이 그들을 버리셨습니까?(롬 11:1~10)

1절 그러므로 내가 말하노니 하나님이 자기 백성을 버리셨느냐 그럴 수 없느니라 나도 이스라엘인이요 아브라함의 씨에서 난 자요 베냐민 지파라

이 말씀 앞에 접속사 '은'이 사용되었습니다. 그러므로 '내가' 즉 바울이 말합니다. "하나님이 자기 백성을 버리셨느냐?"

자기 백성이 누구입니까? 모세는 "여호와의 분깃은 자기 백성이라 야곱은 그가 택하신 기업이로다"라고 노래하였습니다(신 32:9). 요한은 각 사람에게 비치는 참 빛이 세상에 오셨지만, 그로 말미암아 지은 바 된 세상은 그를 알지 못하였고, 자기 땅에 왔지만 자기 백성은 그를 영접하지 않았다고 기록하였습니다(요 1:10,11). 자기 백성은 이스라엘을 의미합니다.

하나님께서 자기 백성을 버리셨습니까? "버리지"는 '밀어버리다',

'거절하다', '던지다'의 뜻을 가진 헬라어 '아포떼오마이'가 사용되었습니다. 하나님께서 그들을 거절하셔서 밀어내셨습니까? 바울은 그럴 수 없다고 말합니다. 절대로 그런 일은 있을 수 없습니다.

그는 이어서 "나도 이스라엘인이요 아브라함의 씨에서 난 자요 베냐민 지파라"라고 말합니다. 그는 자신은 "팔일 만에 할례를 받고 이스라엘 족속이요 베냐민 지파요 히브리인 중의 히브리인이요 율법으로는 바리새인"이라고 빌립보에 보내는 편지에서도 말했습니다(빌 3:5). 그런 그가 구원을 받았다면 하나님은 자기 백성 이스라엘을 버리신 것이 아님은 확실합니다. 바울은 하나님께서 자기 백성 이스라엘을 버리지 않으셨음을 말하기 위해 구원받은 자신도 이스라엘인이라고 말하고 있습니다. 하나님은 순종하지 아니하고 거슬려 말하는 그들에게도 종일 손을 벌려 부르십니다(롬 10:21).

> 2절 하나님이 그 미리 아신 자기 백성을 버리지 아니하셨나니
> 너희가 성경이 엘리야를 가리켜 말한 것을 알지 못하느냐 그가
> 이스라엘을 하나님께 고발하되
> 3절 주여 그들이 주의 선지자들을 죽였으며 주의 제단들을 헐어
> 버렸고 나만 남았는데 내 목숨도 찾나이다 하니
> 4절 그에게 하신 대답이 무엇이냐 내가 나를 위하여 바알에게
> 무릎을 꿇지 아니한 사람 칠천 명을 남겨 두었다 하셨으니
> 5절 그런즉 이와 같이 지금도 은혜로 택하심을 따라 남은 자가
> 있느니라

자신도 이스라엘인임을 말한 그는 "하나님이 그 미리 아신 자기 백성을 버리지 아니하셨나니"라고 말합니다. 하나님은 그 미리 아신 자기 백성

이스라엘을 구원에서 거절하지 않으셨습니다.

그는 이어서 "너희가 성경이 엘리야를 가리켜 말한 것을 알지 못하느냐"라고 말합니다. 성경이 엘리야에 대하여 무엇을 말씀하는지 알지 못합니까? 엘리야가 이스라엘을 하나님께 고발하기를 "주여 그들이 주의 선지자들을 죽였으며 주의 제단들을 헐어 버렸고 나만 남았는데 내 목숨도 찾나이다"라고 하였습니다. 이 말씀에서 "남았는데"는 헬라어 '휘폴레이포'로 수동태로 사용되었습니다. 뜻은 '남겨지다', '살아남다' 등입니다. 주의 선지자들이 이세벨에게 죽임을 당하였고 나만 살아남았다는 것입니다.

그러자 그에게 하신 대답이 무엇입니까? 하나님은 "내가 나를 위하여 바알에게 무릎을 꿇지 아니한 사람 칠천 명을 남겨 두었다"라고 하셨습니다. 이 말씀에서 "남겨 두었다"는 '카탈레이포'로 '남겨두다', '보존하다'의 뜻이 있습니다. 하나님은 그분을 위하여 바알에게 무릎을 꿇지 않은 자 칠천 명을 남겨 두어 보존하셨습니다. "남은 자", "남겨 둔 자"는 하나님을 섬기는 자입니다.

이 말씀은 열왕기상 19장에 기록된 말씀입니다. 엘리야는 이스라엘이 모두 주의 언약을 버리고 자신만 남았는데 그의 목숨을 찾아 빼앗으려 한다고 하나님께 말하였습니다(왕상 19:10,14). 그러나 하나님은 이스라엘 가운데에 다 바알에게 무릎을 꿇지 아니하고 입 맞추지 아니한 칠천 명을 남겨 두었다고 말씀하셨습니다(왕상 19:18). 나만 남았다는 엘리야에게 하나님은 칠천 명을 말씀하셨습니다.

바울은 "그런즉 이와 같이 지금도 은혜로 택하심을 따라 남은 자가 있느니라"라고 말합니다. "그런즉 이와 같이"입니다. 하나님께서 바알에게 무릎을 꿇지 아니한 사람 칠천 명을 남겨 두신 것과 같이 지금도 은혜로 택하심을 따라 남은 자가 있다는 것입니다. 이 말씀에서 "남은 자"는 헬라어 '레임마'로 '남아 있는 사람', '남은 것'의 뜻이 있습니다.

구약 성경에서 남은 자는 포로에서 살아남은 자로 구원받을 자를 상징하기도 합니다. 남은 자가 하나님께 돌아올 것입니다(사 10:21,22, 37:32, 미 5:3). 남은 자가 기업을 얻을 것입니다(미 7:18, 습 2:9). 지금도 이와 같이 은혜로 택하심을 따라 남은 자가 있습니다. "은혜로 택하심을 따라 남은 자"입니다. 많은 경우 은혜로 택하셨다고 하면 하나님의 예정을 생각합니다("예정"을 의미하는 '프로오리조'는 로마서 8장의 세 번째 이야기에서 나누었습니다).

• 은혜로 택하셨다는 말씀은 예정입니까?

"은혜"는 헬라어 '카리스'로 받을 자격 없는 자에게 거저 주시는 호의입니다. 5절과 7절에서 "택하심"은 '에클로게'가 사용되었습니다. '에클로게'를 사전은 '선택', '골라내는 행위'라고 정의합니다. 이 단어는 어떤 기준에 의해 골라내는 행위, 선택하는 것을 의미합니다. 미리 정하는 예정이 아닙니다. 하나님은 은혜로 선택하셨다고 말씀합니다.

그렇다면 하나님은 무조건 은혜를 베푸십니까? 그렇지 않습니다. 하나님은 공의의 하나님이십니다. 무조건 은혜를 베푸실 수 없습니다. 무조건 사랑을 베푸실 수 없는 것과 같습니다.

성경은 은혜는 예수 그리스도로 말미암아 온 것이라고 말씀합니다(요 1:17). 모든 사람에게 구원을 주시는 하나님의 은혜가 이제 나타났습니다(딛 2:11). 그러므로 지금은 은혜받을만한 때요, 지금은 구원의 날이라고 말씀합니다(고후 6:2). 우리는 그리스도 예수 안에 있는 속량으로 말미암아 하나님의 은혜로 값없이 의롭다 함을 얻은 자 되었습니다(롬 3:24). 하나님의 은혜는 그리스도 예수 안에 있는 속량으로 말미암아 주어집니다.

그 은혜로 값없이 의롭게 됩니다. 은혜는 의를 통하여 왕 노릇 합니다(롬 5:21). 그러므로 은혜는 그리스도 예수 안에 있습니다(고전 1:4, 딤후 1:9, 2:1).

하나님은 상속자가 되는 그것이 은혜에 속하게 하기 위하여 믿음으로 하셨다고 말씀합니다(롬 4:16). 하나님께서 은혜로 택하시는 방법에는 변함이 없습니다. 우리는 그 은혜에 의하여 믿음으로 말미암아 구원을 받았습니다(엡 2:8). 이와 같이 지금도 은혜로 택하심을 따라 남은 자가 있습니다. 은혜에 대한 설명은 다음 절에도 이어집니다.

6절 만일 은혜로 된 것이면 행위로 말미암지 않음이니 그렇지 않으면 은혜가 은혜 되지 못하느니라

이 말씀 앞에 "에이 데"가 사용되었습니다. "그러나 만일"입니다. 그러나 만일 은혜로 된 것이면 행위로 말미암지 않음이라고 말합니다. 은혜로 된 것이면 율법 행위와는 상관이 없습니다. "그렇지 않으면 은혜가 은혜 되지 못하느니라"라고 말합니다. 그렇지 않다면, 즉 행위로 말미암는다면 은혜가 은혜 되지 못합니다.

은혜와 삯에 대해서는 로마서 4장에서 말씀하였습니다. 일하는 자에게는 삯이 은혜로 여겨지지 아니하고 보수로 여겨집니다(롬 4:4). 하나님은 일을 아니할지라도 의롭다 하시는 이를 믿는 자에게는 그의 믿음을 의로 여기십니다(롬 4:5). 여러 번 언급한 것처럼 바울이 로마서를 통해 말하는 것은 율법이냐 믿음이냐입니다. 만일 은혜로 된 것이면 행위로 말미암지 않았습니다.

7절 그런즉 어떠하냐 이스라엘이 구하는 그것을 얻지 못하고 오직 택하심을 입은 자가 얻었고 그 남은 자들은 우둔하여졌느니라

그런즉 어떠합니까? 이스라엘이 구하는 그것을 얻지 못하고 택하심을 입은 자가 얻었다고 말합니다. 그들은 율법이 말하는 의를 얻으려고 애썼지만, 율법에 이르지 못하였습니다(롬 9:31). 그들은 그것을 얻지 못하였고, 오직 택하심을 받은 자가 얻었습니다. 5절에서 말씀한 은혜로 택하심을 입은 자입니다. 믿음으로 말미암아 은혜로 택하심을 받은 자들입니다.

바울은 "그 남은 자들은 우둔하여졌느니라"라고 말합니다. 이 말씀에서 "남은 자"는 '포이로이'로 '남은 사람들', '나머지'의 뜻이 있습니다. 택하심을 입지 못한 나머지 사람들입니다. "우둔하여졌느니라"는 '포로오'로 '돌같이 되다', '어둡게 되다'의 뜻이 있습니다. 그들은 어둡게 되어 돌같이 우둔하여졌습니다.

이스라엘이 구하는 그 율법의 의를 얻지 못하였고 오직 은혜로 택하심을 입은 자가 얻었습니다. 그리고 그 외의 남은 자들은 우둔하여졌습니다. 성경은 무엇이라고 말합니까?

8절 기록된 바 하나님이 오늘까지 그들에게 혼미한 심령과 보지 못할 눈과 듣지 못할 귀를 주셨다 함과 같으니라

이 구절 앞에 '마치 ~같이', '~에 따라서'의 뜻을 가진 '카또스'가 사용되었습니다. 마치 기록된 것과 같습니다. 기록된 바 하나님이 오늘까지 그들에게 혼미한 심령과 보지 못할 눈과 듣지 못할 귀를 주셨다 함과 같다고 말합니다. 바울은 모세와 이사야의 글을 인용합니다. 난외주는 "신 29:4, 사 29:10"라고 기록합니다.

신명기의 말씀은 세겜 언약의 말씀 중 시작 부분입니다. 이스라엘은 바로와 애굽에 하나님께서 행하시는 모든 일 곧 큰 시험과 이적과 큰 기사를 눈으로 보았습니다(신 29:2,3). 그러나 하나님께서는 그들에게 깨닫는 마음과 보는 눈과 듣는 귀는 주지 않으셨다고 말씀합니다(신 29:4). 이스라엘은 하나님의 능력을 보았지만 깨닫는 마음, 보는 눈, 듣는 귀가 없었습니다.

또한 이사야의 말씀은 "너희는 놀라고 놀라라 맹인이 되고 맹인이 되라"라는 말로 시작됩니다(사 29:9). 그것은 하나님께서 깊이 잠들게 하는 영을 부어주셔서 그들의 눈을 감기셨기 때문입니다. 그가 선지자들과 선견자들을 덮으셨다고 말씀합니다(사 29:10). 그러므로 모든 계시가 그들에게는 봉한 책의 말과 같아서 글 아는 자도 못 읽겠다고 한다는 것입니다(사 29:11). 이스라엘에게 모든 계시는 가려져 있었습니다. 선지자도 선견자도 눈이 가려졌습니다.

**9절 또 다윗이 이르되 그들의 밥상이 올무와 덫과 거치는 것과
보응이 되게 하시옵고
10절 그들의 눈은 흐려 보지 못하고 그들의 등은 항상 굽게
하옵소서 하였느니라**

바울은 다윗의 글을 말합니다. 개역개정의 난외주는 "시편 69:22,23"이라고 기록합니다. 시편의 말씀은 "그들이 쓸개를 나의 음식물로 주며 목마를 때에는 초를 마시게 하였사오니"라는 말씀으로 시작됩니다(시 69:21). 그리고 이 말씀은 예수님의 십자가에서 이루어진 일임을 알 수 있습니다(마 27:48, 요 19:29). 예수님의 사건에서의 말씀입니다.

"그 후에 예수께서 모든 일이 이미 이루어진 줄 아시고 성경을

응하게 하려 하사 이르시되 내가 목마르다 하시니 거기 신 포도주가 가득히 담긴 그릇이 있는지라 사람들이 신 포도주를 적신 해면을 우슬초에 매어 예수의 입에 대니 예수께서 신 포도주를 받으신 후에 이르시되 다 이루었다 하시고 머리를 숙이니 영혼이 떠나가시니라"(요 19:28~30).

예수님께서는 모든 일이 이미 이루어진 줄 아시고 성경을 응하게 하려 하시려고 내가 목마르다 하셨다고 말씀합니다. 그러자 사람들이 신 포도주를 적신 해면을 우슬초에 매어 예수님의 입에 대었습니다. 그러자 예수님은 다 이루었다 하시고 영혼이 떠나가셨다고 말씀합니다.

예수님은 성경을 응하게 하시려고 목마르다 하셨습니다. 그리고 그들은 신포도주를 마시게 했습니다. 시편 69편 21절의 말씀을 응하게 하셨습니다. 그러므로 시편 69편은 예수님의 고난을 기록한 시편임을 알 수 있습니다. 그러므로 바울이 인용한 말씀은 예수님을 십자가에 못 박은 자들에게 하시는 말씀입니다. 또한 로마서의 말씀에서 택하심을 입지 못한 남은 자들이기도 합니다(7절). 난외주가 기록한 성경 구절의 말씀입니다.

"그들의 밥상이 올무가 되게 하시며 그들의 평안이 덫이 되게 하소서 그들의 눈이 어두워 보지 못하게 하시며 그들의 허리가 항상 떨리게 하소서"(시 69:22,23).

그리스도를 거절하고 못 박은 그들의 밥상이 올무가 되게 하시고, 그들의 평안이 덫이 되게 하시고, 그들의 눈이 어두워 보지 못하게 하시고, 그들의 허리가 항상 떨리게 해 달라는 기도합니다. 이스라엘은 눈이 어두워 그리스도를 보지 못했습니다. 그러므로 은혜로 택하심을 입은 자가 얻었고 그 남은 자들은 우둔하여졌습니다. 이제 그들 편에서의 말씀입니다.

2. 그들이 넘어지기까지 실족하였습니까?(롬 11:11,12)

11절 그러므로 내가 말하노니 그들이 넘어지기까지 실족하였느냐
그럴 수 없느니라 그들이 넘어짐으로 구원이 이방인에게 이르러
이스라엘로 시기나게 함이니라

이 말씀 앞에 접속사 '운'이 사용되었습니다. 그러므로 그는 말합니다. "그들이 넘어지기까지 실족하였느냐?" 이 말씀에서 "넘어지기까지"는 헬라어 '펩토'가 사용되었습니다. '펩토'는 '떨어지다', '멸망하다' 등의 뜻이 있습니다. 그들이 멸망하기까지 실족하였습니까?

그는 대답합니다. "그럴 수 없느니라" 그런 일은 일어날 수 없습니다. 그리고 접속사 '알라'가 사용되었습니다. 그러나 그들이 넘어짐으로 구원이 이방인에게 이르러 이스라엘로 시기나게 함이라고 말합니다.

이 말씀에서와 12절에서 "넘어짐"은 '파랍토마'가 사용되었습니다. 뜻은 '옆으로 미끌어짐(과실 혹은 탈선)', '넘어짐'입니다. 그들의 넘어짐이 이방인의 구원이 되었습니다. 즉 이스라엘은 구원에서 떨어져 멸망하는 데까지 실족하지는 않았습니다. 그러나 그들이 과실로 옆으로 미끄러짐으로 구원이 이방인에게 이르렀다는 것입니다.

그들은 어떻게 넘어졌습니까? 바울이 비시디아 안디옥에서 전한 말씀입니다.

"형제들아 아브라함의 후손과 너희 중 하나님을 경외하는 사람들아

이 구원의 말씀을 우리에게 보내셨거늘 예루살렘에 사는 자들과 그들 관리들이 예수와 및 안식일마다 외우는 바 선지자들의 말을 알지 못하므로 예수를 정죄하여 선지자들의 말을 응하게 하였도다 죽일 죄를 하나도 찾지 못하였으나 빌라도에게 죽여 달라 하였으니 성경에 그를 가리켜 기록한 말씀을 다 응하게 한 것이라…"(행 13:26~29).

이 말씀은 안식일에 회당에서 전한 말씀입니다. 하나님께서는 이 구원의 말씀이신 예수님을 우리에게 보내셨습니다. 그러나 예루살렘에 사는 자들과 그들의 관리들이 예수님과 그들이 안식일마다 외우는 선지자들의 말을 알지 못하여 예수님을 정죄하여 선지자의 말을 응하게 하였다고 말합니다. 죽일 죄를 하나도 찾지 못하였으나 빌라도에게 죽여달라 하여 성경에 기록된 말씀을 다 응하게 하였다고 말합니다. 말씀을 알지 못하여 "선지자의 말을", "성경에 기록된 말씀을 다" 응하게 하였다는 것입니다. 앞 절들에서도 모세와 이사야 그리고 다윗의 글을 통해 그들이 우둔하여 깨닫지 못하였다고 말하였습니다. 왜 그랬습니까? 하나님의 목적은 무엇입니까? 바울은 말합니다.

"오직 은밀한 가운데 있는 하나님의 지혜를 말하는 것으로서 곧 감추어졌던 것인데 하나님이 우리의 영광을 위하여 만세 전에 미리 정하신 것이라 이 지혜는 이 세대의 통치자들이 한 사람도 알지 못하였나니 만일 알았더라면 영광의 주를 십자가에 못 박지 아니하였으리라"(고전 2:7,8).

온전한 자들 중에서 말하는 지혜는 오직 은밀한 가운데 있는 하나님의 지혜를 말하는 것으로 감추어졌던 것입니다. 감추어졌던 하나님의 지혜입니다. 그리고 그 지혜는 우리의 영광을 위하여 만세 전에 미리 정하신 것이라고 말합니다. 십자가에 못 박힌 그리스도는 하나님의 능력이고, 하나님의 지혜입니다(고전 1:23,24). 그런데 이 지혜를 이 세대의 통치자들이 한 사람도 알지 못하였다고 말합니다. 십자가를 통하여 인류를 구원하시는 하나님의 지혜는 한 사람도 알지 못하였습니다. 그들에게 하나님의 말씀은 봉한 책의 말과 같았습니다(사 29:11). 그 말씀은 일곱 인으로 완벽하게 봉인되어 있었습니다(계 5:1).

바울은 만일 그들이 알았더라면 영광의 주를 십자가에 못 박지 아니하였을 것이라고 말합니다. 그랬더라면, 그리스도께서 십자가에 못 박히지 않았다면 한 사람도 구원받지 못했을 것입니다. 미리 정하신 하나님의 지혜는 이루어지지 않았을 것입니다. 그러므로 하나님은 하나님의 지혜를 감추셨습니다. 하나님은 우리의 영광을 위하여 만세 전에 정하신 그분의 지혜를 감추어두심으로 그들을 통하여 기록된 말씀을 다 이루셨습니다.

그들은 무지함으로 "선지자의 말을", "성경에 기록된 말씀을 다" 응하게 하였습니다(행 13:27,29). 그들은 거룩하고 의로운 자를 부인하고 도리어 살인한 사람을 놓아주기를 구하여 생명의 주를 죽였습니다.

그럼에도 그들은 넘어지기까지 실족하지 않았다고 말씀합니다. 그들에게도 여전히 구원의 문은 열려 있습니다. 복음은 예루살렘에서부터 시작되었습니다. 이방인의 사도인 바울도 어느 곳에서나 먼저 회당에서 그들에게 복음을 전하였습니다. 그러나 그들은 여전히 무지하여 자기의 의를 세우려고 하나님의 의에 복종하지 않았습니다(롬 10:3). 그러나 의를 따르지 아니한 이방인들은 믿음에서 난 의를 얻었습니다(롬 9:30). 하나님을 찾지도 아니한 이방인들에게 하나님은 찾은 바 되고 나타난 바 되었습니다(롬 10:20). 이스라엘의 넘어짐으로 구원이 이방인에게 이르렀습니다.

그리고 그 이방인의 구원은 이스라엘로 시기나게 하였습니다. 앞 장에서도 모세가 이르되 내가 백성 아닌 자로써 너희를 시기하게 하며 미련한 백성으로써 너희를 노엽게 하리라 하였다고 말하였습니다(롬 10:19). 하나님은 이방인을 구원함으로 그들도 시기와 노여움으로 구원받기를 원하셨습니다. 하나님은 이방인과 이스라엘 모두를 구원하기를 원하십니다.

**12절 그들의 넘어짐이 세상의 풍성함이 되며 그들의 실패가
이방인의 풍성함이 되거든 하물며 그들의 충만함이리요**

이 말씀 앞에 '에이 데'가 사용되었습니다. "그러나 만일"입니다. "하물며"는 5장에서 많이 사용된 '말론'이 사용되었습니다. '더욱', '도리어 더' 등입니다. 그러나 만일 그들의 넘어짐이 세상의 풍성함이 되며 그들의 실패가 이방인의 풍성함이 되었다면 그들의 충만함은 얼마나 더하겠느냐는 것입니다.

천하 만민이 그 씨로 말미암아 복을 받을 것입니다(창 22:18, 26:4, 28:14, 행 3:25). 그들의 넘어짐으로 그 일이 이루어졌습니다. 그의 씨로 말미암아 천하 만민이 하나님의 은혜의 풍성함을 누립니다. 우리는 복음이 들어간 나라들이 누리는 축복들을 볼 수 있습니다. 복음을 받아들이는 사람들에게만이 아니라 그 나라가 살아나 복이 됨을 볼 수 있습니다. 그들의 넘어짐과 그들의 실패가 세상의 풍성함이 되었고, 이방인에게 풍성함을 주었습니다.

그렇다면 그들의 충만함은 어떠하겠습니까? 그리스도는 우리의 화평이십니다(엡 2:14). 유대인과 이방인을 자기 안에서 한 새 사람을 지어

화평하게 하셨습니다(엡 2:15). 그로 말미암아 우리 둘이 한 성령 안에서 아버지께 나아감을 얻게 하려 하셨습니다(엡 2:18). 유대인이나 이방인이 함께 하나님께서 거하실 처소가 되기 위하여 그리스도 안에서 함께 지어져 갑니다(엡 2:22). 하나님께서 그들을 버리신 것이 아닙니다. 그들이 아주 넘어진 것도 아닙니다. 그들의 충만함은 더 큰 풍성함이 될 것입니다.

하나님의 신비의 두 번째 이야기는 이방인에 대한 말씀으로 어떻게 참 감람나무에 접붙임을 받게 되고 어떻게 찍힘을 받게 되는지를 말씀합니다.

3. 꺾인 가지와 믿음으로 접붙임 받은 가지(롬 11:13~21)

13절 내가 이방인인 너희에게 말하노라 내가 이방인의 사도인 만큼
　　　내 직분을 영광스럽게 여기노니
14절 이는 혹 내 골육을 아무쪼록 시기하게 하여 그들 중에서
　　　얼마를 구원하려 함이라

13절 앞에 접속사 '데'가 사용되었습니다. 그러나 이방인인 너희에게 내가 말한다고 합니다. 그는 "이방인인 너희"에게 말합니다. 이방인 성도에게 하는 말입니다. 그리고 접속사 '운'이 사용되었습니다. 그러므로 내가 이방인의 사도인 만큼 내 직분을 영광스럽게 여긴다고 말합니다.

그 이유는 무엇입니까? "이는 혹 내 골육을 아무쪼록 시기하게 하여 그들 중에서 얼마를 구원하려 함이라"라고 말합니다. 이 말씀은 앞 절과 이어집니다. 11절은 이방인의 구원이 이스라엘을 시기나게 함이라고 하였고, 12절은 그들의 충만함은 얼마나 더한 풍성함을 가져오겠느냐고

하였습니다. 그러므로 그는 이방인에게 복음을 전하여 그들로 시기나게 하여 얼마를 구원하려는 열망에 이방인의 사도인 자신의 직분을 영광스럽게 생각한다는 것입니다.

15절 그들을 버리는 것이 세상의 화목이 되거든 그 받아들이는 것이 죽은 자 가운데서 살아나는 것이 아니면 무엇이리요

이 말씀 앞에 '에이 가르'가 사용되었습니다. "왜냐하면 만약"입니다. 왜냐하면 만약 그들을 버리는 것이 세상의 화목이 된다면 그 받아들이는 것이 죽은 자 가운데서 살아나는 것이 아니면 무엇이겠느냐는 것입니다. 이 말씀은 앞 절의 이유입니다. 바울이 그들을 구원하려는 이유입니다. 그것은 그들을 버리는 것이 세상의 화목이 되었다면 그들을 받아들이는 것이 죽은 자 가운데서 살아나는 것이기 때문입니다.

"살아나는 것"은 하나님의 생명을 뜻하는 '조에'가 사용되었습니다. 그들은 그리스도를 거절하고 그리스도를 십자가에 못 박았습니다. 또한 그들은 복음을 거절하고 하나님을 기쁘시게 하지 않았습니다(살전 2:15). 하지만, 하나님은 십자가에서 죽으신 그리스도를 통하여 세상과 화목하셨습니다(고후 5:19). 그들을 버리는 것이 세상의 화목이 되었습니다. 그렇다면 그들을 받아들이는 것은 죽은 자 가운데서 살아나는 생명이 아니면 무엇이겠느냐는 것입니다.

예수님의 탕자 비유에서 잃은 아들을 되찾은 아버지는 그 아들에 대해 죽었다가 살아났으며 잃었다가 얻었다고 말하였습니다. 그들은 잃어버린 아브라함의 자손입니다. 그들을 받아들이는 것은 하나님의 생명을 잃은 죽은 아들이 살아나는 것이며, 잃은 아들을 되찾는 것입니다. 예수님은 잃은 자를 찾아 구원하려고 세상에 오셨다고 말씀하셨습니다(눅 19:10).

다음은 거룩에 대한 말씀입니다.

16절 제사하는 처음 익은 곡식 가루가 거룩한즉 떡덩이도 그러하고 뿌리가 거룩한즉 가지도 그러하니라

이 구절 앞에도 '에이 데'가 사용되었습니다. "그러나 만일"입니다. 그러나 만일 제사하는 처음 익은 곡식 가루가 거룩하면 또한 떡덩이도 그러합니다. "처음 익은 곡식 가루"는 '첫 열매'를 뜻하는 '아파르게'가 사용되었습니다. 만일 하나님께 드려지는 첫 곡식이 거룩하면 또한 떡덩이도 그러합니다(레 23:10,20). 이어서 '카이 에이'가 사용되었습니다. "그리고 만일"입니다. 그리고 만일 뿌리가 거룩하면 가지도 그러합니다.

"거룩"이 무엇입니까? "거룩"은 헬라어로 '하기오스'입니다. '신성한', '봉헌된', '순결한' 등의 뜻이 있습니다. "거룩"은 하나님의 것으로 구별되어지는 것을 의미합니다.

거룩한 처음 익은 곡식과 떡덩이, 거룩한 뿌리와 가지는 누구입니까? 이 말씀은 앞 절과 이어집니다. 그들을 버리는 것이 세상의 화목이 되고 그들을 받아들이는 것이 죽은 자 가운데서 살아나는 것입니다. 그러나 만일 제사하는 처음 익은 곡식 가루가 거룩한즉 떡덩이도 그러하고 뿌리가 거룩한즉 가지도 그러합니다. 그러므로 처음 익은 곡식과 떡덩이, 거룩한 뿌리와 가지는 그들 즉 이스라엘과 관련하여 말씀함을 알 수 있습니다. 다음 구절을 더 보겠습니다.

17절 또한 가지 얼마가 꺾이었는데 돌감람나무인 네가 그들 중에 접붙임이 되어 참감람나무 뿌리의 진액을 함께 받는 자가 되었은즉

18절 그 가지들을 향하여 자랑하지 말라 자랑할지라도 네가 뿌리를 보전하는 것이 아니요 뿌리가 너를 보전하는 것이니라

17절 앞에도 '에이 데'가 사용되었습니다. "그러나 만일"입니다. 그러나 만일 가지 얼마가 꺾이었는데 돌감람나무인 네가 그들 중에 접붙임이 되어 참감람나무 뿌리의 진액을 함께 받는 자가 되었다면 그 가지들을 향하여 자랑하지 말라는 것입니다.

앞 절에서 뿌리가 거룩한즉 가지도 그러하다고 하였습니다. 그 뿌리로부터 가지 얼마가 꺾이었습니다. 그리고 돌감람나무인 네가 그들 중에 접붙임이 되었습니다. "돌감람나무인 네가"입니다. 너는 누구입니까? 13절은 "내가 이방인인 너희에게" 말한다고 하였습니다. 그러므로 돌감람나무는 이방인을 의미함을 알 수 있습니다. 그렇다면 참감람나무는 언약의 백성인 이스라엘을 의미합니다.

그렇다면 처음 익은 곡식과 뿌리는 누구입니까? 언약 백성 이스라엘은 아브라함으로부터 시작됩니다. 하나님은 아브라함과 언약을 맺으셨습니다. 아브라함은 하나님을 향하여 산 자로 그 언약의 처음 익은 곡식이며 뿌리가 됩니다. 뿌리인 그 언약으로부터 나온 아브라함의 자손은 하나님께서 구별하신 백성으로 불립니다. 거룩하게 구별된 첫 곡식, 거룩한 뿌리인 그 언약으로부터 나오는 떡 덩이와 가지인 이스라엘도 거룩합니다. 그러므로 하나님은 이스라엘을 "여호와를 위한 성물 곧 그의 소산 중 첫 열매"라고 말씀하셨습니다(렘 2:3).

아브라함의 언약은 예수 그리스도와의 언약을 포함하는 언약입니다. 그리스도의 것이면 아브라함의 자손입니다(갈 3:29). 그러므로 이 약속들은 아브라함과 그 자손인 그리스도에게 말씀하신 것입니다(갈 3:16). 그리스도는 언약의 첫 열매이며 뿌리가 되십니다(롬 8:23, 고전 15:20,23,

계 5:5, 22:16). 예수 그리스도와의 언약 안에 있는 자들은 그분과 연합하여 거룩함을 얻어 생명에 이르게 되었습니다(롬 6:22). 거룩하게 하시는 이와 거룩하게 함을 입은 자들이 다 한 근원에서 났습니다(히 2:11). 그들은 땅에서, 사람 가운데서, 피조물 중에서 속량함을 받아 구별되었습니다. 영적인 이스라엘도 성령의 인침 받은 거룩한 첫 열매로 불립니다(살후 2:13, 약 1:18, 계 14:4).

　그런데 가지 얼마가 꺾이었고 돌감람나무인 네가 그들 중에 접붙임이 되어 참감람나무 뿌리의 진액을 함께 받는 자가 되었다고 말씀합니다. 이스라엘의 가지 얼마가 꺾이었습니다. 그리고 돌갈람나무 가지인 이방인이 그 이스라엘에 접붙임이 되어 그 뿌리의 진액을 함께 받는 자가 되었습니다. 참감람나무 뿌리의 진액입니다.
　아브라함의 씨로 오신 그리스도는 우리 대신 저주를 받음으로 우리를 율법의 저주에서 속량하셨습니다(갈 3:13). 이는 그리스도 예수 안에 있는 아브라함의 복이 이방인에게 미치게 하기 위함이라고 말씀합니다. 이방인이 이스라엘과 함께 아브라함의 복을, 성령의 약속을 받는 자가 되었습니다(갈 3:14). 그러므로 이제부터 이방인인 너희는 "외인도 아니요 나그네도 아니요 오직 성도들과 동일한 시민이요 하나님의 권속"이라고 말씀합니다(엡 2:19). 이방인들이 복음으로 말미암아 그리스도 예수 안에서 그들과 함께 상속자가 되고 함께 지체가 되고 함께 약속에 참여하는 자가 되었습니다(엡 3:6). 이방인도 새 언약의 처음 열매이며 뿌리이신 그리스도로부터 진액을 함께 받는 자가 되었습니다.
　그들 중 얼마가 꺾이었는데 돌 감람나무인 네가 그들 중에 접붙임이 되어 참감람나무 뿌리의 진액을 함께 받는 자가 되었습니다. 그러므로 꺾인 그 가지들을 향하여 자랑하지 말라고 합니다. 그리고 이어서 '에이 데'가 사용되었습니다. "그러나 만일"입니다. 그러나 만일 자랑할지라도 네가 뿌리를 보전하는 것이 아니고 뿌리가 너를 보전하는 것이라고 말합니다. 가지가 아니라 뿌리가 가지를 보전하여 지탱하게 하기 때문입니다. 뿌리가 거룩한즉 가지도 그러합니다. 그리스도의 거룩이 우리의 거룩입니다. 다음은 가지가 꺾인 이유와 경고입니다.

19절 그러면 네 말이 가지들이 꺾인 것은 나로 접붙임을 받게 하려 함이라 하리니
20절 옳도다 그들은 믿지 아니하므로 꺾이고 너는 믿으므로 섰느니라 높은 마음을 품지 말고 도리어 두려워하라

그러면 네가 말할 것이라고 합니다. 이방인인 너의 말입니다.
"가지들이 꺾인 것은 나로 접붙임을 받게 하려 함이라."
참 감람나무 가지인 이스라엘이 꺾인 것은 이방인인 나로 참 감람나무에 접붙임을 받게 하기 위함이라는 것입니다. 이에 바울이 대답합니다.
"옳도다 그들은 믿지 아니하므로 꺾이고 너는 믿으므로 섰느니라 높은 마음을 품지 말고 도리어 두려워하라"
그것이 옳습니다. 그들은 믿지 아니함으로 꺾이었고 너는 믿음으로 섰습니다. 그들이 꺾인 이유는 믿지 않았기 때문입니다. 그러나 이방인인 너는 믿음으로 섰습니다.
이 말씀에서 "도리어"는 헬라어 '아라'가 사용되었습니다. 뜻은 '반대로', '그러나', '~에도 불구하고' 등입니다. 그럼에도 불구하고 높은 마음을 품지 말고 다만 두려워하라고 말합니다.
하나님은 아브라함과 그 후손이 세상의 상속자가 되는 약속을 확고히 하시기 위해 은혜에 속하게 하기 위하여 믿음으로 하셨습니다(롬 4:16).

그러므로 믿음으로 말미암는 자는 믿음이 있는 아브라함과 함께 복을 받습니다(갈 3:9). 그러므로 자랑할 데가 없습니다(롬 3:27). 그러나 이스라엘은 믿음이 아니라 행위를 의지하였습니다(롬 9:32). 그들은 믿지 않음으로 넘어지고, 버림이 되고, 꺾였습니다. 그러나 이방인인 너는 믿음으로 섰습니다. 그럴지라도 높은 마음을 품지 말고 두려워하라고 말합니다. 왜 그렇게 해야 합니까?

21절 하나님이 원 가지들도 아끼지 아니하셨은즉 너도 아끼지 아니하시리라

이 구절 앞에도 '에이 가르'가 사용되었습니다. "왜냐하면 만일"입니다. 왜냐하면 만일 하나님이 원 가지들도 아끼지 아니하셨은즉 너도 아끼지 아니하실 것이기 때문이라는 것입니다. 원 가지인 이스라엘도 아끼지 않고 꺾어 버리셨다면, 돌감람나무의 가지로 접붙임을 받은 너도 아끼지 않고 꺾어 버리실 수 있다는 것입니다. 다음 절에서 어떻게 하면 너도 아끼지 아니하시고 꺾어 버리게 되는지를 말씀합니다.

4. 하나님의 인자하심과 준엄하심(롬 11:22~24)

22절 그러므로 하나님의 인자하심과 준엄하심을 보라 넘어지는 자들에게는 준엄하심이 있으니 너희가 만일 하나님의 인자하심에 머물러 있으면 그 인자가 너희에게 있으리라 그렇지 않으면 너도 찍히는 바 되리라
23절 그들도 믿지 아니하는 데 머무르지 아니하면 접붙임을

받으리니 이는 그들을 접붙이실 능력이 하나님께 있음이라

"그러므로 하나님의 인자하심과 준엄하심을 보라"라고 말합니다. 인자함과 준엄함입니다. "인자함"은 '크리스토테스'로 '인자', '자비'를 의미합니다. "준엄하심"은 '아포토미아'로 '엄격함', '단호함'의 뜻이 있습니다. 하나님의 인자하심과 준엄하심이 있습니다. 누구에게 있습니까? "넘어지는 자들에게는 준엄하심이 있으니"라고 말합니다. 준엄하심 즉 엄하심은 넘어지는 자들에게 있습니다. "넘어지는 자들"은 '핍토'가 사용되었습니다. 떨어지는 자들, 멸망하는 자들입니다. 참감람나무의 생명에서 끊어진 자들 즉 멸망하는 자들에게는 하나님의 엄하심이 있습니다. 멸하기로 준비된 진노의 그릇입니다(롬 9:22).

그러나 "너희가 만일 하나님의 인자하심에 머물러 있으면 그 인자가 너희에게 있으리라"라고 말합니다. "머물러 있으면"은 헬라어 '에피메노'가 사용되었습니다. 계속해서 머무는 것을 의미합니다. 하나님의 인자하심에 계속 머물러 있으면 그 인자하심이 그들에게 있을 것이라고 말씀합니다. 그리고 그렇지 않다면 너도 찍힌 바 될 것이라고 말합니다. 즉 그 인자에 계속 머물러 있지 않는다면 믿음으로 선 이방인인 너도 그들처럼 찍히는 바 된다는 것입니다. 그러므로 찍히지 않기 위해서는 그 인자에 계속 머물러 있어야 합니다.

그렇다면 어떻게 인자하심에 계속 머무릅니까? 그는 이어서 그들도 또한 믿지 아니하는데 머무르지 않는다면 접붙이심을 받을 것이라고 말합니다. 그들도 또한 믿지 아니하는데 머무르지 아니하면 접붙이심을 받을 것이라는 말씀(23절)과 이방인인 네가 그 인자에 머물러 있지 않는다면 너도 찍히는 바 된다는 말씀(22절)은 서로 대조됩니다. 그러므로 인자에 머무르는 것은 믿음과 관련이 있습니다. 그들은 믿지 아니하므로 꺾이고 너는 믿으므로 섰습니다(20절). 이스라엘이나 이방인이나 믿음 가운데 있다면 참 감람나무에 접붙임이 될 것입니다. 또한 그 믿음에 계속 머무른다면 그 인자가 계속 있을 것입니다. 하나님의 은혜와 자비와 긍휼은 언약 안에 있습니다.

그렇지 않다면 즉 그 인자에 계속 머무르지 않는다면, 믿지 않음으로 꺾인 이스라엘과 같이 찍힌 바 될 것이라고 말씀합니다. 이 말씀은 한 번 구원은 영원한 구원인가에 대한 대답이 될 것입니다. 육으로 난 것은 육이고 영으로 난 것은 영입니다(요 3:6). 육으로 생명을 가진 자가 생명이 있는 동안 계속 살아있는 것처럼 영으로 하나님의 생명을 가진 자도 생명이 있는 동안 계속 살 것입니다.

잃는 방법은 얻는 것과 같은 맥락입니다. 그리스도를 영접함으로 생명을 얻었다면 그리스도를 거절함으로 생명을 잃게 될 것입니다. 하나님은 그분의 자녀를 영원히 버리거나 떠나지 않을 것이라고 말씀하셨습니다(히 13:5, 계 3:5). 그러나 사람이 하나님을 떠날 수 있습니다. 그러므로 성경은 사망에 이르는 죄와 사망에 이르지 않는 죄를 구분합니다(요일 5:16). 사망에 이르는 죄가 있습니다. 히브리서는 그 죄에 대해 명확하게 말씀합니다.

• 사망에 이르는 죄

"우리가 진리를 아는 지식을 받은 후에 짐짓 자유의지로 죄를 범한즉 다시 속죄하는 제사가 없고 오직 무서운 마음으로 심판을 기다리는 것과 대적하는 자를 태울 맹렬한 불만 있으리라 모세의 법을 폐한 자도 두세 증인으로 말미암아 불쌍히 여김을 받지 못하고 죽었거든 하물며 하나님의 아들을 짓밟고 자기를 거룩하게 한 언약의 피를

부정한 것으로 여기고 은혜의 성령을 욕되게 하는 자가 당연히 받을 형벌은 얼마나 더 무겁겠느냐 너희는 생각하라"(히 10:26~29).

진리를 아는 지식을 받은 후에 자발적으로, 자유의지로 그런 죄를 범한즉 다시 속죄하는 제사가 없다고 말씀합니다. 오직 무서운 마음으로 심판을 기다리는 것과 하나님을 대적하는 자를 태울 맹렬한 불만 있을 것이라고 말씀합니다.

속죄하는 제사가 다시 없는 죽음에 이르는 죄는 무엇입니까? "하나님의 아들을 짓밟고 자기를 거룩하게 한 언약의 피를 부정한 것으로 여기고 은혜의 성령을 욕되게 하는" 죄입니다. 즉 주 예수 그리스도를 거절하고 경멸하는 것입니다. 나를 거룩하게 한 언약의 피를 부정하는 것입니다. 그리스도를 증언하신 은혜의 성령을 거부하여 욕되게 하는 것입니다. 그들이 받을 형벌은 얼마나 무겁겠는지 생각하라고 합니다. 히브리서는 그 조건에 대해서도 말씀합니다.

"한 번 빛을 받고 하늘의 은사를 맛보고 성령에 참여한 바 되고 하나님의 선한 말씀과 내세의 능력을 맛보고도 타락한 자들은 다시 새롭게 하여 회개하게 할 수 없나니 이는 그들이 하나님의 아들을 다시 십자가에 못 박아 드러내 놓고 욕되게 함이라"(히 6:4~6).

"한 번 빛을 받고", 그는 구원의 말씀의 빛을 받았습니다. "하늘의 은사를 맛보고", 그는 예수님을 맛보았습니다. 즉 구원받았습니다. "성령에 참여한 바 되고", 그는 성령세례를 받았습니다. "하나님의 선한 말씀과 내세의 능력을 맛보고도", 그는 성장하여 선한 말씀의 맛을 보았고 성령의 능력인 은사들을 가졌습니다. 그는 영적으로 성장하였습니다. 그런 그가 타락할 경우 하나님의 아들을 다시 십자가에 못 박아 드러내 놓고 욕되게 하기 때문에 다시 새롭게 하여 회개하게 할 수 없다고 말씀합니다. 그들은 다시 회개할 수 없습니다. 즉 돌이킬 기회가 없습니다.

어떻게 타락합니까? 히브리서 10장의 말씀처럼 그리스도를 거절하고 경멸하여 자신을 거룩하게 한 언약의 피를 부정하고, 은혜의 성령을 모독하는 것입니다. 한마디로 그리스도를 거절하고 그리스도께서 하신 일을 부정하는 것입니다. 영적으로 성장한 그가 자발적으로, 자유의지로 그런 죄를 범합니다. 그들이 받을 형벌은 얼마나 무겁겠습니까?

그러나 어린아이 신앙일지라도 주님을 계속 부인하는 것은 위험할 수 있습니다. 우리는 들은 것 즉 말씀에 유념함으로 흘러 떠내려가지 않도록 함이 마땅합니다(히 2:1). 우리가 시작할 때에 확신한 것을 끝까지 견고히 잡고 있으면 그리스도와 함께 참여한 자가 될 것입니다(히 3:14). 믿음에 계속 머무는 것입니다. 그 인자에 머물지 않는다면 너도 찍히는 바 될 것입니다.

23절은 그들도 또한 믿지 아니하는데 머무르지 않는다면 접붙이심을 받을 것을 말합니다. 그리고 '가르'가 사용되었습니다. 왜냐하면 그들을 접붙이실 능력이 하나님께 있기 때문입니다. 하나님께는 그들을 접붙이실 능력이 있습니다. 하나님은 먼저 그들을 부르셨습니다. 그러나 그들이 복음을 거절함으로 이방에 전파되었습니다. 그러나 하나님은 원 가지인 그 사람들도 믿음에 거한다면 접붙이실 능력이 있으십니다.

24절 네가 원 돌감람나무에서 찍힘을 받고 본성을 거슬러 좋은 감람나무에 접붙임을 받았으니 원 가지인 이 사람들이야 얼마나 더 자기 감람나무에 접붙이심을 받으랴

이 말씀 앞에도 '에이 가르'가 사용되었습니다. "왜냐하면 만약"입니다. 왜냐하면 만약 네가 돌감람나무에서 찍힘을 받고 본성을 거슬러 좋은 감람나무에 접붙임을 받았다면 원 가지인 이 사람들은 더 많이 자기 감람나무에 접붙이심을 받을 것이기 때문이라는 것입니다. 이방인은 하나님과 관계없는 자들입니다. 그 때에 이방인인 너희는 그리스도 밖에 있었고, 이스라엘 나라 밖의 사람으로 약속의 언약들에 대하여는 외인이고 세상에서는 소망이 없고 하나님도 없는 자였습니다(엡 2:12). 그러나 그들 이스라엘에게는 양자 됨과 영광과 언약들과 율법을 세우신 것과 예배와 약속들이 있고, 조상들도 그들의 것이요 육신으로 하면 그리스도가 그들에게서 나셨습니다(롬 9:4,5).

그런 네가 돌감람나무에서 본성을 거슬러 좋은 감람나무에 접붙임을 받았다면, 그 참감람나무의 원가지인 아브라함의 육신의 자녀인 그들이라면 더욱더 자기 감람나무에 접붙이심을 받을 것입니다. 할례자도 믿음으로 말미암아 또한 무할례자도 믿음으로 말미암아 의롭다 하실 하나님은 한 분이시기 때문입니다(롬 3:30).

하나님의 구원의 신비의 세 번째 이야기는 영적 이스라엘에 대한 말씀입니다. 여전히 이방인과 이스라엘의 구원을 말씀합니다.

5. "이 신비는…"(롬 11:25~32)

25절 형제들아 너희가 스스로 지혜 있다 하면서 이 신비를 너희가 모르기를 내가 원하지 아니하노니 이 신비는 이방인의 충만한 수가 들어오기까지 이스라엘의 더러는 우둔하게 된 것이라

26절 그리하여 온 이스라엘이 구원을 받으리라 기록된 바 구원자가 시온에서 오사 야곱에게서 경건하지 않은 것을 돌이키시겠고
27절 내가 그들의 죄를 없이 할 때에 그들에게 이루어질 내 언약이 이것이라 함과 같으니라

25절 앞에 '가르'가 사용되었습니다. 왜냐하면 나는 너희가 지혜 있다 하면서 이 신비를 모르기를 원하지 않는다고 말합니다. "신비"는 헬라어 '뮈스테리오'로 '비밀', 신비'의 뜻이 있습니다. 어떤 비밀, 어떤 신비입니까?

바울은 "이 신비는 이방인의 충만한 수가 들어오기까지 이스라엘의 더러는 우둔하게 된 것이라 그리하여 온 이스라엘이 구원을 받으리라"라고 말합니다. 그리고 이어서 '~처럼', ~같이'의 뜻을 가진 '카또스'가 사용되었습니다. 그것은 기록된 것과 같습니다.

그는 이사야의 말씀을 인용합니다. "기록된 바 구원자가 시온에서 오사 야곱에게서 경건하지 않은 것을 돌이키시겠고 내가 그들의 죄를 없이 할 때에 그들에게 이루어질 내 언약이 이것이라" 함과 같습니다. 즉 '이사야가 이렇게 기록한 것처럼 이방인의 충만한 수가 들어오기까지 이스라엘의 더러는 우둔하게 되었습니다. 그리하여 온 이스라엘이 구원을 받을 것입니다'라는 말씀입니다.

개역개정 난외주는 이 구절에 대해 "이사야 59:20 이하", "이사야 27:9 이하"라고 기록합니다. 그러나 "야곱에게서 경건하지 않은 것을 돌이키시겠고 내가 그들의 죄를 없이 할 때에 그들에게 이루어질 내 언약이 이것이라 함과 같으니라"라는 말씀은 난외주에서 말씀하는 이사야 59장 20절 다음 절(21절) 말씀이므로 난외주의 말씀 전후의 말씀을 함께 보도록 하겠습니다.

"서쪽에서 여호와의 이름을 두려워하겠고 해 돋는 쪽에서 그의 영광을 두려워할 것은 여호와께서 그 기운에 몰려 급히 흐르는 강물같이 오실 것임이로다 여호와의 말씀이니라 구속자가 시온에 임하며 야곱의 자손 가운데에서 죄과를 떠나는 자에게 임하리라 여호와께서 이르시되 내가 그들과 세운 나의 언약이 이러하니 곧 네 위에 있는 나의 영과 네 입에 둔 나의 말이 이제부터 영원하도록 네 입에서와 네 후손의 입에서와 네 후손의 후손의 입에서 떠나지 아니하리라…" (사 59:19~21).

 서쪽에서와 해 돋는 쪽에서 즉 해 뜨는 곳에서 해지는 곳까지의 이방 민족에서 주의 이름과 주의 영광을 두려워할 것을 말씀합니다. 그 이유는 여호와께서 그 기운에 몰려 급히 흐르는 강물 같이 오실 것이기 때문이라는 것입니다. 우리는 성령의 강한 바람으로 이방 민족에게 임하셔서 많은 사람이 구원받게 되는 일들을 많이 보아왔습니다. 20절은 구속자가 하나님의 백성인 시온에 임하시며, 야곱 자손 중 죄과를 떠나는 자에게 임하실 것이라고 말씀합니다. 하나님께서 말씀하십니다.
 "내가 그들과 세운 나의 언약이 이러하니"
 그 언약이 어떠합니까? "네 위에 있는 나의 영과 네 입에 둔 나의 말이 이제부터 영원하도록 네 입에서와 네 후손의 입에서와 네 후손의 후손의 입에서 떠나지 아니하리라"입니다. 시온에 사는 자와 야곱 자손 중 정결하게 된 그들 위에 있는 하나님의 영과 그들 위에 있는 하나님의 말씀은 영원하도록 그들에게서 그들의 후손에게서, 그들의 후손의 후손에게서 떠나지 않을 것이라는 말씀입니다. 이 말씀은 새 언약에 대한 말씀입니다. 우리 위에 임하신 성령님은 영원히 우리를 떠나지 않고 함께 하십니다. 우리 입에 둔 하나님의 말씀도 영원히 우리 입에서 떠나지 않습니다. 말씀이 네게 가까워 네 입에 있고 네 마음에 있습니다(롬 10:8).

"야곱의 불의가 속함을 얻으며 그의 죄 없이함을 받을 결과는
이로 말미암나니 곧 그가 제단의 모든 돌을 부서진 횟돌 같게 하며
아세라와 태양상이 다시 서지 못하게 함에 있는 것이라…가지가
마르면 꺾이나니 여인들이 와서 그것을 불사를 것이라 백성이
지각이 없으므로 그들을 지으신 이가 불쌍히 여기지 아니하시며
그들을 조성하신 이가 은혜를 베풀지 아니하시리라 너희 이스라엘
자손들아 그 날에 여호와께서 창일하는 하수에서부터 애굽
시내에까지 과실을 떠는 것 같이 너희를 하나하나 모으시리라"
(사 27:9,11.12)

야곱의 불의가 속함을 받고 죄를 없이 한 결과에 대한 말씀입니다. 그것은
하나님께서 제단의 모든 돌을 부서진 횟돌 같게 하며 아세라와 태양상이
다시 서지 못하게 함에 있다고 말씀합니다. 즉 우상을 섬기지 않는
것입니다. 이 말씀도 새 언약에 대한 말씀입니다.

하나님은 에스겔을 통해서도 "맑은 물을 너희에게 뿌려서 너희로
정결하게 하되 곧 너희 모든 더러운 것에서와 모든 우상 숭배에서 너희를
정결하게 할 것"이라고 말씀하였습니다(겔 36:25). 모든 더러운 것에서와
모든 우상 숭배에서의 정결입니다. 히브리서는 우리는 마음에 뿌림을
받아 악한 양심으로부터 벗어나고 몸은 맑은 물로 씻음을 받았다고
말씀합니다(히 10:22). 우리는 그리스도의 한 번의 제사로 영원히 거룩하게
되었습니다(히 10:10).

가지가 마르면 꺾인다고 말씀합니다. 생명이 왔지만, 그 생명을 거절한
이스라엘의 얼마는 마른 가지로 꺾이었습니다. 백성이 지각이 없으므로

그들을 지으신 이가 불쌍히 여기지 아니하시며 그들을 조성하신 이가 은혜를 베풀지 아니하실 것이라고 말씀합니다. 그들은 하나님의 의에 대해 무지합니다.

하나님은 그날에 창일하는 하수에서부터 애굽 시내까지 과실을 떠는 것 같이 이스라엘 자손을 하나하나 모으실 것을 말씀합니다. "그날에", 새 언약의 날입니다. "창일하는 하수에서부터 애굽 시내까지", 애굽 전역 즉 온 세상을 의미합니다. "이스라엘 자손을", 영적인 이스라엘입니다. 새 언약의 날에 하나님은 온 세상의 모든 민족에서 과실을 떠는 것 같이 하나하나 그분의 백성을 모으실 것입니다.

이렇게 바울이 인용한 이사야의 말씀에서 이방인의 충만한 수가 들어오기까지 이스라엘의 더러는 우둔하게 된 것임을 말씀함을 알 수 있습니다. 그러나 모든 이스라엘을 구원한다는 말씀은 없습니다. 그러므로 로마서 본문의 말씀을 살펴보겠습니다.

25절은 "이 신비는 이방인의 충만한 수가 들어오기까지 이스라엘의 더러는 우둔하게 된 것이라"라고 말씀하였습니다. 이 말씀에서 "충만한 수"는 헬라어 '플레로마'가 사용되었습니다. '플레로마'는 '가득차게 하다'의 뜻을 가진 '플레로오'에서 유래된 명사로 '충만', '완성' 등의 뜻이 있습니다. 개역개정의 난외주에는 "헬, 충만히"라고 기록되어 있습니다.

이방인의 충만함은 앞에서 살펴본 이사야의 말씀에서처럼 서쪽에서와 해 돋는 쪽에서(사 59:19), 창일하는 하수에서부터 애굽 시내까지(사 27:12)을 의미합니다. 하나님은 해 돋는 데서부터 해 지는 데까지, 바다에서 바다까지, 땅끝까지 열방을 부르십니다. 모두 충만함의 표현입니다. 물이 바다를 덮음같이 여호와를 아는 지식이, 물이 바다를 덮음같이 여호와의 영광을 인정하는 것이 온 땅에 충만할 것입니다(사 11:9, 합 2:14).

예수님께서도 이 천국 복음이 모든 민족에게 전파되기 위하여 온 세상에 전파될 것인데 그제야 끝이 올 것이라고 말씀하셨습니다(마 24:14). 그렇게 이방인이 충만하게 들어오기까지입니다.

그러나 이스라엘의 더러는 우둔하게 되었습니다. 가지가 마르면 꺾이나니 여인들이 와서 그것을 불사를 것입니다(사 27:11). 이스라엘은 얻으려고 애쓰는 것을 얻지 못하고 은혜로 택하심을 입은 자가 얻었고 나머지는 어두워 돌같이 완악하게 되었습니다(롬 11:7). 이스라엘 자손들의 수가 비록 바다의 모래 같을지라도 소수의 남은 자만 구원을 받을 것입니다(롬 9:27). 이스라엘의 더러는 우둔하게 되었습니다.

그리고 26절은 "그리하여 온 이스라엘이 구원을 받으리라"라고 말씀합니다. 이 말씀에서 "그리하여"는 헬라어 '후토'가 사용되었습니다. '후토'는 '그 후에'라는 뜻도 있지만, '이 방법을 따라', '그렇게(같은 방법으로)'의 뜻도 있습니다. 어떻게 어떤 방법으로 입니까? 이방인이 충만히 들어오기까지 이스라엘의 더러는 믿지 않음으로 우둔하게 되는 방법으로 그렇게 온 이스라엘이 구원을 받을 것입니다. 이 말씀에서 온 이스라엘은 바울이 인용한 이사야의 말씀과 같이 이방인과 이스라엘에서 구원받는 영적인 이스라엘을 의미함을 알 수 있습니다.

다음은 로마서 본문의 "온 이스라엘"이라는 부분을 살펴보겠습니다. 이 말씀에서 "온"에 해당하는 헬라어는 '파스'입니다. 이 단어를 로고스의 신약 장절 원어 분해성경에서는 '각각'으로 번역하였습니다. 단어의 설명은 '파스'가 '(단수, 관사를 가질 때) 모두, 전체. (단수, 무관사일 때) 각 ~마다, (복) 모두'라고 설명합니다. 이 구절에서 '파스'와 '이스라엘'은 관사가 없이 단수로 사용되었습니다. 그렇게 영적인 이스라엘은 하나하나 각각 구원을 받을 것입니다.

바울이 인용한 이사야의 말씀에서도 그들을 하나하나 모으신다는 말씀이었습니다. 하나님은 예레미야를 통해서도 성읍에서 하나와 족속 중에서 둘을 택하여 시온으로 데려올 것이라고 말씀하였습니다(렘 3:14). 모든 사람은 한꺼번에 구원받지 않습니다. 한 사람 한 사람 구원받게 됩니다. 여러 사람이 동시에 구원받을지라도 각자입니다. 이방인이 충만히 들어오기까지 이스라엘의 더러는 믿지 않음으로 우둔하게 되었습니다. 그렇게 각각의 이스라엘이 구원을 받을 것입니다.

"온 이스라엘이 구원을 받으리라"는 이 구절의 말씀으로 어떤 사람들은 모든 이스라엘이 구원을 받으면 예수님께서 재림하신다고 말하기도 합니다. 또 어떤 사람들은 모든 사람이 휴거 된 후 모든 이스라엘이 믿어 구원받는다고 말하기도 합니다.

• 이스라엘 모든 사람이 구원받을 수 있습니까?

하나님의 뜻은 모든 사람이 회개하고 구원받는 것입니다(겔 18:32, 딤전 2:4, 벧후 3:9). 그러나 그리스도를 영접하는 자, 그분을 주님으로 인정하는 자만 구원을 받게 됩니다. 예수님께서는 이스라엘을 향하여 "이제부터 너희는 찬송하리로다 주의 이름으로 오시는 이여 할 때까지 나를 보지 못하리라"라고 말씀하셨습니다. 주이시며 그리스도이신 그분이 오셨습니다. 그러므로 이제부터는 그들도 예수님을 향하여 "찬송하리로다 주의 이름으로 오시는 이여" 즉 주님이라고 불러야 구원을 받을 수 있습니다. 그것은 이스라엘이나 이방인이나 동일합니다.

만약 하나님께서 어떠한 경우든 모든 사람을 사람의 의지와 상관없이 그분 마음대로 구원하려 하셨다면, 아담이 범죄하도록 놔두지 않으셨을 것입니다. 모든 사람을 지으신 하나님이시지만, 그분은 사람의 자유의지를 침해하지 않으시기 때문입니다(계 17:17). 사람은 각자가 섬길 자를 선택해야 합니다(수 24:15). 비록 노아, 다니엘, 욥이 거기 있을지라도 그들도 자녀는 건지지 못하고 자기 공의로 자기의 생명만 건질 것입니다(겔 14:14,20). 그러므로 모든 이스라엘이 구원받는다는 것은 있을 수 없습니다.

또한 예수님의 재림 시 일어나는 생명의 부활과 심판의 부활은 이스라엘을 포함한 모든 사람에게 있을 것입니다. 땅의 모든 족속이 그로 말미암아 애곡할 것입니다(계 1:7). 이스라엘을 남겨두셨다가 구원하신다는 말씀은 성경 어디에도 없습니다.

28절 복음으로 하면 그들이 너희로 말미암아 원수 된 자요
택하심으로 하면 조상들로 말미암아 사랑을 입은 자라

복음으로 하면 그들은 너희로 말미암아 원수 된 자이지만 택하심으로 하면 조상들로 말미암아 사랑을 받은 자들이라고 말합니다. 이 말씀도 앞의 내용과 이어집니다. 이방인의 충만한 수가 들어오기까지 이스라엘의 더러는 우둔하여졌습니다. 하나님은 복음의 큰 잔치를 벌여놓고 먼저 그들을 부르셨습니다. 그러나 그들은 모두 거절하였습니다. 그러므로 복음이 이방인에게 전파되었습니다. 주의 이름은 이방 민족 중에서 크게 되었습니다(말 1:11). 복음으로 하면 그들은 너희로 말미암아 원수된 자입니다.

그러나 그들은 택하심으로 하면 조상들로 말미암아 사랑을 받은 자들입니다. 이스라엘의 역사에서 하나님은 반복적으로 그들의 조상 아브라함과 이삭과 야곱의 하나님이심을 말씀합니다. 그들은 조상들로 말미암아 택함을 받은 자들입니다. 하나님은 그들의 조상들과의 언약을 기억하셔서 그들을 구원하시고, 그들에게 은혜를 베푸시고, 그들을 불쌍히 여기셔서 멸하기를 즐겨하지 않으심을 거듭 말씀하셨습니다. 그들은 조상들로 말미암아 택하심을 받은 자들로 하나님의 사랑을 입은 자들입니다.

29절 하나님의 은사와 부르심에는 후회하심이 없느니라

이 말씀 앞에도 '가르'가 사용되었습니다. 왜냐하면 하나님의 은사와 부르심에는 후회하심이 없기 때문입니다. "후회하심이 없느니라"는 헬라어 '아메타멜레토스'가 사용되었습니다. 이 단어의 뜻은 '취소할 수 없는', '후회할 수 없는' 등입니다. 하나님의 선물과 그분의 부르심에는 후회하심이 없습니다. 그러므로 취소될 수 없습니다.

이 말씀은 앞 절의 이유입니다. 복음으로 하면 그들은 너희로 말미암아 원수 된 자이지만 택하심으로 하면 조상들로 말미암아 사랑을 받은 자들입니다. 그것은 하나님의 은사와 부르심에는 후회하심이 없기 때문입니다.

하나님은 처음부터 그렇게 이스라엘과 이방인을 구원하기로 정하시고 아브라함을 부르시어 언약을 맺으셨습니다. 그리고 그들을 통해 그 일을 이루셨습니다. 그 언약은 그의 씨로 오신 그리스도 안에서 이루어졌습니다. 그들은 조상들로 말미암아 택하심을 받은 자들이지만 복음에서는 불리한 위치에 있었습니다. 하지만 하나님은 여전히 이스라엘 중에서뿐 아니라 이방인 중에서도 부르시어 그분의 영광의 풍성함을 알게 하십니다(롬 9:23,24). 하나님의 부르심에는 취소하심이 없습니다.

하나님의 은사는 예수 그리스도로 말미암아 우리에게 주어집니다. 우리는 한 사람 그리스도로 말미암아 은혜와 의의 선물을 넘치게 받은 자들입니다(롬 5:17). 죄의 삯은 사망이지만 하나님의 은사는 그리스도 우리 주 안에 있는 영생입니다(롬 6:23). 하나님의 은사와 부르심에는 후회하심(취소하심)이 없습니다.

또한 그리스도로 말미암아 각 사람에게 주시는 하나님의 은사와 부르심에도 후회하심(취소하심)이 없습니다. 하나님은 변함도 없으시고 회전하는 그림자도 없으시기 때문입니다(약 1:18).

30절 너희가 전에는 하나님께 순종하지 아니하더니 이스라엘이
순종하지 아니함으로 이제 긍휼을 입었는지라
31절 이와 같이 이 사람들이 순종하지 아니하니 이는 너희에게
베푸시는 긍휼로 이제 그들도 긍휼을 얻게 하려 하심이라

30절 앞에 '호스페르 가르'가 사용되었습니다. "왜냐하면 ~처럼"입니다. 이 말씀은 앞 절의 이유입니다. 하나님의 은사와 부르심에는 후회하심이 없습니다. 왜냐하면 그것은 너희가 전에는 하나님께 순종하지 아니하더니 이스라엘이 순종하지 아니함으로 이제 긍휼을 입은 것처럼 이 사람들이 순종하지 아니하니 너희에게 베푸시는 긍휼로 이제 그들도 긍휼을 얻게 하려 하시기 때문이라는 것입니다. 하나님의 은사와 부르심에는 후회하심이 없는 것은 그들도 구원하기를 원하시기 때문입니다.

전에는 하나님께 순종하지 않던 이방인이 이스라엘이 순종하지 않음으로 긍휼을 입었습니다. 그들의 넘어짐이 세상의 풍성함이 되며 그들의 실패가 이방인의 풍성함이 되었습니다(12절). 그들의 넘어짐으로 구원이 이방인에게 이르렀습니다.

같은 방법으로 하나님께 순종하지 않는 이스라엘에게 이제 긍휼을 얻게 하려 하신다고 말씀합니다. 하나님은 백성 아닌 자로써 그들을 시기하게 하며 미련한 백성으로써 그들을 노엽게 하십니다(11절). 이 말씀은 하나님께서 그들 중 얼마의 마음에 시기심을 만들어 주어 돌아오게 하신다는 말씀이 아닙니다. 그들 자신이 이방인의 구원을 보고 시기하여 돌아올 것에 대한 말씀입니다. 그러므로 이방인의 사도인 바울은 그들을 시기하게 하여 얼마를 구원하려는 열망에 자신의 직분을 영광스럽게 여긴다고 말하였습니다(13,14절). 그러므로 이 일은 종말이나 휴거 후가 아니라 바울이 복음 전할 때부터 계속되는 일임을 알 수 있습니다.

32절 하나님이 모든 사람을 순종하지 아니하는 가운데 가두어 두심은 모든 사람에게 긍휼을 베풀려 하심이로다

이 말씀 앞에 '가르'가 사용되었습니다. 왜냐하면 하나님이 모든 사람을 순종하지 아니하는 가운데 가두어 두신 것은 모든 사람에게 긍휼을 베풀려 하심이기 때문입니다.

하나님은 어떻게 모든 사람을 순종하지 아니하는 가운데 가두어 두셨습니까? 하나님은 율법을 통하여 모든 입을 막고 온 세상으로 심판 아래 있게 하셨습니다(롬 3:19). 성경이 모든 것을 죄 아래 가두었습니다. 그리고 그것은 예수 그리스도를 믿음으로 말미암는 약속을 믿는 자들에게 주려 하심입니다(갈 3:22). 그리스도 안에 있는 하나님의 긍휼과 은혜는 오직 믿음으로 말미암습니다. 긍휼은 그리스도 안에 있습니다. 한 분이신 주께서 모든 사람의 주가 되사 그를 부르는 모든 사람에게 부요하십니다(롬 10:12).

6. "하나님의 지혜와 지식의 풍성함이여"(롬 11:33~36)

33절 깊도다 하나님의 지혜와 지식의 풍성함이여, 그의 판단은

헤아리지 못할 것이며 그의 길은 찾지 못할 것이로다
34절 누가 주의 마음을 알았느냐 누가 그의 모사가 되었느냐
35절 누가 주께 먼저 드려서 갚으심을 받겠느냐

33절의 "깊도다"는 탄성의 소리인 '오'와, '깊이', '신비', '심원한'의 뜻을 가진 '바또스'가 사용되었습니다. "오! 깊도다!", "오! 신비여!"입니다. 무엇이 깊고 심원합니까? 하나님의 지혜와 지식의 풍성함입니다. 난외주는 "또는 부요와 지혜와 지식이여"라고 기록합니다. 바울은 인류의 구원을 위한 하나님의 지혜와 지식의 풍성함에, 하나님의 부요와 지혜와 지식의 깊음에 경탄합니다

그는 이어서 그의 판단은 헤아리지 못할 것이며 그의 길은 찾지 못할 것이라고 말합니다. 이 말씀에서 "판단"과 "길"은 모두 복수로 사용되었습니다. 하나님의 지혜와 지식이 풍성하여, 하나님의 부요와 지혜와 지식이 깊어서 아무도 그분의 판단들을 헤아리지 못할 것이며 아무도 그분의 길들은 찾지 못할 것입니다.

이어서 '가르'가 사용되었습니다. 왜냐하면 누가 주의 마음을 알았습니까? 누가 그의 모사가 되었습니까? 혹은 누가 주께 먼저 드려서 갚으심을 받겠습니까? 이 말씀은 33절의 이유입니다. 그의 판단은 헤아리지 못할 것이며 그의 길은 찾지 못할 것입니다. 그것은 아무도 우리를 위하시는 주의 마음을 알지 못하기 때문입니다. 그것은 아무도 그의 모사가 되어 그분의 일에 함께 협의하지 못하였기 때문입니다. 그것은 아무도 주께 먼저 드려서 그분으로부터 갚으심을 받지 못하였기 때문입니다. 아무도 없습니다.

36절 이는 만물이 주에게서 나오고 주로 말미암고 주에게로

돌아감이라 그에게 영광이 세세에 있을지어다 아멘

이 말씀 앞에도 이유를 말하는 '호티'가 사용되었습니다. 그러므로 이 말씀은 34절, 35절의 이유입니다. 아무도 그의 모사가 되지 못하고, 아무도 주께 먼저 드려서 갚으심을 받지 못하는 것은 만물이 주에게서 나오고 주로 말미암고 주에게로 돌아가기 때문입니다. 하나님은 모든 것을 창조하신 창조주이십니다. 만물을 창조하신 하나님에 대해서는 창세기 1장에서부터 계시록에 이르기까지 많이 말씀하였습니다. 이사야의 말씀입니다.

"누가 손바닥으로 바닷물을 헤아렸으며 뼘으로 하늘을 쟀으며 땅의 티끌을 되에 담아 보았으며 접시 저울로 산들을, 막대 저울로 언덕들을 달아 보았으랴 누가 여호와의 영을 지도하였으며 그의 모사가 되어 그를 가르쳤으랴 그가 누구와 더불어 의논하셨으며 누가 그를 교훈하였으며 그에게 정의의 길로 가르쳤으며 지식을 가르쳤으며 통달의 도를 보여 주었느냐"(사 40:12~14).

손바닥으로 바닷물을 헤아릴 자도, 뼘으로 하늘을 잴 자도, 땅의 티끌을 되에 담아 볼 자도, 접시 저울로 산들을, 막대 저울로 언덕들을 달아 볼 자도 없습니다. 여호와의 영을 지도한 자도, 그의 모사가 되어 그를 가르친 자도 없습니다. 그분과 더불어 의논한 자도, 그분에게 교훈한 자도, 정의의 길로 가르친 자도, 지식을 가르친 자도, 통달의 도를 보여 준 자도 없습니다. 아무도 없습니다. 그것은 만물이 주에게서 나오고, 주를 통하여 있고, 주에게로 돌아가기 때문입니다. 그러므로 아무도 하나님의 지혜와 지식의 풍성함의 깊이를 알지 못합니다. 그분의 판단들과 그분의 길들을 이해하지 못합니다.

하나님의 구원의 신비를 마무리하면서 바울은 하나님을 경배합니다.

"그에게 영광이 세세에 있을지어다 아멘"

그분은 영광을 받으시기에 합당하십니다.

"그에게 영광이 세세에 있을지어다 아멘!!"

요약

하나님의 구원의 신비의 첫 번째 말씀은 하나님이 자기 백성인 이스라엘을 버리지도 않으셨고 그들이 멸망하기까지 실족하지 않았다는 말씀입니다. 지금도 은혜로 택하심을 따라 남은 자가 그들 중에 있습니다. 이스라엘은 알지 못하여 성경에 기록된 말씀을 다 응하게 한 그들의 넘어짐이 인류의 구원을 가져왔습니다.

하나님의 구원의 비밀의 두 번째 이야기는 이스라엘이나 이방인이나 믿음 가운데 있다면 참 감람나무에 접붙임이 될 것이지만, 그 믿음에서 떠난다면 그 나무에서 찍힌 바 될 것이라는 말씀입니다.

하나님의 구원의 신비의 세 번째 이야기는 이방인의 충만한 수가 들어오기까지 이스라엘의 더러는 복음을 거절함으로 우둔하게 됨을, 그렇게 영적인 이스라엘이 각각 구원을 받을 것에 대한 말씀이었습니다. 하나님은 순종하지 않는 모든 사람에게 긍휼을 베풀기를 원하십니다.

ROMANS

God's righteousness that leads only to faith

5부 그리스도 안에 있는 자로 어떻게 살 것인가?

Ⅰ. 몸과 마음, 생각 그리고 모든 사람

Ⅱ. 사랑 빚 외에는 아무 빚도 지지 말라

Ⅲ. 비판하지 말고 서로 받으라

Ⅵ. 서신의 마무리

Ⅰ. 몸과 마음, 생각 그리고 모든 사람(롬 12:1~21)

바울의 서신은 대부분 앞 장들에서 그리스도 안에서 우리가 누구인가를 설명합니다. 그리고 "그러므로"로 그런 자가 되었으므로 어떻게 살 것인가를 말씀합니다. 로마서의 경우 의의 복음 구원의 복음을 설명하는 과정에서 6장에서 8장까지를 통해 어떻게 살 것인가를 말하였습니다. 하지만 로마서도 "그러므로"로 이어지는 같은 유형으로 서신을 마무리하기 전 그리스도 안에 있는 자로 어떻게 살 것인가에 대해 세부적인 행동들을 말씀합니다.

그 첫 번째 이야기는 변화 받지 못한 몸과 마음과 생각에 대한 말씀입니다. 그리고 그리스도인의 삶에서 접하는 생활 전반의 문제들에 대해서 어떻게 행할 것인지를 설명합니다. 12장은 교회 안에서의 형제 사랑과 주를 섬기는 문제 그리고 박해하는 자, 악을 행하는 자 등 여러 모양의 다른 여러 사람을 향하여 어떻게 할 것인가를 말씀합니다.

1. 몸과 마음, 생각에 대하여(롬 12:1~3)

1) 몸과 마음에 대한 말씀

1절 그러므로 형제들아 내가 하나님의 모든 자비하심으로 너희를 권하노니 너희 몸을 하나님이 기뻐하시는 거룩한 산 제물로 드리라 이는 너희가 드릴 영적 예배니라

2절 너희는 이 세대를 본받지 말고 오직 마음을 새롭게 함으로 변화를 받아 하나님의 선하시고 기뻐하시고 온전하신 뜻이 무엇인지 분별하도록 하라

1절 앞에 접속사 '운'이 사용되었습니다. '그러므로'입니다. 바울은 "그러므로 형제들아 내가 하나님의 모든 자비하심으로 너희를 권하노니"라고 말합니다. 그가 권하는 것이 무엇입니까?

"너희 몸을 하나님이 기뻐하시는 거룩한 산 제물로 드리라 이는 너희가 드릴 영적 예배니라"입니다. 그리고 '카이'가 사용되었습니다. "그리고 너희는 이 세대를 본받지 말고 오직 마음을 새롭게 함으로 변화를 받아 하나님의 선하시고 기뻐하시고 온전하신 뜻이 무엇인지 분별하도록 하라"라고 말합니다. 몸과 마음에 대한 것입니다. 사실 모든 삶의 태도는 몸과 마음을 어떻게 하느냐의 문제이기도 합니다.

이 말씀에서 "그러므로"는 로마서 앞 장들의 결론으로 이끄는 말씀입니다. 또한 내용상 육신이 아니라 영을 따라 살라는 8장의 말씀과 이어지는 말씀이기도 합니다. 그리스도와 함께 옛 사람이 죽고 그리스도와 함께 새 생명으로 산 자들은 육신에 대하여 죽은 자들입니다. 그러므로 이제 영을 따라 사는 자들입니다. 그러나 육신은 없어지지 않고 여전히 우리를 죄로 몰아가려 합니다. 12장 1, 2절은 그 변화 받지 못한 우리의 몸과 마음을 어떻게 할 것인가에 대한 말씀입니다.

그렇다면 몸을 어떻게 합니까? 몸을 하나님께서 기뻐하시는 거룩한 산 제물로 하나님께 드리라고 말합니다. 그리고 그것이 하나님께 드리는 영적인 예배라고 말합니다. 죄의 정욕은 우리의 몸인 지체 중에서 역사하여 우리로 사망을 위하여 열매를 맺게 하였다고 말하였습니다(롬 7:5). 그러나 우리는 죄에 대하여 죽고 의에 대하여, 하나님께 대하여 산 자입니다. 그러므로 우리의 지체를 불의의 무기로 죄에게 바치지 말고, 오직 죽은 자 가운데서 살아난 자 같이 지체를 의의 무기로 하나님께 바치라고 하였습니다(롬 6:13). 그렇게 지체를 의의 무기로 하나님 앞에 산 제물로 바치는 것입니다.

하나님의 말씀에 따라 몸을 다스려야 합니다. 그러므로 바울은 내가 내 몸을 쳐서 복종하게 한다고 말하였습니다(고전 9:27). 그리스도와 연합되어 새 생명으로 산 내가 내 몸을 쳐서 복종시켜 하나님 앞에 산 제물로 드리는 것입니다.

다음은 마음입니다. 마음은 어떻게 해야 합니까? 그는 먼저 이 세대를 본받지 말라고 말합니다. "본받지"는 헬라어 '쉬스케마티조'가 사용되었습니다. 이 단어는 '함께'의 뜻을 가진 '쉼'과 '(환경에 따른) 형상, 형적'의 뜻을 가지 '마티조'의 파생어에서 유래된 말로 '~에 따라 자신을 꾸미다(본받다), 일치하다' 등의 뜻이 있습니다. 즉 이 세대에 따라 마음을 꾸미지 말라는 것입니다. 이 세대와 마음을 일치시키지 말라는 말씀입니다. 우리는 태어나면서부터 세상 가치관에 따라 일치된 마음으로 모든 것을 만들어 왔습니다. 그러나 이제 그렇게 하지 말라는 말씀입니다. 바울도 그리스도를 위하여 그에게 유익하던 것을 해로 여기고 배설물로 여긴다고 말하였습니다(빌 3:7,8).

이어서 '알라'가 사용되었습니다. '오직', '다만'입니다. 이 세대를 본받지 말고 오직, 다만 마음을 새롭게 함으로 변화를 받으라고 말합니다. "마음"은 지성을 의미하는 '누스'가 사용되었습니다. "변화를 받으라"는 '메타모르포오'가 사용되었습니다. 이 단어는 '메타(나중에, 다시 한번)'와 '모르포오(형을 이루다)'에서 유래된 말로 다시 한번 형을 이루는 것 즉 변형시키는 것을 의미합니다. 거듭나기 전에 이 세대를 따라 생각했던 마음을 새롭게 하여 말씀에 따라 다시 한번 변형시키라는 말씀입니다.

이어서 도달됨을 의미하는 '에이스'가 사용되었습니다. 그것은 하나님의 선하시고 기뻐하시고 온전하신 뜻이 무엇인지 분별하는데 이르기 위해서입니다. 그것이 마음의 틀을 바꾸는 목적입니다. 하나님의 선하신 뜻이 있고, 하나님의 기뻐하시는 뜻이 있고, 하나님의 온전하신 뜻이 있습니다. 그런 하나님의 뜻을 알기 위해 이 세대와 일치된 마음을 버리고 마음을 말씀으로 변형시켜야 합니다.

그러려면 새로운 피조물에게 주시는 말씀들을 마음에 심어야 합니다. 로마서에서 말씀한 새로운 피조물인 나에 대한 말씀은 무엇입니까? 나는 믿음으로 하나님의 의를 얻은 자입니다(롬 3:22). 나는 예수 그리스도로 말미암아 하나님과 화평을 누리는 자입니다(롬 5:1). 성령으로 말미암아 하나님의 사랑은 내 안에서 쏟아져 나옵니다(롬 5:5). 나는 그리스도를 통하여 생명 안에서 왕 노릇 하는 자입니다(롬 5:17). 나는 그리스도의 죽으심과 연합하여 함께 죽고 함께 장사되어 하나님의 생명으로 그분과 함께 살아난 자입니다(롬 6:4). 나는 죄에 대해, 육신에 대해, 율법에 대해 죽은 자입니다(롬 6:2, 7:4,6). 그러므로 나는 영을 따라 말씀을 따라 사는 자입니다(롬 8:4). 로마서의 말씀처럼 그것을 알고, 그렇게 인정하고 그렇게 행하는 것입니다(롬 6:9,11~13).

그리스도 안에서 내가 누군지 모른다면 이 세대를 거슬러 마음의 틀을 바꿀 수 없습니다. 의인인 줄 모르면 의인의 삶을 살려 하지 않을 것입니다. 하나님의 생명을 가진 것을 모른다면 세상 사람과 나를 똑같이 생각할 것입니다. 내게 하나님의 사랑이 있는 것을 모른다면 그 사랑과 상관없는 삶을 살 것입니다. 내가 영인 줄 모른다면 육신으로만 살려 할 것입니다. 그러므로 내가 누군지 알아야 합니다.

그러므로 바울은 먼저 마음을 이 세대에 일치시키지 말고 하나님의 말씀에 따라 새롭게 변형시키라고 말합니다. 그리고 그 말씀에 따라 몸을 거룩한 산 제물로 하나님께 바치라는 것입니다.

2) 생각과 믿음에 대한 말씀

3절 내게 주신 은혜로 말미암아 너희 각 사람에게 말하노니 마땅히 생각할 그 이상의 생각을 품지 말고 오직 하나님께서 각 사람에게 나누어 주신 믿음의 분량대로 지혜롭게 생각하라

이 구절 앞에도 '가르'가 사용되었습니다. 왜냐하면 나에게 주신 하나님의 은혜로 말미암아 너희 각 사람에게 말한다고 합니다. 바울은 하나님께서 그에게 주신 은혜로 말미암아 말한다는 것입니다. 그는 때로 자신의 직임에 대해 은혜라고 말하였습니다. 그리스도의 선물의 분량대로 은혜를 주셨습니다(엡 4:7). 그는 은혜의 선물을 따라 일꾼이 되었다고 말하였습니다(엡 3:7). 로마서를 마치면서도 "내게 주신 은혜로 말미암아 더욱 담대히 대략 너희에게 썼노니 이 은혜는 곧 나로 이방인을 위하여 그리스도 예수의 일꾼이 되어 하나님의 복음의 제사장 직분"을 하게 하셨다고 말하였습니다(롬 15:15,16). 그는 하나님의 복음의 직분을 가진 사도로써 그들에게 말합니다.

"마땅히 생각할 그 이상의 생각을 품지 말고 오직 하나님께서 각 사람에게 나누어 주신 믿음의 분량대로 지혜롭게 생각하라"

로마서 8장에서 나눈 것처럼 집중적으로 흥미를 가지고 생각하는 것을 의미하는 '프로네오'가 두 번 사용되었고, '휘페르 프로네오'와 '소프로네오'가 사용되었습니다. 앞 절에서는 마음에 대한 말씀이었다면 이제 생각에 대한 말씀입니다.

그는 먼저 마땅히 생각할 그 이상의 생각을 품지 말라고 합니다. 마땅히 생각할 생각입니다. 마땅하고 필연적으로 생각할 생각입니다. 그 이상의 생각을 품지 말라고 말합니다. "이상의 생각"은 헬라어 '휘페르 프로네오'가 사용되었습니다. 뜻은 '자신을 과대평가하다', '높은 생각을 품다' 등입니다. 마땅한 생각보다 높은 생각을 품지 말라는 것입니다.

그리고 오직 하나님께서 각 사람에게 나누어 주신 믿음의 분량대로 지혜롭게 생각하라고 말합니다. "하나님께서 각 사람에게 나누어 주신 믿음의 분량대로"입니다. "분량"은 헬라어 '메트론'이 사용되었습니다. 뜻은 '척도', '제한된 분량(정도)'라고 정의합니다. 그러므로 이 말씀은 하나님께서 우리에게 믿음의 제한된 분량을 주셨다는 말씀이 됩니다. 그렇다면 믿는 우리에게는 일정 분량의 믿음이 있습니다. 그러므로 사도 베드로는 "우리 하나님과 구주 예수 그리스도의 의를 힘입어 동일하게 보배로운 믿음을 우리와 함께 받은 자들"이라고 말하였습니다(벧후 1:1). 우리는 우리 하나님과 구주 예수 그리스도의 의를 힘입어 동일하게 보배로운 믿음을 받은 자들입니다. 우리는 예수 그리스도 안에 있는 믿음과 사랑 안에서 행하는 자들입니다(갈 2:20, 딤후 1:13).

바울은 그 믿음의 분량대로 지혜롭게 생각하라고 말합니다. "지혜롭게"에는 '소프로네오'가 사용되었습니다. 단어의 뜻은 '건전한 마음이 되다', '정신이 온전하다' 등입니다. 하나님께서 나누어주신 믿음의 분량에 따라서 건전한, 온전한 마음의 생각을 하라는 것입니다.

그러므로 로고스의 원어 분해 성경은 "마땅히 생각해야 할 것을 넘어서 높은 생각을 품지 말라고 다만 건전한 마음을 가지도록 생각하라고 하나님께서 각자에게 믿음의 분량을 나누어 주셨다"라고 번역하였습니다. 건전한 생각을 가지게 하도록 하나님께서 각자에게 믿음의 분량을 나누어

주셨다는 말씀입니다. 그러므로 그 믿음으로 온전한 생각을 하라는 말씀이기도 합니다. 다음은 높은 생각에 대한 말씀입니다.

> **"우리의 싸우는 무기는 육신에 속한 것이 아니요 오직 어떤 견고한 진도 무너뜨리는 하나님의 능력이라 모든 이론을 무너뜨리며 하나님 아는 것을 대적하여 높아진 것을 다 무너뜨리고 모든 생각을 사로잡아 그리스도에게 복종하게 하니"**(고후 10:4,5).

우리의 싸우는 무기는 "육신에 속한 것이 아니요 오직 어떤 견고한 진도 무너뜨리는 하나님의 능력"이라고 말씀합니다. 모든 이론을 무너뜨리며 하나님 아는 것을 대적하여 높아진 것을 다 무너뜨리고 모든 생각을 사로잡아 그리스도에게 복종하게 하는 것이라고 말합니다.

이 말씀에서 높아진 마음은 모든 이론과 하나님을 대적하여 높아진 생각입니다. 이 세대를 따라 만들어진 생각의 틀입니다. 그런데 어떤 견고한 진도 무너뜨리는 하나님의 능력인 우리의 싸우는 무기는 그것을 무너뜨린다는 것입니다.

그렇다면 우리의 싸우는 무기는 무엇입니까? 바울은 에베소 교회에 보내는 편지에서 하나님의 전신갑주를 말하였습니다. 그리고 그 전신갑주는 하나님의 말씀과 말씀을 믿는 믿음과 관련된 것들임을 알 수 있습니다(엡 6:10~17). 고린도 교회에 보내는 편지에서도 바울은 진리의 말씀과 하나님의 능력으로 의의 무기를 좌우에 가지고 있었다고 말하였습니다(고후 6:7). 복음은 모든 믿는 자에게 구원을 주시는 하나님의 능력입니다(롬 1:16).

진리의 말씀과 그 말씀을 믿는 믿음이 모든 이론을 무너뜨리고 하나님을 대적하여 높아진 것을 다 무너뜨립니다. 그러므로 하나님께서는 우리에게 믿음의 분량을 주시고 그 믿음으로 높은 마음이 아니라 건전하고 온전한 마음으로 생각하라고 말씀합니다. 우리는 그 믿음으로 모든 생각을 사로잡아 말씀이신 그리스도께 복종시킬 수 있습니다. 그것이 또한 앞 절에서 말씀한 마음을 새롭게 하는 것입니다.

또한 높은 생각은 다음절과 연결하여 지체를 향한 높은 마음을 나타내기도 합니다.

2. 그리스도의 몸의 지체로서의 삶(롬 12:4~13)

1) 그리스도의 몸의 지체로서의 직임에 대한 말씀

4절 우리가 한 몸에 많은 지체를 가졌으나 모든 지체가 같은 기능을
　　 가진 것이 아니니
5절 이와 같이 우리 많은 사람이 그리스도 안에서 한 몸이 되어 서로
　　 지체가 되었느니라
6절 우리에게 주신 은혜대로 받은 은사가 각각 다르니 혹 예언이면
　　 믿음의 분수대로,
7절 혹 섬기는 일이면 섬기는 일로, 혹 가르치는 자면 가르치는 일로,
8절 혹 위로하는 자면 위로하는 일로, 구제하는 자는 성실함으로,
　　 다스리는 자는 부지런함으로, 긍휼을 베푸는 자는 즐거움으로
　　 할 것이니라

4절 앞에도 '가르'가 사용되었습니다. 이 말씀은 우리가 높은 생각이

아니라 건전한 생각을 해야 하는 3절의 이유입니다. 그것은 우리가 한 몸에 많은 지체를 가졌으나 모든 지체가 같은 기능을 가진 것이 아닌 것처럼 우리 많은 사람이 그리스도 안에서 한 몸이 되어 서로 지체가 되어 받은 은사가 각각 다르기 때문입니다. 우리의 신체적인 몸도 많은 지체가 있고 지체의 기능과 역할이 서로 다릅니다. 그것처럼 우리 많은 사람이 그리스도 안에서 한 몸을 이루어 서로 지체가 되어 각각 다른 은사를 받아 다른 기능을 하게 됩니다.

우리에게 주신 은혜대로 받은 은사가 각각 다르다고 말합니다. 은혜대로 즉 은혜의 직임에 따라 받은 은사가 다릅니다. 은사는 그 직임을 행할 수 있도록 입혀 주시는 무기와 같은 것입니다. 그러므로 이어서 은혜대로 받은 은사를 어떻게 행할지를 말씀합니다. 예언이면 믿음의 분수대로, 섬기는 일이면 섬기는 일로, 혹 가르치는 자면 가르치는 일로, 위로하는 자면 위로하는 일로, 구제하는 자는 성실함으로, 다스리는 자는 부지런함으로, 긍휼을 베푸는 자는 즐거움으로 할 것이라고 말합니다. 베드로도 같은 말을 합니다.

> **"각각 은사를 받은 대로 하나님의 여러 가지 은혜를 맡은 선한 청지기 같이 서로 봉사하라 만일 누가 말하려면 하나님의 말씀을 하는 것 같이 하고 누가 봉사하려면 하나님이 공급하시는 힘으로 하는 것 같이 하라 이는 범사에 예수 그리스도로 말미암아 하나님이 영광을 받으시게 하려 함이니 …"(벧전 4:10,11).**

각각 은사를 받은 대로 하나님의 여러 가지 은혜를 맡은 선한 청지기 같이 서로 봉사하라고 말합니다. 만일 누가 말하려면 하나님의 말씀을 하는 것 같이 하고 누가 봉사하려면 하나님이 공급하시는 힘으로 하는 것

같이 하라고 말합니다. 그리고 그것이 범사에 예수 그리스도로 말미암아 하나님이 영광을 받으시게 하려 함이라고 말합니다. 하나님께서는 그리스도의 몸인 교회를 통하여 영광을 받으십니다. 또한 그리스도는 이제 몸인 교회를 통해서만 그분의 일을 하실 수 있습니다. 몸과 지체에 대한 말씀으로 고린도전서의 말씀입니다.

> **"몸은 하나인데 많은 지체가 있고 몸의 지체가 많으나 한 몸임과 같이 그리스도도 그러하니라 우리가 유대인이나 헬라인이나 종이나 자유인이나 다 한 성령으로 세례를 받아 한 몸이 되었고 또 다 한 성령을 마시게 하셨느니라 몸은 한 지체뿐만 아니요 여럿이니 … 너희는 그리스도의 몸이요 지체의 각 부분이라"(고전 12:12~14,27).**

몸은 하나인데 많은 지체가 있고 몸의 지체가 많으나 한 몸이라고 말씀합니다. 그리스도도 그러합니다. 유대인이나 헬라인이나 종이나 자유인이나 다 한 성령으로 세례를 받아 한 몸이 되었습니다. 몸은 한 지체뿐만 아니고 여럿입니다. 발, 손, 귀, 눈이 몸에 붙어 있습니다. 온 몸이 눈일 수도, 온 몸이 듣는 곳일 수도 없습니다. 하나님이 그 원하시는 대로 지체를 각각 몸에 두셨다고 말씀합니다. 이제 지체는 많으나 몸은 하나입니다.

온 몸은 각 마디를 통하여 도움을 받음으로 서로 연결되고 결합되어 각 지체의 분량대로 역사하여 그 몸을 자라게 하고 사랑 안에서 스스로 세운다고 말씀합니다(엡 4:16). 그리스도의 지체들은 힘줄과 관절을 통하여 도움을 받듯이 서로 긴밀하게 연결되고 결합되어 한 몸을 이룹니다. 우리는 그리스도의 몸의 지체의 각 부분으로 자신의 역할을 충실히 하며 서로 존중해야 합니다. 그 지체로서의 삶이 이어집니다.

2) 형제 사랑에 대한 말씀

9절 사랑에는 거짓이 없나니 악을 미워하고 선에 속하라

사랑에는 거짓이 없습니다. 정관사와 함께 '아가페'가 사용되었습니다. 하나님의 사랑입니다. 우리 안에 부어주신 하나님의 사랑은 거짓이 없습니다. 그러므로 악을 미워하고 선에 속하라고 말합니다.

"미워하고"는 헬라어 '아포스튀게오'가 사용되었습니다. 뜻은 '지극히 미워하다, 혐오하여 움츠리다' 등입니다. "속하라"는 '클라오'로 '아교로 붙이다, 달라붙다, 연합하다'의 뜻이 있습니다. 즉 악을 혐오하여 움츠리고 선에 아교로 붙이듯 달라붙어 있으라는 말씀입니다. 그리스도의 몸의 지체는 그리스도 안에 있는 믿음만이 아니라 사랑인 아가페를 가진 자들입니다. 그런데 그 사랑엔 거짓이 없습니다. 그러므로 악을 지극히 미워하고 선에 달라붙어 있어야 합니다.

10절 형제를 사랑하여 서로 우애하고 존경하기를 서로 먼저 하며

"형제를 사랑하여"는 형제 사랑을 의미하는 '필라델피아'가 정관사와 함께 사용되었습니다. 형제 사랑에 서로 우애하고 존경하기를 먼저 하라는 말씀입니다. 그리스도의 지체로 형제애로 귀히 여기기를 먼저 하라는 것입니다.

3) 주를 섬기는 문제

11절 부지런하여 게으르지 말고 열심을 품고 주를 섬기라

"열심을 품고"는 '끓다, 뜨겁다, 타오르듯 하다'의 뜻을 가진 '제오'가 사용되었습니다. "섬기라"는 노예가 되어 섬김을 의미하는 '둘류오'가 사용되었습니다. 어떻게 주를 섬겨야 합니까? 부지런한 가운데 게으르지 말고 불타는 뜨거운 열심으로 주를 섬기라는 말씀입니다. 게으름과 미지근함은 있을 수 없습니다.

12절 소망 중에 즐거워하며 환난 중에 참으며 기도에 항상 힘쓰며

소망 중에 즐거워하라고 말합니다. 우리는 그리스도로 말미암아 진노하심에서도 구원을 받을 것이기에 하나님의 영광을 소망하며 자랑하며 즐거워합니다(롬 5:2,9).

다음은 "환난 중에"입니다. 환난 중에는 참으라고 말씀합니다. "참으며"는 '밑에서 견디다', '마지막까지 견디다' 등의 뜻을 가진 단어가 사용되었습니다. 그리스도와 함께 영광을 받기 위하여 당하는 고난, 환난을 끝까지 인내하라는 말씀입니다.

다음은 "기도"입니다. 기도에 항상 힘쓰라고 합니다. "항상 힘쓰며"는 헬라어 '프로스카르테레오'로 뜻은 '(어떤 일에 대해) 끈질기게 성실하다', '집착을 고수하다', '(한 곳에) 꾸준히 머물다' 등입니다. 기도의 자리를 떠나지 않고 머물면서 끈기 있게 기도하라는 말씀입니다. 성경은 우리를 향해 쉬지 말고 기도할 것을, 모든 사람을 위하여 기도할 것을 말씀합니다. "항상 기뻐하라 쉬지 말고 기도하라 범사에 감사하라"라는 말씀은 그리스도 예수 안에서 우리를 향하신 하나님의 뜻입니다(살전 5:16~18). 이제 성도 돌봄에 대한 말씀입니다.

13절 성도들의 쓸 것을 공급하며 손 대접하기를 힘쓰라

먼저 성도들의 쓸 것을 공급하라고 말씀합니다. 성도들은 그리스도의 몸을 이루는 지체입니다. 야고보는 형제나 자매 즉 성도들이 헐벗고 일용할 양식이 없는데 "평안히 가라, 덥게 하라, 배부르게 하라"라고 말 만하고 쓸 것을 주지 않는다면 아무 유익이 없다고 말합니다(약 2:15,16). 그들은 그리스도 안에서 형제, 자매인 성도들에게 쓸 것을 주지 않고 말 만하는 것은 아무 유익이 없습니다.

또한 손 대접하기를 힘쓰라고 말합니다. "힘쓰라"는 '재빠른 동작을 취하다', '추적하다', '따라다니다' 등의 뜻을 가진 '디오코'가 사용되었습니다. 손님 대접하기를 열심히 추구하라는 말씀입니다. 손님 대접하기를 잊지 말아야 합니다(히 13:2). 서로 대접하기를 원망 없이 해야 합니다(벧전 4:9).

3. 모든 사람 앞에서 선한 일을 도모하라(롬 12:14~21)

14절 너희를 박해하는 자를 축복하라 축복하고 저주하지 말라

"박해하는"은 13절에서 "힘쓰라"에 사용된 '디오코'가 사용되었습니다. 열심히 추적하여 핍박하고 괴롭히는 자들입니다. 그들에게 어떻게 대해야 합니까? 바울은 말합니다. "너희를 핍박하는 자들을 축복하라. 너희는 축복하라. 그리고 너희는 저주하지 말라" 모두 명령형입니다. 그들을 저주하지 말고 축복하고 축복해야 한다는 것입니다.

예수님께서도 박해에 대해서 말씀하셨습니다. 예수님께서는 "의를 위하여 박해를 받은 자는 복이 있나니 천국이 그들의 것임이라"고 말씀하셨습니다(마 5:10). 천국이 그들의 것 즉 그들은 구원받은 자들입니다. 그러므로 예수님으로 말미암아 "욕하고 박해하고 거짓으로 거슬러 모든 악한 말을 할 때에는 너희에게 복이 있나니 기뻐하고 즐거워하라 하늘에서 너희의 상이 큼이라"라고 말씀하셨습니다(마 5:11,12). 구원받은 자들에게는 당연히 박해가 있을 것이지만, 하늘에서 상이 크다고 말씀합니다. 그러므로 사도들은 채찍질과 박해를 받으면서도 오히려 그 이름을 위하여 능욕 받는 일에 합당한 자로 여기심을 기뻐하였습니다(행 5:41).

왜 그들은 박해합니까? 예수님은 그분이 세상에 속하지 않은 것처럼 우리도 세상에 속하지 않았으므로 세상이 미워한다고 말씀하셨습니다(요 15:19, 17:14). 짐승은 입을 벌려 하나님을 비방하는데 그의 이름과 그의 장막 곧 하늘에 사는 자들을 비방합니다(계 13:5). 지체인 그들을 박해하는 것은 그리스도를 박해하는 것입니다(행 9:4,5). 그러나 예수님께서도 박해하는 자를 위하여 기도하라고 말씀하셨습니다.

성전 바깥마당은 이방인에게 밟힘을 당합니다(계 11:2). 그러나 이방인은 하나님의 성전인 그들을 통하여 구원받을 수 있습니다. 그러므로 그들을 저주하지 말고 기도하고 축복하는 것은 중요합니다. 다음은 즐거워하는 자들과 우는 자들입니다.

15절 즐거워하는 자들과 함께 즐거워하고 우는 자들과 함께 울라
16절 서로 마음을 같이하며 높은 데 마음을 두지 말고 도리어 낮은
데 처하며 스스로 지혜 있는 체 하지 말라

사람에게 닥치는 일은 좋은 일과 나쁜 일입니다. 그러므로 즐거워하는 자와 우는 자가 있을 것입니다. 즐거워하는 자와 함께 즐거워하고 우는 자들과 함께 울라고 말씀합니다. 그들의 말을 들어주고 그들과 함께 하라는 말씀입니다. 어떻게 함께 합니까?

서로 마음을 같이하여 높은 데 마음을 두지 말고 도리어 낮은 데 처하며 스스로 지혜 있는 체하지 말라고 말씀합니다. 먼저 마음을 같이 하라고 합니다. "마음"은 '프로네오'가 사용되었습니다. 생각입니다. 서로 생각을 같이하라는 말씀입니다. 즐거워하는 자들과 우는 자들과 생각을 같이하여 그들의 즐거운 일을 함께 즐거워하고 그들의 어려움에 함께 울라는 말씀입니다. 즉 생각을 그들의 즐거움과 그들의 고통에 함께 하라는 말씀입니다.

높은 데 마음을 두지 말고 도리어 낮은 데 처하며 스스로 지혜 있는 체하지 말라고 말하였습니다. 우리는 스스로 높은 생각을 하기 쉽습니다. 스스로 지혜 있다고 생각하기 쉽습니다. 그러므로 바울은 모든 일에 다툼이나 허영으로 하지 말고 오직 겸손한 마음으로 나보다 남을 낮게 여기라고 말하였습니다(빌 2:3). 베드로도 서로 겸손으로 허리를 동이라고 말하였습니다(벧전 5:5).

왜 그렇게 해야 합니까? 하나님은 교만한 자를 대적하시고 겸손한 자들에게는 은혜를 주시기 때문입니다(약 4:6, 벧전 5:5). 그러므로 하나님의 능하신 손 아래에서 겸손하면 때가 되면 높이실 것이라고 말하였습니다(벧전 5:6). 우리는 하나님께서 주신 믿음의 분량으로 높은 생각이 아니라 건전한 생각을 해야 합니다(롬 12:3). 다음은 나에게 악을 행하는 자들에 대한 말씀입니다.

17절 아무에게도 악을 악으로 갚지 말고 모든 사람 앞에서 선한 일을 도모하라
18절 할 수 있거든 너희로서는 모든 사람과 더불어 화목하라

아무에게도 악을 악으로 갚지 말고 모든 사람 앞에서 선한 일을 도모하라고 말씀합니다. 바울은 데살로니가에 보내는 편지에서도 동일한 말을 하였습니다.

> **"삼가 누가 누구에게든지 악으로 악을 갚지 말게 하고 서로 대하든지 모든 사람을 대하든지 항상 선을 따르라"(살전 5:15).**

우리의 변화 받지 못한 육신은 언제나 악에 대해 자동적으로 악으로 대응하려 합니다. 그러나 악을 악으로 갚지 말고 모든 사람을 대하여 선을 도모하고 따라야 한다고 말씀합니다. 데살로니가의 이 말씀은 기뻐하고 감사하고 기도하라, "이것이 그리스도 예수 안에서 너희를 향하신 하나님의 뜻이니라"라는 말씀으로 이어집니다(살전 5:18). 베드로도 악을 악으로, 욕을 욕으로 갚지 말고 도리어 복을 빌라고 말하고, 이를 위하여 너희가 부르심을 받았다고 말하였습니다(벧전 3:9). 선을 행함으로 고난을 받는 것이 하나님의 뜻입니다(벧전 3:17). 악을 악으로 갚지 않고 모든 사람 앞에서 선한 일을 도모하는 것이 우리를 향한 하나님의 뜻이고, 우리는 그 일을 위해 부르심을 받았습니다.

그리고 "에이 뒤나토스"가 사용되었습니다. "만일 할 수 있거든", "만일 가능하면"입니다. 만일 할 수 있거든 너희로서는 모든 사람과 더불어 화평하게 살라고 말씀합니다. 추적하듯이 박해하고 악을 행하는 자들도 있겠지만 만일 할 수 있다면 그런 자를 포함하여 모든 사람과 평화롭게 살라는 말씀입니다. 우리는 분쟁을 일으키는 자가 아니라 화평하게 하는 자들입니다. 화평하게 하는 자들은 화평으로 심어 의의 열매를 거둔다고 말씀합니다(약 3:18). 다음은 원수에 대한 말씀입니다.

> **19절 내 사랑하는 자들아 너희가 친히 원수를 갚지 말고 하나님의**

진노하심에 맡기라 기록되었으되 원수 갚는 것이 내게 있으니
내가 갚으리라고 주께서 말씀하시니라

바울은 먼저 "내 사랑하는 자들아"라고 말합니다. 그들은 바울과 함께 그리스도의 몸을 이루는 지체들입니다. 그는 "너희가 친히 원수를 갚지 말고 (다만) 너희는 하나님의 진노하심에 맡기라"라고 합니다. 그리고 '가르'가 사용되었습니다. 왜냐하면 성경에 기록되었으되 원수 갚는 것이 내게 있으니 내가 갚으리라고 주께서 말씀하셨기 때문이라는 것입니다. 즉 성경에 기록하기를 하나님께서 친히 원수를 갚겠다고 하셨으므로 너희가 스스로 원수를 갚지 말고 하나님의 진노하심에 맡기라는 것입니다. 이 말씀의 난외주 말씀입니다.

"그들이 실족할 그 때에 내가 보복하리라 그들의 환난날이 가까우니
그들에게 닥칠 그 일이 속히 오리로다"(신 32:35).

하나님께서 보복하실 것인데 그들의 환난날이 가까워 그 일이 속히 일어날 것이라고 말씀합니다. 성경에 그렇게 기록되어 있기 때문에 친히 원수를 갚지 말고 진노하심에 맡겨야 합니다.

20절 네 원수가 주리거든 먹이고 목마르거든 마시게 하라
그리함으로 네가 숯불을 그 머리에 쌓아 놓으리라

이어서 다만 네 원수가 주리거든 먹이고 목마르거든 마시게 하라고 말합니다. 그리고 이어 '가르'가 사용되었습니다. 왜냐하면 그리함으로 네가 숯불을 그 머리에 쌓아 놓는 것이기 때문이라는 것입니다. 이 말씀은 앞 절의 말씀보다 더 적극적인 행동을 말씀합니다. 앞 절에서는 다만 원수를 갚지 않고 주의 진노하심에 맡기는 말씀이었습니다. 그러나 이제 원수가 배고프고 목마를 때 음식을 주고 물을 마시게 하는 행동을 말씀합니다. 그렇게 함으로 핀 숯을 그 머리에 쌓아놓는 것이라고 말씀합니다. 이 말씀의 난외주는 "잠 25:21 이하"라고 기록합니다. 하지만 21절 이하가 아니라 이상의 말씀이 이 말씀과 같습니다.

> "네 원수가 배고파하거든 음식을 먹이고 목말라하거든 물을 마시게
> 하라 그리 하는 것은 핀 숯을 그의 머리에 놓는 것과 일반이요
> 여호와께서 네게 갚아 주시리라"(잠 25:21,22).

네 원수가 배고파하거든 음식을 먹이고 목말라하거든 물을 마시게 하라고 말씀합니다. 그리고 그렇게 하는 것은 핀 숯을 그의 머리에 놓는 것과 일반이라고 말씀하고, 하나님께서 갚아 주실 것이라고 말씀합니다.
  그렇다면 "핀 숯을 그의 머리에 놓는 것"의 의미가 무엇입니까? 이 의미를 알기 위해 22절 말씀을 다른 번역본으로 보겠습니다.

> "이렇게 하는 것은, 그의 낯을 뜨겁게 하는 것이며, 주님께서 너에게
> 상으로 갚아 주실 것이다."(잠 25:22, 새번역).
> "그것은 그의 얼굴에 모닥불을 피워주는 셈이니, 야훼께서 너에게
> 갚아주시리라."(잠 25:22, 공동번역).

원수가 주릴 때 먹을 것을 주고 목말라할 때 물을 주는 것은 "그의 얼굴에 모닥불을 피워주는 셈"이며, "그의 낯을 뜨겁게 하는 것"이라고 말씀합니다. 즉 원수로 부끄러워하게 하는 행동이라는 것입니다. 나는 악하게 했는데

상대방은 내가 배고플 때 먹을 것을 주고 내가 목마를 때 마실 것을 줍니다. 나에게 악을 갚아 주지 않는 행동들은 나의 잘못에 대해 부끄러움을 느끼게 할 것입니다. 또한 하나님께서 갚아주실 것입니다.

예수님은 우리가 세상의 소금이고 빛이라고 하셨습니다. 그러므로 우리의 빛을 사람 앞에 비치게 하여 그들로 우리의 착한 행실을 보고 아버지께 영광을 돌리게 하라고 말씀하셨습니다(마 5:16). 그들 중 아버지께 영광을 돌리며 돌아오는 자가 있을 것입니다. 물론 그렇지 않을 수도 있겠지만 원수를 향한 선한 일은 그로 부끄럽게 한다는 것입니다. 그리고 하나님께서는 선을 행한 자에게 상으로 갚아 주실 것이라고 말씀합니다.

바울은 신명기와 잠언에서 하나님께서 원수를 갚으시겠다고, 원수가 주리거든 먹이고 목마르거든 마시게 하라고 기록하였기 때문에 너희가 친히 원수를 갚지 말고 하나님의 진노하심에 맡기라고 말하였습니다. 그는 복음에 대해서 철저하게 모세와 선지자의 글을 통해 설명했던 것처럼 삶의 태도에 대해서도 성경에 근거하여 말하고 있습니다.

21절 악에게 지지 말고 선으로 악을 이기라

너는 악에게 정복당하지 말고 다만 선으로 악을 정복하라고 말씀합니다. 이 말씀은 앞의 말씀인 원수에 대한 마무리 말씀입니다. 원수의 악에 지지 말고 먹을 것을 주고 마실 것을 주는 선으로 악을 이기라는 말씀입니다. 그것이 악을 이기는 방법입니다. 악을 악으로 이기는 것이 아니라 선으로 악을 이기는 것입니다. 그의 선이 그를 구원할 것이기 때문입니다. 하나님께서 그들에게 보복하시고, 또한 상으로 갚아주실 것이기 때문입니다. 선은 오직 하나님의 것입니다. 우리는 악을 행하는 자가 아니라 선을 행하는 자들입니다. 예수님께서도 원수에 대해서 말씀하셨습니다.

"그러나 너희 듣는 자에게 내가 이르노니 너희 원수를 사랑하며 너희를 미워하는 자를 선대하며 너희를 저주하는 자를 위하여 축복하며 너희를 모욕하는 자를 위하여 기도하라 너의 이 뺨을 치는 자에게 저 뺨도 돌려대며 네 겉옷을 빼앗는 자에게 속옷도 거절하지 말라 네게 구하는 자에게 주며 네 것을 가져가는 자에게 다시 달라 하지 말며 남에게 대접을 받고자 하는 대로 너희도 남을 대접하라"(눅 6:27~31).

예수님께서는 원수를 돌보는 말씀이 아니라 사랑에 대한 말씀을 하십니다. 원수를 사랑하라는 것입니다. 어떻게 사랑합니까? 미워하는 자를 선대하고, 저주하는 자를 위하여 축복하고, 모욕하는 자를 위하여 기도하라고 말씀합니다. 선대하고 축복하고 기도하라는 것입니다.

어떻게 악을 선으로 갚는지를 말씀합니다. 이 뺨을 치는 자에게 저 뺨도 돌려대고, 겉옷을 빼앗으면 속옷도 거절하지 말고, 구하는 자에게 주고 내 것을 가져가는 자에게 다시 달라 하지 않는 것입니다. 결론은 네가 대접받고자 하는 대로 남을 대접하라는 것입니다. 이어서 왜 그렇게 해야 하는지에 대해서도 말씀합니다.

"너희가 만일 너희를 사랑하는 자만을 사랑하면 칭찬 받을 것이 무엇이냐 죄인들도 사랑하는 자는 사랑하느니라 너희가 만일 선대하는 자만을 선대하면 칭찬 받을 것이 무엇이냐 죄인들도 이렇게 하느니라 너희가 받기를 바라고 사람들에게 꾸어 주면 칭찬 받을 것이 무엇이냐 죄인들도 그만큼 받고자 하여 죄인에게 꾸어 주느니라 오직 너희는 원수를 사랑하고 선대하며 아무 것도 바라지 말고 꾸어 주라 그리하면 너희 상이 클 것이요 또 지극히

높으신 이의 아들이 되리니 그는 은혜를 모르는 자와 악한 자에게도
인자하시니라 너희 아버지의 자비로우심 같이 너희도 자비로운 자가
되라"(눅 6:32~36).

만일 자신을 사랑하는 자만을 사랑하면, 선대하는 자만을 선대하면,
받기를 바라고 사람들에게 꾸어 주면 칭찬받을 무엇이냐고 말씀합니다.
나에게 잘하는 사람에게 잘하는 것은 즉 칭찬받을 것이 없다는
말씀입니다. 또한 죄인들도 사랑하는 자를 사랑하고 선대하는 자를
선대하고 받고자 하여 꾸어 준다고 말씀합니다. 죄인들도 나에게 잘해 주는
사람에게 잘한다는 것입니다.

그러므로 예수님은 오직 원수를 사랑하고 선대하며 아무 것도 바라지
말고 꾸어 주라고 말씀합니다. 그렇게 하면 너희 상이 클 것이고 또 지극히
높으신 이의 아들이 될 것이라고 말씀합니다. 그렇게 한다면 하나님의
아들로 존재할 것이라는 말씀입니다. 그분은 어떤 분이십니까? 그분은
은혜를 모르는 자와 악한 자에게도 인자하신 분이기 때문입니다. 그러므로
너희 아버지의 자비로우심 같이 너희도 자비로운 자가 되라고 말씀합니다.
지극히 높으신 분의 아들로 아버지처럼 하라는 것입니다.

우리는 하나님의 신성한 성품에 참여한 자들입니다(벧후 1:4). 하나님의
사랑은 우리 안에 부어졌고, 그 사랑은 우리 안에서 쏟아져 나옵니다(롬
5:5). 요한은 우리가 형제를 사랑함으로 사망에서 옮겨 생명으로 들어간
줄을 안다고 말하였습니다(요일 3:14). 그 사랑으로 은혜를 모르는 자와
악한 자에게도 인자하신 아버지처럼 인자하게 하라는 것입니다(엡 4:24).

요약

바울은 로마서를 마치면서 "그러므로"로 우리가 어떻게 살아야 할 것인가를 말씀합니다. 먼저 몸과 마음과 생각에 대한 말씀입니다.

몸은 하나님이 기뻐하시는 거룩한 산 제물로 드리고, 마음은 이 세대를 본받지 말고 오직 마음을 새롭게 함으로 변화를 받아 하나님의 뜻이 무엇인지 분별하도록 하라고 말합니다. 생각은 오직 하나님께서 각 사람에게 나누어 주신 믿음의 분량대로 지혜롭게 온전한 생각을 하라고 말합니다.

다음은 그리스도의 몸의 지체로서의 삶에 대한 말씀입니다. 받은 은사대로 자신의 역할을 충실히 하며 선에 달라붙어 사랑과 형제애로 행해야 합니다. 주를 섬김에서도 게으르지 말고 뜨거운 열심을 품어야 합니다. 즐거워하며 참으며 기도에 항상 힘써야 합니다. 성도들의 필요를 공급하며 환대해야 합니다.

다음은 다른 사람입니다. 박해하는 자를 축복하고, 악을 행하는 자에게 악으로 갚지 말고 모든 사람 앞에서 선한 일을 도모하여 할 수 있다면 모든 사람과 더불어 화목하라고 말씀합니다. 친히 원수를 갚지 말고 하나님의 진노하심에 맡기고, 그가 주리면 먹이고 목마르면 마시게 하라고 말씀합니다.

II. 사랑 빚 외에는 아무 빚도 지지 말라(롬 13:1~14)

그리스도와 연합된 우리는 어떻게 살아야 합니까? 앞 장은 몸과 마음과 생각에 대한 말씀과 그리스도 안에 있는 지체들인 성도들과 그리스도 밖에 있는 사람들에게 어떻게 할 것인가에 대한 말씀이었습니다. 13장은 권세에 대한 말씀, 사랑 그리고 빛의 갑옷을 입는 삶을 말씀합니다.

1. 권세들에게 복종하라(롬 13:1~7)

1) 왜 권세에 복종해야 합니까?

1절 각 사람은 위에 있는 권세들에게 복종하라 권세는 하나님으로부터 나지 않음이 없나니 모든 권세는 다 하나님께서 정하신 바라

권세에 대한 바울의 말은 "각 사람은 위에 있는 권세들에게 복종하라"라는 말로 시작합니다. 명령형입니다. 11장 26절에서처럼 전체를 의미하는 '파스'가 관사 없이 단수로 사용되었습니다. 전체가 아니라 각각의 사람입니다.

"권세"는 '엑수시아'로 권위, 사법권, 지배력 등을 의미합니다. "복종하라"는 '아래에 두다', '종속시키다', '복종하다'의 뜻을 가진 '휘포탓소'가 사용되었습니다. '휘포탓소'는 로마서 8장 20절에서는 '굴복하다'로 번역하였습니다. 각 사람은 그들 위에 있는 권위, 사법권, 지배력들 아래 자신을 두고 굴복해야 합니다.

그리고 이유를 말하는 '가르'가 사용되었습니다. 위에 있는 권세들에게 복종해야 하는 이유입니다. 왜냐하면 권세는 하나님으로부터 나지 않음이 없기 때문입니다. 또한 모든 권세는 다 하나님께서 정하신 것이기 때문입니다. 하나님으로부터 나지 않은 권세는 없다는 말씀은 모든 권세는 하나님으로부터 나온다는 말씀입니다. "정하신"은 '두다', '배열하다', '지정하다' 등의 뜻을 가진 '탓소'가 사용되었습니다. 모든 권세는 다 하나님께서 배치하신 것입니다.

그러므로 1절에서 말씀하는 것은 모든 권세는 하나님에 의해 나오고 하나님께서 지정하여 배치하신('탓소') 것이므로 자신보다 위에 있는 권세 아래에 자신을 두라('휘포탓소')는 말씀이었습니다. 여기에는 그들이 정당하고 정당하지 않음에 대한 말씀은 없습니다. 하나님께서 정하신 위치에 있으라는 말씀이었습니다.

2절 그러므로 권세를 거스르는 자는 하나님의 명을 거스름이니 거스르는 자들은 심판을 자취하리라

이 말씀 앞에 접속사 '호스테'가 사용되었습니다. '그러므로', '그런즉' 입니다. 그러므로 권세를 거스르는 자는 하나님의 명령을 거스르는 것이므로, 하나님의 명령을 거스르는 자들은 심판을 자취할 것이라고 말합니다.

앞에 "거스르는"은 '안티탓소마이'가, "거스름"과 뒤의 "거스르는"은 '안디스테미'가 사용되었습니다. 두 단어 모두 반대하고 대항하는 것을 의미합니다. 하지만 앞의 단어는 자신을 반대편에 두는 것을, 뒤의 단어는 반대하여 거역함을 나타냅니다. 즉 자신을 권세 아래 두지 않고 반대편에 두는 것은 하나님의 명령에 거역하는 것이므로 하나님의 심판을 자취하는 것이라고 말씀합니다. 모든 권세가 하나님께서 정하신 것이라면 권세에 복종하지 않고 거스르는 것은 하나님의 명령을 거역하는 것입니다. 하나님의 명령을 거역한다면 심판을 받을 것입니다.

이 말씀에서 심판은 죽은 후 지옥에 가는 심판을 의미하지는 않습니다. 그리스도 안에 있는 자에게는 결코 정죄함이 없기 때문입니다. 그러나 믿는 자에게 있는 그리스도의 심판대 앞에서 결산할 수는 있을 것입니다(롬 14:10). 또한 이 땅에서 하나님의 심판을 자취하기도 할 것입니다. 이 말씀은 4절에서 말씀하는 하나님의 사역자가 되어 악을 행하는 자에게 진노하심을 따라 보응하는 자의 심판을 의미하기도 합니다. 어떤 사람의 죄는 밝히 드러나 먼저 드러나고 어떤 사람의 죄는 그 뒤를 따르게 됩니다(딤전 5:24). 반역은 또 다른 반역을 불러오기도 합니다.

3절 다스리는 자들은 선한 일에 대하여 두려움이 되지 않고 악한 일에 대하여 되나니 네가 권세를 두려워하지 아니하려느냐 선을 행하라 그리하면 그에게 칭찬을 받으리라

이 말씀 앞에도 '가르'가 사용되었습니다. 이 말씀은 권세에 복종해야 하는 또 다른 이유입니다. 왜냐하면 다스리는 자들은 선한 일에 대하여 두려움이 되지 않고 다만 악한 일에 대하여 되기 때문입니다. 그리고 '데'가 사용되었습니다. 그러나 네가 권세를 두려워하지 않기를 원하느냐 선을 행하라 그리하면 그에게 칭찬을 받을 것이라고 말합니다.

대부분의 정상적인 권세의 다스림은 선한 일이 아니라 악한 일을 행할 때

두려움의 대상이 됩니다. 그러므로 그 권세를 두려워하지 않기를 원한다면 선을 행하라는 것입니다. 그렇게 한다면 그는 칭찬을 받을 것입니다. 왜 그렇습니까?

4절 그는 하나님의 사역자가 되어 네게 선을 베푸는 자니라 그러나 네가 악을 행하거든 두려워하라 그가 공연히 칼을 가지지 아니하였으니 곧 하나님의 사역자가 되어 악을 행하는 자에게 진노하심을 따라 보응하는 자니라

이 말씀 앞에도 '가르'가 사용되었습니다. 왜냐하면 그는 하나님의 사역자가 되어 네게 선을 베푸는 자이기 때문이라는 것입니다. 이어서 '에안 데'가 사용되었습니다. "그러나 만일"입니다. 그러나 만일 네가 악을 행하거든 두려워하라고 합니다.

그리고 '가르'가 사용되었습니다. 왜 두려워해야 합니까? 그가 공연히 칼을 가지지 아니하였기 때문입니다. 그가 목적 없이 칼을 몸에 지니고 있는 것이 아니라는 말씀입니다. 그리고 이어서 또 '가르'가 사용되었습니다. 그가 칼을 가지고 있는 이유입니다. 그것은 그는 하나님의 사역자가 되어 악을 행하는 자에게 진노하심을 따라 보응하는 자이기 때문입니다.

이 말씀은 앞 절에 대한 추가 설명입니다. 권세는 선한 일에 두려움이 되지 않고 다만 악한 일에 대하여 두려움이 됩니다. 그것은 그는 하나님의 사역자로 선을 베푸는 자이기 때문입니다. 그는 목적 없이 칼을 가지고 있는 것이 아닙니다. 그는 하나님의 사역자로 악을 행하는 자에게 진노하심을 따라 보응하는 자이기 때문입니다.

이 말씀에서 두 번 사용된 "사역자"는 '시중드는 자', '대리인'의 뜻을 가진

'디아코노스'가 사용되었습니다. "베푸는"과 "따라"는 도달됨을 의미하는 '에이스'가 사용되었습니다. 그는 하나님의 대리인으로 선에 이르도록, 선한 일을 위하여 있습니다. 그는 하나님의 대리인으로 악을 행하는 자에게 하나님의 진노에 이르도록 벌주는 자입니다.

악과 무질서가 마귀가 원하는 것이라면, 선과 질서와 평안은 하나님께서 원하시는 모습입니다. 권세는 기본적으로 선한 일을 장려하고 악한 자를 징계하기 위하여 존재합니다. 어느 나라든 법으로 규정하는 죄들이 있고 악을 행하는 자를 처벌하는 관리와 구조와 절차가 있어 악을 행하는 자들에게 형을 집행하게 됩니다. 그렇다면 다스리는 자들은 이스라엘의 왕이 하나님을 대신하여 그들을 다스리는 대리인이었던 것처럼 하나님의 대리인입니다.

5절 그러므로 복종하지 아니할 수 없으니 진노 때문에 할 것이 아니라 양심을 따라 할 것이라

이 말씀 앞에 '디오'가 사용되었습니다. '그 결과로서', '그러므로'입니다. 앞의 말씀에 대한 결과입니다. 즉 그는 하나님의 대리인으로 선한 일을 위하고, 하나님의 대리인으로 악을 행하는 자에게 진노를 위하여 보응하는 자입니다. 그러므로 복종하지 아니할 수 없으니 진노 때문에 할 것이 아니라 양심을 따라 할 것이라고 말합니다. 복종하지 아니할 수 없다는 것입니다.

즉 하나님의 대리인으로 일한다면 복종해야만 합니다. 그리고 그것은 양심을 따르는 것입니다. 그러므로 단지 진노 때문에 즉 보응을 받지 않기 위해가 아니라 양심 때문에 해야 한다는 것입니다. 그리스도인의 양심은 선한 일을 도모합니다. 그러므로 양심에 따라 선한 일을 위하는 하나님의 대리인의 권세에 복종하라는 것입니다.

6절 너희가 조세를 바치는 것도 이로 말미암음이라 그들이 하나님의 일꾼이 되어 바로 이 일에 항상 힘쓰느니라

이 말씀 앞에도 '가르'가 사용되었습니다. 왜냐하면 너희가 조세를 바치는 것도 이로 말미암았기 때문이라고 합니다. 이 말씀은 5절의 이유입니다. 조세를 바치는 것도 진노 때문이 아니라 양심 때문입니다. 그리고 이어서 '가르'가 사용되었습니다. 왜냐하면 그들은 하나님의 일꾼이 되어 바로 이 일에 항상 힘쓰기 때문이라는 것입니다.

이 말씀에서 "일꾼"은 '공적인 일꾼', '봉사하는 자'의 뜻을 가진 '레이투르고스'가 사용되었습니다. 그들은 하나님의 공적인 일꾼으로 선을 이루고 악한 자를 벌주는 일에 항상 힘쓰는 자들입니다. 그러므로 세금을 바치는 것도 진노 때문이 아니라 양심에 따라 합니다.

2) 모든 자에게 의무를 다하라

7절 모든 자에게 줄 것을 주되 조세를 받을 자에게 조세를 바치고 관세를 받을 자에게 관세를 바치고 두려워할 자를 두려워하며 존경할 자를 존경하라

모든 자에게 줄 것을 주라고 합니다. "줄 것"은 '빚, 의무, 세금' 등의 뜻을 가진 '오페일레'가 사용되었습니다. 모든 자에게 부과할 의무와 세금을 주라는 것입니다. 그리고 어떻게 줄 것을 주어야 할지 구체적으로 말합니다. "조세를 받을 자에게 조세를 바치고 관세를 받을 자에게 관세를 바치고 두려워할 자를 두려워하며 존경할 자를 존경하라"고 말합니다.

이 말씀은 어떻게 복종해야 할지에 대한 말씀이기도 합니다. 조세든 관세든 바쳐야 할 것을 다 바치고, 두려워해야 하는 자면 두려워하고 존경해야 할 자면 존경하는 것입니다. 마땅히 해야 할 의무를 다하라는 것입니다.

바울은 권력자가 행하는 어떤 과오나 그릇 됨 등 권세자의 어떠함에 대해서는 언급도 하지 않습니다. 다스리는 권세는 그런 것이라고만 말하고 있습니다. 권세는 하나님께로부터 나는 것으로 하나님께서 정하신 것이라면, 그가 하나님의 대리인으로 선을 위하여 일하고 악한 자를 징벌한다면, 하나님의 일꾼으로 이 일에 항상 힘쓴다면, 마땅히 줄 것을 주어야 한다는 것입니다. 권세 아래 자신을 두고 조세와 관세를 바치고, 두려워하고 존경해야 한다는 것입니다.

2. 사랑은 율법의 완성(롬 13:8~10)

8절 피차 사랑의 빚 외에는 아무에게든지 아무 빚도 지지 말라 남을
사랑하는 자는 율법을 다 이루었느니라

바울은 "피차 사랑의 빚 외에는 아무에게든지 아무 빚도 지지 말라"라고 합니다. "피차"는 '알렐론'이 사용되었습니다. '알렐론'은 상호 대명사로 '서로'의 뜻이 있습니다. 이 단어는 예수님께서 "서로 사랑하라" 하실 때에도 사용되었습니다. 그러므로 새 언약의 계명을 말씀함을 알 수 있습니다. 서로는 그리스도 안에서 몸을 이루는 지체들입니다. 서로 사랑입니다.

"빚"은 앞 절인 7절에서 "줄 것"과 같은 단어 '오페일로'가 사용되었습니다. 즉 서로 사랑하는 것 외에는 아무것도 부과할 것을 남겨두지 말라는 말씀입니다. 이 말씀은 앞 절과 연결되는 말씀으로 세금이든 공경할 대상이든 줄 것을 다 주고 서로 사랑하라는 계명의 부과할 것만 남겨두라는 말씀입니다.

권세들에게 부과할 의무와 서로 사랑하라는 의무가 서로 대조됩니다. 바울은 이 구절에서 권세에 대한 말씀에서 사랑에 대한 말씀으로 이어갑니다. 그러므로 이 말씀은 권세들에게는 의무를 다 할 수 있지만, 서로 사랑하는 것에는 다함이 없다는 말씀이기도 합니다. 사랑은 갚을 수 있는 것이 아닙니다. 그러므로 사랑의 빚을 질 수밖에 없습니다.

이어서 '가르'가 사용되었습니다. 그 이유입니다. 왜냐하면 남을 사랑하는 자는 율법을 다 이루었기 때문입니다. "다 이루었느니라"는 '가득 차게 하다', '완성하다', '성취하다'의 뜻을 가진 헬라어 '플레로오'가 사용되었습니다. 즉 남을 사랑하는 자는 율법을 완성하게 됩니다. 그러므로 서로 사랑하라는 의무의 빚진 자로 계속 살라는 말씀입니다. 다음 절은 율법에 대한 말씀입니다.

9절 간음하지 말라, 살인하지 말라, 도둑질하지 말라, 탐내지 말라
한 것과 그 외에 다른 계명이 있을지라도 네 이웃을 네 자신과
같이 사랑하라 하신 그 말씀 가운데 다 들었느니라

이 말씀 앞에도 '가르'가 사용되었습니다. 왜냐하면 그것은 간음하지 말라, 살인하지 말라, 도둑질하지 말라, 탐내지 말라 한 것과 그 외에 다른 계명이 있을지라도 네 이웃을 네 자신과 같이 사랑하라 하신 그 말씀 가운데 다 들어있기 때문이라고 합니다.

이 말씀은 앞 절의 말씀인 남을 사랑하는 자는 율법을 다 이루는 이유입니다. 사랑의 계명을 지키면 율법을 완성하게 되는데 그것은 율법의 여러 계명들이 있을지라도 그 모든 계명들이 네 이웃을 네 자신과 같이 사랑하라 하신 그 말씀 가운데 다 들어있기 때문이라는 것입니다. 바울은 사랑의 계명이 율법을 완성하는 이유를 율법의 계명을 다 포함하는 네 이웃 사랑하기를 네 몸과 같이 하라는 말씀으로 설명하고 있습니다.

하나님께서는 이스라엘에게 "네 이웃 사랑하기를 네 자신과 같이 하라"는 말씀하셨습니다(레 19:18). 그러나 그것이 율법의 계명들을 모두 포함한다고는 말씀하지 않으셨습니다.

하지만 예수님께서는 율법 중에서 어느 계명이 크냐는 질문에 "네 마음을 다하고 목숨을 다하고 뜻을 다하여 주 너의 하나님을 사랑하라"가 크고 첫째 되는 계명이고, 둘째는 "네 이웃을 네 자신과 같이 사랑하라"라는 것이라고 말씀하셨습니다(마 22:37~39). 그리고 이 두 계명이 온 율법과 선지자의 강령이라고 하셨습니다(마 22:40). 어떤 율법 교사도 율법에 무엇이라 기록되었는지를 물으시는 예수님의 물음에 하나님 사랑과 이웃 사랑으로 같은 대답을 하였습니다(눅 10:27). 예수님도 율법 교사도 사람을 향한 온 율법과 강령은 네 이웃을 네 자신과 같이 사랑하라는 계명이라고 말하고 있습니다.

그러므로 바울은 남을 사랑하는 자는 율법을 다 이룬다고 말하고 있습니다. 그는 갈라디아에 보내는 편지에서도 "온 율법은 네 이웃 사랑하기를 네 자신 같이 하라 하신 한 말씀에서 이루어졌나니"라고 하였습니다(갈 5:14). 이 말씀에서 "이루어졌나니"라는 8절에서 사용된 '플레로오'가 사용되었습니다. 온 율법은 네 이웃 사랑하기를 네 자신 같이 하라 하신 한 말씀에서 완성되었습니다. 지금 율법의 계명에 대해서 말하고 있습니다. 율법의 계명이 많을지라도 네 이웃을 네 자신과 같이 사랑하라

하신 그 말씀 가운데 다 들어있다는 것입니다.

그러므로 야고보는 "너희가 만일 성경에 기록된 대로 네 이웃 사랑하기를 네 몸과 같이 하라 하신 최고의 법을 지키면 잘하는 것"이라고 말하였습니다(약 2:8). 그것을 지키는 것은 율법을 다 이루는 것이므로 잘하는 것입니다. 다시 사랑에 대한 말씀입니다.

10절 사랑은 이웃에게 악을 행하지 아니하나니 그러므로 사랑은 율법의 완성이니라

이 말씀에서 "사랑"은 정관사와 함께 '아가페'가 사용되었습니다. 하나님의 사랑입니다. 그 사랑은 이웃에게 악을 행하지 않습니다. 이웃에게 악을 행하지 않고 선을 행한다면 더 이상의 계명은 필요치 않을 것입니다. 그러므로 사랑은 율법의 완성이라고 말씀합니다.

"완성이니라"는 '플레로오'의 명사인 '플레로마'가 사용되었습니다. 남을 사랑하는 자는 율법을 다 이루었습니다('플레로오', 8절), 사랑은 율법의 완성(플레로마)입니다(10절). 이 말씀들은 새 언약의 계명인 사랑에 대한 말씀입니다. 사랑은 율법을 완성하는 것입니다. 율법을 하나씩 지키려고 애쓰지 않아도 사랑의 계명을 지킨다면 모든 율법을 이루는 것, 즉 완성하는 것이 됩니다.

바울은 사랑의 계명을 율법의 계명과 나란히 비교하여 말하고 있습니다. 율법의 대표가 되는 네 이웃 사랑하기를 네 몸과 같이 하라는 계명을 지키면 율법을 완성하는 것입니다. 또한 남에게 악을 행하지 않는 사랑도 율법을 완성하는 것입니다. 하나님의 법인 율법은 사랑의 새 계명과 같다는 것입니다. 모두 사랑입니다. 결국 서로 사랑하라는 의무를 계속 행하라는 말씀이었습니다.

• 예수님께서 말씀하신 새 언약의 계명

 앞에서 살펴본 것처럼 율법은 네 이웃을 네 자신과 같이 사랑하라는 말씀으로 요약됩니다. 하지만 새 언약의 계명은 그것과는 조금 다릅니다. 예수님께서는 "내가 너희를 사랑한 것 같이 너희도 서로 사랑하라"라고 하셨기 때문입니다.

 율법은 "네 자신과 같이"로 우리 자신을 향한 사랑을 말하고, 새 계명은 "내가 너희를 사랑한 것 같이"로 예수님께서 우리를 사랑하신 사랑을 말합니다.

 율법이 말하는 내 이웃을 내 몸과 같이 사랑하는 것도 쉽지 않습니다. 아무도 그렇게 살지 못했습니다. 그런데 예수님은 그분께서 우리를 사랑한 것과 같이 사랑하라고 말씀하십니다. 그리고 그것이 권면이 아니라 계명이라고 하십니다(요 13:34, 15:12). 예수님께서 하라고 하신 사랑은 사람의 생각으로는 불가능한 말씀입니다. 그런데 예수님은 왜 이렇게 말씀하셨까요?

 우리는 자주 본질을 벗어난 채 어떤 행위들에 초점을 맞춥니다. 그리고 이건 불가능하다고 생각하며 낙심합니다. 그러나 예수님께서는 이어서 보혜사 성령님을 보내실 것을 말씀하셨고(요 14:16,17), 성령님을 통하여 그분이 아버지와 함께 우리 안에 오셔서 거처를 삼고 영원히 사실 것을 말씀하셨습니다(요 14:23). 삼위 하나님이 우리 안에 사실 것입니다. 그러므로 "내가 너희를 사랑한 것 같이 서로 사랑하라"는 말씀이었습니다.

 말씀은 우리의 정체성을 말씀하고 그 정체성에 따라 살 것을 말씀합니다. 지금 바울도 앞 장들에게 우리가 어떤 자인지를 말하였습니다. 12장 서두에서도 언급했던 것처럼 "그러므로"입니다.

 이 부분을 이해하기 위해 율법의 계명을 받은 이스라엘과 사랑의 계명을 받은 영적인 이스라엘이 어떻게 다른지 좀 더 살펴보도록 하겠습니다.

• 율법을 받은 이스라엘과 사랑의 계명을 받은 영적 이스라엘

모세를 통해 하나님으로부터 율법을 받은 이스라엘은 거듭나지 못한 자들이었습니다. 그들은 영이 새롭게 됨을 받지 못하였습니다. 그러므로 하나님께서는 육신으로 지킬 수 있는 계명들을 말씀하셨습니다.

이스라엘은 육신에 속하여 그 계명의 깊은 뜻도 알지 못하였습니다. 그들은 계명의 조항들에만 매달렸고, 그 계명에 하나님께서 말씀하지 않은 다른 규정들을 만들어 그것을 지켰습니다. 그리고 그것은 오히려 사람들에게 무거운 짐이 되었습니다(눅 11:46). 거기에는 하나님을 경외함도 이웃을 사랑함도 없었습니다.

그러므로 예수님은 그들이 십일조는 드렸지만, 율법의 중한 바 공의와 하나님께 대한 사랑은 버렸다고(눅 11:42), 정의와 긍휼과 믿음은 버렸다고 말씀하셨습니다(마 23:23). 그뿐 아니라 예수님은 살인과 간음과 같은 행동만이 아니라 마음으로 가지는 그런 생각도 죄라고 하나님께서 보시는 진정한 율법을 말씀하셨습니다. 그것은 육신을 가진 사람이 지킬 수 있는 계명이 아니었습니다.

그러므로 하나님은 새 언약을 말씀하셨습니다. 새 영을 우리 속에 두고 새 마음을 우리에게 주실 것을, 또 그분의 영을 우리 속에 두어 우리로 하나님의 율례를 행하게 하실 것을 말씀하셨습니다(겔 36:26,27). 예수 그리스도의 대속을 통하여 그 일은 이루어졌습니다. 이제 그를 믿는 자마다 영생을 얻게 됩니다. 우리의 영이 새로워졌고 하나님의 영은 우리 안에 오셨습니다. 우리는 그리스도와 연합하여 하나님의 생명과 연합되었고 영으로 산자가 되었습니다. 우리는 그리스도와 연합하여 옛 생명이 죽고 그분과 함께 살아서 그분과 함께 공생하는 자가 되었습니다 (롬 6:8, 딤후 2:11). 예수님은 그렇게 될 제자들에게 그리고 우리에게 "내가 너희를 사랑한 것 같이 너희도 서로 사랑하라"라고 말씀하신 것입니다 (요 13:34, 15:12).

그러므로 요한은 우리가 형제를 사랑함으로 사망에서 옮겨 생명으로 들어간 줄을 안다고 하였습니다(요일 3:14). 우리가 형제를 사랑함으로 사망에서 옮겨 생명으로 들어간 줄을 안다는 것입니다. 즉 사랑은 거듭남의 증거라고 말하고 있습니다. 사랑이신 하나님이 내 안에 계신다면 나는 그 아가페의 사랑을 가지고 있는 것입니다.

베드로도 우리가 진리를 순종함으로 우리 영혼을 깨끗하게 하여 거짓이 없이 형제를 사랑하기에 이르렀다고 말하였습니다(벧전 1:22). 우리는 진리의 말씀에 순종함으로 거짓 없이 형제를 사랑하기에 이르렀습니다. 그러므로 마음으로 뜨겁게 서로 사랑하라고 말씀합니다.

바울도 우리에게 주신 성령님을 통하여 하나님의 사랑은 우리 안에 부은 바 되었고, 그 성령으로 말미암아 우리 안에서 쏟아져 나온다고 하였습니다(롬 5:5). 그러므로 사랑을 받는 자녀같이 하나님을 본받는 자가 되고, 예수님께서 우리를 사랑하신 것같이 우리도 사랑 가운데서 행하라고 말씀합니다(엡 5:1,2).

• 사랑의 계명을 행하기 위한 지침

사랑의 계명도 행위들을 나열한다면 율법처럼 지키기 힘든 것이 될 것입니다. 사랑의 계명은 육신으로 행하지만, 육신의 법이 아니고 영의 법입니다. 이제 율법 조문이 아니라 영의 새로운 것으로 섬겨야 합니다 (롬 7:6).

앞에서 살펴본 것처럼 그 사랑은 하나님의 영과 함께 있는 우리 영에서부터 나오는 사랑을 말하기 때문입니다. 하나님의 생명으로 태어난 자들 안에 있는 하나님의 사랑으로 행하라는 것입니다. 하나님은 우리를 그리스도와 연합하여 그분과 함께 새 생명으로 살리셔서 그 새 생명 가운데서 행하게 하려 하셨습니다(롬 6:4). 그러므로 없는 사랑을 우리 스스로가 만들어 사랑하라는 말씀이 아님을 알 수 있습니다.

그렇다면 실제 삶에서는 어떻게 사랑합니까? 먼저 거듭난 나는 사랑하는 자라는 것을 아는 것이 중요합니다. 하나님께서 우리에게 주신 것은 오직 능력과 사랑과 절제하는 영(마음)이라고 말씀합니다(딤후1:7). 우리는 하나님의 신성에 참여한 자들이라고 말씀합니다(벧후 1:4).

그런데 우리 자신을 살펴보면 우리에게는 사랑이 없습니다. 하나님의 사랑은 감정과 생각을 말하지 않습니다. 그 사랑은 나의 생각과 몸인 육신 안에 있지 않기 때문입니다. 변화 받지 못한 육신 안에는 선한 것이 없습니다(롬 7:18). 하나님의 사랑은 성령으로 말미암아 우리 안에 즉 우리의 영 안에 부은 바 되었습니다(롬 5:5). 그러므로 그 사랑은 오직 그리스도와 연합하여 하나님의 생명으로 태어난 나의 영 안에 있습니다.

영은 우리가 느낄 수 있는 영역이 아닙니다. 내가 거듭나 새로운 피조물이 되었지만 느낌으로는 달라진 것이 없는 것과 같습니다. 그러므로 느낌과 생각이 아니라 말씀에 따라 그 사랑이 나에게 있다고 인정해야 합니다. 영의 모습을 인정하는 것입니다. 그것이 믿음의 삶이기도 합니다.

다음은 사랑에 대해서 말씀은 어떻게 말씀하는지 알아야 합니다. 사랑도 믿음처럼 행함이 뒤따라야 하기 때문입니다(약 2:22). 성경은 행동하는 사랑을 말씀합니다(약 2:16, 요일 3:18). 그러기 위해서는 자유롭게 하는 온전한 율법인 말씀의 거울을 계속 들여다보아야 합니다(약 1:25). 우리의 정체성에 대해서도 말씀의 거울을 들여다보아야 하겠지만, 사랑을 말씀하는 고린도전서 13장과 요한일서의 말씀도 계속 들여다보아야 합니다. 하나님께서 말씀하시는 사랑은 사람이 생각하는 사랑과 다릅니다. 그 말씀들을 계속 묵상하고 인정하는 것입니다. 그렇게 할 때 사랑을 실천하는 자리에 이르게 됩니다(약 1:25).

하나님의 사랑이 우리 안에 부어졌다고, 내가 그분과 하나로 있다고 저절로 사랑하는 것이 이루어지지 않습니다. 선한 것이 없는 육신은 현실에서 사랑보다는 이는 이로 눈은 눈으로 되갚아 주려 합니다. 또한 선보다는 악을 행하려 할 것이기 때문입니다. 그러나 하나님의 사랑은 악을 행하지 않습니다(롬 13:10).

성령님은 하나님의 선을 행하도록 감동을 주실 것입니다. 그때 우리의 마음이 사랑의 말씀들을 묵상하여 잘 훈련되어 있다면 그 소리에 더 열리게 될 것이고 마음은 영을 따라 움직이려 할 것입니다. 그렇게 성령님과 연합된 나의 영의 소리를 듣고 육신을 쳐서 그 사랑에 복종시키는 것입니다. 이것이 방법입니다. 그렇게 내 몸을 하나님께서 기뻐하시는 거룩한 산 제물로 드리는 것입니다(롬 12:1).

하나님의 사랑으로 행하는 것의 출발은 내가 누군지 아는 것입니다. 그리고 사랑의 말씀을 계속 내 마음에 심는 것입니다. 그러므로 그 사랑을 행함에는 오랜 시간이 걸릴 것입니다. 때로는 우리가 그 사랑을 막는 행동도 할 것입니다(요일 3:17). 그래도 다시 시작해야 합니다. 예수님께서 우리에게 주신 하나의 계명이며, 성경에서 사랑만큼 크게 말씀하는 것은 없기 때문입니다. 사랑이 가장 좋은 길이므로 사랑을 추구해야 합니다 (고전 12:31, 14:1).

우리 안에 계신 하나님은 사랑이십니다(요일 4:8). 우리의 아버지가 되시는 하나님은 우리의 사랑이 아니라 그분의 사랑으로 서로 사랑하라고 말씀합니다. 어린아이가 자라면 어른이 되듯이 우리는 사랑에서도 자라갈 수 있습니다. 우리 안에 부은 바 된 하나님의 사랑은 성령으로 말미암아 우리 안에서 쏟아져 나올 것입니다(롬 5:5).

3. 빛의 갑옷을 입자(롬 13:11~14)

1) 잠에서 깨라

11절 또한 너희가 이 시기를 알거니와 자다가 깰 때가 벌써 되었으니
이는 이제 우리의 구원이 처음 믿을 때보다 가까웠음이라

이 말씀 앞에 '카이'가 사용되었습니다. '또한', '그리고'입니다. 앞의 사랑에 대한 말씀에서 다른 주제로 옮겨갑니다. "또한 너희가 이 시기를 알거니와 자다가 깰 때가 벌써 되었으니"라고 말합니다. "시기"와 "자다가 깰 때"를 말씀합니다. "시기"는 '카이로스'가 사용되었습니다. 하나님의 때입니다. 그러므로 자다가 깰 때가 벌써 되었습니다.

"자다가"는 '(비유적으로)영적인 무감각', '영적인 잠'을 의미하는 '휩노스'와 '~로부터'의 뜻을 가진 '에크'가 사용되었습니다. 즉 영적인 잠으로부터 깨어날 때가 벌써, 바로 지금 되었다는 것입니다. 그러므로 바울은 에베소 교회에 보내는 편지에서도 말하였습니다.

"그러므로 이르시기를 잠자는 자여 깨어서 죽은 자들 가운데서
일어나라 그리스도께서 너에게 비추이시리라 하셨느니라"(엡 5:14).

영으로 그리스도와 함께 산 자들이 죽은 자들과 함께 누워서 잠을 자고 있습니다. 죽은 자들 가운데서 일어나야 합니다. 영적인 무감각에서 일어나야 합니다. 그리스도께서 우리에게 빛을 비추십니다

그리고 이어서 '가르'가 사용되었습니다. 이유가 무엇입니까? 왜냐하면 이제 우리의 구원이 처음 믿을 때보다 가까웠기 때문입니다. "가까웠음이라"는 헬라어 '엥귀테론'으로 '더 가까이'의 뜻이 있습니다. 우리의 구원이 처음 믿을 때더 가까웠기 때문에 잠에서 깰 때가 벌써 되었음을 안다는 것입니다.

어떤 구원입니까? 그들은 로마의 성도들입니다. 이미 믿음으로 구원을 받은 자들입니다. 그러므로 이 말씀에서의 구원은 우리 몸의 속량을 의미함을 알 수 있습니다(롬 8:23). 그날 우리는 그리스도와 같은 영광의 몸을 덧입을 것입니다(고전 15:42~51, 빌 3:21, 요일 3:2). 그렇다면 그날은 당시 로마의 성도들에게만 있는 것이 아닙니다.

예수님께서는 "깨어 있으라 내가 너희에게 하는 이 말은 모든 사람에게 하는 말이니라"라고 말씀하셨습니다(막 13:37). 깨어 있으라는 예수님의 말씀은 모든 사람에게 주시는 말씀입니다. 그리고 그 이유에 대해서도 말씀하셨습니다. 그분은 생각하지 않은 때에 도둑 같이 오실 것이므로 깨어 있으라, 준비하고 있으라고 말씀하셨습니다(마 24:42,44, 25:13, 막 13:33~37, 눅 12:40, 21:36). 주님이 오시는 그날과 그때를 아무도 모르기 때문입니다.

주님은 잠자는 사데교회에게도 "만일 일깨지 아니하면 내가 도둑 같이 이르리니 어느 때에 네게 이를는지 네가 알지 못하리라"라고 하셨습니다(계 3:3). 우리가 만일 일깨지 않는다면 주님께서 어느 때에 이를지 우리는 알지 못할 것입니다. 우리는 낮의 아들이기 때문에 그날이 도둑같이 이르지 않습니다. 그러나 밤에 속한 자처럼 잠을 자게 되면 뜻밖에 그날이 덫과

같이 임할 것입니다(눅 21:34). 그러므로 다른 이들과 같이 자지 말고 오직 정신을 차리라고 말씀합니다(살전 5:6).

지금 바울이 로마의 성도들에게 하는 말도 그러합니다. 우리는 주님께서 오시는 그날과 그때를 알지 못합니다. 그러나 우리 몸의 구원의 날인 그날이 우리가 처음 믿을 때보다 더 가까웠습니다. 그러므로 영적인 잠에서 일어나야 합니다.

2) 어둠의 일을 벗고 빛의 갑옷을 입자

12절 밤이 깊고 낮이 가까웠으니 그러므로 우리가 어둠의 일을 벗고 빛의 갑옷을 입자

그는 이어서 밤이 깊고 낮이 가까웠다고 말합니다. "깊고"는 '프로콥토'로 '전진하다', '증가하다'의 뜻이 있습니다. "가까웠으니"는 '엥기조'로 '가까이 가다', '접근하다'의 뜻이 있습니다. 밤이 증가되고 낮이 접근하였습니다. 앞 절에서는 영적인 잠에서 깰 때가 벌써 되었다고 하였습니다. 그렇다면 영적인 밤과 영적인 낮에 대한 말씀일 것입니다. 영적인 밤이 증가되고 낮이 접근하였습니다. 성경에서 밤은 사탄의 것이라면 낮과 빛은 하나님의 것입니다.

"일어나라 빛을 발하라 이는 네 빛이 이르렀고 여호와의 영광이 네 위에 임하였음이니라 보라 어둠이 땅을 덮을 것이며 캄캄함이 만민을 가리려니와 오직 여호와께서 네 위에 임하실 것이며 그의 영광이 네 위에 나타나리니 나라들은 네 빛으로, 왕들은 비치는 네 광명으로 나아오리라"(사 60:1~3).

하나님께서는 일어나 빛을 발하라고 말씀하십니다. 그것은 하나님의 영광이 우리 위에 임하였기 때문입니다. 어둠이 땅을 덮을 것이며 영적인 캄캄함이 만민을 가리겠지만, 오직 하나님께서 우리 위에 임하셔서 그분의 영광이 우리 위에 나타날 것이라고 말씀합니다. 이 말씀은 로마서 본문 말씀과 같습니다. 밤이 깊어 사탄의 어둠이 땅을 덮어 캄캄한 혼미함이 만민을 가리었습니다(고후 4:4). 하지만 주님의 영광은 우리 위에 있어 낮이, 빛이 이르렀습니다. 주님의 나라는 우리에게 임하였습니다. 나라들은, 왕들은 우리의 빛으로 하나님께 나아올 것입니다. 예수님께서도 말씀하셨습니다.

"이같이 너희 빛이 사람 앞에 비치게 하여 그들로 너희 착한 행실을 보고 하늘에 계신 너희 아버지께 영광을 돌리게 하라"(마 5:16).

우리에게 비추시는 빛을 사람 앞에 비치게 하여 그들로 착한 행실을 보고 아버지께 영광을 돌리며 돌아오게 하라고 말씀합니다. 주님께서 비추이시는 빛은 착한 행실로 연결됩니다. 그리고 목적은 사람들로 구원을 받게 하는 것입니다.

로마서 본문 말씀도 행실로 이어집니다. 이어서 접속사 '운'이 사용되었습니다. 그러므로 우리가 어둠의 일을 벗어버리고 빛의 갑옷을 입자고 합니다. 우리가 벗어버리고 우리가 입어야 한다는 것입니다. 우리가 해야 하는 일들입니다.

어둠의 일과 빛의 갑옷이 대조됩니다. "일"은 헬라어 '에르곤'으로 '노역', '행동' '행위' 등의 뜻이 있습니다. 그러므로 벗고 입어야 하는 것이 행동임을 알 수 있습니다. 그리고 "어둠의 일"과 "빛의 갑옷"이 모두 복수로 사용되었습니다. 즉 어둠의 행동들과 빛의 행동들입니다.

"벗어버리고"는 '집어치우다', '벗어던지다'의 뜻을 가진 헬라어 '아포티떼미'가 사용되었고, "입자"는 옷 속에 '스며들다'라는 의미에서 유래된 '엔뒤오'가 사용되었습니다. 우리가 어둠의 행동들을 벗어던지고 우리가 빛의 옷들 속으로 들어가야 합니다. 바울은 에베소 교회에도 말합니다.

> "너희는 유혹의 욕심을 따라 썩어져 가는 구습을 따르는 옛 사람을 벗어 버리고…하나님을 따라 의와 진리의 거룩함으로 지으심을 받은 새 사람을 입으라"(엡 4:22,24).

너희는 유혹의 욕심을 따라 썩어져 가는 구습을 따르던 옛사람의 옷을 벗어버리라고 합니다. 그리고 하나님을 따라 지으심을 받은 새 사람을 입으라고 합니다. 우리의 옛사람은 욕심을 따라 썩어져 가는 구습을 따르는 삶을 살았습니다. 그런 우리의 옛사람은 그리스도와 연합되어 함께 죽었습니다. 그러므로 그런 행위를 집어치워야 합니다. 우리가 그 행위들을 집어치우는 것입니다. 그리고 그리스도와 연합되어 하나님을 따라 지으심을 받은 새 생명을 가진 새 사람의 행위의 옷을 입어야 합니다. 우리는 이미 하나님을 따라 의와 진리의 거룩함으로 지으심을 받은 자들입니다. 그러므로 의와 진리의 거룩함의 행위의 옷을 입어야 한다는 것입니다.

본질이 변하였으므로 변화된 본질에 따른 삶을 살라는 말씀입니다. 우리는 옛사람과 그 행위를 벗어 버리고 새 사람을 입은 자들입니다 (골 3:9,10). 그러므로 이제 우리가 이 모든 어둠의 행위들을 벗어버려야 합니다(골 3:8). 우리가 전에는 어둠이었지만 이제는 주 안에서 빛입니다.

그러므로 빛의 자녀처럼 행하라고 말씀합니다(엡 5:8).

3) 빛의 갑옷들과 어둠의 행동들

13절 낮에와 같이 단정히 행하고 방탕하거나 술 취하지 말며
음란하거나 호색하지 말며 다투거나 시기하지 말고

먼저 낮에와 같이 단정히 행하라고 합니다. "낮에와"에서 '에와'는 '안에', '가운데' 등의 뜻을 가진 '엔'이 사용되었습니다. 앞 절에서 낮이 접근하였다고 하였습니다. 우리는 낮에 속한 자들입니다. 하나님은 빛이십니다. 그분 안에 있는 우리는 빛에 속한 자들입니다. 그러므로 낮에 속한 자처럼 단정히 행하라는 것입니다.

"단정히"는 헬라어 '유스케모노스'가 사용되었습니다. 뜻은 '예의 바르게', '점잖게', '정직하게' 등입니다. 낮 안에 있는 자로 예의 바르고, 점잖고, 정직하게 행하라는 것입니다. 이는 빛의 모습입니다. 빛의 열매는 모든 착함과 의로움과 진실함에 있습니다(엡 5:9).

바울은 방탕하거나 술 취하지 말며 음란하거나 호색하지 말며 다투거나 시기하지 말라고 합니다. 이는 어둠의 행동들입니다. 그들이 은밀히 행하는 열매 없는 이런 어둠의 일들은 말하기도 부끄러운 것들입니다(엡 5:11,12).

밤과 낮에 대한 말씀입니다.

"너희는 다 빛의 아들이요 낮의 아들이라 우리가 밤이나 어둠에
속하지 아니하나니 그러므로 우리는 다른 이들과 같이 자지 말고
오직 깨어 정신을 차릴지라 자는 자들은 밤에 자고 취하는 자들은
밤에 취하되 우리는 낮에 속하였으니 정신을 차리고 믿음과 사랑의

호심경을 붙이고 구원의 소망의 투구를 쓰자"(살전 5:5~8).

그리스도 안에 있는 우리는 모두 빛의 아들이고 낮의 아들입니다. 우리는 밤이나 어둠에 속하지 않았습니다. 그러므로 "다른 이들과 같이 자지 말자. 오직 깨어 있자. 우리가 맑은 정신으로 있자"라고 합니다. 자는 자들은 밤에 자고 취하는 자들은 밤에 취한다고 말씀합니다. 즉 자고 취하는 것은 사탄의 것인 어둠에 속한 자들이 하는 일이라는 것입니다. 그는 "우리는 낮에 속하였으니 믿음과 사랑의 호심경을 붙이고 구원의 소망의 투구를 쓰고 맑은 정신으로 있자"고 다시 말합니다. 우리는 낮에 속한 자로 맑은 정신으로 단정히 행하고 부끄러운 밤의 일들을 행하지 말아야 합니다.

4) 오직 주 예수 그리스도로 옷 입으라

14절 오직 주 예수 그리스도로 옷 입고 정욕을 위하여 육신의 일을 도모하지 말라

이 구절 앞에 '알라'가 사용되었습니다. '오직', '다만'입니다. 오직 주 예수 그리스도로 옷 입으라고 합니다. 즉 앞에서 말한 그 어둠의 일을 벗어버리고 오직 주 예수 그리스도로 옷 입으라는 것입니다.

그리고 이어서 다시 정욕을 위하여 육신의 일을 도모하지 말라고 말씀합니다. 정욕을 위한 육신의 일이라고 합니다. 그것이 무엇입니까? 앞 절에서 말한 어둠의 일인 방탕함, 술 취함, 음란, 호색, 다툼, 시기 등입니다. 바울은 갈라디아 교회에 보내는 편지에서 육신의 일은 분명하다고 하며 육신을 따른 행위들을 말하였습니다. 음행, 더러운 것, 호색, 우상 숭배, 주술, 원수 맺는 것, 분쟁, 시기, 분냄, 당 짓는 것, 분열함, 이단, 투기, 술 취함, 방탕함 또는 그와 같은 것들입니다(갈 5:19~21).

그런 정욕을 위한 육신의 일을 도모하지 말라는 것입니다. "도모하지"는 헬라어 '포이에오'로 '하다', '만들다', '행하다' 등의 뜻이 있습니다. 즉 그런 정욕을 위하는 육신의 일을 행하지 말라는 말씀입니다.

앞 절에서처럼 우리의 본질에 따른 삶을 살라는 말씀이 이어집니다. 아담 한 사람의 범죄는 모든 인류의 것이 되었습니다. 하나님의 영은 사람을 떠나셨고 사람은 사탄과 연합되어 육신이 되었습니다(창 6:3). 육신이 본질이 되었습니다. 육신의 행동들은 이 세상 풍조를 따르는 행동이고, 공중의 권세 잡은 영을 따른 행동들입니다(엡 2:2). 전에는 우리도 다 그 가운데서 우리 육체의 욕심을 따라 지내며 육체와 마음의 원하는 것을 하여 다른 이들과 같이 본질상 진노의 자녀이었습니다(엡 2:3). 본질이 그러함으로 그런 행동을 한 것입니다. 사망 안에서는 죄가 왕 노릇합니다(롬 5:21).

그러나 한 사람 그리스도의 의로운 행위로 많은 사람이 생명에 이르게 되었습니다(롬 5:18). 우리는 그리스도와 함께 죽고 함께 장사되어 함께 새 생명으로 산 자가 되었습니다(롬 6:4). 사람을 떠나셨던 성령님은 다시 사람 안에 사십니다. 그리스도의 영을 가진 자는 그리스도의 사람입니다. 그는 이제 육신에 있지 않고 영에 있습니다(롬 8:9). 영이 본질이 되었습니다. 우리는 그리스도와 합하는 세례로 그리스도로 옷 입은 자들입니다(갈 3:27). 이미 그리스도로 옷 입었습니다. 그런 우리에게 행위에서도 그리스도를 옷 입은 삶을 살아야 한다고 말씀합니다.

이 말씀을 잘 생각해 보아야 합니다. 우리가 거듭나기 전에는 불순종의 아들들 가운데 역사하는 영을 따라 행하였습니다. 그러나 이제 우리는 그리스도와 연합하여 성령님의 인도를 받는 자가 되었습니다(롬 8:14).

그런 우리에게 육신의 일을 행하지 말고 그리스도로 옷 입으라고 말하는 것입니다. 우리가 온전히 그리스도를 따른 삶을 살 수 있었다면 바울은 그렇게 말할 필요가 없었을 것입니다.

우리의 영은 거듭났을지라도 사탄을 주인으로 섬기던 우리의 육신은 그대로입니다. 우리의 속사람은 하나님의 법을 섬기지만, 우리의 육신은 죄의 법을 섬깁니다(롬 7:25). 우리의 육신의 욕심은 그대로입니다. 육체와 마음의 원하는 것을 하고 싶어 하고, 이 세상 풍조를 따르려고 합니다. 죽은 자들 가운데서 그들과 같은 삶을 살려 합니다. 그러므로 그 육신을 어떻게 할 것인가에 대해서 구체적인 행동들을 말씀합니다. 이런 행동들은 본질에 기반을 둔 요구들입니다. 그리스도와 연합되어 그리스도로 옷 입은 자라면 그리스도로 옷 입은 행동을 해야 한다는 것입니다. 그것이 영적인 잠에서 깨어나는 일이기도 합니다. 성경에는 그 육체의 욕심을 이루지 않는 방법이 나와 있습니다.

"너희는 성령을 따라 행하라 그리하면 육체의 욕심을 이루지 아니하리라"(갈 5:16).

성령(영)을 따라 행하면 육체의 욕심을 이루지 않는다고 말씀합니다. 영이신 말씀(요 6:63)과 내 안에 계신 성령님과 연합된 나의 영(고전 6:17)의 음성에 귀를 기울이는 것입니다.

우리는 육신의 일에 집중하여 그 잘못된 행위를 고쳐보려 합니다. 그러나 그것을 들여다보면 들여다볼수록 영의 일은 멀어질 것입니다. 어린아이가 걸음마를 배울 때 넘어지는 데에 초점을 두는 사람은 아무도 없습니다. 우리는 한 발짝 내딛는 것에 환호하고 박수치며 그것에 집중합니다. 그렇게 육신의 일이 아니라 영(성령)의 일(열매)에 집중하는 것입니다(갈 5:22,23).

말씀에 따라 지체를 의의 무기로 하나님께 드리는 일에 집중함으로 육체의 욕심을 이루지 않게 하는 것입니다(롬 6:13). 그것이 그리스도로 옷 입는 삶입니다.

요약

모든 권세는 다 하나님께서 정하신 것으로 하나님으로부터 나지 않음이 없으므로 각 사람은 위에 있는 권세들에게 복종하라고 합니다. 다스리는 자는 하나님의 대리인으로 선한 일을 도모하고 악을 행하는 자에게 진노에 이르도록 벌주는 자입니다. 그러므로 복종하지 않을 수 없고 조세를 바치지 않을 수 없습니다.

그러므로 모든 자에게 줄 것을 주어 서로 사랑하는 것 외에는 아무것도 부과할 것을 남겨두지 말라고 합니다. 그것은 남을 사랑하는 자는 율법을 다 이루었기 때문입니다. 율법을 하나씩 지키려고 애쓰지 않아도 사랑의 계명을 지킨다면 모든 율법을 완성하게 됩니다.

우리는 어둠의 일을 벗어버리고 빛의 갑옷을 입어야 합니다. 낮에 속한 자로 단정히 행하여야 하고 깨어 맑은 정신으로 행해야 합니다. 우리는 주 예수 그리스도와 연합되어 그리스도로 옷 입은 자들입니다. 그러므로 그것을 인정하고 영을 따름으로 삶에서도 그리스도로 옷 입어야 합니다.

Ⅲ. 비판하지 말고 서로 받으라(롬 14:1~15:13)

그리스도 안에 있는 자로 어떻게 살아야 합니까? 14장은 비판의 문제에 대해 말합니다. 사실 비판은 우리가 이 세상에 존재하는 동안 계속 접하는 문제일 것입니다. 바울은 로마서 본문을 통해 왜 비판하지 말아야 하는지, 비판하지 말고 어떻게 해야 하는지를 말씀합니다.

1. 비판하지 말라(롬 14;1~12)

1절 믿음이 연약한 자를 너희가 받되 그의 의견을 비판하지 말라

먼저 "믿음이 연약한 자를 너희가 받되"라고 합니다. "받되"는 '취하다', '용납하다' 등의 뜻을 가진 '프로스람바노'가 사용되었습니다. 믿음이 연약한 자들을 받아들여야 합니다.

이어서 그의 의견을 비판하지 말라고 합니다. 이 말씀은 그를 받아들이는 방법에 대한 설명일 것입니다. "비판하지"는 '디아크리노'가 사용되었습니다. '디아크리노'는 '디아'와 '구별하다', '판결하다' 등의 뜻을 가진 '크리노'에서 유래된 말로 '철저하게 분리하다', '식별하다', '판단하다' 등의 뜻이 있습니다. 즉 믿음이 연약한 자들을 받아들이되 그의 의견에 대해 분리하여 말하지 말라는 것입니다. 믿음이 연약한 자들의 의견에 대해 판단하지 말고 그들을 받아들여야 합니다.

2절 어떤 사람은 모든 것을 먹을 만한 믿음이 있고 믿음이 연약한
자는 채소만 먹느니라

어떤 사람은 모든 것을 먹을 만한 믿음이 있고 믿음이 연약한 자는 채소만 먹는다고 합니다. 믿음이 강한 자와 믿음이 연약한 자가 누군지를 말씀하는 내용입니다. 믿음이 강한 자는 모든 것을 먹을 만한 믿음이 있는 자이고, 믿음이 연약한 자는 믿음이 연약하여 채소만 먹는 자입니다. 21절은 고기와 포도주를 먹지 않고 마시지 않는 것에 대해서 말씀합니다. 즉 채소만 먹는 자는 고기를 먹지 않고 포도주를 마시지 않는 자입니다.

왜 그들은 그렇게 합니까? 이 말씀의 설명은 고린도전서 8장에 기록된 우상의 제물에 대한 말씀에서 찾을 수 있습니다. 믿음이 강한 우리는 우상은 세상에 아무 것도 아니며 또한 하나님은 한 분밖에 없는 줄 압니다(고전 8:4). 그러나 믿음이 연약한 자들은 우상에 대한 습관이 있어 우상의 제물로 안다는 것입니다(고전 8:7). 그렇게 믿음이 강한 자들은 모든 것을 먹을 만한 믿음이 있는 자들이고, 믿음이 연약한 자들은 고기는 우상의 제물로 여겨 먹지 않고 채소만 먹는 자들입니다. 그는 그들 모두에게 말합니다.

3절 먹는 자는 먹지 않는 자를 업신여기지 말고 먹지 않는 자는 먹는
자를 비판하지 말라 이는 하나님이 그를 받으셨음이라

먹는 자는 먹지 않는 자를 업신여기지 말고 먹지 않는 자는 먹는 자를 비판하지 말라고 합니다. 즉 먹는 자와 먹지 않는 자 사이의 업신여기는 문제와 비판의 문제를 말합니다.

1절에서는 믿음이 연약한 자 즉 먹지 못하는 자를 구별하여 비판하지 말라고 했다면, 3절에서는 먹는 자를 비판하지 말라고 합니다. 믿음이 강하여 먹는 자나 약하여 먹지 못하는 자가 서로 비판하고 업신여깁니다. 비판의 문제는 먹는 것과 먹지 않는 것만이 아니라 많은 부분에서 발생합니다. 사람은 자기와 다른 자들을 비판하기도 하기 업신여기기도 합니다.

비판하고 판단하는 것은 타락한 사람의 가장 대표적인 모습 중 하나일 것입니다. 다른 사람을 멸시하고 판단하는 것은 밤낮 참소하는 자인 사탄을 따른 육신의 행동들입니다(계 12:10). 예수님께서는 그는 처음부터 살인한 자며 진리에 서지 못하고 거짓을 말하는 거짓의 아비라고 하셨습니다(요 8:44). 그와 연합된 사람도 그를 따라 거짓을 진리처럼 말하여 다른 사람을 참소하여 비난합니다.

성경은 사람의 행위가 자기 보기에는 모두 깨끗하다고 말씀합니다(잠 16:2). 자기 보기에는 모두 그러합니다. 그렇다면 대부분 다른 사람에 대해서는 옳지 않게 보일 것입니다. 예수님께서도 형제의 눈 속에 있는 티를 보고 자신의 눈 속에 있는 들보는 깨닫지 못한다는 말씀을 하셨습니다(마 7:3). 그러므로 옳은 내가 잘못하는 다른 사람을 비판해도 된다고 생각합니다. 자신의 눈에 들보가 있는데 다른 사람의 티를 판단하고 정죄하는 것이 사람의 모습입니다. 거듭났을지라도 영으로는 하나님의 법을 섬기지만, 우리의 육신은 그대로입니다. 그러므로 말에서 선한 것이 없는 육신의 모습이 나타납니다.

성경은 높은 생각을 품지 말고 건전한 생각을 하라고 말씀합니다(롬 12:3). 나보다 남을 낮게 여기라고 말씀합니다(빌 2:3). 그러므로 업신여기지 말고 판단하지 말라는 본문 말씀은 우리 모두에게 주시는 말씀입니다. 그렇다면 왜 업신여기지 말고, 비판하지 말아야 합니까?

이어서 '가르'가 사용되었습니다. 이제 그 이유들에 대한 설명이 이어집니다. 왜냐하면 하나님이 그를 받으셨기 때문입니다. 먼저 하나님 편에서의 말씀입니다. 이 말씀에서 "받으셨음이라"는 1절에서 믿음이 연약한 자를 "받되"에서 사용된 '프로스람바노'가 사용되었습니다. 하나님께서는 우리가 업신여기는 그를, 우리가 비판하는 그를 받아들이셨습니다. 그렇다면 우리도 서로 비판하지 말고 서로 용납해야 합니다. 그것만이 아닙니다.

4절 남의 하인을 비판하는 너는 누구냐 그가 서 있는 것이나 넘어지는 것이 자기 주인에게 있으매 그가 세움을 받으리니 이는 그를 세우시는 권능이 주께 있음이라

"남의 하인을 비판하는 너는 누구냐"라고 합니다. "남의 하인"은 '남의', '자신의 것이 아닌'의 뜻을 가진 '알로트리오스'와, '집안의 하인'의 뜻을 가진 '오이케테스'가 사용되었습니다. 나의 것이 아닌 남의 집안의 하인을 비판하는 것은 어리석은 일입니다.

지금 바울은 우리가 업신여기기도 하고 비판하는 그가 하나님의 집안의 종이라고 말합니다. 그렇다면 우리는 그를 비판할 수 없습니다. 이 부분을 신중하게 생각해야 합니다. '집안의 하인'을 의미하는 '오이케테스'는 '함께 사는 친구', '가족' 등의 뜻도 있습니다. 그는 하나님의 자녀로 그분의 가족의 일원이고 하나님을 섬기는 종입니다. 그렇다면 비판을 멈추어야 합니다.

이어서 그가 서 있는 것이나 넘어지는 것이 자기 주인에게 있으매 그가 세움을 받을 것이라고 말씀합니다. 그리고 '가르'가 사용되었습니다. 왜냐하면 그를 세우시는 권능이 주께 있기 때문입니다. 그가 하나님께서 받으신 하나님의 가족이고 하나님의 종이라면 그가 세움을 받는 여부는 그의 주인이신 하나님께 달려있습니다. 그렇다면 그가 넘어졌을지라도 주인이신 하나님에 의해 그는 다시 설 것입니다. 내가 그를 세우는 것이 아닙니다. 그를 세우실 수 있는 힘은 주인이신 하나님께 있기 때문입니다. 이제 날에 대한 말씀입니다.

5절 어떤 사람은 이 날을 저 날보다 낫게 여기고 어떤 사람은 모든 날을 같게 여기나니 각각 자기 마음으로 확정할지니라

어떤 사람은 이 날을 저 날보다 낫게 여기고 어떤 사람은 모든 날을 같게 여긴다고 합니다. 주 안에 있는 자들 중에 특정한 날에 더 의미를 두는 사람도 있고 그렇지 않은 사람도 있었다는 것입니다.

바울은 이 부분에 대해서 각자가 자기 마음으로 확정하라고 합니다. 22절은 네게 있는 믿음을 하나님 앞에서 스스로 가지고 있으라고 말합니다. 자기가 옳다 하는 바로 자기를 정죄하지 않는 자는 복이 있기 때문입니다. 그러므로 각자가 자기 마음으로 확정하는 것은 중요합니다. 이제 사람 편에서의 말씀입니다. 그리스도 안에 있는 각자는 어떠합니까?

6절 날을 중히 여기는 자도 주를 위하여 중히 여기고 먹는 자도 주를 위하여 먹으니 이는 하나님께 감사함이요 먹지 않는 자도 주를 위하여 먹지 아니하며 하나님께 감사하느니라

날을 중히 여기는 자도 주를 위하여 중히 여기고 먹는 자도 주를 위하여 먹는다고 합니다. 그리고 '가르'가 사용되었습니다. 왜냐하면 그가 감사하기 때문입니다. 그리고 먹지 않는 자도 주를 위하여 먹지 않으며 하나님께 감사한다는 것입니다.

이는 동기와 하나님과의 관계에 대한 말씀입니다. 즉 날을 중히 여기는 자들은 어떤 날을 주님과 관련하여 중히 여기며 하나님께 감사합니다. 먹는 자들도 주를 위하여 모든 만물을 창조하신 하나님께 감사하며 먹습니다(고전 8:6, 10:26). 우상의 제물로 알고 고기를 거절하는 자들도 주를 위하여 죄를 짓지 않으려고 채소만 먹으며 감사합니다. 다니엘도 바벨론 왕궁에서 하나님을 위하여 고기와 포도주를 거절하였습니다. 서로 다른 모습이지만 모두 주를 위한 행동이며 감사한다면 업신여기거나 비판할 수 없습니다(고전 10:33).

이 부분을 생각해 보아야 합니다. 우리는 단순히 드러난 행위를 보고 자신의 관점으로 다른 사람에 대해 말을 합니다. 그러나 그의 사정과 그의 동기 그리고 그 일에 대하여 그가 하나님께 드리는 기도와 감사를 우리는 다 알지 못합니다. 그리스도인들은 늘 하나님을 위하여 살려 하고 선하게 살려 하기 때문입니다. 이제 그 이유입니다.

7절 우리 중에 누구든지 자기를 위하여 사는 자가 없고 자기를
위하여 죽는 자도 없도다
8절 우리가 살아도 주를 위하여 살고 죽어도 주를 위하여 죽나니
그러므로 사나 죽으나 우리가 주의 것이로다

다시 '가르'가 사용되었습니다. 날을 중히 여기는 자도 먹지 않는 자도 먹는 자도 모두 하나님께 감사하며 주를 위하여 행하는 이유입니다. 왜냐하면 우리 중에 누구든지 자기를 위하여 사는 자가 없고 자기를 위하여 죽는 자도 없기 때문입니다. "우리 중에"입니다. 즉 그리스도 안에 있는 우리입니다. 우리 중에는 자기를 위하여 사는 자가 아무도 없고, 우리 중에 자기를 위하여 죽는 자도 아무도 없습니다. 믿음이 약한 자도 믿음이 강한 자도 모두 주를 위하여 살고 주를 위하여 죽는다는 것입니다.

그리고 다시 '가르'가 사용되었습니다. 6절의 이유가 반복됩니다. 우리가 살아도 주를 위하여 살고 죽어도 주를 위하여 죽기 때문입니다. 그러므로 우리가 살아도 죽어도 주의 것이라고 말합니다. 그리스도 안에 있는 자는 살아도 이 땅에서 보냄 받은 자로 주를 위하여 삽니다. 또한 죽음에서도 주님을 위하여 순교의 죽음도 감당합니다. 그렇다면 우리는 살아도 죽어도 주님의 것입니다. 그렇다면 이 일과 주님은 어떠합니까?

9절 이를 위하여 그리스도께서 죽었다가 다시 살아나셨으니 곧 죽은 자와 산 자의 주가 되려 하심이라

이 말씀 앞에도 '가르'가 사용되었습니다. 그리고 도달됨을 의미하는 '에이스'가 사용되었습니다. 왜냐하면 이를 이루기 위하여 그리스도께서 죽었다가 다시 살아나셨기 때문입니다. 무엇을 "이루기 위하여" 입니까? 우리가 사나 죽으나 주를 위하고, 살아도 죽어도 주의 것이 되게 하기 위하여 그리스도께서 죽었다가 다시 살아나셨다는 것입니다.

"…우리가 생각하건대 한 사람이 모든 사람을 대신하여 죽었은즉 모든 사람이 죽은 것이라 그가 모든 사람을 대신하여 죽으심은 살아 있는 자들로 하여금 다시는 그들 자신을 위하여 살지 않고 오직 그들을 대신하여 죽었다가 다시 살아나신 이를 위하여 살게 하려 함이라"(고후 5:14,15).

한 사람 그리스도께서 모든 사람을 대신하여 죽으셨습니다. 그것은 모든 사람이 죽은 것이라고 말합니다. 그리고 그가 모든 사람을 대신하여 죽으신 것은 살아 있는 자들 즉 영으로 살아 있는 우리로 우리 자신이 아니라 오직 우리를 대신하여 죽었다가 다시 살아나신 이를 위하여 살게 하려 하심이라고 말씀합니다. 그리스도와 함께 새 생명으로 산 자들은 몸으로 사나 죽으나 주를 위하는 자들입니다.

그리고 우리는 주의 것으로 불립니다. 바울은 로마의 성도들에게도 예수 그리스도의 것으로 부르심을 받은 자들이라고 하였습니다(롬 1:6). 성령으로 하나님의 인침을 받은 십사만 사천은 사람 가운데서 처음 익은 열매로 하나님과 어린 양에게 속한 자들입니다(계 14:4). 우리의 몸이 살아도 죽어도 우리는 주님을 위하는 주님의 것입니다.

그리고 '카이'가 사용되었습니다. '그리고', '또한'입니다. 그리고 그분은 죽은 자와 산 자의 주가 되려 하셨다고 말합니다. 앞 절에서 우리 중에 사는 것과 죽는 것을 말씀하였습니다. 우리는 사나 죽으나 우리가 주의 것이라고 하였습니다. 그리고 "이를 이루기 위하여"라고 말씀하였으므로 우리 중에 산 자와 죽은 자의 주가 되려 하셨음을 알 수 있습니다. 즉 영이 살고 죽은 자가 아니라 그리스도 안에 있는 자의 몸이 사나 죽으나 그들의 주가 되려 하셨다는 말씀입니다.

전에는 사탄이 모든 사람의 주였습니다. 그러나 죽음에서 다시 살아나심으로 그리스도께서 모든 사람의 주가 되셨습니다. 그러나 그분의 주되심을 인정하는 자에게만 그분은 주가 되십니다. 한 분이신 주께서 모든 사람의 주가 되사 그를 부르는 모든 사람에게 부요하십니다(롬 10:12). 그 안에 있는 우리는 사나 죽으나 주의 것입니다. 그분은 사나 죽으나 우리의 주가 되십니다. 이를 위하여 그리스도께서 죽었다가 다시 살아나셨습니다. 다음은 "그런데"입니다.

10절 네가 어찌하여 네 형제를 비판하느냐 어찌하여 네 형제를

업신여기느냐 우리가 다 하나님의 심판대 앞에 서리라
11절 기록되었으되 주께서 이르시되 내가 살았노니 모든 무릎이
내게 꿇을 것이요 모든 혀가 하나님께 자백하리라 하였느니라

10절 앞에 '데'가 사용되었습니다. 개역개정과 개역성경을 제외하고 표준새번역, 흠정역, 공동번역은 모두 이 구절을 "그런데"로 시작합니다. 그런데 네가 어찌하여 네 형제를 비판하느냐 어찌하여 네 형제를 업신여기느냐는 것입니다. 바울은 비판하는 대상을 "네 형제"라고 합니다. 그는 우리 중에 있는 형제입니다. 그런데 어찌하여 형제를 비판하고 형제를 업신여깁니까?

바울은 1절과 3절에서 비판하지 말라, 업신여기지 말라라는 말씀으로 시작하였습니다. 그리고 비판하지 말아야 하는 이유를 설명하였습니다. 그는 하나님께서 받아들이신 하나님의 가족이고, 하나님의 집안 종입니다(3,4절). 날을 중히 여기는 자도, 먹는 자도, 먹지 않는 자도 주를 위하여 그렇게 합니다(6절). 우리는 오직 주를 위하여 살고 사나 죽으나 주의 것입니다(7,8절). 더욱이 그리스도도 이를 위하여 죽었다가 다시 살아나셔서 우리의 주가 되셨습니다(9절). 그런데 어찌하여 그를 비판하고 업신여깁니까?

이어서 '가르'가 사용되었습니다. 왜냐하면 우리가 다 하나님의 심판대 앞에 설 것이기 때문이라는 것입니다. 또한 우리는 모두 하나님의 심판대 앞에 설 것입니다.

그렇다면 지금 바울이 말하는 심판대는 무슨 심판입니까? 이 심판은 예수님을 거절한 자들 즉 영이 죽은 자들의 심판인 백보좌 심판을 의미하지는 않습니다(계 20:11~15). 그리스도께서 우리를 위하여 그 정죄와 심판을 다 받으셨기 때문입니다. 그를 믿는 자는 죽은 자가 아닙니다.

우리는 영생을 얻은 자들입니다. 우리는 그 심판에 이르지 않습니다. 우리는 이미 심판에서 생명으로 옮겨진 자들입니다(요 5:24). 믿는 우리가 다 서게 되는 하나님의 심판대는 그리스도의 심판대입니다. 바울은 말합니다.

> **"그런즉 우리는 몸으로 있든지 떠나든지 주를 기쁘시게 하는 자가 되기를 힘쓰노라 우리가 다 반드시 그리스도의 심판대 앞에 나타나게 되어 각각 선악간에 그 몸으로 행한 것을 따라 받으려 함이라"(고후 5:9,10).**

우리는 살아서 몸으로 있든지 죽어서 몸을 떠나든지 주를 기쁘시게 하는 자가 되기를 힘쓴다고 말합니다. 그것은 우리가 다 반드시 그리스도의 심판대 앞에 나타나게 되어 각각 선악 간에 그 몸으로 행한 것을 따라 받으려 함이라고 말합니다. 우리 믿는 모든 자가 다 그리스도의 심판대 앞에서 각각 살아서 몸으로 행한 것을 따라 상을 받을 것입니다. 그러므로 이 심판은 보상에 대한 심판임을 알 수 있습니다. 그 심판은 우리가 행한 일 즉 선악 간에 우리 몸으로 행한 일에 대해서 받는 심판입니다. 그러므로 주님은 말씀합니다.

> **"보라 내가 속히 오리니 내가 줄 상이 내게 있어 각 사람에게 그가 행한 대로 갚아 주리라"(계 22:12).**

주님께서 주실 주님의 상이 주님에게 있어 각 사람에게 그가 행한 대로 갚아 주시겠다고 말씀합니다. 행한 대로 갚아 주시는 주님의 상입니다.

바울은 이어서 "기록되었으되"라고 합니다. 이 말씀 앞에도 '가르'가 사용되었습니다. 왜냐하면 그것이 기록되었기 때문입니다. 이 말씀의 난외주는 "사 45:23"이라고 기록합니다. 이사야의 글에 하나님은 살아계심으로 모든 무릎이 하나님에게 꿇을 것이고 모든 혀가 하나님께 자백할 것이라고 기록되었기 때문입니다. 또한 "하나님께 자백하리라"의 난외주에는 "하나님을 찬미하리라"라고 기록하였습니다. 불 못으로 던져지는 죽은 자들은 심판의 자리에서도 하나님을 찬미하지 않습니다. 하나님을 경배하고 찬송하는 것은 오직 주 안에 있는 자들이 하는 일입니다. 모든 무릎이 하나님께 꿇을 것이며 모든 혀가 하나님께 자백하고 하나님을 찬미할 것입니다.

12절 이러므로 우리 각 사람이 자기 일을 하나님께 직고하리라

이 말씀 앞에 '아라 운'이 사용되었습니다. "그러므로"입니다. 그러므로 우리 각 사람이 자기 일을 하나님께 직고할 것이라고 말합니다. 우리 모두 하나님 앞에 설 것인데 이사야의 말씀에서 모든 혀가 자백할 것을 말씀하셨으므로 우리 각 사람이 자신의 일에 대하여 하나님께 자백할 것이라는 말씀입니다. 그날에 우리는 우리가 잘한 일과 못한 일을 하나님께 직고할 것입니다.

그날에는 지으신 것이 하나도 그분 앞에 나타나지 않음이 없을 것입니다. 또한 우리의 결산을 받으실 그분의 눈앞에 만물이 벌거벗은 것같이 드러날 것입니다(히 4:13). 즉 우리는 이 땅에서 행한 대로 그분 앞에서 결산을 해야 합니다.

그러나 비판에 대한 심판은 그날에만 있지 않습니다. 예수님께서는 비판받지 않으려면 비판하지 말라고 말씀하셨습니다(마 7:1). 형제를 비판한 것에 대해 마지막 날 심판대 앞에서만이 아니라 이 땅에서도 비판하는 그 비판으로 비판을 받고, 헤아리는 그 헤아림으로 헤아림을 받을 것이라고 말씀하셨습니다(마 7:2). 비판을 받지 않으려면, 정죄를 받지 않으려면 비판하지 말고 정죄하지 말라고 말씀하셨습니다(눅 6:37). 이는 이 땅에서의 심판입니다.

2. 형제 앞에 거칠 것을 두지 말라(롬 14:13~23)

13절 그런즉 우리가 다시는 서로 비판하지 말고 도리어 부딪칠 것이나 거칠 것을 형제 앞에 두지 아니하도록 주의하라

이 구절 앞에 '운'이 사용되었습니다. 이 말씀은 비판에 대한 말씀의 결론입니다. 그러므로 다시는 서로 비판하지 말라고 합니다. "말고"는 '그 이상 ~하지 않다', '이제부터는 ~않다'의 뜻을 가진 '메케티'가 사용되었습니다. 이제부터는 더이상 서로 비판하지 말아야 한다고 말씀합니다.

그리고 이어서 '반대로'의 뜻을 가진 '알라'가 사용되었습니다. 그렇게 하지 말고 반대로, 도리어 부딪칠 것이나 거칠 것을 형제 앞에 두지 아니하도록 주의하라고 합니다. "부딪칠 것", "거칠 것"은 로마서 9장 33절의 "걸림돌과 거치는 바위"에서 사용된 '프로스콤마'와 '스칸달론'이 사용되었습니다. 그들을 걸려 넘어지게 하는 장애물들입니다.

"주의하라"는 "비판하다"의 뜻을 가진 '크리노'와 '더'의 뜻을 가진 '말론'이 사용되었습니다. 그들을 판단하고 비판할 것이 아니라 (반대로)도리어 그들에게 내가 걸려 넘어지게 하는 것을 두지 않도록 자신을 더 판단하라는 것입니다. 즉 다른 사람을 판단하지 말고 자신을 더 판단하는데 다른 사람을 걸려 넘어지게 하는 것이 없게 하라는 말씀입니다. 이 말씀은 비판하지 말고 어떻게 할 것인가를 설명하는 말씀입니다. 다른 사람을 비판하지 말고 자신을 더 판단해야 합니다.

14절 내가 주 예수 안에서 알고 확신하노니 무엇이든지 스스로 속된 것이 없으되 다만 속되게 여기는 그 사람에게는 속되니라

먼저 바울은 자신이 주 예수 안에서 알고 확신한다고 합니다. 그것이 무엇입니까? 무엇이든지 스스로 속된 것이 없고 다만 속되게 여기는 그 사람에게는 속되다는 것입니다.

이 구절에서 "속된 것", "속되게", "속되니라"는 '세속적인', '더럽혀진' 등의 뜻을 가진 헬라어 '코이노스'가 사용되었습니다. 이 단어는 베드로의 환상 중에 "땅에 있는 각종 네 발 가진 짐승과 기는 것과 공중에 나는 것들"을 잡아 먹으라는 말씀에 베드로의 대답과 주님의 말씀에 사용되었습니다. 그는 "속되고 깨끗하지 아니한 것을 내가 결코 먹지 아니하였나이다"라고 했고(행 10:14), 주님은 "하나님께서 깨끗하게 하신 것을 네가 속되다 하지 말라" 하셨습니다(행 10:15). 이 말씀에서도 "속되다"로 번역되었습니다. 즉 '코이노스'는 하나님 앞에 거룩하게 구별되어지지 않은 것으로 속되고 더러운 것을 의미합니다.

그는 오직 무엇이 속되고 더럽다고 생각하는 사람에게는 속되고 더럽지만, 그 외에는 스스로 속되고 더러운 것은 없다고 확신한다고 말하고 있습니다. 이는 믿음이 연약한 자에 대한 말씀입니다.

"그러므로 우상의 제물을 먹는 일에 대하여는 우리가 우상은 세상에 아무 것도 아니며 또한 하나님은 한 분밖에 없는 줄 아노라

비록 하늘에나 땅에나 신이라 불리는 자가 있어 많은 신과 많은 주가 있으나 그러나 우리에게는 한 하나님 곧 아버지가 계시니 만물이 그에게서 났고 우리도 그를 위하여 있고 또한 한 주 예수 그리스도께서 계시니 만물이 그로 말미암고 우리도 그로 말미암아 있느니라 그러나 이 지식은 모든 사람에게 있는 것은 아니므로 어떤 이들은 지금까지 우상에 대한 습관이 있어 우상의 제물로 알고 먹는 고로 그들의 양심이 약하여지고 더러워지느니라"(고전 8:4~7).

우상의 제물을 먹는 일은 그들에게 해결되지 않은 중요한 문제였습니다. 바울은 믿음이 강한 우리는 우상은 세상에 아무것도 아니며 또한 하나님은 한 분밖에 없는 줄을 안다고 말합니다. 믿음이 강한 우리가 아는 지식입니다.

비록 하늘에나 땅에나 신이라 불리는 자가 있어서 많은 신과 많은 주가 있지만, 우리에게는 한 하나님 곧 아버지가 계시고 또한 한 주 예수 그리스도께서 계시다고 합니다. 어떤 하나님이십니까? 모든 만물을 창조하신 하나님이십니다. 만물이 그에게서 났고 우리도 그를 위하여 있습니다. 어떤 주이십니까? 만물보다 먼저 계신 그리스도이십니다(골 1:17). 만물이 그로 말미암고 우리도 그로 말미암아 있습니다. 우상은 아무 것도 아니라는 것입니다. 그러므로 우상에게 제사한 제물도 의미가 없습니다.

그러나 이 지식은 믿는 모든 사람에게 있는 것이 아니므로 어떤 이들은 지금까지 우상에 대한 습관이 있어 우상의 제물로 알고 먹기 때문에 그들의 양심이 약하여지고 더러워진다고 말합니다. 믿는 자들 중에서 어떤 자들은 우상에 대한 습관에 따라 제물로 알고 있었습니다. 그런 생각으로 그 고기를 먹기 때문에 그들의 양심이 약하여지고 더러워진다고 말합니다. 속되고 더럽다고 생각하는 그에게는 속되고 더럽습니다.

그렇다면 왜 그들은 그렇게 생각합니까? 이스라엘은 오랜 시간 율법에 따라 날과 절기를 지키며 성전에서 여러 제사를 위한 제물을 드리고 있었습니다. 또한 이방인들도 로마의 황제를 비롯하여 무수한 우상을 위하여 섬기며 제사했습니다. 즉 당시의 성도들은 유대인이나 이방인이나 그런 전통과 관습을 따르다가 주께로 돌아온 자들이었습니다. 그리고 주님 안에 있어도 그들은 그런 사람들 사이에서 살아야 했습니다. 그러므로 그들에게 제물로 사용되는 고기를 먹는 문제는 일상에서 만나는 중요한 문제였습니다. 이는 복음이 처음 들어가는 곳이면 어디서든 접하게 되는 문제일 것입니다. 하나님을 모르는 자들은 우상을 섬기기 때문입니다.

바울은 아직 가보지 못한 로마의 성도들에게도 성도 사이에 있을 혼란을 막기 위해 그 문제에 대한 자신의 확신을 말합니다.

"내가 주 예수 안에서 알고 확신하노니 무엇이든지 스스로 속된 것이 없으되 다만 속되게 여기는 그 사람에게는 속되니라"

바울은 디모데에게도 음식물은 하나님이 지으신 것으로 믿는 자들과 진리를 아는 자들이 감사함으로 받을 것이라고 하였습니다(딤전 4:3). 하나님께서 지으신 모든 것이 선하므로 감사함으로 받으면 버릴 것이 없다고 말하였습니다(딤전 4:4). 만물은 한 하나님에게서 났습니다. 그러므로 그것은 하나님의 말씀과 기도로 거룩하여진다고 말하였습니다(딤전 4:5). 즉 무엇이든지 스스로 속되고 더러운 것은 없습니다. 그러나 속되게 여기는 그 사람에게는 속됩니다.

15절 만일 음식으로 말미암아 네 형제가 근심하게 되면 이는 네가 사랑으로 행하지 아니함이라 그리스도께서 대신하여 죽으신 형제를 네 음식으로 망하게 하지 말라

이 말씀 앞에 '에이 가르'가 사용되었습니다. "왜냐하면 만일"입니다. 왜냐하면 만일 음식으로 말미암아 네 형제가 근심하게 되면 이는 네가 사랑으로 행하지 아니함이라고 말합니다.

"근심하게 되면"은 헬라어 '뤼페오'가 사용되었습니다. 뜻은 '고통하다', '슬프다', '고민하다' 등입니다. 만일 네가 음식 때문에 형제에게 고통을 준다면 이는 네가 사랑을 따라 행하지 않은 것입니다. 바울은 아가페의 사랑에 대하여 이미 앞에서 말하였습니다(롬 12:10, 13:8,10). 그것은 그 사랑을 따르지 않은 행동입니다.

이어서 그리스도께서 대신하여 죽으신 형제를 네 음식으로 망하게 하지 말라고 합니다. "망하게 하지"는 헬라어 '아폴뤼미'가 사용되었습니다. 뜻은 '멸망하다', '잃다' '파괴하다' 등입니다. 그리스도께서 대신하여 죽으신 형제를 네 음식으로 잃게 하지 말라는 것입니다.

바울은 고린도 교회에도 같은 말을 하였습니다. 먼저 모든 것을 먹을 수 있는 믿음을 가진 자의 자유가 믿음이 약한 자들에게 걸려 넘어지게 하는 것이 되지 않도록 조심하라고 하였습니다(고전 8:9). 그리고 어떻게 음식으로 그들을 걸려 넘어져 멸망하게 하는지에 대해서 설명하였습니다.

"지식 있는 네가 우상의 집에 앉아 먹는 것을 누구든지 보면 그 믿음이 약한 자들의 양심이 담력을 얻어 우상의 제물을 먹게 되지 않겠느냐 그러면 네 지식으로 그 믿음이 약한 자가 멸망하나니 그는 그리스도께서 위하여 죽으신 형제라 이같이 너희가 형제에게 죄를 지어 그 약한 양심을 상하게 하는 것이 곧 그리스도에게 죄를 짓는 것이니라"(고전 8:10~12).

지식 있는 네가 우상의 집에 앉아 먹는 것을 누구든지 보면 그 믿음이 약한 자들의 양심이 담력을 얻어 우상의 제물을 먹게 되지 않겠느냐고 말합니다. 그는 우상의 제물로 알고 있는데 믿음 있는 자가 우상의 집에 앉아 먹고 있습니다. 그러면 그는 그것이 우상의 제물이라고 생각하면서도 담력을 얻어 먹게 된다는 것입니다. 그러면 네 지식으로 그 믿음이 약한 자가 멸망한다고 합니다. 그리고 그는 그리스도께서 위하여 죽으신 형제라는 것입니다. 그렇게 믿음이 약한 형제를 근심하게 하고 그리스도께서 대신하여 죽으신 형제를 네 음식으로 망하게 합니다. 그러므로 너희가 형제에게 죄를 지어 그 약한 양심을 상하게 하는 것이 곧 그리스도에게 죄를 짓는 것이라고 말합니다. 그것은 그들을 대신하여 죽으신 그리스도에게 죄를 짓는 것입니다.

16절 그러므로 너희의 선한 것이 비방을 받지 않게 하라

그러므로 너희의 선한 것이 비방을 받지 않게 하라고 합니다. 그들의 선한 것이 무엇입니까? 그것은 그리스도 안에서의 자유입니다. 믿음이 강한 자들은 모든 음식에 대해서 자유합니다. 그러나 그것이 비방을 받지 않게 하라고 합니다.

이 말씀에서 "비방"은 '블라스페메오'가 사용되었습니다. '블라스페메오'는 '중상하다', 불경건하게 말하다', '모독하다' 등의 뜻이 있습니다. 그리고 이 단어는 신성모독에 많이 사용된 단어입니다. 믿음이 강한 자들의 선한 자유가 믿지 않는 이방인들과 믿음이 약한 자들에게는 불경건한 일이므로 비방 거리가 됩니다. 그러므로 그 선한 것이 비방 거리가 되지 않게 하라는 것입니다. 다음은 음식과 하나님 나라입니다.

17절 하나님의 나라는 먹는 것과 마시는 것이 아니요 오직 성령

안에 있는 의와 평강과 희락이라

이 말씀 앞에도 '가르'가 사용되었습니다. 왜냐하면 하나님의 나라는 먹는 것과 마시는 것이 아니요 오직 성령 안에 있는 의와 평강과 희락이기 때문입니다. 하나님의 나라는 먹고 마시는 것과는 상관이 없습니다. 그러므로 먹고 마시는 것으로 비방거리가 되게 할 필요가 없다는 것입니다. 바울은 고린도 교회에도 말합니다.

"음식은 우리를 하나님 앞에 내세우지 못하나니 우리가 먹지 않는다고 해서 더 못사는 것도 아니고 먹는다고 해서 더 잘사는 것도 아니니라"(고전 8:8).

음식은 우리를 하나님 앞에 내세우지 못한다고 합니다. 그러므로 우리가 고기를 먹지 않는다고 해서 더 못사는 것도 아니고 먹는다고 해서 더 잘사는 것도 아니라고 합니다. 즉 믿음이 있어 고기를 먹을지라도 더 잘사는 것이 아니라는 것입니다. 그것으로 하나님 앞에 내세울 수 없기 때문입니다. 그렇다면 반대로 믿음이 없어 고기를 안 먹는다고 하나님 앞에서 더 못사는 것도 아닙니다. 그것은 오직 하나님의 나라는 의와 평강과 희락이기 때문입니다. 우리 안에 임한 하나님의 나라도 의와 평강과 희락입니다.

18절 이로써 그리스도를 섬기는 자는 하나님을 기쁘시게 하며 사람에게도 칭찬을 받느니라

이 말씀 앞에도 '가르'가 사용되었습니다. 왜냐하면 이것으로 그리스도를 섬기는 자는 하나님을 기쁘시게 하며 사람에게도 칭찬을 받기 때문이라는 것입니다. 즉 음식이 아니라 하나님 나라의 의와 평강과 희락으로 그리스도를 섬기는 자는 하나님을 기쁘시게 하며 사람에게도 인정을 받게 된다는 것입니다.

19절 그러므로 우리가 화평의 일과 서로 덕을 세우는 일을 힘쓰나니

이 말씀 앞에 '아라 운'이 사용되었습니다. 그러므로 우리는 화평의 일과 서로 덕을 세우는 일을 힘씁니다. "화평"은 17절에서 "평강"과 같은 단어 '에이레네'가 사용되었습니다. 하나님의 나라는 의와 평강(화평)과 희락입니다. 우리는 그 화평의 일과 (서로) 덕을 세우는 일을 힘씁니다. 바울은 로마의 성도들에게 모든 사람 앞에서 선한 일 즉 덕스러운 일을 도모할 것을 말하였습니다(롬 12:17). 할 수 있다면 모든 사람과 화목할 것을 말하였습니다(롬 12:18).

20절 음식으로 말미암아 하나님의 사업을 무너지게 하지 말라
만물이 다 깨끗하되 거리낌으로 먹는 사람에게는 악한 것이라
21절 고기도 먹지 아니하고 포도주도 마시지 아니하고 무엇이든지
네 형제로 거리끼게 하는 일을 아니함이 아름다우니라

음식으로 말미암아 하나님의 사업을 무너지게 하지 말라고 합니다. 자유한 내가 음식 때문에 불신자의 구원을 막고 그리스도께서 대신 죽은 형제를 음식으로 실족하게 하여 하나님의 사업, 하나님의 일을 무너지게 하지 말아야 한다는 것입니다.

이어서 만물이 다 깨끗하지만 거리낌으로 먹는 사람에게는 악한 것이라고 말합니다. 이 말씀은 14절에서 그가 확신한다고 했던 말과 연결되는 말입니다. 하나님께서 지으신 만물은 다 깨끗합니다. 그러나 속되게 생각하는 그에게는 속됩니다(롬 14:14). 그러므로 거리낌으로 먹는 자에게는 그 음식은 악한 것입니다.

그렇다면 고기도 먹지 않고 포도주도 마시지 않아 무엇이든지 네 형제로 거리끼게 하는 일을 하지 않는 것이 아름답다는 것입니다. 바울은 계속해서 "네 형제"라고 합니다. 그는 그리스도께서 피로 산 형제, 함께 몸을 이루는 지체입니다. 나는 자유하지만, 그런 그가 실족하지 않도록 그의 수준에 맞춰 고기도 포도주도 먹지 않고 마시지 않는 것이 아름답습니다.

> "유대인에게나 헬라인에게나 하나님의 교회에나 거치는 자가 되지 말고 나와 같이 모든 일에 모든 사람을 기쁘게 하여 자신의 유익을 구하지 아니하고 많은 사람의 유익을 구하여 그들로 구원을 받게 하라"(고전 10:32,33).

이 말씀 속에 모든 사람의 구원을 향한 바울의 열망과 권면이 들어있습니다. 유대인이나 헬라인 즉 믿지 않는 불신자인 유대인과 이방인, 그리고 하나님의 교회 즉 믿음이 연약한 형제에게 거치는 자가 되지 말라고 합니다. 또한 "나와 같이 자신의 유익을 구하지 아니하고 많은 사람의 유익을 구하여 모든 일에 모든 사람을 기쁘게 하여 그들로 구원을 받게 하라"고 합니다. "나와 같이"입니다.

그는 "만일 음식이 내 형제를 실족하게 한다면 나는 영원히 고기를 먹지 아니하여 내 형제를 실족하지 않게 하리라"라고 하였습니다(고전 8:13). 그는 자신의 유익을 구하지 아니하고 많은 사람의 유익을 구하여 모든 일에 모든 사람을 기쁘게 하여 그들로 구원을 받게 하려고 노력하였습니다.

그리고 그들도 그렇게 하라는 것입니다. 더 많은 사람이 구원받도록 자신의 유익이 아니라 많은 사람의 유익을 구하라고 말합니다. 하나님의 사업인 구원을 위하여, 연약한 형제가 실족하지 않도록 고기를 먹지 말고 포도주를 마시지 말라는 것입니다. 이것이 사랑입니다. 사랑은 자기의 유익을 구하지 않습니다(고전 13:5). 다음은 믿음과 정죄에 대한 말씀입니다.

22절 네게 있는 믿음을 하나님 앞에서 스스로 가지고 있으라 자기가 옳다 하는 바로 자기를 정죄하지 아니하는 자는 복이 있도다

그는 먼저 "네게 있는 믿음을 하나님 앞에서 스스로 가지고 있으라"라고 합니다. 그리스도 안에 있지만, 각자는 어떤 일에 대해서 달리 생각하고 다른 믿음을 가지고 있습니다. 음식에 대해서도 각자는 자신의 믿음을 가지고 있습니다. 그 믿음을 하나님 앞에서 스스로 가지고 있으라고 말합니다.

그리고 자기가 옳다 하는 바로 자기를 정죄하지 않는 자는 복이 있다고 합니다. "옳다 하는"은 '시험하다', '입증하다', '조사하다' 등의 뜻을 가진 '도키마조'가 사용되었습니다. 자신이 옳다고 입증한 것 안에서 스스로를 정죄하지 않는 자는 복이 있다는 것입니다. 자신의 믿음 안에서 거리낌이 없는 자는 복이 있습니다.

23절 의심하고 먹는 자는 정죄되었나니 이는 믿음을 따라 하지 아니하였기 때문이라 믿음을 따라 하지 아니하는 것은 다 죄니라

이 말씀 앞에 '데'가 사용되었습니다. "그러나"입니다. 그러나 의심하고 먹는 자는 정죄되었다고 말씀합니다. 이 말씀은 앞 절의 복이 있는 자와 대조적인 사람입니다.

22절에서 "정죄하지"는 앞에서 계속 사용된 '크리노'가 사용되었습니다. 하지만 23절에서 "정죄되었나니"는 '거스려 판단하다', '정죄하다', '유죄판결하다'의 뜻을 가진 '카타크리노'가 사용되었습니다.

5절에서도 날에 대해 각각 자기 마음을 확정하라고 하였습니다. 22절에서도 네게 있는 믿음을 하나님 앞에서 스스로 가지고 있으라고 하였습니다. 각자는 자신이 확신하는 바를 가지고 있습니다. 그리고 그들 중 자신이 옳다고 입증한 것 안에서 스스로를 정죄하지 않는 자는 복이 있습니다. 그러나 의심하고 먹는 자는 유죄 판결되었습니다.

이어서 '가르'가 사용되었습니다. 왜냐하면 그것은 믿음을 따라 하지 아니하였기 때문이라고 합니다. 의심하고 먹는 자가 유죄 판결되는 것은 그가 가지고 있는 그가 입증한 믿음을 따른 행동이 아니기 때문입니다. 자신의 믿음에 반하는 행동을 하게 될 때 스스로 자신을 정죄하게 됩니다. 그렇게 어떤 이들은 지금까지 우상에 대한 습관이 있어 우상의 제물로 알고 먹는 고로 그들의 양심이 약하여지고 더러워집니다(고전 8:7).

믿음을 따라 하지 아니하는 것은 다 죄가 된다고 말합니다. 그렇다면 고기를 우상의 제물로 아는 믿음을 가진 자들은 고기를 먹으면 죄가 됩니다. 그것은 그들에게 속된 것이기 때문입니다. 그러므로 그들은 스스로 정죄를 하지 않으려면 고기를 먹지 말고 포도주를 마시지 말아야 합니다. 그런데 믿음이 강한 자가, 그들의 영적 지도자가 그것을 먹는 것을 보게 된다면 그것은 부딪칠 것, 거칠 것이 되어 근심거리가 됩니다. 그리고 그들은 망하게 됩니다. 그러므로 바울은 믿음이 강한 너희가 그들에게 거치는 자가 되지 않도록 고기를 먹지 말고 포도주를 마시지 말라고 말합니다.

이는 당시 로마 교회만이 아니라 모든 시대 모든 교회에게 주시는 말씀으로 볼 수 있습니다. 앞에서도 언급했던 것처럼 기독교가 처음 들어갈 때 우상의 문제는 대부분의 나라에서 접하게 됩니다. 어느 나라나 우상을 섬기고 조상을 섬기면서 그 제물에 대한 문제가 있게 됩니다.

우리나라에서도 지금은 잠잠하지만, 오랫동안 제사한 음식을 먹을 수 있는가 없는가에 대해서 말했습니다. 이에 대한 답변이 오늘의 말씀입니다. 오직 하나님은 한 분이시며 주도 한 분이십니다. 그러므로 모든 것을 감사함으로 먹을 수 있습니다. 그러나 교회 안에는 항상 믿음에서 연약한 자가 있어 이를 보면 실족할 수 있다는 것입니다. 또한 그것이 우상을 섬기는 것이라, 조상을 섬기는 것이라 생각하는 불신자에게 복음 전파에 걸림돌이 될 수 있다는 것입니다. 그러므로 바울은 믿음이 강한 자의 지식으로 하나님의 사업을 망하게 하지 말라고 하였습니다.

이는 음식에 대한 것만이 아닙니다. 교회의 직분자들이 무심코 행하는 어떤 일들 때문에 교회 다니기를 그만두었다는 이야기나 그런 일들 때문에 복음을 거절하는 사람들의 이야기를 우리는 간혹 들을 수 있습니다. 예수님은 말씀하셨습니다.

"누구든지 나를 믿는 이 작은 자 중 하나를 실족하게 하면 차라리 연자 맷돌이 그 목에 달려서 깊은 바다에 빠뜨려지는 것이 나으니라 실족하게 하는 일들이 있음으로 말미암아 세상에 화가 있도다 실족하게 하는 일이 없을 수는 없으나 실족하게 하는 그 사람에게는 화가 있도다"(마 18:6,7).

이 말씀은 마태만이 아니라 마가, 누가도 기록한 두려운 말씀입니다. 다른 사람을 비판할 것이 아니라 반대로 도리어 그들에게 내가 걸려 넘어지게 하는 것을 두지 않도록 나를 더 판단해야 합니다. 모든 것이 가하나 모든 것이 유익한 것이 아니며, 모든 것이 가하나 모든 것이 덕을 세우는 것은 아닙니다. 형제로 거리끼게 하지 아니함이 아름답습니다. 이 말씀은 15장 1절 말씀으로 이어집니다.

3. 약점을 서로 담당하고 서로 받으라(롬 15:1~13)

**1절 믿음이 강한 우리는 마땅히 믿음이 약한 자의 약점을 담당하고
자기를 기쁘게 하지 아니할 것이라**

이 말씀 앞에 '데'가 사용되었습니다. '그러나', '그리고', '더욱이' 등입니다. 앞 장에서 고기를 먹지 않고 포도주를 마시지 않음으로 형제로 거리끼게 하는 일을 아니함이 아름답다고 하였습니다(롬 14:21). 그러므로 '더욱이'로 연결하는 것이 좋을 것입니다. 더욱이 믿음이 강한 우리는 마땅히 믿음이 약한 자의 약점을 담당하고 자기를 기쁘게 하지 아니할 것이라고 말씀합니다.

이 말씀에서 "마땅히"는 13장에서 "줄 것(7절)"과 "빚(8절)"에 사용된 '오페일로'가 사용되었습니다. 믿음이 강한 우리는 믿음이 약한 자들의 약점을 담당하는 것에 '빚을 진 자들' 즉 '의무를 가진 자들'이라는 것입니다. 믿음이 강한 자와 약한 자의 이야기가 마무리되는 말씀입니다. 비판하지 말고 오히려 형제 앞에 장애물을 놓지 않도록 자신을 더 판단하라고 하였습니다. 이제 적극적인 방법으로 그들의 약점을 담당할

의무로 책임을 지워줍니다.

인간 세상에서도 갓 태어난 아기들과 어린아이들은 연약하여 아무것도 스스로 할 수 없어 돌봄이 절대적으로 필요합니다. 그러므로 사람들은 아이의 약점을 그대로 인정합니다. 그리고 강한 자인 부모가 자신의 것을 희생하며 아이의 약점을 담당합니다. 또한 다른 사람들도 있는 그대로 인정하여 양보하고 보살핍니다.

교회 안에도 믿음에서 갓 태어난 아기가 있고 아직은 믿음에서 연약한 자가 있습니다. 그들에게는 영적인 돌봄이 필요합니다. 그러나 우리는 그들의 영의 모습을 볼 수 없습니다. 오직 육신의 모습만 보기 때문에 다른 사람과 똑같은 것을 기대하고 거기 미치지 못하는 어떤 행동들에 대해 비난하기가 쉽습니다. 그러나 바울은 믿음이 강한 자들은 믿음이 약하여 실족하기 쉬운 사람들의 약점을 담당할 의무가 있다고 말하고 있습니다. 그러므로 믿음이 연약한 자들을 위하여 고기를 먹지 말고 포도주를 마시지 말아야 합니다. 이제 다른 주제로 연결합니다. 그리고 자기를 기쁘게 하지 아니해야 합니다.

2절 우리 각 사람이 이웃을 기쁘게 하되 선을 이루고 덕을 세우도록 할지니라

"우리 각 사람이 이웃을 기쁘게 하되"라고 합니다. 1절에서 자기를 기쁘게 하지 아니할 것이라고 하였습니다. 자기를 기쁘게 할 것이 아니라 이웃을 기쁘게 하라는 것입니다. 이웃은 믿지 않는 자를 포함합니다.

어떻게 이웃을 기쁘게 합니까? 선을 이루고 덕을 세움으로 이웃을 기쁘게 하라고 합니다. 이 말씀은 우리가 그런 자이므로 그렇게 살라는 말씀입니다. 예수님께서는 오직 하나님 한 분 외에는 선한 이가 없다고 말씀하셨습니다. 우리는 그 하나님을 따라 지으심을 받은 자들입니다. 그러므로 그 선을 이루고 덕을 세워 이웃을 기쁘게 하라고 말씀합니다. 베드로도 우리는 하나님의 신성한 성품에 참여하였다고 말한 다음 더욱 힘써 믿음에 덕을, 덕에 지식을, 지식에 절제를, 절제에 인내를, 인내에 경건을, 경건에 형제 우애를, 형제 우애에 사랑을 더할 것을 말하였습니다(벧후 1:4~7). 우리 각 사람이 이웃을 기쁘게 하되 선을 이루고 덕을 세우도록 힘써야 합니다. 왜 그렇게 해야 합니까?

3절 그리스도께서도 자기를 기쁘게 하지 아니하셨나니 기록된 바 주를 비방하는 자들의 비방이 내게 미쳤나이다 함과 같으니라

이 말씀 앞에 "카이 가르"가 사용되었습니다. 왜냐하면 그리스도께서도 자기를 기쁘게 하지 않으셨기 때문입니다. 그리스도께서 자기를 기쁘게 하지 않으셨기 때문에 우리도 자기를 기쁘게 하지 않고 다른 사람을 기쁘게 해야 한다는 것입니다. 그것은 기록된 바 주를 비방하는 자들의 비방이 내게 미쳤나이다 함과 같다고 합니다. 바울은 시편 69:9절 말씀을 인용합니다.

시편 69편은 예수님의 십자가의 고난을 묘사한 시편입니다. 주를 비방하는 자들의 비방이 주님에게 미쳤습니다. 머리털보다 많은 사람이 예수님을 미워하였습니다(시 69:4). 예수님께서는 "지금은 그들이 나와 내 아버지를 보았고 또 미워하였도다" 하시며, 그것은 "그들이 이유 없이 나를 미워하였다" 한 말을 응하게 하려 함이라고 말씀하셨습니다(요 15:24,25). 주님은 이 땅에 계시는 동안에도 많은 비방을 당하셨습니다. 하지만 모든 인류의 죄와 질병을 담당하신 십자가에서 수많은 조롱과 비방을 당하셨습니다.

예수님께서 베드로에게 말씀하셨던 것처럼 그분은 아버지께 구하여 열두 군단 더 되는 천사를 보내시게 할 수 있는 분이셨습니다(마 26:53). 하지만 그렇게 하지 않으셨습니다. 그분은 그런 일이 있으리라 한 성경을 이루기 위하여(마 26:54), 우리를 구원하기 위하여 자기를 기쁘게 하지 않으시고 모든 고난을 당하셨습니다(사 53:7,8). 주를 비방하는 자들의 비방을 들으시면서도 그리스도께서는 자기를 기쁘게 하지 않으셨습니다.

4절 무엇이든지 전에 기록된 바는 우리의 교훈을 위하여 기록된 것이니 우리로 하여금 인내로 또는 성경의 위로로 소망을 가지게 함이니라

이 말씀 앞에도 '가르'가 사용되었습니다. 왜냐하면 무엇이든지 전에 기록된 것은 우리의 교훈을 위하여 기록된 것으로 우리로 하여금 인내로 또는 성경의 위로로 소망을 가지게 함이기 때문입니다.

무엇이든지 전에 기록된 것은 우리의 교훈을 위하여 기록된 것입니다. 바울은 고린도 교회에 보내는 편지에서도 이스라엘에게 일어났었던 일들을 말하며 "이런 일은 본보기가 되고 또한 말세를 만난 우리를 깨우치기 위하여" 기록되었다고 말하였습니다(고전 10:6,11). 모든 성경은 하나님의 감동으로 된 것으로 교훈과 책망과 바르게 함과 의로 교육하기에 유익합니다(딤후 3:16). 성경의 모든 기록들은 하나님의 자녀로 태어날 우리를 깨우치기 위하여, 우리를 교훈하기 위하여 기록된 것입니다.

그리고 그 말씀들은 우리에게 인내로 또는 성경의 위로로 소망을 가지게 하려 함이라고 말씀합니다. 그 말씀들에는 하나님의 약속들과 위로가 있습니다. 우리는 말씀을 통하여 위로를 받고 소망을 가지게 됩니다.

**5절 이제 인내와 위로의 하나님이 너희로 그리스도 예수를 본받아
서로 뜻이 같게 하여 주사
6절 한마음과 한 입으로 하나님 곧 우리 주 예수 그리스도의
아버지께 영광을 돌리게 하려 하노라**

이어서 '데'가 사용되었습니다. 그리고 이제 인내와 위로의 하나님이 너희로 그리스도 예수를 본받아 서로 뜻이 같게 하여 주셔서 한마음과 한 입으로 하나님 곧 우리 주 예수 그리스도의 아버지께 영광을 돌리게 하려 한다고 말합니다.

14절에서는 기록된 말씀으로 우리에게 인내와 성경의 위로로 소망을 가지게 하셨다고 하였습니다. 우리에게 주시는 인내와 성경의 위로입니다. 이제 인내와 위로의 하나님을 말씀합니다. 하나님의 오래 참으심은 사람으로 회개하여 구원에 이르기를 원하시기 때문입니다(롬 2:4, 벧후 3:15). 하나님의 긍휼과 위로는 그리스도 안에 있습니다. 하나님은 인내와 위로의 하나님이십니다.

그 하나님께서 우리로 그리스도 예수를 본받아 서로 뜻을 같게 하여 주셔서 한 마음과 한 입으로 하나님께 영광을 돌리게 하려 하셨다는 것입니다. 적그리스도를 따르는 무리는 한 뜻을 가지고 적그리스도를 경배하고 하나님을 대적하는 일을 합니다(계 17:13,17). 그러나 그리스도를 따르는 무리는 한 뜻을 가지고 한 마음과 한 입으로 하나님께 영광을 돌립니다. 이는 인내와 위로의 하나님께서 우리로 그리스도를 본받아 서로 뜻을 같게 하여 주셨기 때문이라고 말합니다. 하나님께서는 우리로 맞아들이신 그리스도의 형상을 본받게 하기 위하여 그로 맞아들이 되도록 미리 정하셨습니다(롬 8:29).

7절 그러므로 그리스도께서 우리를 받아 하나님께 영광을 돌리심과
같이 너희도 서로 받으라

이어서 '디오'가 사용되었습니다. '그것을 통해서', '그 결과로서', '그러므로'입니다. 앞 절의 결과입니다. 그리스도를 본받아 한마음과 한 입으로 하나님께 영광을 돌리게 하셨으므로 그리스도께서 우리를 받아 하나님께 영광을 돌리심과 같이 너희도 서로 받으라고 합니다.

이 말씀에서 "받으라"는 '취하다', '용납하다'의 뜻을 가진 '프로스람바노'가 사용되었습니다. 그리스도께서는 우리를 받아들이셔서 하나님께 영광을 돌리셨습니다. 그렇게 서로 받아들이라고 말씀합니다. 14장 1절에서도 믿음이 연약한 자를 받으라고('프로스람바노') 하였습니다. 그리스도께서 우리를 받아 하나님께 영광을 돌리심과 같이 우리도 다른 사람으로 하나님께 영광을 돌리도록 그들을 받아들여야 합니다. 그렇다면 그리스도는 어떻게 우리를 받아 하나님께 영광을 돌리셨습니까?

8절 내가 말하노니 그리스도께서 하나님의 진실하심을 위하여
할례의 추종자가 되셨으니 이는 조상들에게 주신 약속들을
견고하게 하시고

8절 앞에도 '가르'가 사용되었습니다. 왜냐하면 내가 말하는데 그리스도께서 하나님의 진실하심을 위하여 할례의 추종자가 되셨기 때문입니다.

"진실하심"은 '진리', '진실성'을 의미하는 '알레떼이아'가 사용되었습니다. "추종자"는 '시중드는 자', '섬기는 자', '수행원'의 뜻을 가진 '디아코노스'가 사용되었습니다. 그리스도께서는 하나님의 진리를 위하여 할례의 수행원이 되셨다는 것입니다. 그리스도의 할례에 대해서 살펴보겠습니다.

• 그리스도께서 할례의 수행원이 되셔서 행하시는 할례

"또 그 안에서 너희가 손으로 하지 아니한 할례를 받았으니 곧 육의 몸을 벗는 것이요 그리스도의 할례니라"(골 2:11).

성경은 우리가 그리스도 안에서 손으로 하지 아니한 할례를 받았다고 말씀합니다. 우리가 받은 할례는 손으로 하는 즉 육신의 할례(엡 2:11)가 아닙니다. 그것은 육의 몸을 벗어버리는 그리스도의 할례입니다.

여러 번 언급했던 것처럼 사람은 사탄과 연합함으로 육신 되었고 하나님의 영은 그들을 떠나셨습니다(창 6:3). 하나님께서 말씀하시는 진정한 할례는 사탄과 연합된 육의 몸을 벗어버리는 마음의 할례입니다. 그리스도께서는 할례의 수행원이 되심으로 우리로 육의 몸을 벗어버리는 할례를 행하였습니다. 이어서 그 할례는 어떻게 이루어지는지도 말씀합니다.

"너희가 세례로 그리스도와 함께 장사되고 또 죽은 자들 가운데서 그를 일으키신 하나님의 역사를 믿음으로 말미암아 그 안에서 함께 일으키심을 받았느니라"(골 2:12).

우리는 그리스도와 연합하는 세례로 그리스도와 함께 장사되고 또 죽은 자들 가운데서 그를 일으키신 하나님의 역사를 믿음으로 말미암아 그 안에서 함께 새 생명으로 일으키심을 받았다고 말씀합니다. 이 말씀은 로마서에서도 계속 말씀한 내용입니다. 육신 안에 있던 우리의 옛사람은 그리스도와 함께 죽고 그리스도와 함께 영으로 산 자가 되었습니다. 우리의 영은 이제 하나님과 연합되었습니다.

• 그리스도께서 할례의 수행원이 되기 위해 하신 일

"그러나 내가 너희에게 실상을 말하노니 내가 떠나가는 것이 너희에게 유익이라 내가 떠나가지 아니하면 보혜사가 너희에게로 오시지 아니할 것이요 가면 내가 그를 너희에게로 보내리니"(요 16:7).

예수님께서는 그분이 떠나가는 것이 너희에게 유익인데 떠나가면 보혜사가 오실 것이고 떠나가지 않으면 오시지 않을 것이기 때문이라는 것입니다. 그리고 가면 "내가 그를 너희에게로" 보내겠다고 말씀하십니다. 예수님께서 아버지께 가신다는 것은 그분의 고난과 죽음, 장사됨과 부활을 모두 포함하는 말씀입니다. 예수님께서는 속죄의 피를 가지고 아버지께로 가셨습니다(히 9:12). 그것은 이 땅을 떠나신 성령님께서 우리 가운데 다시 오시도록 하시는 일이라고 말씀하시는 것입니다.

하나님은 그 큰일을 행하신 예수님을 지극히 높이셨고, 예수님은 그분이 약속하신 성령을 아버지께 받아 우리에게 부어주셨습니다(행 2:33). 사람을 떠나셨던 성령님은 다시 우리 안에 거하십니다. 그리스도(하나님)의 영이 있는 자는 육신에 있지 않고 영에 있다고 말씀합니다(롬 8:9). 우리는 육의 몸을 벗는 그리스도의 할례를 받았습니다. 그리스도는 하나님께서 말씀하신 진리를 이루기 위하여 할례의 수행원이 되셨습니다.

바울은 이어서 "이는 조상들에게 주신 약속들을 견고하게 하시고"라고 합니다. 그리스도께서 할례의 수행원이 되신 목적입니다. 그것은 조상들에게 주신 약속들을 견고하게 하시기 위함입니다. "조상들", "약속들"이 모두 복수입니다. 하나님께서는 조상들에게 하나님의 영, 성령에 대한 많은 약속을 주셨습니다. 또한 구원에 대한 많은 약속을 주셨습니다. 그리스도께서 이루신 일은 그 모든 약속을 모두 이루는 사역이었습니다. "견고하게 하시고"는 '확고하게 하다', '확증하다'의 뜻을 가진 '베바이오오'가 사용되었습니다. 하나님은 조상들에게 주신 약속들을 확고하게 하기 위하여 그리스도를 할례의 수행원이 되게 하셨습니다. 또 다른 목적입니다.

9절 이방인들도 그 긍휼하심으로 말미암아 하나님께 영광을 돌리게 하려 하심이라 기록된 바 그러므로 내가 열방 중에서 주께 감사하고 주의 이름을 찬송하리로다 함과 같으니라

이 말씀 앞에 '데'가 사용되었습니다. 그리고 이방인들도 그 긍휼하심으로 말미암아 하나님께 영광을 돌리게 하려 하심이라고 말합니다. 바울은 다시 이방인의 긍휼히 여기심을 말합니다. 전에 그들은 하나님께 순종하지 않았습니다. 그러나 이스라엘이 순종하지 않음으로 이제 긍휼을 입었습니다(롬 11:30). 그것은 이스라엘도 동일합니다(롬 11:31). 하나님은 순종하지 않는 모든 사람에게 긍휼 베풀기를 원하십니다(롬 11:32). 그리스도께서는 이방인들도 그 긍휼하심으로 말미암아 하나님께 영광을 돌리게 하기 위하여 할례의 수행원이 되셨습니다.

그리고 그것은 기록된 것과 같습니다. 바울은 12절까지에서 하나님께서 이방인들도 하나님께 영광을 돌리게 하려 하심을 드러내는 구약의 말씀들을 인용합니다. 이 구절들에서 말씀하는 "열방"은 '민족', '이방인'의 뜻을 가진 '에뜨노스'가 사용되고 "백성"은 '하나님의 사람들'을 의미하는 '라오스'가 사용되었습니다. 이방인과 하나님의 백성에 대한 이야기입니다.

그 첫 번째 말씀은 "그러므로 내가 열방 중에서 주께 감사하고 주의 이름을 찬송하리로다"입니다. 이 말씀의 난외주는 "시 18:49"이라고 기록합니다. "감사하고"는 '인정하다', '고백하다'의 뜻을 가진 '엑소몰로게오'가 사용되었습니다. 내가 이방인 중에서 주께 고백하고 주의 이름을 찬송할 것이라고 말씀합니다. 이방인들이 주님을 고백하고 찬송할 것입니다.

10절 또 이르되 열방들아 주의 백성과 함께 즐거워하라 하였으며

'카이 팔린'이 사용되었습니다. '그리고 다시'입니다. 그리고 다시 말합니다. "열방들아 주의 백성과 함께 즐러워하라" 이 말씀의 난외주는 "신 32:43"이라고 기록합니다. 이방인들도 주의 백성과 함께 즐거워할 것입니다.

11절 또 모든 열방들아 주를 찬양하며 모든 백성들아 그를 찬송하라 하였으며

이 구절 앞에도 '카이 팔린'이 사용되었습니다. 그리고 다시 모든 열방들아 주를 찬양하며 모든 백성들아 그를 찬송하라고 하였습니다. 이 말씀은 시편 117편 1절을 인용한 말씀입니다. 모든 이방 민족들도 하나님을 찬양하고 그분의 백성들은 그를 칭송해야 합니다.

12절 또 이사야가 이르되 이새의 뿌리 곧 열방을 다스리기 위하여

일어나시는 이가 있으리니 열방이 그에게 소망을 두리라
하였느니라

이 구절 앞에도 '카이 팔린'이 사용되었습니다. 그리고 다시 이사야가 말합니다. 이새의 뿌리에서 열방을 다스리기 위하여 일어나시는 이가 있을 것인에 열방이 그에게 소망을 둘 것입니다. 이 말씀의 난외주는 "사 11:10"이라고 기록합니다.

"다스리기 위하여"는 '처음이 되다', '지배하다'의 뜻을 가진 '아르코'가 사용되었습니다. 이새의 뿌리에서 민족들의 첫째가 되기 위하여, 그들을 다스리기 위하여 일어나시는 이가 있을 것입니다. 예수님은 몸인 교회의 머리이시며 죽은 자들 가운데서 처음 나신 분이십니다(골 1:18). 또한 다윗 집의 영원한 왕이십니다. 그러므로 이방인이 그에게 소망을 둡니다.

바울은 구약의 말씀 네 구절을 인용하였습니다(시 18:49, 신 32:43, 시 117:1, 사 11:10). 이렇게 성경에 기록된 것과 같이 그리스도께서 이방인들도 받아 하나님께 영광을 돌리게 하심은 확실합니다.

7절에서 그리스도께서 우리를 받아 하나님께 영광을 돌리셨음을 말하였습니다. 8절에서는 그리스도께서 할례의 수행원이 되심으로 조상들에게 주신 약속들을 견고하게 하셨음을 말하였고, 9절에서는 이방인들도 하나님께 영광을 돌리심을 말하였습니다. 조상들에게 주신 약속들을 이루고 이방인들도 하나님께 영광을 돌리게 하기 위하여 할례의 수행원이 되셨다는 말씀입니다.

"그리스도께서 우리를 위하여 저주를 받은 바 되사 율법의 저주에서
우리를 속량하셨으니 기록된 바 나무에 달린 자마다 저주 아래에

있는 자라 하였음이라 이는 그리스도 예수 안에서 아브라함의 복이
이방인에게 미치게 하고 또 우리로 하여금 믿음으로 말미암아
성령의 약속을 받게 하려 함이라"(갈 3:13,14).

그리스도께서 우리를 위하여 나무에 달려 저주를 받으셔서 우리를
율법의 저주에서 속량하셨습니다. 모든 인류는 저주 아래 있었습니다.
나무에 달린 자마다 저주 아래에 있는 자입니다. 그리스도께서는
그렇게 나무에 달려 우리 대신 저주를 받으셔서 우리를 율법의 저주에서
속량하셨습니다. 그리고 그리스도께서 저주를 받으심으로 이루어진 일을
말씀합니다. 그것은 그리스도 예수 안에서 아브라함의 복이 이방인에게
미치게 하고, 또 우리로 하여금 믿음으로 말미암아 성령의 약속을 받게
하려 함이라는 것입니다. 이 말씀은 로마서의 목적과 같습니다. 아브라함의
복이 이방인에게 미치고 또 우리로 성령의 약속을 받게 하려 하심입니다.
그리스도께서 저주를 받으심으로, 할례의 수행원이 되심으로 이루어진
일입니다.

그러므로 그리스도께서 우리 모두를 받아 하나님께 영광을 돌리심
같이 우리도 서로 용납하라는 말씀입니다. 또한 선을 이루고 덕을 세워
이웃을 기쁘게 하여 그들로 하나님께 영광을 돌리며 돌아오게 하라는
말씀입니다. 예수님은 너희는 세상의 빛이라고 하시며 너희 빛이 사람 앞에
비치게 하여 그들로 너희의 착한 행실을 보고 아버지께 영광을 돌리게
하라고 하셨습니다(마 5:14,16). 모든 일에 모든 사람을 기쁘게 하여 자신의
유익을 구하지 않고 다른 사람의 유익을 구하여 그들로 구원을 받게 하는
것입니다(고전 10:33).
이 말씀은 15장의 뒷부분에서 바울이 이방인의 사도로서 이방인들에게

어떻게 복음을 전하였는지 말씀하는 내용으로 이어집니다.

13절 소망의 하나님이 모든 기쁨과 평강을 믿음 안에서 너희에게
충만하게 하사 성령의 능력으로 소망이 넘치게 하시기를
원하노라

이 말씀 앞에 '데'가 사용되었습니다. 이제 소망의 하나님이 모든 기쁨과 평강을 믿음 안에서 너희에게 충만하게 하셔서 성령의 능력으로 소망이 넘치게 하시기를 원한다고 합니다. 로마의 성도들을 향한 바울의 기원입니다.

소망의 하나님입니다. 그분은 우리의 모든 소망이 되십니다. 기쁨과 평강이 믿음 안에서 충만하게 하시기를 기원합니다. 하나님의 나라는 의와 평강과 희락(기쁨)입니다(롬 14:7).

그리고 성령의 능력으로 소망이 넘치기를 기원합니다. 성령님의 능력은 하나님의 능력입니다. 그 능력은 그리스도 안에서 역사하셔서 그분을 죽은 자들 가운데서 살리신 능력입니다. 그 성령님은 이제 우리 안에 거하십니다. 그리고 성령님은 우리의 구원의 보증이십니다(고후 1:22). 그러므로 소망이 넘칩니다.

그는 소망의 하나님이 모든 기쁨과 평강을 믿음 안에서 로마의 성도들에게 가득 채우셔서 성령의 능력 안에서 소망이 넘치게 하시기를 기원합니다.

요약

  서로 비판하지 말라고 말씀합니다. 그는 하나님께서 받으신 하나님 가족의 종이고 주님을 위하여 사는 자이기 때문입니다. 또한 우리는 우리가 행한 일에 심판을 받을 것입니다. 그러므로 그리스도께서 대신하여 죽으신 형제가 실족하지 않도록 도리어 형제 앞에 부딪칠 것이라 거칠 것을 두지 말라고 말씀합니다.

  믿음이 강한 우리는 믿음이 연약한 자들의 약점을 담당할 의무를 가진 자들입니다. 그러므로 자기를 기쁘게 하지 말고 이웃을 기쁘게 하되 선을 이루고 덕을 세우도록 해야 합니다. 그것은 그리스도께서도 자기를 기쁘게 하지 않으셨기 때문입니다. 그리스도께서는 하나님의 말씀을 이루기 위해 할례의 수행원이 되셨습니다. 그리스도께서 우리를 받아 하나님께 영광을 돌리심과 같이 너희도 서로 받으라고 말씀합니다.

Ⅳ. 서신의 마무리(롬 15:14~16:27)

이제 서신의 마무리로 들어갑니다. 바울은 로마서를 기록하는 목적과 사도로서 그가 이룬 사역을 말하며 로마로 가고자 하는 그의 계획과 마무리 인사가 있습니다.

1. 사역보고와 방문계획(롬 15:14~33)

1) 로마서의 기록 목적

14절 내 형제들아 너희가 스스로 선함이 가득하고 모든 지식이 차서
　　　능히 서로 권하는 자임을 나도 확신하노라
15절 그러나 내가 너희로 다시 생각나게 하려고 하나님께서 내게
　　　주신 은혜로 말미암아 더욱 담대히 대략 너희에게 썼노니

바울은 믿음 안에 있는 로마의 성도들에게 "내 형제들아"라고 부릅니다. 그리고 그들이 스스로 선함이 가득하고 모든 지식이 차서 능히 서로 권하는 자임을 나도 확신한다고 말합니다. 앞에서 선을 이룰 것을 여러 번 말하였습니다. 하지만 그들은 스스로 선함이 가득하고 지식이 차서 서로 권하는 자임을 확신한다는 것입니다. 즉 말하지 않아도 잘하고 있으리라 확신한다는 것입니다.

하지만 그는 그들로 다시 생각나게 하려고 하나님께서 그에게 주신 은혜로 말미암아 더욱 담대히 대략 그들에게 썼다고 말합니다. 그들로 다시 생각나게 하려고 그는 로마서를 기록하였다는 것입니다. 이것이 로마서를 기록하여 보내는 목적입니다.

로마서 서론에서도 언급했던 것처럼 예수님을 거절한 유대인만이 아니라 당시 예루살렘에 있는 유대인 중 믿는 자들까지도 다 율법에 열성을 가진 사람들이었습니다. 믿는 형제 중에 할례를 받지 않으면 구원을 받을 수 없다는 가르침은 바울이 복음을 전한 갈라디아 지역의 교회들에도 바울이 있는 안디옥에도 들어왔습니다. 그러므로 그는 로마 교회의 성도들에게도 오직 믿음으로 얻는 의의 복음을 말합니다. 당시 어느 곳에서나 부딪치는 문제인 유대인과 이방인의 구원에 대한 말씀과 삶의 문제인 죄와 율법 그리고 육신에 대한 문제, 그리고 하나님의 구원의 섭리와 비밀 등 그는 복음의 기초들을 명확하게 설명합니다.

바울은 그들의 믿음이 온 세상에 전파된 것으로 하나님께 감사했습니다(롬 1:8). 그들의 순종함이 모든 사람에게 들렸습니다(롬 16:19). 그들은 선함이 가득하고 지식이 차서 서로 권하는 지임을 확신합니다. 하지만 그는 그들로 다시 생각나게 하려고 로마서를 기록하여 그들에게 보냅니다. 그리고 그것은 자신에게 주신 은혜로 말미암아 더욱 담대히 대략 썼다고 말합니다.

2) 바울 자신의 직임과 사역에 대한 보고

16절 이 은혜는 곧 나로 이방인을 위하여 그리스도 예수의 일꾼이
되어 하나님의 복음의 제사장 직분을 하게 하사 이방인을
제물로 드리는 것이 성령 안에서 거룩하게 되어 받으실 만하게

하려 하심이라

이제 그에게 주신 은혜에 대한 설명입니다. 이 은혜는 곧 그로 이방인을 위하여 그리스도 예수의 일꾼이 되어 하나님의 복음의 제사장 직분을 하게 하신 것입니다. 그는 그리스도 예수의 일꾼이라고 말합니다. 그는 앞 절들에서 이방인들도 하나님께 영광을 돌리게 하시려고 그리스도께서 할례의 추종자가 되셨다고 하였습니다(8,9절). 그리고 이제 그는 그분의 일꾼으로 하나님의 복음을 위한 제사장 직분으로 이방인을 거룩한 제물로 드리는 일을 한다고 말합니다. 그는 이방인을 하나님께 거룩한 제물로 드리는 복음의 제사장입니다. 이것이 그가 말하는 은혜입니다. 그는 복음을 위한 선포자, 사도, 교사였습니다(딤후 1:11). 그가 받은 은혜의 직분입니다(갈 2:9).

앞 절에서는 그에게 주신 은혜로 더욱 담대히 대략 그들에게 썼다고 말하였습니다. 그는 사도로써 그들을 하나님께서 받으실 거룩한 제물로 드리기 위하여 로마서를 기록하여 보냈음을 알 수 있습니다. 그는 예수 그리스도로 말미암아 은혜와 사도의 직분을 받아 그의 이름을 위하여 모든 이방인 중에서 믿어 순종하게 하는 이방인의 사도였습니다(롬 1:5, 갈 2:8). 그렇다면 그는 사도로써 어떤 일을 하였습니까? 이제 그의 사역에 대한 보고입니다.

17절 그러므로 내가 그리스도 예수 안에서 하나님의 일에 대하여 자랑하는 것이 있거니와
18절 그리스도께서 이방인들을 순종하게 하기 위하여 나를 통하여 역사하신 것 외에는 내가 감히 말하지 아니하노라 그 일은 말과 행위로

**19절 표적과 기사의 능력으로 성령의 능력으로 이루어졌으며
그리하여 내가 예루살렘으로부터 두루 행하여 일루리곤까지
그리스도의 복음을 편만하게 전하였노라**

17절 앞에 '운'이 사용되었습니다. '그러므로'입니다. 그러므로 내가 그리스도 예수 안에서 하나님의 일에 대하여 자랑하는 것이 있지만 그리스도께서 이방인들을 순종하게 하기 위하여 나를 통하여 역사하신 것 외에는 감히 말하지 않겠다고 합니다. 이방인을 위한 그리스도 예수의 일꾼으로 그는 많은 일을 하였으므로 하나님의 일에 대하여 자랑할 것이 있었습니다. 하지만 그는 그리스도께서 이방인들을 순종하게 하기 위하여 자신을 통하여 역사하신 것 외에는 감히 말하지 않겠다고 합니다. 이방인들을 순종하게 하기 위하여 그리스도께서 그를 통하여 역사하신 것입니다. 그리스도는 몸인 교회를 통하여 그분의 일을 하십니다.

그렇다면 그리스도께서는 그를 통하여 어떻게 역사하셨습니까? 그는 그 일은 말과 행위로 표적과 기사의 능력으로 성령의 능력으로 이루어졌다고 말합니다. 이방인을 순종하게 하기 위하여 그는 말과 행위 그리고 표적과 기사의 능력으로, 성령의 능력으로 그 일을 이루었습니다.

**"사도의 표가 된 것은 내가 너희 가운데서 모든 참음과 표적과
기사와 능력을 행한 것이라"(고후 12:12).**

바울은 자신이 사도의 표가 된 것은 그들 가운데서 모든 참음과 표적과 기사와 능력을 행한 것이라고 말합니다. 모든 참음, 표적, 기사, 능력입니다. 로마서에서도 "말과 행위", "표적들과 기적들의 능력", "성령의 능력"을 말하였습니다. 말과 참음의 행위 그리고 표적들과 기사와 성령의

능력입니다. 이것이 사도로서의 증거였습니다. 그리스도께서는 사도인 그에게 합당한 은사로 옷을 입혀주셨습니다. 두 사도 즉 바울과 바나바가 주를 힘입어 담대히 말하니 주께서 그들의 손으로 표적과 기사를 행하게 하여 주사 자기 은혜의 말씀을 증언하셨다고 말씀합니다(행 14:3). 제자들도 나가 두루 전파할새 주께서 함께 하셔서 따르는 표적으로 말씀을 확실히 증언하셨습니다(막 16:20).

결과 어떤 일이 일어났습니까? 그리하여 그는 예루살렘으로부터 두루 행하여 일루리곤까지 그리스도의 복음을 편만하게 전하였다고 말합니다. 그는 이방인의 사도로 예루살렘으로부터 그 주변으로 하여 일루리곤까지 복음을 편만하게 전하였습니다. 일루리곤은 마게도냐 북쪽 지역으로 (당시)바울이 전한 지역 중 가장 서쪽이라고 합니다. 그는 예루살렘으로부터 일루리곤까지 복음을 널리 전파하였습니다. 그리스도께서 그를 통하여 이루신 일입니다. 그는 어떻게 복음을 전하였는지를 말합니다.

20절 또 내가 그리스도의 이름을 부르는 곳에는 복음을 전하지
않기를 힘썼노니 이는 남의 터 위에 건축하지 아니하려 함이라
21절 기록된 바 주의 소식을 받지 못한 자들이 볼 것이요 듣지 못한
자들이 깨달으리라 함과 같으니라

그는 그리스도의 이름을 부르는 곳 즉 복음이 전파된 곳에는 전하지 않기를 힘썼다고 말합니다. 그는 남의 터 위에 건축하지 아니하려 하였다고 합니다. 왜 그렇게 했습니까? 기록된 것과 같이 주의 소식을 받지 못한 자들이 볼 것이고 듣지 못한 자들이 깨달을 것이라고 말씀하셨기 때문이라는 것입니다. 이 말씀의 난외주는 "사 52:15"이라고 기록합니다.

"그가 나라들을 놀라게 할 것이며 왕들은 그로 말미암아 그들의 입을 봉하리니 이는 그들이 아직 그들에게 전파되지 아니한 것을 볼 것이요 아직 듣지 못한 것을 깨달을 것임이라"(사 52:15).

십자가의 고난을 당하신 그리스도께서 나라들을 놀라게 하여 왕들의 입이 봉해질 것을 말씀합니다. 그것은 그들이 아직 그들에게 전파되지 않은 것을 볼 것이고, 아직 듣지 못한 것을 깨달을 것이기 때문이라고 말씀합니다. 그러므로 바울은 복음이 전파되지 않은 곳에 전하려고 힘썼습니다.

3) 로마 방문 계획과 기도 부탁

22절 그러므로 또한 내가 너희에게 가려 하던 것이 여러 번 막혔더니
23절 이제는 이 지방에 일할 곳이 없고 또 여러 해 전부터 언제든지 서바나로 갈 때에 너희에게 가기를 바라고 있었으니
24절 이는 지나가는 길에 너희를 보고 먼저 너희와 사귐으로 얼마간 기쁨을 가진 후에 너희가 그리로 보내주기를 바람이라

그러므로 그는 로마에도 가고자 했지만 여러 번 막혔었다고 말합니다. 그는 편지의 서두에서도 여러 번 가고자 했지만 길이 막혔었다고 같은 말을 하였습니다(롬 1:13).

이어서 '뉘 데'가 사용되었습니다. "그러나 이제는"입니다. 그러나 이제는 이 지방에 일할 곳이 없고 또 여러 해 전부터 언제든지 서바나 즉 스페인으로 갈 때에 너희에게 가기를 간절히 바라고 있었다고 말합니다. 그는 왜 로마에 가고자 하는지 이유를 밝힙니다. 이 지방에 일할 곳이 없다는 것과 또 하나는 여러 해 전부터 스페인으로 갈 때에 그들에게 가려 했다는 것입니다.

이어서 그가 어떻게 할 것인지 그가 계획한 여정을 말합니다. 그는 서바나(스페인)로 갈 때 지나가는 길에 로마의 성도들을 보고 먼저 그들과 사귐으로 얼마간 기쁨을 가진 후에 그들이 서바나로 보내주기를 바란다고 말합니다. 이방인의 사도로 지중해의 동쪽인 예루살렘으로부터 일루리곤까지 복음을 전한 그는 그곳에 더 이상 복음을 전할 곳이 없으므로 로마를 거쳐 지중해의 서쪽 끝인 서바나로 가기를 원한다고 말합니다. 그는 할 수 있는 대로 로마에 있는 그들에게도 복음 전하기를 원하였습니다(롬 1:15). 그러므로 그들과 말씀의 교제를 나눈 후 그들이 그를 스페인으로 보내주기를 바란다는 것입니다. 그렇다면 지금은 어떠합니까?

25절 그러나 이제는 내가 성도를 섬기는 일로 예루살렘에 가노니
26절 이는 마게도냐와 아가야 사람들이 예루살렘 성도 중 가난한
    자들을 위하여 기쁘게 얼마를 연보하였음이라
27절 저희가 기뻐서 하였거니와 또한 저희는 그들에게 빚진 자니
    만일 이방인들이 그들의 영적인 것을 나눠 가졌으면 육적인
    것으로 그들을 섬기는 것이 마땅하니라
28절 그러므로 내가 이 일을 마치고 이 열매를 그들에게 확증한
    후에 너희에게 들렀다가 서바나로 가리라
29절 내가 너희에게 나아갈 때에 그리스도의 충만한 복을 가지고 갈
    줄을 아노라

25절 앞에도 '뉘 데'가 사용되었습니다. 그러나 이제는 그는 성도를

섬기는 일로 예루살렘에 간다고 말합니다. 왜냐하면 그것은 마게도냐와 아가야 사람들이 예루살렘 성도 중 가난한 자들을 위하여 기쁘게 얼마를 연보하였기 때문입니다.

27절은 연보에 대한 설명입니다. 왜냐하면 그들이 기뻐서 하였거니와 그들은 또한 예루살렘 성도들에게 빚진 자들이라고 말합니다. 그들은 어떻게 예루살렘 성도들에게 빚을 졌습니까? '에이 가르'가 사용되었습니다. 왜냐하면 만일 이방인들이 그들의 영적인 것을 나눠 가졌으면 육적인 것으로 그들을 섬기는 것이 마땅하기 때문이라는 것입니다. 이 말씀에서 "마땅하니라"도 '빚지다', '의무를 지다' 등의 뜻을 가진 '오페일로'가 사용되었습니다. 저희는 예루살렘의 성도들에게 영적인 것을 나눠 가졌으므로 빚진 자들입니다. 그렇다면 이방인들은 육적인 것으로 그들을 섬겨야 할 의무를 가진다는 것입니다.

그러므로 그는 그 일을 마치고 그 열매를 그들에게 확증한 후에 즉 안전하게 연보를 예루살렘 성도들에게 넘겨준 후에 로마의 그들에게 들렀다가 서바나 즉 스페인으로 갈 것을 말합니다.

그리고 29절에서는 그가 로마의 그들에게 갈 때에 그리스도의 충만한 복을 가지고 갈 것임을 안다고 말합니다. 그는 로마서 1장에서도 그들에게 어떤 신령한 은사를 나눠주어 그들을 견고하게 하기를 위하여 그들을 보기를 간절히 원한다고 말하였습니다(롬 1:11). 바울은 그리스도의 충만한 복으로 그들을 견고하게 하기를 원하였습니다. 이제 바울의 기도부탁입니다.

30절 형제들아 내가 우리 주 예수 그리스도와 성령의 사랑으로 말미암아 너희를 권하노니 너희 기도에 나와 힘을 같이하여 나를 위하여 하나님께 빌어

31절 나로 유대에서 순종하지 아니하는 자들로부터 건짐을 받게
하고 또 예루살렘에 대하여 내가 섬기는 일을 성도들이 받을
만하게 하고
32절 나로 하나님의 뜻을 따라 기쁨으로 너희에게 나아가 너희와
함께 편히 쉬게 하라

그는 "형제들아 우리 주 예수 그리스도와 성령의 사랑으로 말미암아 너희에게 권하노니"라고 합니다. 그가 권하는 것이 무엇입니까? 너희 기도에 나와 힘을 같이하여 나를 위하여 하나님께 빌어달라는 것입니다. 즉 그들에게 중보해 줄 것을 부탁합니다.

어떤 기도입니까? 세 가지입니다. 첫째는 유대에서 순종하지 아니하는 자들로부터 그를 구원하시기를, 둘째는 예루살렘에 대하여 그가 섬기는 일을 성도들이 받을 만하게 하시기를, 셋째는 그가 하나님의 뜻을 따라 기쁨으로 로마로 가서 그들과 함께 편히 쉬게 하시기를 기도하라는 것입니다. 그는 예루살렘에 연보를 전해야 했고, 그곳의 유대인으로부터 당할 일들을 알고 있었기 때문에 함께 기도해 줄 것을 그들에게도 당부합니다. 이제 그들을 위한 기원입니다.

33절 평강의 하나님께서 너희 모든 사람과 함께 계실지어다 아멘

평강의 하나님이십니다. 평강의 하나님께서 우리와 함께 하십니다 아멘!

2. 마치는 인사(롬 16:1~27)

1) 뵈뵈를 추천하노니

1절 내가 겐그레아 교회의 일꾼으로 있는 우리 자매 뵈뵈를 너희에게 추천하노니
2절 너희는 주 안에서 성도들의 합당한 예절로 그를 영접하고 무엇이든지 그에게 소용되는 바를 도와 줄지니 이는 그가 여러 사람과 나의 보호자가 되었음이라

그는 먼저 겐그레아 교회의 일꾼으로 있는 자매 뵈뵈를 그들에게 소개합니다. 그리고 그들에게 주 안에서 성도들의 합당한 예절로 그를 영접하고 무엇이든지 그에게 소용되는 바를 도와줄 것을 말합니다.

뵈뵈는 겐그리아 교회의 일꾼으로 바울이 로마교회에 보내는 서신 즉 로마서를 전달한 집사입니다. 그러므로 바울은 그들에게 주 안에서 성도들의 합당한 예절로 그를 영접할 것과 그리고 그에게 소용되는 것을 도와줄 것을 당부하고 있습니다. 그리고 그녀에 대해서 바울은 말합니다.

"이는 그가 여러 사람과 나의 보호자가 되었음이라"

그는 바울 자신을 비롯한 많은 사람의 보호자 즉 후원자가 되었다는 것입니다.

2) 문안하라(이 부분은 성경 본문은 생략합니다.)

3절에서 16절까지는 로마에 있는 성도들과 교회들을 나열하여(말하며) 서로 문안할 것을 말합니다. "문안하다"는 헬라어 '아스파조마이'로 뜻은 '경례하다', '인사하다' 등입니다.

처음 소개된 사람은 "그리스도 예수 안에서 나의 동역자들인 브리스가와 아굴라"입니다(3절). 그는 "그들은 내 목숨을 위하여 자기들의 목까지도 내놓았나니 나뿐 아니라 이방인의 모든 교회도 그들에게 감사하느니라"라고 브리스가와 아굴라를 소개합니다(4절).

브리스길라와 아굴라는 바울이 2차 전도여행 때 고린도에서 함께 사역한 동역자들입니다. 아굴라는 본도에서 난 유대인으로 글라우디오가 모든 유대인은 로마를 떠나라는 명령에 따라 로마를 떠나 고린도에 이르렀고 바울과 생업이 같으므로 함께 살며 일하였다고 말씀합니다(행 18:2,3). 성경은 그들이 아볼로가 에베소에 왔을 때 그를 데려다 하나님의 도를 더 정확하게 풀어 일렀다고 기록합니다(행 18:26). 즉 그들은 고린도만이 아니라 에베소에서도 사역하였음을 알 수 있습니다.

바울은 또 그들의 집에 있는 교회에도 문안하라고 합니다(5절). 브리스가와 아굴라의 집에 있는 교회입니다. 고린도 교회에 보내는 바울의 편지에서 "아시아의 교회들이 너희에게 문안하고 아굴라와 브리스가와 그 집에 있는 교회가 주 안에서 너희에게 간절히 문안하고"라고 기록합니다. 그러므로 아시아에서도 그들의 집은 예배 처소로 사용되었음을 알 수 있습니다.

브리스길라와 아굴라는 바울의 동역자로 바울의 목숨을 위하여 자기들의 목까지도 내놓았다는 것과 바울 자신만이 아니라 이방인의 모든 교회가 그들에게 감사한다는 말을 알리고 있습니다. 이제 바울은 로마로 돌아간 그들과 그들의 집에 있는 교회에도 문안할 것을 당부합니다.

다음은 "내가 사랑하는 에배네도"입니다(5절). 바울은 그를 "아시아에서 그리스도께 처음 맺은 열매"라고 소개합니다. 바울이 아시아에서 복음을 전할 때 주님을 처음 영접한 그가 로마에 있음을 알 수 있습니다.

다음은 "너희를 위하여 많이 수고한 마리아에게 문안하라"고 합니다(6절). 그녀는 로마의 성도들인 "너희를 위하여 많이 수고한"

사람입니다.

다음은 안드로니고와 유니아에게 문안하라고 합니다(7절). 바울은 그들을 그의 친척이고 그와 함께 갇혔던 자들이라고 소개합니다. 그리고 그들은 사도들에게 존중히 여겨지는 자들이고 또한 자신보다 먼저 그리스도 안에 있는 자라고 말합니다. "사도들에게"에서 '에게'는 '안에', '가운데'를 의미하는 '엔'이 사용되었고, "존중히"는 '특출한', '주목할 만한'의 뜻을 가진 '에피세모스'가 사용되었습니다. 우리말 성경은 "사도들 사이에 뛰어난 사람들이며"라고 번역하였고, 흠정역은 "사도들 가운데서 주목받고 있으며"라고 번역하였습니다. 즉 그들은 사도들이었습니다. 사도들 가운데서 주목받는 자들임을 알 수 있습니다.

다음은 "주 안에서 내 사랑하는 암블리아"입니다(8절).

다음은 "그리스도 안에서 우리의 동역자인 우르바노"입니다.

다음은 "나의 사랑하는 스다구"입니다(9절).

다음은 그리스도 안에서 인정함을 받은 아벨레입니다(10절).

다음은 아리스도불로의 권속입니다(10절). 즉 아리스도불로의 집안에 속한 가족에게도 문안할 것을 말합니다.

다음은 "내 친척 헤로디온"입니다(11절). 그는 바울의 친척입니다.

다음은 "나깃수의 가족 중 주 안에 있는 자들"입니다(11절).

다음은 "주 안에서 수고한 드루배나와 드루보사"입니다(12절). 다음은 "주 안에서 많이 수고하고 사랑하는 버시" 입니다(12절). 그들에게 문안하라고 합니다.

다음은 주 안에서 택하심을 입은 루포와 그의 어머니에게 문안하라고 합니다(13절). 루포는 우리에게 알려진 사람입니다. 마가는 "마침 알렉산더와 루포의 아버지인 구레네 사람 시몬이 시골로부터 와서 지나가는데 그들이 그를 억지로 같이 가게 하여 예수의 십자가를 지우고"라고 기록합니다(막 15:21). 루포는 예수님을 대신해 십자가를 진 구레네 사람 시몬의 아들입니다. 그리고 바울은 그의 어머니는 곧 자신의 어머니라고 소개합니다.

　다음은 아순그리도와 블레곤과 허메와 바드로바와 허마와 및 그들과 함께 있는 형제들입니다(14절). 그는 다섯 사람의 이름을 말하며 그들과 함께 있는 자들에게도 문안하라고 말합니다.

　다음은 빌롤로고와 율리아와 또 네레오와 그의 자매와 올름바와 그들과 함께 있는 모든 성도입니다(15절). 또 다시 다섯 사람이 언급되었습니다. 그리고 그들과 함께 있는 모든 성도들에게 문안하라고 합니다.

　그리고 16절에서 거룩하게 입맞춤으로 서로 문안하라고 마무리합니다. 그리스도 안에서 성도의 사귐은 아버지와 그의 아들 예수 그리스도와 더불어 누림입니다(요일 1:3). 성도의 교제는 그리스도 안에서 이루어집니다. 그리고 그 안에서 온몸이 각 마디를 통하여 도움을 받음으로 연결되고 결합되어 그 몸은 자라게 됩니다(엡 4:15). 그러므로 한 몸을 이루는 지체들은 서로 소중한 자들입니다.

　아직 가보지 않은 로마 교회지만 바울은 많은 사람을 소개하며 서로 문안할 것을 말합니다. 바울은 한 사람 한 사람 이름을 나열하고, 그들과 함께 있는 자들에게도 문안할 것을 말합니다. 그들 중에는 남자도 있고 여자도 있으며 높은 사람도 있고 낮은 사람도 있습니다. 그들은 그리스도 안에서 지체이며 형제입니다. 그러므로 서로 서로 거룩한 입맞춤으로 문안하라는 것입니다. 그리고 그는 그리스도의 모든 교회가 다 너희에게 문안한다는 말로 마무리합니다.

3) 이단에 대한 권면과 기원

17절 형제들아 내가 너희를 권하노니 너희가 배운 교훈을 거슬러 분쟁을 일으키거나 거치게 하는 자들을 살피고 그들에게서 떠나라

18절 이같은 자들은 우리 주 그리스도를 섬기지 아니하고 다만 자기들의 배만 섬기나니 교활한 말과 아첨하는 말로 순진한 자들의 마음을 미혹하느니라

19절 너희의 순종함이 모든 사람에게 들리는지라 그러므로 내가 너희로 말미암아 기뻐하노니 너희가 선한 데 지혜롭고 악한 데 미련하기를 원하노라

20절 평강의 하나님께서 속히 사탄을 너희 발 아래에서 상하게 하시리라 우리 주 예수의 은혜가 너희에게 있을지어다

17절 앞에 '데'가 사용되었습니다. '이제' 바울이 그들에게 권합니다. "형제들아 너희가 배운 교훈을 거슬러 분쟁을 일으키거나 거치게 하는 자들을 살피고 그들에게서 떠나라"

그들이 배운 가르침을 벗어나서 분쟁을 만들거나 거치게 하는 자들입니다. 그런 자들을 주의하여 보고 피하라고 합니다. 18절 앞에는 '가르'가 사용되었습니다. 왜냐하면 이같은 자들은 우리 주 그리스도를 섬기지 않는 자들로 다만 자기들의 배만 섬기는 자들로 교활한 말과 아첨하는 말로 순진한 자들의 마음을 미혹하기 때문이라는 것입니다.

이는 이단 사상으로 볼 수 있습니다. 이단에 대한 문제는 기독교의 시작과 함께 계속되어온 문제입니다. 그러므로 바울은 다른 서신에서도 이 문제를 말하였고 베드로와 유다, 요한도 이단의 문제에 대해서 말하였습니다.

19절 앞에도 '가르'가 사용되었습니다. 그것은 그들의 순종함이 모든 사람에게 들리기 때문이라는 것입니다. 앞 절에서 그들은 교활한 말과

아첨하는 말로 순진한 자들의 마음을 미혹한다고 하였습니다. 그러므로 그들에게 경계할 것을 말합니다. 바울은 고리도 교회에도 "뱀이 그 간계로 하와를 미혹한 것 같이 너희 마음이 그리스도를 향하는 진실함과 깨끗함에서 떠나 부패할까 두려워하노라"라고 말하였습니다(고후 11:3).

그들은 다른 예수를 전파하고 다른 영을 받게 합니다. 영의 전쟁은 말의 전쟁이지만 영과 관련이 있습니다. 용의 입과 집승의 입과 거짓 선지자의 입에서 개구리 같은 세 더러운 귀신의 영이 나옵니다(계16:13). 그들은 교활한 말과 아첨하는 말로 순진한 자들의 마음을 미혹합니다. 이단은 단순한 사상이 아니라 미혹의 영입니다. 그러므로 그들에게서 떠나라고 말합니다. 지금도 이단은 많은 사람들을 미혹합니다. 나 스스로 그들을 살피고 떠나야 합니다.

또한 바울은 그들의 순종함이 모든 사람에게 들리므로 그들로 말미암아 기뻐한다고 말합니다. 바울은 편지의 서두에서도 그들의 믿음이 전파된 것으로 감사하였습니다(롬 1:8). 그러므로 그들이 선한 데 지혜롭고 악한 데 미련하기를 원한다고 말합니다. "지혜롭고"는 '현명한', '지혜를 갖춘', '빈틈없는' 등의 뜻을 가진 '소포스'가 사용되었고, "미련하기를"은 '섞이지 않는', '순진한'의 뜻을 가진 '아케라이오스'가 사용되었습니다. 선한 것에 지혜로워 빈틈없기를, 악한 것에 미련하여 섞이지 않기를 원한다고 말합니다. 선은 하나님의 것이고 악은 사탄의 것입니다. 그러므로 선한 것에 지혜롭게 행하고 악한 데는 미련하여 섞이지 않기를 원합니다. 악은 어떤 모양이라도 버려야 합니다(살전 5:22).

그는 이어서 평강의 하나님께서 속히 사탄을 너희 발 아래에서 상하게 하실 것을 말합니다. 평강의 하나님이십니다. 그분의 발 아래가 아니라 "너희 발 아래에서" 상하게 하실 것을 말합니다.

"상하게 하시리라"는 '쉰트리보'가 사용되었습니다. 뜻은 '완전히 짓이기다', '산산히 조각내다' 등의 뜻이 있습니다. 하나님께서 속히 사탄을 그들의 발아래에서 완전히 짓이겨 상하게 하실 것을 기원하고 있습니다. 교회는 이미 승리하신 그리스도와 함께 만물 위에 있습니다(엡 1:22, 2:6). 그러므로 만물은 그리스도의 몸인 교회에 복종해야 합니다. 평강의 하나님이 속히 사탄을 우리의 발아래에서 짓이겨 상하게 하실 것입니다. 그는 이어서 우리 주 예수의 은혜가 그들에게 있을 것을 기원합니다.

4) 바울과 함께 있는 자들의 문안

21절 나의 동역자 디모데와 나의 친척 누기오와 야손과 소시바더가
   너희에게 문안하느니라
22절 편지를 기록하는 나 더디오도 주 안에서 너희에게 문안하노라
23절 나와 온 교회를 돌보아 주는 가이오도 너희에게 문안하고 이
   성의 재무관 에라스도와 형제 구아도도 너희에게 문안하느니라

먼저 바울의 동역자 디모데입니다. 그리고 바울의 친척 누기오와 야손과 소시바더입니다. 그들이 로마의 성도들에게 문안한다고 합니다.

다음은 이 편지를 기록하는 "나 더디오도"입니다. 즉 더디오가 바울로부터 받아 로마서를 기록하였음을 알 수 있습니다. 그도 그들에게 문안합니다.

다음은 "나와 온 교회를 돌보아 주는 가이오"와 "이 성의 재무관 에라스도와 형제 구아도"입니다. 바울과 온 교회를 돌보는 가이오라고 말합니다. 바울이 머무는 성의 재무관 에라스도와 형제 구아도도 그들에게 문안합니다.

5) 복음과 복음으로 견고하게 하실 하나님께 대한 경배

25절 나의 복음과 예수 그리스도를 전파함은 영세 전부터
     감추어졌다가
26절 이제는 나타내신 바 되었으며 영원하신 하나님의 명을 따라
     선지자들의 글로 말미암아 모든 민족이 믿어 순종하게
     하시려고 알게 하신 바 그 신비의 계시를 따라 된 것이니 이
     복음으로 너희를 능히 견고하게 하실
27절 지혜로우신 하나님께 예수 그리스도로 말미암아 영광이
     세세무궁하도록 있을지어다 아멘

"나의 복음과 예수 그리스도를 전파함은"이라고 말합니다. "복음"은 '유앙겔리온'이 "전파함"은 '케뤼그마'가 사용되었습니다. '케뤼그마'는 '선포(특히 복음의, 함축적으로 '복음' 그 자체)'라고 사전은 정의합니다. 즉 복음을 말하는 '유앙겔리온'과 같은 맥락으로 볼 수 있습니다. 그러므로 바울은 그리스도의 복음이라고 말하였습니다(롬 15:19). 바울이 전하는 복음, 예수 그리스도의 복음은 영세 전부터 감추어졌다가 이제는 나타내신 바 된 것입니다.

그리고 그것은 영원하신 하나님의 명을 따라 기록한 선지자들의 글로 말미암아 모든 민족이 믿어 순종하게 하시려고 알게 하신 것이라고 합니다. 선지자들의 글은 구약의 말씀을 의미합니다. 하나님의 복음은 하나님이 선지자들을 통하여 그의 아들에 관하여 성경에 미리 약속하신 것입니다(롬 1:2). 그러나 그들은 선지자들의 말을 알지 못하여 예수님을 정죄하여 선지자의 말을 응하게 하였습니다(행 13:27). 그들에게 모든 말씀은 봉한 책의 말과 같았습니다.

복음은 영세 전부터 감추어졌다가 이제는 나타내신 바 되었습니다. 하나님은 성령으로 즉 신비의 계시를 따라 알게 하셨습니다. 하나님은 이제 그의 거룩한 사도들과 선지자에게 성령으로 나타내셨습니다(엡 3:5). 바울도 구약의 말씀을 통하여 하나님의 비밀을 깨달았습니다. 로마서에서도 그는 구약의 말씀으로 그가 깨달은 것을 확증합니다. 그는 선지자들과 모세가 반드시 되리라고 말한 것만 증언했다고 말하였습니다(행 26:22). 계시는 성경과 다른 것을 말하지 않습니다. 하나님은 자기의 비밀을 그 종 선지자들에게 보이지 아니하시고는 결코 행하심이 없으시기 때문입니다(암 3:7).

그리고 그렇게 알게 하신 목적은 모든 민족이 믿어 순종하게 하시기 위함이라고 말합니다. 그러므로 바울도 그로 복음의 일꾼이 되게 하신 것으로 측량할 수 없는 그리스도의 풍성함을 이방인에게 전하게 하시고 영원부터 만물을 창조하신 하나님 속에 감추어졌던 비밀의 경륜이 어떠한 것을 드러내게 하려 하심이라고 말하였습니다(엡 3:7~9). 하나님은 모든 민족이 믿어 순종하여 구원받게 하기 위하여 선지자들의 글을 계시로 알게 하셨습니다.

그는 이어서 신비의 계시를 따라 된 이 복음으로 로마의 성도들을 견고하게 하시는 지혜로우신 하나님을 경배합니다. 복음에는 하나님의 의가 나타나서 믿음에서 믿음에 이르게 합니다(롬 1:17). 그 은혜의 말씀이 우리를 능히 든든히 세우셔서 거룩하게 하심을 입은 자 가운데 기업이 있게 합니다(행 20:32).

"이 복음으로 우리를 능히 견고하게 하실 지혜로우신 하나님께 예수 그리스도로 말미암아 영광이 세세무궁하도록 있기를 원합니다 아멘"

요약

서신을 마치기 전 그는 로마의 성도들로 다시 생각나게 하려고 하나님께서 주신 자신의 은혜로 말미암아 그들에게 썼다고 말합니다. 로마서의 기록 목적입니다.

그는 하나님의 복음을 위한 제사장으로 예루살렘으로부터 두루 행하여 일루리곤까지 그리스도의 복음을 편만하게 전하였음을 말하며 이제는 성도를 섬기는 일로 예루살렘에 가는데 그 일을 마치고 그들에게 들렀다가 서바나로 갈 것을 말합니다.

그는 서신을 전하는 뵈뵈를 소개하며 로마의 성도들이 서로 문안할 것을 당부합니다. 배운 교훈을 거슬러 분쟁을 일으키거나 거치게 하는 자들에게서 떠나라고 말합니다.

끝으로 복음에 대한 설명입니다. 그리스도의 복음은 영세 전부터 감추어졌다가 이제 나타내신 바 되었습니다. 그것은 모든 민족이 믿어 순종하게 하시려고 선지자들의 글로 말미암아 알게 하신 것으로 그 신비의 계시를 따라 된 것입니다. 그는 복음으로 그들을 견고하게 하실 하나님을 경배하며 로마서를 마칩니다.

부록: 하나님의 언약

1. 창조 언약

2.아담의 언약

3. 아브라함의 언약

4. 모세 언약

5. 그리스도의 언약

하나님의 언약

성경은 전체가 하나님과의 언약을 중심으로 전개됩니다. 특별히 로마서는 언약과 긴밀한 관계가 있습니다. 복음과 율법은 새 언약과 옛 언약을 의미합니다. 로마서에서 말씀하는 아담, 아브라함, 모세, 그리스도는 언약의 중심인물입니다.

• 언약이 무엇입니까?

"그 중간을 쪼개고 … 마주 대하여 놓고"(창 15:10).
"송아지를 둘로 쪼개고 그 두 조각 사이로 지나매 내 앞에 언약을 맺었으나"(렘 34:18).

'언약'은 히브리어로 '베리트'입니다. '베리트'를 스트롱코드 사전은 "선택하다"의 뜻을 가진 '바라'에서 유래되었고, '자르다', '(고기 조각 사이로 지나감으로 맺어지기 때문에) 계약'이라고 정의합니다. 그러나 언약은 우리가 생각하는 계약보다는 더 강력한 결속을 의미합니다.

고대 근동 지역에서 언약을 맺는 일은 흔한 일이었다고 합니다. 성경 창세기에서도 사람들 사이에서 행해지는 많은 언약들을 볼 수 있습니다. 바울은 사람의 언약이라도 정한 후에는 아무도 폐하거나 더하지 못한다고 말하였습니다(갈 3:15). 그러므로 죽음이 아니고는 파기할 수 없는 관계의 결속을 의미합니다. 특별히 피 언약의 경우 일단 언약을 맺으면 거기서 벗어날 수 없었다고 합니다. 아브라함의 언약, 모세의 언약 그리고 새 언약은 피 언약의 대표적인 모습입니다. 하나님은 언약을 통해 사람에게 하나님의 뜻을 이해시키고, 그분의 구속사를 이루셨습니다. 그러므로 언약은 성경 전체를 이해하는 데 많은 도움을 줍니다. 성경에서 하나님께서 사람과 맺으시는 많은 언약이 있지만 구속사와 관련하여 중요한 몇 가지 언약 언약들을 살펴보도록 하겠습니다.

1. 창조 언약

"하나님이 이르시되 우리의 형상을 따라 우리의 모양대로 우리가 사람을 만들고 그들로 바다의 물고기와 하늘의 새와 가축과 온 땅과 땅에 기는 모든 것을 다스리게 하자 하시고 하나님이 자기 형상 곧 하나님의 형상대로 사람을 창조하시되 남자와 여자를 창조하시고 하나님이 그들에게 복을 주시며 하나님이 그들에게 이르시되 생육하고 번성하여 땅에 충만하라, 땅을 정복하라, 바다의 물고기와 하늘의 새와 땅에 움직이는 모든 생물을 다스리라 하시니라"(창 1:26~28).

먼저 하나님께서 그분의 형상을 따라 그분의 모양대로 "우리가 사람을 만들고 그들로 바다의 물고기와 하늘의 새와 가축과 온 땅과 땅에 기는 모든 것을 다스리게 하자" 하셨다고 말씀합니다. 이것이 하나님께서 사람을 창조하신 목적입니다. "우리" 즉 삼위 하나님께서는 하나님의 형상대로 사람을 창조하셨습니다. 그분의 형상과 모양대로 남자와 여자를 창조하셨다고 말씀합니다. 남자와 여자가 하나님의 형상대로 창조되었습니다.

그리고 하나님께서 그들에게 복을 주시며 말씀하셨습니다. 어떤 말씀이었습니까? 먼저 하나님은 그들에게 생육하고 번성하여 땅에 충만하라고 말씀하셨습니다. 이 말씀은 하나님의 형상을 가진 자를 땅에 충만하게 하라는 말씀입니다. 그리고 땅을 정복하고, 바다와 하늘 그리고 땅의 모든 움직이는 생물을 다스리라고 말씀하셨습니다. 하나님께서는 그분이 창조하신 만물을 사람에게 주셔서 다스리게 하셨습니다. 이 말씀과 짝을 이루는 말씀은 시편의 말씀입니다.

"사람이 무엇이기에 주께서 그를 생각하시며 인자가 무엇이기에 주께서 그를 돌보시나이까 그를 하나님보다 조금 못하게 하시고 영화와 존귀로 관을 씌우셨나이다 주의 손으로 만드신 것을 다스리게 하시고 만물을 그의 발 아래 두셨으니 곧 모든 소와 양과 들짐승이며 공중의 새와 바다의 물고기와 바닷길에 다니는 것이니이다"(시 8:4~8).

하나님께서 사람을 하나님보다 조금 못하게 하시고 영화와 존귀로 관을 씌우셨다고 말씀합니다. 그리고 주의 손으로 만드신 것을 다스리게 하셨습니다. 만물을 그의 발아래 두셨습니다. 사람을 다스리는 왕입니다. 그러므로 아담이 각 생물을 향하여 부르는 것이 그의 이름이 되었습니다(창 2:19).

2. 아담 언약

아담 언약은 에덴 언약으로 불리기도 합니다. 하나님께서는 에덴에 동산을 창설하시고 그것을 경작하여 지키게 하시려고 지으신 사람을 거기 두셨습니다(8,15절). 아담의 언약은 두 가지입니다. 먼저 그가 지켜야 하는 언약입니다.

"여호와 하나님이 그 사람에게 명하여 이르시되 동산 각종 나무의 열매는 네가 임의로 먹되 선악을 알게 하는 나무의 열매는 먹지 말라 네가 먹는 날에는 반드시 죽으리라 하시니라"(창 2:16,17).

하나님은 아담에게 동산 각종 나무의 열매는 자유롭게 먹을 수 있지만, 선악을 알게 하는 나무의 열매는 먹지 말라고 말씀하셨습니다. 그리고 그것을 먹는 날에는 반드시 죽을 것이라고 말씀하셨습니다. 그러나 사람은 하나님의 말씀이 아니라 온 천하를 꾀는 자인 옛 뱀 마귀의 소리를 듣고 믿어 그 열매를 먹었습니다.

"반드시 죽으리라"는 죽음을 말하는 '무트'가 두 번 사용되어 '반드시'로 강조되었습니다. 그러나 또한 사람은 두 번의 죽음을 맞이하게 되었습니다. 아담은 먼저 하나님을 향하여 죽는 영의 죽음을 맞이했고, 후에 그의 몸의 죽음이 찾아왔습니다. 사람은 영이 하나님을 향하여 죽은 채로 태어나 살다가 몸의 죽음을 맞이하게 되었습니다. 아담 한 사람의 범죄로 그 사망은 모든 사람의 것이 되었습니다(롬 5:12).

이제 사람은 생명이신 하나님이 아니라 사망인 마귀와 연합하여 그의 자녀가 되었습니다(요 8:44, 요일 3:10). 하나님의 형상이 아니라 타락한 아담의 형상을 가진 사람이 땅에 충만하게 되었습니다. 사람의 다스림은 하나님의 뜻을 나타내는 다스림이 아니라 파괴하고 죽이는 그의 아비 마귀의 뜻을 드러내는 다스림이 되었습니다. 죄는 사망 안에서 왕 노릇 합니다(롬 5:21). 다음은 하나님께서 하시겠다는 언약입니다.

"내가 너로 여자와 원수가 되게 하고 네 후손도 여자의 후손과 원수가 되게 하리니 여자의 후손은 네 머리를 상하게 할 것이요 너는 그의 발꿈치를 상하게 할 것이니라 하시고"(창 3:15).

이 말씀은 범죄로 인하여 저주를 말씀하실 때 먼저 뱀을 저주하시고 이어서 하신 말씀입니다. 뱀에게는 저주의 말씀이지만 사람에게는 구원의 말씀입니다. 그러므로 이 말씀은 "원복음"으로 불립니다. 구원을 약속하시는 복된 좋은 소식입니다. 여자의 후손은 뱀의 머리를 상하게 할 것입니다. 그리고 하나님의 구속의 역사는 언약과 함께 이루어집니다.

3. 아브라함 언약

이제 하나님은 인간의 구원을 위해 사람에게 맡겼던 땅에 들어오실 준비를 하십니다. 그것은 언약을 통해 이루어집니다. 아브라함의 언약은 구속사에서 아주 중요한 위치에 있습니다.

하나님은 셈의 족보의 자손 아브람을 찾아오십니다. 하나님은 먼저 그에게 그의 고향과 친척과 아버지의 집을 떠나 하나님께서 보여 줄 땅으로 갈 것을 말씀하십니다. 그리고 그가 큰 민족을 이룰 것, 그의 이름을 창대하게 하실 것, 그리고 그가 복이 됨으로 땅의 모든 족속이 그로 말미암아 복을 얻을 것을 말씀합니다(창 12:1~3). 이는 복음의 말씀입니다. 땅의 모든 이방이 그로 말미암아 복을 받을 것입니다(갈 3:8).

그리고 창세기 15장에서 하나님과 아브람의 언약이 세워지는 말씀이 기록됩니다. 먼저 하나님은 아브람의 몸에서 날 자가 그의 상속자가 될 것과 그의 자손이 하늘의 별과 같을 것을 말씀합니다. 자손에 대한 약속입니다. 아브람은 그 말씀을 믿었고 하나님은 그것을 그의 의로 여기시고 땅을 약속하셨습니다(6,7절). 아브람은 그 땅을 소유로 얻을 것을 무엇으로 알겠느냐고 하나님께 물었습니다(8절). 그러자 하나님은 아브람에게 삼 년 된 암소와 삼 년 된 암염소, 삼 년 된 숫양과 산비둘기와 집비둘기를 가져올 것을 말씀하셨습니다(9절). 그때 아브람은 하나님의 말씀은 언약에 대한 것임을 알았습니다. 그러므로 그는 그것들을 가져다가 그 중간을 쪼개고 그 쪼갠 것을 마주 대하여 놓았습니다(10절).

피의 언약은 두 개로 쪼갠 동물 사이를 걸어가면서 세우는 언약입니다. 그러므로 그것을 파기하면 그가 그 짐승처럼 쪼개지게 될 것을 의미하였습니다. 그것은 언약의 엄격함과 신실성을 의미하였습니다. 그런데 하나님은 아브람에게 깊은 잠이 임하게 하셨습니다(12절). 그리고 연기 나는 화로가 보이며 타는 횃불이 쪼갠 고기 사이로 지났습니다(17절). 이는 하나님의 임재로 볼 수 있습니다. 하나님 홀로 일방적으로 언약을 맺으셨습니다.

하나님은 언약의 말씀을 하십니다. 하나님의 언약서입니다. 그의 자손은 이방의 객이 되어 그들을 섬기겠고 그들은 사백 년 동안 그의 자손을 괴롭힐 것을 말씀합니다. 하지만 하나님께서 그 섬기는 나라를 징벌하실 것이고, 그 후에 그의 자손이 큰 재물을 가지고 나올 것을 말씀합니다. 애굽 강에서부터 유브라데까지의 땅 곧 겐 족속과 그니스 족속과 갓몬 족속과 헷 족속과 브리스 족속과 르바 족속과 아모리 족속과 가나안 족속과 기르가스 족속과 여부스 족속의 땅을 그의 자손에게 소유로 주실 것을 말씀합니다. 땅에 대한 언약입니다. 그의 자손은 이방의 객이 되어 그들을 섬기다가 큰 재물을 가지고 나올 것이고, 애굽 강에서부터 유브라데까지 가나인 일곱 족속의 땅이 그들의 소유가 될 것입니다.

창세기 17장에는 아브람이 구십구 세 때에 하나님께서 그에게 나타나신 말씀이 기록되었습니다. 먼저 그분은 전능하신 하나님이라고 말씀합니다(1절). 아브람에게 언약의 대상이신 하나님이 어떤 분이신지 밝히십니다.

이어서 하나님의 언약을 하나님과 아브람 사이에 두어서 아브람과 함께 있어 그가 번성하여 그가 여러 민족의 아버지가 될 것을 말씀합니다(2,4절). 그러므로 하나님은 그의 이름을 '아브람'이 아니라 '아브라함'이라 할 것을 말씀하셨습니다. 하나님은 그를 여러 민족의 아버지가 되게 하셨기 때문입니다(5절).

또한 하나님의 언약을 하나님과 아브라함 그리고 그의 후손 사이에 세워 영원히 있게 할 것을 말씀하셨습니다(7절). 하나님의 언약은 아브라함만이 아니라 그의 후손 사이에도 있습니다. 하나님은 가나안 온 땅을 그들에게 주어 영원한 기업이 되게 하고 그들의 하나님이 되실 것을 말씀하였습니다. 다시 땅에 대한 언약입니다. 그러므로 하나님은 하나님과 그들 사이의 언약의 표징으로 모든 남자는 난 지 팔 일 만에 할례를 행하라고 말씀하십니다(10,11절).

또한 '사래'를 '사라'라 부를 것을 말씀하셨습니다(15절). 그가 아들을 낳을 것이고 하나님께서 그에게 복을 주어 그는 열국의 어머니가 될 것이기 때문입니다(16절). 그들로부터 민족들이 나오고 여러 왕들이 나올 것입니다. 이어서 사라가 아들을 낳을 것과 그가 낳을 이삭과 언약을 세우실 것을 거듭 말씀하셨습니다(창 17:19,21).

창세기 22장에는 또 한 번의 아브라함과의 언약의 말씀이 기록되었습니다. 이삭이 자랐을 때 하나님은 아브라함에게 "네 아들 네 사랑하는 독자 이삭을" 번제로 드리라고 말씀하셨습니다. 아브라함은 순종하였고 하나님은 이삭에게 칼을 대려는 순간 멈추게 하셨습니다. 하나님은 "네가 네 아들 네 독자까지도 내게 아끼지 아니하였으니 내가 이제야 네가 하나님을 경외하는 줄을 아노라"라고 말씀하셨고, 아브라함은 수풀에 걸린 숫양으로 아들 대신 번제로 드렸습니다(12,13절).

"이르시되 여호와께서 이르시기를 내가 나를 가리켜 맹세하노니 네가 이같이 행하여 네 아들 네 독자도 아끼지 아니하였은즉 내가 네게 큰 복을 주고 네 씨가 크게 번성하여 하늘의 별과 같고 바닷가의 모래와 같게 하리니 네 씨가 그 대적의 성문을 차지하리라 또 네 씨로 말미암아 천하 만민이 복을 받으리니 이는 네가 나의 말을 준행하였음이니라 하셨다 하니라"(창 22:16~18).

하나님은 "내가 나를 가리켜 맹세하노니"라고 말씀하십니다. 하나님은 하나님을 가리켜 맹세하십니다. 히브리서는 하나님은 자기보다 큰 자가 없으므로 자기를 가리켜 맹세하셨다고 하였습니다(히 6:13).

하나님의 맹세의 말씀은 무엇입니까? "내가" 즉 하나님께서 아브라함에게 큰 복을 주실 것과 그의 씨가 크게 번성하여 하늘의 별과 같고 바닷가의 모래와 같게 하실 것, 그리고 그의 씨가 그 대적의 성문을 차지할 것과 그의 씨로 말미암아 천하 만민이 복을 받을 것을 말씀하였습니다. 아브라함과 그의 씨에 관한 약속들입니다.

그렇다면 아브라함의 씨는 누구입니까? 하나님께서 말씀하신 언약의 내용들은 육신의 씨인 이스라엘에서도 이루어졌습니다. 아브라함을 큰 복을 받았고, 그의 씨가 크게 번성하여 하늘의 별과 같고 바닷가의 모래 같이 되었으며 다윗과 솔로몬 때에 대적의 성문을 차지하기도 하였습니다.

그러나 하나님은 그것보다 더 큰 약속을 하고 계십니다. 바울은 갈라디아서에서 "이 약속들은 아브라함과 그 자손에게 말씀하신 것인데 여럿을 가리켜 그 자손들이라 하지 아니하시고 오직 한 사람을 가리켜 네 자손이라 하셨으니 곧 그리스도라"라고 말하고 있습니다(갈 3:16). 하나님께서 말씀하시는 씨는 그의 육신의 자녀인 여러 사람이 아니라 오직 한 사람 그리스도라는 것입니다. 하나님은 하나님과 아브라함, 하나님과 그의 씨인 그리스도 사이의 언약에 대해서 말씀하신 것입니다(창 17:8). 그러므로 그 약속들은 그리스도께서 오심으로 이루어질 일들에 대한 것이었습니다.

하나님께서는 맹세하시는 이유를 말씀하십니다. 하나님의 맹세의 말씀은 "네가 이같이 행하여 네 아들 네 독자도 아끼지 아니하였은즉"으로 시작되었고(16절), "이는 네가 나의 말을 준행하였음이니라"라는 말씀으로 마무리되었습니다(18절). 하나님은 두 번 말씀하여 하나님께서 맹세하시고 약속하시는 이유를 확실하게 하셨습니다. 즉 그가 이삭을 바치는 순종을 행하였기 때문에 하나님께서 행하시는 맹세라는 것입니다.

그렇다면 아브라함의 순종은 그리스도께서 오실 길을 열었음을 알 수 있습니다. 하나님께서 맹세하시고 아브라함과 그의 씨 그리스도에 대해 약속하시는 이유가 그가 하나님의 말씀에 순종하여 아들을 아끼지 않았기 때문이라고 말씀하셨기 때문입니다.

맹세는 그들이 다투는 모든 일의 최후 확정입니다(히 6:16). 우리 조상 아브라함이 그 아들 이삭을 제단에 바칠 때에 행함으로 의롭다 함을 받았다고 야고보 사도는 말하였습니다(약 2:21). 이에 아브라함이 하나님을 믿으니 이것을 의로 여기셨다는 말씀이 확증되었고 그는 하나님의 벗이라 칭함을 받았다고 말씀합니다(약 2:23). 그의 믿음도 확증되었습니다.

하나님은 처음부터 그 씨(그리스도)를 통하여 인류를 구원하고자 하셔서 아브라함과 언약을 맺으셨습니다. 그러나 그의 순종으로 하나님은 맹세하시며 그 언약을 확정하십니다. 하나님은 약속을 기업으로 받는 자들에게 그 뜻이 변하지 아니함을 충분히 나타내시려고 그 일을 맹세로 보증하셨습니다(히 6:17).

하나님은 그분의 약속을 확실하게 지키실 것입니다. 그러기 위해서는 그의 씨인 그리스도를 반드시 보내실 것입니다. 하나님은 아브라함이 독자를 아끼지 않고 바친 것처럼 인류를 위해서 독생자를 아끼지 않고 내줄 수 있게 되었습니다(롬 8:32). 아브라함은 큰 복을 받을 것이고, 그의 씨가 크게 번성할 것이며, 그의 씨가 대적의 성문을 차지할 것이며, 또한 그의 씨로 말미암아 천하만민이 복을 받을 것입니다.

이렇게 아브라함의 언약은 그리스도의 언약으로 이어집니다. 그러나 육신적으로는 모세의 언약으로 이어졌습니다. 그러므로 성경은 말씀합니다.

"기록된 바 아브라함에게 두 아들이 있으니 하나는 여종에게서, 하나는 자유 있는 여자에게서 났다 하였으며 여종에게서는 육체를 따라 났고 자유 있는 여자에게서는 약속으로 말미암았느니라 이것은 비유니 이 여자들은 두 언약이라 하나는 시내 산으로부터 종을 낳은 자니 곧 하갈이라 이 하갈은 아라비아에 있는 시내 산으로서 지금 있는 예루살렘과 같은 곳이니 그가 그 자녀들과 더불어 종 노릇 하고 오직 위에 있는 예루살렘은 자유자니 곧 우리 어머니라"(갈 4:21~26).

아브라함에게 두 아들이 있습니다. 하나는 여종에게서 하나는 자유있는 여자에게서 났습니다. 여종에게서는 육체를 따라 났고 자유 있는 여자에게서는 약속으로 말미암았습니다. 그런데 이 두 여자는 비유로 두 언약이라고 말씀합니다.

하나는 시내 산으로부터 종을 낳은 자 곧 하갈이라고 합니다. 즉 하나는 시내산 언약 즉 옛 언약인 율법입니다. 이 언약은 지금 있는 예루살렘 즉 육신적인 예루살렘과 같은 곳으로 그 자녀들과 더불어 종 노릇 한다고 말씀합니다. 오직 위에 있는 보이지 않는 예루살렘은 자유자 즉 우리 믿는 자들의 어머니라고 말씀합니다.

즉 아브라함으로부터 두 언약의 자녀가 나옵니다. 여종인 율법에게서는 육체를 따라 육신적인 아브라함의 자녀들을 낳았습니다. 그들은 육체를 따라 난 자녀들입니다. 자유있는 여자인 새 언약에게서는 약속으로 말미암아 영적인 아브라함의 자녀들을 낳았습니다. 그들은 성령으로 난 자들입니다.

그러므로 아브라함의 언약은 구속사에서 중요한 위치에 있습니다. 그는 유대인만이 아니라 우리 믿는 자의 조상입니다. 아브라함의 언약은 옛 언약인 모세 언약과 그리스도의 언약으로 이어집니다.

4. 모세 언약

모세의 언약은 시내산 언약, 옛 언약, 율법으로 불립니다. 하나님은 모세를 통하여 이스라엘과 언약을 맺으시고 구원을 위한 대대적인 기초 작업을 하십니다. 이 언약만큼 성경에서 많이 말씀하는 언약은 없을 것입니다. 로마서에도 율법, 할례, 유대인, 모세 등으로 이 언약과 관련하여 많은 말씀이 기록되었습니다. 출애굽기 말씀을 통하여 언약의 과정을 살펴보고 율법의 역할이 무엇인지 살펴보도록 하겠습니다.

1) 언약의 두 대상

"그는 그의 언약 곧 천 대에 걸쳐 명령하신 말씀을 영원히 기억
하셨으니 이것은 아브라함과 맺은 언약이고 이삭에게 하신 맹세이며
야곱에게 세우신 율례 곧 이스라엘에게 하신 영원한 언약이라"
(시 105:8~10).

아브라함과 맺은 언약은 이삭에게로 그리고 야곱에게로 이어집니다.
그리고 그것은 야곱의 열두 아들로 이루어진 이스라엘로 확대됩니다.
모세의 언약은 철저하게 아브라함의 언약에 근거합니다. 이스라엘이 언약
백성이 되는 것은 다른 이유가 있어서가 아니라 오직 하나님께서 그들의
조상들과 세운 언약 때문입니다.

그러므로 하나님께서 처음 모세에게 나타나셨을 때에도 "나는 네 조상의
하나님이니 아브라함의 하나님, 이삭의 하나님, 야곱의 하나님이니라"라고
말씀하셨습니다(출 3:6). 그리고 이스라엘에게도 "그들의 조상의 하나님
여호와 곧 아브라함의 하나님, 이삭의 하나님, 야곱의 하나님께서
나를 너희에게 보내셨다 하라"고 하셨습니다(출 3:15). 그리고 이
이름은 하나님의 영원한 이름이고 대대로 기억할 하나님의 칭호라고
말씀하셨습니다(출 3:15). 하나님은 언약의 하나님이십니다.

또한 이름을 묻는 모세에게 하나님은 "나는 스스로 있는 자"라고
말씀하시며 이스라엘 자손에게도 그렇게 이르라고 말씀하셨습니다(출 3:14).
그분은 창조되신 분이 아니라 스스로 존재하시는 분이십니다. 이 말씀의
난외주는 "나는 나다"라고 기록합니다. 하나님은 "그"이십니다(사 43:13).

그리고 하나님은 조상들에게도 알리지 않은 이름 "여호와"를
모세에게 알리셨습니다(출 6:2,3). 후에 모세는 이스라엘을 향하여 "네
하나님 여호와"라고 말합니다. 여호와 하나님은 언약 백성 이스라엘의
하나님이십니다.

이름은 그의 존재를 설명합니다. 하나님은 그들과 언약을 맺으시기 전에 언약의 대상인 모세와 이스라엘에게 자신이 누군지 알리셨습니다. 그분은 그들의 조상 아브라함과 이삭과 야곱의 하나님이시며 스스로 계신 분이시고 여호와 하나님이십니다.

2) 언약을 맺으시는 이유와 그분이 하실 일에 대한 말씀

"가나안 땅 곧 그들이 거류하는 땅을 그들에게 주기로 그들과 언약 하였더니 이제 애굽 사람이 종으로 삼은 이스라엘 자손의 신음 소리를 내가 듣고 나의 언약을 기억하노라"(출 6:4,5).

하나님은 먼저 가나안 땅을 주기로 그들 즉 아브라함과 이삭, 야곱에게 언약하셨다고 말씀합니다. 하나님은 이제 애굽 사람이 종으로 삼은 이스라엘 자손의 신음 소리를 듣고 그분의 언약을 기억한다고 말씀하십니다.

하나님은 아브라함과의 언약에서 그의 자손이 이방의 객이 되어 그들을 섬기는데 그들이 사백 년 동안 그의 자손을 괴롭힐 것을 말씀하셨고(창 15:13), 그들이 섬기는 나라를 하나님께서 징벌하심으로 그의 자손들이 큰 재물을 가지고 나올 것을 말씀하셨습니다(창 15:14). 또한 애굽 강에서부터 큰 강 유브라데까지 가나안 일곱 족속의 땅을 주실 것을 아브라함에게 말씀하였습니다(창 15:18). 그 약속은 이삭와 야곱에게도 이어졌습니다(26:3, 28:13). 하나님께서 그들의 신음 소리를 듣고 그 언약을 기억하셨다는 것입니다.

그러므로 하나님께서 편 팔과 여러 큰 심판들로써 애굽 사람의 무거운 짐 밑에서, 그들의 노역에서 그들을 빼내어 속량하실 것을 말하라고 하십니다.

또한 그들을 하나님의 백성으로 삼고 하나님은 그들의 하나님이 되실 것을 말하라고 하십니다. 그리고 그들을 아브라함과 이삭과 야곱에게 주기로 맹세한 땅으로 인도하여 그 땅을 주어 기업을 삼게 하실 것을 말하라고 하십니다. 이는 언약에 대한 말씀입니다. 그러므로 그들에게 전하라는 말씀은 "나는 여호와라"는 말씀으로 시작되어 "나는 여호와라 하셨다 하라"는 말씀으로 마무리됩니다.

3) 언약의 과정

하나님은 애굽에 열 가지 재앙을 내리시고 바로의 손에서 그들을 속량하셔서 시내산으로 인도하셨습니다. 그리고 시내산에 오른 모세에게 언약을 맺기 전 백성에게 이를 말씀을 주십니다.

> **"세계가 다 내게 속하였나니 너희가 내 말을 잘 듣고 내 언약을 지키면 너희는 모든 민족 중에서 내 소유가 되겠고 너희가 내게 대하여 제사장 나라가 되며 거룩한 백성이 되리라"(출 19:5,6).**

"세계가 다 내게 속하였나니 너희가 내 말을 잘 듣고 내 언약을 지키면"이라고 말씀합니다. 조건부의 언약입니다. 그들이 하나님의 언약의 말씀을 잘 듣고 지켜야 합니다. 그렇게 하면 그들은 하나님께 속한 세계 모든 민족 중에서 하나님의 소유가 될 것이며, 하나님께 대하여 제사장 나라가 되며, 거룩한 백성이 될 것입니다. 그들은 하나님의 소유, 제사장 나라, 거룩한 백성이 될 것입니다.

그리고 셋째 날 하나님께서 시내산에 강림하실 것이므로 이스라엘로 성결하게 하고 옷을 빨게 하고 준비하게 할 것을 말씀합니다. 또한 주위에 경계를 정하여 사람이나 동물이나 산에 오르지 못하게 하고 오르는 자는 돌로 치든 화살로 쏘아 죽일 것을 말씀합니다.

셋째 날 아침에 우레와 번개와 빽빽한 구름이 산 위에 있고 나팔 소리가 매우 크게 들리므로 진중에 있는 모든 백성이 다 떨었다고 말씀합니다(출 19:16). 시내산에 연기가 자욱하고 불 가운데 하나님께서 강림하셨습니다. 그 연기가 옹기 가마 연기 같이 떠오르고 온 산이 크게 진동하고 나팔 소리가 점점 커질 때에 모세가 말하면 하나님이 음성으로 대답하셨다고 기록합니다(출 19:19). 이는 그들로 하나님께서 모세에게 말하는 것을 듣게 하며 또한 모세를 영영히 믿게 함이라고 말씀하셨습니다(출 19:9). 그들은 하나님의 영광과 위엄을 보았고 하나님께서 모세와 말씀하시는 것을 들었습니다. 하나님께서는 백성들이 하나님에게로 와서 보려고 하다가 많이 죽지 않도록 백성에게 경고할 것도 말씀합니다.

그리고 20장에서부터 23장까지에서는 하나님께서 주시는 언약의 말씀들이 기록됩니다. 하나님께서 모세를 통하여 주시는 말씀으로 율법의 대표되는 십계명, 제단에 관한 법, 종에 관한 법 등 이스라엘이 지켜야 할 언약의 말씀입니다.

드디어 24장에서 시내산 언약이 세워집니다. 하나님은 제사장들과 장로 칠 십인이 함께 여호와께로 올라와 멀리서 경배하고 모세만 가까이 올 것을 말씀하셨습니다(1,2절). 그러므로 모세가 하나님께서 주시는 말씀과 율례를 백성에게 전하였고 그들은 한목소리로 "여호와께서 말씀하신 모든 것을 우리가 준행하리이다"라고 응답하였습니다(3절). 모세는 하나님의 모든 말씀을 기록하고, 산 아래 제단을 쌓고 지파대로 열두 기둥을 세웠습니다(4절). 그리고 이스라엘 청년들을 보내어 번제와 화목제를 드리게 하고(5절), 피를 제단에 뿌리고 언약서를 백성들에게 낭독하였습니다. 그들이 지켜야 할 언약의 말씀입니다. 백성들은 "여호와의 말씀을 우리가 준행하리이다"라고 말하였습니다(7절). 그들은 그 언약의 말씀을 지키겠다고 한 것입니다. 모세는 그 피를 백성에게 뿌리며 "이는 여호와께서 이 모든 말씀에 대하여 세우는 언약의 피니라"라고 선포하였습니다. 피의 언약입니다. 하나님과 이스라엘의 언약이 모세를 통하여 세워졌습니다. 히브리서는 이 일에 대해 다음과 같이 말씀합니다.

> **"이러므로 첫 언약도 피 없이 세운 것이 아니니 모세가 율법대로 모든 계명을 온 백성에게 말한 후에 송아지와 염소의 피 및 물과 붉은 양털과 우슬초를 취하여 그 두루마리와 온 백성에게 뿌리며 이르되 이는 하나님이 너희에게 명하신 언약의 피라 하고 또한 이와 같이 피를 장막과 섬기는 일에 쓰는 모든 그릇에 뿌렸느니라 율법을 따라 거의 모든 물건이 피로써 정결하게 되나니 피흘림이 없은즉 사함이 없느니라"(히 9:18~20).**

그 다음 모세와 나답과 아비후와 장로 70인이 시내산에 올라가서 하나님 앞에서 이스라엘의 하나님을 보았다고 말씀합니다(9,10절). 하나님은 그들에게 손대지 않으셨고 그들은 하나님을 뵙고 먹고 마셨다고 기록합니다(11절). 그들은 언약식을 행할 때까지는 산 아래에 있었습니다. 그러나 언약이 세워짐으로 모세와 함께 산에 올라 하나님 앞에서 언약의 만찬을 먹고 마십니다. 하나님은 산 자의 하나님이십니다. 이제 그들은 언약 백성으로 하나님의 백성이 되었습니다. 그리고 하나님은 그들의 하나님이 되셨습니다. 그들은 아브라함의 육신의 자녀로 모세와의 언약에 따라 율법에 매인 삶을 살게 되었습니다.

출애굽기 25장부터 31장에서는 하나님께서 그들을 만나기 위한 성막을 지을 준비를 말씀하는 내용이 기록됩니다. 그러나 하나님의 영광과 위엄을 본 하나님의 언약 백성 이스라엘은 율법과 계명을 기록한 하나님의 돌판을 받기 위해 모세가 산에 올라가 있는 동안 금송아지를 만들어 섬기는 악한 일을 행하게 됩니다. 그들은 하나님의 언약을 깨뜨렸습니다. 모세는 하나님께로부터 받은 증거판 즉 하나님께서 만드시고 친히 쓰신 두 돌판은 깨뜨려 버립니다(출 32:19). 하나님을 반역하는 이스라엘을 속죄하기 위해 모세는 다시 하나님 앞에 나아가 생명책에 기록된 자신의 이름을 걸고 그들을 중보합니다.

출애굽기 34장에서 하나님은 다시 그들과 언약을 세우십니다. 모세는 하나님의 명에 따라 돌판 둘을 처음 것과 같이 다듬어 산꼭대기로 오릅니다. 다시 하나님은 산에 사람도 짐승도 산에 오르지 말 것을 말씀합니다. 하나님은 그곳에 강림하셔서 그분의 이름을 선포하십니다. 모세는 이스라엘을 사하여 기업을 삼으실 것을 구합니다. 하나님은 다시 언약을 세우십니다. 하나님은 질투하시는 하나님이십니다(출 34:14). 그러므로 다른 신을 섬기지 않도록 그들이 들어가는 땅의 주민과 언약을 세우지 말고 그들의 제단들을 헐고 주상들을 깨뜨리고 태양상을 찍을 것을 말씀합니다. 또한 절기와 다른 규례들을 말씀합니다. 모세는 사십일을 그곳에 있으며 떡도 먹지 않고 물도 마시지 않았고, 여호와께서는 언약의 말씀 곧 십계명을 모세가 가져간 두 돌판에 다시 기록하셨습니다(출 34:28).

이스라엘과의 세 번째는 언약은 광야 40년이 지난 후의 모압에서 세워집니다(신 29,30장). 이 언약은 모세에게 주신 언약의 말씀을 지킬 것을 말씀하지만 그리스도의 언약에 대한 말씀도 포함합니다.

4) 율법은 무엇입니까?

율법은 사람이 행하면 사는 법입니다(레 18:5, 겔 20:11). 그러나 이스라엘과 언약을 맺으신 하나님께서도, 그들을 대표해 언약을 맺고 언약의 말씀을 전한 모세도 그들이 그 언약을 배반할 것을 알았습니다(신 31:16,27). 실제로 그들은 끊임없이 그 언약을 배반하였습니다. 구약 성경의 많은 부분이 율법을 가진 이스라엘에 대한 말씀으로 하나님을 떠나고 죄를 범하여 고난을 당하고, 하나님께 돌아옴으로 회복되기를 반복하는 말씀입니다.

그 언약의 말씀은 누구도 지킬 수 있는 것이 아니었습니다. 그러므로 베드로는 "우리 조상과 우리도 능히 메지 못하던 멍에"라고 말합니다(행 15:10). 그들이 메지 못한 이유는 무엇입니까?

"율법의 행위로 그의 앞에 의롭다 하심을 얻을 육체가 없나니 율법으로는 죄를 깨달음이니라"(롬 3:20).
"율법의 행위로써는 의롭다 함을 얻을 육체가 없느니라"(갈 2:16).

율법의 행위로 그의 앞에 의롭다 하심을 얻을 육체가 없습니다. 율법은 거룩하고 계명도 거룩하고 의로우며 선합니다(롬 7:12). 그러나 율법이 이르면 죄가 살아납니다(롬 7:9). 율법으로는 죄를 깨닫게 되기 때문입니다. 죄의 권능은 율법입니다(고전 15:56). 율법의 역할은 죄를 죄 되게 하는 것이기 때문입니다(롬 3:20, 7:13).

율법 행위에 속한 자들은 저주 아래에 있습니다. 그것은 누구든지 율법 책에 기록된 대로 모든 일을 항상 행하지 아니하는 자는 저주 아래에 있는 자라고 말씀하기 때문입니다(갈 3:10). 즉 아무도 율법 책에 기록된 대로 하나도 어기지 않고 항상 행할 자는 없기 때문입니다. 더구나 하나님은 의인은 믿음으로 살리라 하였으므로 아무도 하나님 앞에서 율법으로 말미암아 의롭게 되지 못할 것이 분명하다고 말합니다(갈 3:11). 왜냐하면 율법은 믿음에서 난 것이 아니기 때문입니다(갈 3:12).

그렇다면 하나님은 왜 이스라엘에게 그들이 지킬 수 없는 율법을 주시며 언약을 맺으셨을까요? 율법의 역할은 무엇입니까?

"그런즉 율법은 무엇이냐 범법하므로 더하여진 것이라 천사들을 통하여 한 중보자의 손으로 베푸신 것인데 약속하신 자손이 오시기까지 있을 것이라……그러면 율법이 하나님의 약속들과 반대되는 것이냐 결코 그럴 수 없느니라 만일 능히 살게 하는 율법을 주셨더라면 의가 반드시 율법으로 말미암았으리라 그러나 성경이 모든 것을 죄 아래에 가두었으니 이는 예수 그리스도를 믿음으로 말미암는 약속을 믿는 자들에게 주려 함이라"(갈 3:19,21,22).

율법은 범죄하므로 약속에 더하여진 것이라고 말씀합니다. 무슨 약속입니까? 아브라함과 그 씨인 그리스도에게 하신 언약입니다(갈 3:16). 그 약속에 더하여진 것이 율법입니다.

하나님은 온 세상이 아브라함의 씨인 그리스도로 말미암아 복을 받을 것을 말씀하셨습니다. 그런데 율법은 행하면 산다고 합니다. 그러면 약속과 율법은 서로 다른 것이 됩니다. 그러므로 그는 율법은 하나님의 약속들과 반대되느냐고 묻습니다. 절대 그런 일은 있을 수 없습니다. 율법은 하나님의 약속들과 반대되지 않습니다.

만약 능히 살게 하는 율법을 주셨더라면 의가 반드시 율법으로 말미암았을 것입니다. 그러나 성경이 모든 것을 죄 아래 가두었습니다. 율법이 의를 주어 살게 한 것이 아니라 오히려 모든 것을 죄 아래 가두었다는 것입니다.

아담으로부터 모세까지 아담의 범죄와 같은 죄를 짓지 아니한 자들까지도 사망은 왕 노릇 하였습니다(롬 5:13). 율법이 없어 죄로 규정하는 죄를 짓지 않은 그들이지만 그들도 죄인으로 사망의 통치를 받고 있었습니다. 하나님은 그들에게 율법을 주셔서 온 세상을 규정하는 죄 아래 가두셨습니다. 성경이 온 세상을 죄 아래 가두었습니다. 하나님께서는 율법으로 모든 입을 막고 온 세상으로 하나님의 심판 아래에 있게 하려 하셨습니다(롬 3:19). 왜 그렇게 하셨습니까?

바울은 이제 목적을 말합니다.

"이는 예수 그리스도를 믿음으로 말미암는 약속을 믿는 자들에게 주려 함이라"

율법이 들어온 것은 범죄를 더하게 하려 하심입니다. 그러나 죄가 더한 곳에 은혜가 더욱 넘쳤습니다(롬 5:20). 온 세상을 율법으로 죄 아래 가두고 심판 아래 있게 한 것은 예수 그리스도를 믿음으로 말미암는 약속을 믿는 자들에게 주려 하심이라는 것입니다. 그것이 율법의 목적입니다. 즉 율법은 그것을 지켜서 의에 이르라고 주신 것이 아니라는 말씀입니다.

만일 능히 살게 하는 율법을 주셨더라면 의가 반드시 율법으로 말미암았을 것입니다. 그러나 율법은 온 세상을 죄 아래 가두었습니다. 그것은 예수 그리스도를 믿음으로 말미암는 약속을 믿는 자들에게 주기 위해서입니다. 율법은 약속하신 자손이 오시기까지, 믿음의 때까지 있을 것이었습니다(갈 3:19).

예수님께서는 유대인들의 실상과 진정한 율법에 대해서 말씀하셨습니다. 그분은 유대인들이 하나님의 법을 버리고 장로의 계명을 지키는 문제를 말씀하셨습니다(마 15:4~9). 그들은 율법을 지키기에 전전긍긍하여 하나님의 법을 사람의 계명으로 바꾸어 지키게 하고 그것을 지키지 않는 자를 비난했습니다. 그러나 그것은 하나님께서 주신 율법이 아니었습니다.

또한 예수님께서는 그들은 각종 십일조는 드렸지만 "공의와 하나님께 대한 사랑은"(눅 11:42), "율법의 더 중한 바 정의와 긍휼과 믿음은"(마 23:23) 버렸다고 말씀하셨습니다. 그들은 행위에 집중했지만, 예수님은 공의와 하나님께 대한 사랑을 말씀하며, 정의, 긍휼, 믿음이 율법의 더 중한 것이라고 말씀하십니다.

또한 예수님께서는 "네 마음을 다하고 목숨을 다하고 뜻을 다하여 주 너의 하나님을 사랑하라"와 "네 이웃을 네 자신과 같이 사랑하라"라는 두 계명이 온 율법과 선지자의 강령이라고 하셨습니다(마 22: 37~40). 율법은 행위를 말씀하지만 결국은 사랑이라는 말씀입니다. 율법은 네 이웃을 네 자신과 같이 사랑하라는 한 말씀 가운데 다 들어있습니다(롬 13:8). 하지만 육신에 속한 사람은 사랑을 알지 못합니다.

또한 예수님께서는 드러난 율법 행위 만이 아니라 마음으로 미워하면 마음으로 음욕을 품으면 죄를 짓는 것 즉 율법을 범하는 것이라고 말씀하셨습니다. 이 말씀은 진정한 율법이 무엇인지 보게 합니다. 예수님께서 유대인들에게 말씀하시는 율법은 사람이 지킬 수 있는 것이 아니었습니다. 이는 하나님께서 말씀하신 마음의 할례와 같은 말씀이었습니다. 그들은 하나님이 아니라 하나님과 원수인 사탄과 연합된 자들이었습니다. 그러므로 그 아비를 따라 살 수밖에 없습니다(요 8:44). 그러므로 사람은 하나님의 자녀로 거듭나야 합니다. 예수님께서 오신 목적입니다.

> **"이같이 율법이 우리를 그리스도께로 인도하는 초등교사가 되어 우리로 하여금 믿음으로 말미암아 의롭다 함을 얻게 하려 함이라"(갈 3:24).**

율법이 우리를 그리스도께로 인도하는 초등교사가 된다고 말씀합니다. 사람은 법이 있으면 지킬 것 같지만 아무도 지킬 수 없습니다. 율법은 결국 그리스도께로 이끕니다.

5) 율법의 제사는 어떠합니까?

"율법은 장차 올 좋은 일의 그림자일 뿐이요 참 형상이 아니므로 해마다 늘 드리는 같은 제사로는 나아오는 자들을 언제나 온전하게 할 수 없느니라 그렇지 아니하면 섬기는 자들이 단번에 정결하게 되어 다시 죄를 깨닫는 일이 없으리니 어찌 제사 드리는 일을 그치지 아니하였으리요 그러나 이 제사들에는 해마다 죄를 기억하게 하는 것이 있나니 이는 황소와 염소의 피가 능히 죄를 없이 하지 못함이라"(히 10:1~4).

율법의 제사들은 장차 올 좋은 일의 그림자일 뿐이고 참 형상이 아니라고 말씀합니다. 그러므로 해마다 늘 드리는 같은 제사로는 나아오는 자들을 언제나 온전하게 할 수 없다고 말씀합니다. 이스라엘은 일 년에 한 번 대속죄일에 속죄제를 드림으로 죄를 용서받았습니다. 그러나 그 제사로는 언제나 온전함을 이루지 못했다는 것입니다. 그렇지 않았다면 섬기는 자들이 단번에 정결하게 되어 다시 죄를 깨닫는 일이 없었을 것이고, 그렇다면 제사 드리는 일을 그치지 아니하였겠느냐는 것입니다. 즉 온전함을 입었다면 해마다 늘 속죄의 제사를 드릴 필요가 없었다는 것입니다.

그러나 이 제사들에는 해마다 죄를 기억하게 하는 것이 있는데 그것은 황소와 염소의 피가 능히 죄를 없이 하지 못하기 때문이라고 말씀합니다. 황소와 염소의 피는 사람의 죄를 없이 할 수 없다는 것입니다. 그러므로 하나님은 율법을 따라 드리는 제사와 예물, 번제와 속죄제는 원하지도 기뻐하지도 않으신다고 말씀하셨습니다(히 10:5,6). 그 제사들은 섬기는 자를 그 양심상 온전하게 할 수 없다고 말씀합니다(히 9:9).

그들이 섬기는 것은 하늘에 있는 것의 모형과 그림자입니다(히 8:5). 첫 장막이 서 있는 동안에는 둘째 장막에 들어가는 길이 아직 나타나지 않았습니다(히 9:8). 그러므로 이에 따라 드리는 예물과 제사는 먹고 마시는 것과 여러 가지 씻는 것과 함께 육체의 예법일 뿐이며 개혁할 때까지 맡겨둔 것이라고 말씀합니다(히 9:10). 개혁할 때까지 맡겨두신 것이 율법의 제사입니다.

6) 율법의 역할

아브라함의 언약은 그의 씨인 그리스도에 대해 말씀합니다. 그런데 만약 그리스도께서 아브라함과 언약을 맺으신 후 바로 오셔서 인류의 죄를 위해 죽으셨다면 어떠했을까요? 인류는 그분을 믿지 않았을 것입니다.

고대의 사람인 욥은 속량자를 말합니다. 그러나 하나님의 성품도 영광도 위엄도 모르고, 사람의 실상을 모른다며 구원에 대한 필요조차 느끼지 못할 것입니다. 속량자가 오셔서 어떤 방식으로 구원하시는지 모른다면 아무도 그리스도의 대속 사역을 설명할 수 없을 것입니다.

그러므로 하나님은 아브라함의 언약과 그리스도의 언약에 율법을 더하셨습니다. 이스라엘에게 주신 율법은 하나님의 변함없는 의로운 법으로 절대적 기준을 보여줍니다.

하나님을 모세와 선지자들을 통하여 자신을 계시하셨습니다. 여호와는 자비롭고 은혜롭고 노하기를 더디하시며 인자와 진실이 많으신 하나님이십니다(출 34:6). 구름과 흑암이 그를 둘렀고 의와 공평이 그의 보좌의 기초입니다(시 97:2). 그분은 창조자이시며, 전능자이시고, 구원자이며 심판하시는 하나님이십니다.

하나님은 거룩하고 의로우시지만 타락한 사람은 전적으로 불의합니다. 하나님은 이스라엘의 오랜 역사를 통해 사람이 그 율법을 지킬 수 없다는 것도 알게 하셨습니다. 성막과 성전은 우리를 대속하실 하늘의 성전의 그림자이며 그곳에서 드린 동물의 제사들은 예수님께서 오셔서 하실 일들을 모형입니다. 모세의 언약은 그리스도께로 인도합니다.

5. 그리스도의 언약

그리스도의 언약은 하나님께서 영원 전부터 계획하신 인류의 구속의 일을 완성하는 언약으로 다른 모든 언약의 약속들을 모두 이루는 하나님의 위대한 언약입니다. 아담의 범죄로 어그러진 모든 것을 되돌려놓을 뿐 아니라 그보다 더 나은 것을 말씀하는 언약입니다.

그러므로 구약의 예언의 말씀을 통하여 그리스도의 언약의 약속들을 살펴보고, 언약의 성취 방법을 살펴본 다음 성경을 어떻게 읽을 것인가도 잠시 나누도록 하겠습니다.

1) 그리스도의 언약은 무엇입니까?

"이것은 죄 사함을 얻게 하려고 많은 사람을 위하여 흘리는 바 나의 피 곧 언약의 피니라"(마 26:28).
"이 잔은 내 피로 세우는 새 언약이니 곧 너희를 위하여 붓는 것이라"(눅 22:20).

예수님께서 잡히시던 밤에 제자들에게 포도주잔을 주시면서 하신 말씀입니다. 예수님은 죄 사함을 얻게 하려고 많은 사람을 위하여 흘리는 그분의 피로 세우는 언약을 말씀합니다. 그리고 그 언약은 새 언약이라고 말씀합니다. 그것은 예수님께서 우리를 위하여 붓는 피의 언약입니다.

그리스도의 언약은 인간의 대표로 오신 그리스도와 하나님 사이의 언약으로 새 언약, 복음으로 불립니다. 이 언약은 아브라함의 언약을 다시 세우는 언약이며, 전에 것인 모세의 언약을 폐하고 새롭게 세우는 새로운 언약입니다(히 10:9). 옛 언약이 율법이라면 새 언약은 복음입니다.

2) 예언의 말씀으로 보는 새 언약의 약속들

아담의 타락 이후 인류는 오랫동안 속량자이신 메시아(그리스도)를 기다려왔습니다. 또한 하나님께서도 그분의 기뻐하시는 뜻인 인류의 구원을 위해 열심으로 일하셨습니다(사 9:7, 26:11, 62:1).

복음은 하나님이 선지자들을 통하여 그의 아들에 관하여 성경에 미리 약속하신 것입니다(롬 1:2). 하나님은 여자의 후손(창 3:15), 아브라함의 씨(창 22:17), 다윗의 자손(시 89:4), 처녀의 아들과 임마누엘(사 7:14), 기름 부음 받은 자 곧 왕(단 9:25), 마리아가 낳을 아들(눅 1:31)로 그의 아들에 관하여 알리셨습니다. 또한 창세기에서부터 그리스도께서 오셔서 하실 일과 그 결과에 대해서 말씀하셨습니다. 그러므로 새 언약에 대한 약속들이 모세와 선지자들의 글인 구약에 많이 기록되었습니다.

그 중 많이 알려진 예레미야와 에스겔의 말씀을 살펴보겠습니다.

"여호와의 말씀이니라 보라 날이 이르리니 내가 이스라엘 집과 유다 집에 새 언약을 맺으리라 이 언약은 내가 그들의 조상들의

손을 잡고 애굽 땅에서 인도하여 내던 날에 맺은 것과 같지 아니할
것은 내가 그들의 남편이 되었어도 그들이 내 언약을 깨뜨렸음이라
여호와의 말씀이니라 그러나 그 날 후에 내가 이스라엘 집과 맺을
언약은 이러하니 곧 내가 나의 법을 그들의 속에 두며 그들의 마음에
기록하여 나는 그들의 하나님이 되고 그들은 내 백성이 될 것이라
여호와의 말씀이니라 그들이 다시는 각기 이웃과 형제를 가리켜
이르기를 너는 여호와를 알라 하지 아니하리니 이는 작은 자로부터
큰 자까지 다 나를 알기 때문이라 내가 그들의 악행을 사하고 다시는
그 죄를 기억하지 아니하리라 여호와의 말씀이니라"(렘 31:31~34).

이 말씀에서 "여호와의 말씀이니라"가 네 번 사용되었습니다. 언약의
하나님 여호와의 말씀입니다. "보라", 주목하라고 하십니다. 무엇을
주목합니까? 날이 이를 것입니다. 어떤 날입니까? 하나님께서 이스라엘
집과 유다 집에 새 언약을 맺을 날입니다. 하나님은 이사야를 통하여 새
일을 말씀하셨지만 "새 언약"이라는 용어가 처음 사용된 구절입니다.
하나님은 새 언약을 맺으실 것입니다.

그런데 이 언약은 하나님께서 그들의 조상들의 손을 잡고 애굽 땅에서
인도하여 내던 날에 맺은 것과 같지 아니할 것은 하나님께서 그들의 남편이
되었어도 그들이 하나님의 언약을 깨뜨렸기 때문이라고 말씀합니다.
남편과 아내는 언약에 대한 표현입니다. 새 언약은 그들을 인도하여 내던
날에 맺은 시내 산 언약과는 같지 않다는 것입니다. 그 이유는 언약 백성인
그들이 하나님의 언약을 깨뜨렸기 때문입니다.

그러나 그날 후에 하나님께서 이스라엘 집과 맺을 언약은 이러하다고
합니다. 그 언약은 어떠합니까? 새 언약이 옛 언약과 어떻게 다른지
말씀합니다.

하나님은 "내가 나의 법을 그들의 속에 두며 그들의 마음에 기록하여 나는 그들의 하나님이 되고 그들은 내 백성이 될 것이라"라고 말씀합니다. 시내 산에서 그들과 언약을 맺으신 하나님은 모세를 통하여 두 돌판에 그분의 법을 기록하여 그들에게 주셨습니다. 그러나 그들은 끊임없이 그 언약을 깨뜨렸습니다. 그러므로 새 언약은 하나님의 법을 우리 속에 두고 우리의 마음에 기록하셔서 우리를 언약 백성 삼으시겠다는 약속입니다.

바울은 고린도에 보내는 편지에서 그들은 그리스도의 편지라고 말한 다음 "이는 먹으로 쓴 것이 아니요 오직 살아계신 하나님의 영으로 쓴 것이며 또 돌 판에 쓴 것이 아니요 오직 육의 마음 판에 쓴 것"이라고 하였습니다(고후 3:3). 오직 성령으로 기록된 하나님의 법이 우리 속에 있습니다.

또한 그들이 다시는 각기 이웃과 형제를 가리켜 이르기를 너는 하나님을 알라 하지 아니할 것인데 이는 작은 자로부터 큰 자까지 다 하나님을 알기 때문이라고 말씀합니다. 예수님께서 보내실 보혜사 성령님이 예수님의 영광을, 아버지의 영광을 드러내십니다(요 16:14,15). 그러므로 믿음의 아이들도 아버지를 알고, 아비들도 태초부터 계신 이를 압니다(요일 2:14). 그렇게 작은 자로부터 큰 자까지 다 하나님을 알기 때문에 하나님을 알라 하지 않을 것을 약속하십니다.

또한 하나님께서 우리의 악행을 사하고 다시는 그 죄를 기억하지 아니하실 것을 말씀합니다. 어떻게 하나님은 우리의 악행을 기억하지 않으실 수 있습니까?

하나님께서 빽빽한 구름 같은 우리의 허물을, 안개 같은 우리의 죄를 없이 하셨기 때문입니다(사 44:22). 그것은 하나님의 어린 양이 우리의 죄와 허물을 가져가셔서 대신 형벌을 받으셨기 때문입니다(사 53:5~8). 그러므로 하나님께서는 영원한 자비와 영원한 긍휼을 말씀하셨고, 우리에게 노하지 않으실 것과 책망하지 않으실 것을 맹세하셨습니다(사 54:8,9). 그리스도 안에 있는 자에게는 결코 정죄함이 없습니다. 다음은 에스겔의 말씀입니다.

"내가 너희를 여러 나라 가운데에서 인도하여 내고 여러 민족 가운데에서 모아 데리고 고국 땅에 들어가서 맑은 물을 너희에게 뿌려서 너희로 정결하게 하되 곧 너희 모든 더러운 것에서와 모든 우상 숭배에서 너희를 정결하게 할 것이며 또 새 영을 너희 속에 두고 새 마음을 너희에게 주되 너희 육신에서 굳은 마음을 제거하고 부드러운 마음을 줄 것이며 또 내 영을 너희 속에 두어 너희로 내 율례를 행하게 하리니 너희가 내 규례를 지켜 행할지라"(겔 36:24~27).

모두 하나님께서 하시겠다고 말씀합니다. 하나님께서 우리를 여러 나라 가운데에서 인도하여 내고 여러 민족 가운데에서 모아 데리고 고국 땅에 들어갈 것을 말씀합니다. 여러 민족, 여러 나라에서입니다. 구원의 문은 이스라엘과 이방인 모든 사람에게 열려 있습니다.

우리를 인도하여 데리고 고국 땅으로 들어갈 것을 말씀합니다. 그들의 고국 땅은 하나님의 성전이 있는 예루살렘입니다. 그러므로 새 언약의 경우 하나님의 성전이 있는 하나님의 나라를 말씀함을 알 수 있습니다. 예수님과 제자들도 고국인 하나님의 나라의 복음을 전파하셨습니다. 그 나라는 우리 안에 임하였습니다(눅 17:21).

다음은 맑은 물을 우리에게 뿌려서 우리로 정결하게 하실 것에 대한 약속입니다. 아버지의 말씀인 진리가 우리를 거룩하게 합니다(요 17:17). 예수님은 자신을 주심으로 우리를 물로 씻어 깨끗하게 하셔서 거룩하게 하시고 영광스러운 교회로 세우셔서 자기 앞에 거룩하고 흠 없게 하셨습니다(엡 5:25~27).

또 새 영을 우리 속에 두고 새 마음을 우리에게 주셔서 우리 육신에서 굳은 마음을 제거하고 부드러운 마음을 줄 것에 대한 약속입니다. 새 영과 새 마음을 말씀하고, 육신의 굳은 마음의 제거를 말씀합니다. 우리의 영은 그리스도와 연합하여 살아났고(롬 6:8), 우리의 육체는 그리스도와 함께 정죄를 받아 십자가에 못 박혔습니다(롬 8:3, 갈 5:24). 우리의 영은 새롭게 태어났습니다. 그러므로 새 영입니다. 우리는 그리스도 안에서 새로운 피조물입니다(고후 5:17).

또 하나님의 영을 우리 속에 두어 우리로 하나님의 율례를 행하게 하심으로 우리가 하나님의 규례를 지켜 행할 것을 말씀합니다. 하나님의 영이신 성령님을 우리 속에 두심으로 일어나는 일입니다. 앞 절이 우리의 영에 대한 말씀이라면 이 구절은 하나님의 영에 대한 말씀입니다.

그 영은 지혜와 총명의 영이요 모략과 재능의 영이며 지식과 여호와를 경외하는 영입니다(사 11:3). 하나님이 우리에게 주신 것은 오직 능력과 사랑과 절제하는 영입니다(딤후 1:7). 하나님께서는 성령을 우리 속에 두심으로 그분의 법을 우리 마음에 기록하여 우리로 하나님의 율례와 규례를 지켜 행하게 하십니다(렘 31:33).

또한 에스겔 37장에서는 하나님께서 하나님의 영을 우리 속에 두어 우리를 살아나게 하실 것을 말씀합니다(겔 37:14). 예수님께서도 사람이 물과 성령으로 거듭나는 것을 말씀하셨습니다(요 3:5). 육으로 난 것은 육이고 영으로 난 것은 영입니다(요 3:6). 성령으로 위로부터 태어나는 것입니다. 그러므로 예수님께서 말씀하셨습니다.

"하나님이 세상을 이처럼 사랑하사 독생자를 주셨으니 이는 그를 믿는 자마다 멸망하지 않고 영생을 얻게 하려 하심이라"(요 3:16).

"내 아버지의 뜻은 아들을 보고 믿는 자마다 영생을 얻는 이것이니"(요 6:40).

"내가 온 것은 양으로 생명을 얻게 하고 더 풍성히 얻게 하려는 것이라"(요 10:10).

하나님께서 그분의 아들을 세상에 보내신 목적은 아담의 범죄로 생명을 잃어버린 인류에게 그 생명을 다시 얻게 하시려는 것임을 알 수 있습니다. 그리고 그 생명은 하나님의 영을 우리 속에 두심으로 일어납니다.

또한 하나님께서는 에스겔을 통하여 하나님의 성소가, 하나님의 처소가 그들 가운데 있을 것을 세 번 말씀합니다(겔 37:26~29). 하나님의 보좌를 우리 안에 두실 것에 대한 약속입니다. 우리는 하나님의 성령이 거하시는 성전입니다(고전 3:16, 고후 6:15). 에스겔 37장 14절과 연결하면 예수님께서 말씀하신 "내가 아버지 안에, 너희가 내 안에, 내가 너희 안에"에 대한 말씀입니다(요 14:20). 이는 하나님과 우리의 연합입니다.

우리는 예레미야와 에스겔에게 주시는 예언의 말씀을 통하여 새 언약의 약속들을 분명하게 볼 수 있습니다. 우리의 죄를 정결하게 하시고 기억하지 않으실 것과, 우리 안에 성령을 두심으로 우리의 영이 살아나고, 우리가 하나님의 율례를 행하게 하실 것, 우리를 고국인 하나님의 나라에 두실 것, 하나님의 성소가 우리 안에 있을 것 등에 대한 말씀입니다. 그것은 그리스도의 대속을 통하여 영원한 죄 사함을 받는 것과 성령님이 오셔서 이루어지는 일들입니다.

그렇다면 하나님의 영인 성령님은 어떻게 우리 가운데 다시 오실 수 있습니까? 예수님께서는 "내가 떠나가는 것이 너희에게 유익이라 내가 떠나가지 아니하면 보혜사가 너희에게로 오시지 아니할 것이요 가면 내가 그를 너희에게로 보내리니"라고 말씀하셨습니다(요 16:7). 예수님의 말씀은 그분이 떠나가지 않으면 성령님이 오시지 않을 것이고 떠나가면 그분이 성령님을 보내시겠다는 말씀입니다. 즉 예수님은 하나님께 가셔야만 성령님이 우리에게로 오신다고 말씀하고 계신 것입니다. 모세가 광야에서 뱀을 든 것 같이 그리스도께서도 들리셔야 합니다(요 3:14). 이는 우리를 위한 그리스도의 대속 사역에 대한 말씀입니다. 그러므로 그리스도의 대속 사역에 대해서 살펴보겠습니다.

3) 그리스도의 대속 사역

예수님께서는 제자들에게 사람들이 예수님께 능욕하고 침 뱉고 채찍질하며 죽일 것이지만, 삼일만에 살아날 것을 말씀하셨습니다. 사복음서는 실제로 우리를 위해 능욕을 당하시고, 침 뱉음 당하시고, 채찍질 당하시고, 십자가에서 죽으셨다가 사흘 만에 부활하신 예수님에 대한 말씀이 기록되었습니다. 그리고 사도행전에는 부활하신 예수님께서 하늘로 올려져 가심을 말씀합니다. 아버지께로 가셨습니다. 그리고 성령님은 예수님의 말씀대로 기다린 그들에게 임하셨습니다.

예수님께서는 우리의 속죄를 위한 어린 양으로 오셨습니다. 동물의 제사는 동물에게 죄를 전가하여 죽이는 것으로 끝나지 않습니다. 하나님께서는 "내가 이 피를 너희에게 주어 제단에 뿌려 너희의 생명을 위하여 속죄하게 하였나니 생명이 피에 있으므로 피가 죄를 속하느니라"라고 말씀하셨습니다(레 17:11). 우리의 생명을 위하여 속죄하기 위해서는 피를 제단에 뿌려야 한다는 것입니다.

구약의 모든 제사는 예수님께서 이루실 일의 모형과 그림자입니다. 실상인 그리스도의 대속 사역은 모형인 구약의 제사와 같아야 합니다.

그러나 우리는 대부분 그리스도께서 십자가에서 죽으신 것으로 모든 일이 이루어진 것으로 생각하였습니다. 그러나 모형에 비추어보면 그것으로 제사는 이루어지지 않았음을 알 수 있습니다. 히브리서의 말씀은 그리스도의 대속 사역을 보여줍니다.

> "그리스도께서는 장래 좋은 일의 대제사장으로 오사 손으로 짓지 아니한 것 곧 이 창조에 속하지 아니한 더 크고 온전한 장막으로 말미암아 염소와 송아지의 피로 하지 아니하고 오직 자기의 피로 영원한 속죄를 이루사 단번에 성소에 들어가셨느니라"(히 9:11,12).

이 말씀은 새 언약의 제사가 옛 언약의 제사와 어떻게 다른지를 설명하는 말씀입니다. 먼저 제사장에 대한 말씀입니다. 그리스도께서는 장래 좋은 일의 대제사장으로 오셨습니다. "장래 좋은 일"은 옛 언약보다 좋은 새 언약의 일을 의미합니다. 새 언약은 옛 언약보다 더 좋은 언약이고 더 좋은 약속입니다.

그리스도께서는 아들이시면서도 받으신 고난으로 순종함을 배워서 온전하게 되심으로 순종하는 모든 자에게 구원의 근원이 되시고 멜기세덱의 반차를 따르는 대제사장이라 칭함을 받으셨습니다(히 5:8~10). 이제 그분은 더 좋은 약속으로 세우신 더 좋은 언약의 중보자로 더 아름다운 직분을 얻으셨습니다(히 8:6). 그리스도는 새 언약의 대제사장으로 오셨습니다.

다음은 장막입니다. 새 언약의 장막은 손으로 짓지 아니한 것 곧 이 창조에 속하지 아니한 더 크고 온전한 장막입니다. 모세는 모든 것을 하나님께서 시내 산에서 보여주신 본을 따라 장막을 지었습니다(출 25:40, 히 8:5). 그들이 섬기는 것은 하늘에 있는 것의 모형과 그림자였습니다.

그러나 그리스도는 사람의 손으로 지은 성막과 성전이 아니라 바로 그 하늘에 있는 장막인 참 성소에서 섬기는 제사장이십니다.

다음은 제물에 대한 설명입니다. 그리스도께서는 그들이 드린 염소와 송아지의 피로 하지 아니하시고 오직 자기의 피로 하셨습니다. 그들이 드리는 예물과 제사는 육체의 예법으로 개혁할 때까지 맡겨 두신 것으로 섬기는 자를 그 양심상 온전하게 하지 못하였습니다(히 9:9,10). 그리스도는 자신의 피로 하셨습니다. 하나님께서는 그분의 아들을 온 세상을 위한 화목제물로 세우셨습니다(롬 3:25, 요일 2:2).

결과는 어떠합니까? 그분은 영원한 속죄를 이루셔서 단번에 성소에 들어가셨습니다. 황소와 염소의 피가 능히 죄를 없이하지 못하였으므로 그들은 해마다 그 제사를 그치지 못하였습니다(히 10:2,4). 그러나 그리스도께서는 자기 피로 영원한 속죄를 이루시고 단번에 성소에 들어가셨습니다. 죄가 온전히 처리되었기 때문입니다.

좋은 일의 제사장으로 오신 그리스도는 자기의 피를 가지고 참 장막에 들어가셔서 영원한 속죄를 이루셨습니다. 그리스도는 우리의 영광을 위하여 만세 전에 정하신 하나님의 지혜입니다(고전 2:7). 하나님의 뜻은 그분의 아들의 피로 온 세상의 죄를 없이 하는 것이었습니다. 그러므로 그리스도는 그 뜻을 행하러 오셨습니다(히 10:9). 하나님의 뜻을 따라 자기를 단번에 드리심으로 우리가 거룩함을 얻었고, 영원히 온전함을 얻었습니다(히 10:10,14). 하나님은 이 땅의 죄악을 하루에 제거하셨습니다(슥 3:9). 그분은 죄를 정결하게 하는 일을 하시고 높은 곳에 계신 지극히 크신 분의 우편에 앉으셨습니다(히 1:3, 10:12).

이 땅을 떠나셨던 하나님의 영은 이제 우리 안에 오셨습니다. 우리는 하나님의 생명 그 영생을 갖게 되었습니다. 그 생명을 주시기 원하시는 아버지의 열망이 이루어졌습니다. 성령님을 통하여 그리스도와 아버지께서 우리 안에 사십니다(요 14:23). 하나님의 나라는 우리 안에 임하셔서, 하나님의 성소는 우리 안에 있습니다. 우리는 삼위 하나님의 연합 안에 들어가게 되었습니다(요 14:20, 고전 6:17).

4) 언약의 성취 방법

그리스도의 언약은 모형과 예표인 아담처럼 인류의 대표로 오신 그리스도와 하나님 사이의 언약입니다. 그리스도께서 인류를 대표해 인류의 모든 죄를 떠맡아 죄가 되셨습니다. 그리고 그분은 그 죄의 심판을 당하셨습니다. 그분은 죽음에서 다시 살아나셔서 그 피를 가지고 하늘 성소에 들어가셔서 영원한 속죄를 이루셨습니다. 이미 언약이 세워졌습니다. 우리는 언약의 대표이신 그분이 하신 일을 믿음으로 그 언약 안으로 들어갑니다.

모든 인류가 아담의 범죄에 연합되었던 것처럼 믿음으로 그리스도 안으로 들어가는 자는 그리스도의 사역에 연합됩니다. 이는 성령님을 통한 연합입니다.

로마서 5장 12절부터 8장까지의 말씀은 그리스도와 연합된 우리에 대한 말씀이 기록되었습니다. 우리는 그리스도와 연합하여 그분과 함께 죽고 함께 장사되고 함께 일으켜져서 그분과 함께 하늘에 앉혀진 자들입니다. 우리의 옛사람은 그리스도와 함께 죽고 그리스도와 함께 하나님의 새 생명으로 살아난 자들입니다. 사람을 떠나셨던 하나님의 영은 우리 안에 계십니다. 우리는 육신에 있지 않고 영에 있습니다. 하나님은 아담의 범죄에 연합되었던 것처럼 그리스도의 사역에 우리가 연합되게 하는 방식으로 우리를 구원하셨습니다. 그러므로 우리가 주님을 영접함으로 우리도 그리스도의 언약에 함께 동참하게 되었습니다.

그리스도의 언약은 아담의 타락으로 잃어버린 모든 것을 회복하는 언약입니다. 또한 우리를 그리스도 안에 두심으로 그분의 모든 것을 함께 누리는 더 좋은 언약입니다. 하나님은 처음보다 낫게 하셨고(겔 36:11), 갑절이나 갚아주셨습니다(슥 9:12).

5) 다른 언약의 약속들의 성취

그리스도는 아담에게 약속하신 여자의 후손으로 오셔서 뱀의 머리를 상하게 하셨습니다(창 3:15). 여자가 낳은 아들이 하늘로 올려짐으로 큰 용은 그 사자들과 함께 하늘에서 쫓겨나 땅으로 바다로 떨어졌습니다(계 12:9,12). 예수님께서는 죽음의 세력을 잡은 자인 마귀를 멸하셨고(히 2:15), 통치자들과 권세들을 무력화하여 드러내어 구경거리로 삼으시고 십자가로 그들을 이기셨습니다(골 2:15).

아브라함에게 말씀하신 약속들도 이루어졌습니다. 아브라함은 큰 복을 받아 유대인과 이방인 모든 믿는 자의 조상이 되었습니다(롬 4:12, 갈 3:7). 하나님은 그의 씨가 크게 번성하여 하늘의 별과 같고, 바닷가의 모래와 같게 하셨습니다. 그리스도의 것이면 아브라함의 자손입니다(갈 3:29). 예수님은 그 대적의 성문을 차지하셨습니다. 죽음에서 살아나신 예수님은 사망과 음부의 열쇠를 가지셨습니다(계 1:18). 또한 예수님을 통하여 천하 만민이 복을 받고 있습니다.

하나님께서 다윗에게 말씀하신 약속도 이루어졌습니다. 그리스도는 다윗에게 말씀한 그의 아들로 오셔서 다윗의 왕위를 가지고 영원히 다스리는 왕이십니다(삼하 7:12,16, 눅 1:32).

하늘과 땅의 모든 권세를 아버지께 받으신 그리스도는(마 28:18), 우리를 하나님 앞에서 왕과 제사장으로 삼으셨습니다(계 1:5, 5:10). 우리는 새로운 생명 안에서 왕 노릇 하는 자들입니다(롬 5:17). 또한 아담이 에덴을 경작하고 지키는 즉 섬기는 제사장이었던 것처럼 우리는 하나님의 제사장이 되었습니다(벧전 2:5,9).

잃어버린 에덴의 회복입니다. 하나님의 동산 에덴은 하나님의 보좌가 있는 하나님의 나라입니다. 아브라함과 이삭과 야곱에게 약속하신 기업의 땅, 선지자들을 통하여 말씀하신 고국 땅과 본토도 같은 말씀입니다. 우리가 이미 이른 곳은 시온 산과 살아 계신 하나님의 도성인 하늘의 예루살렘입니다. 그곳에는 천만 천사와 하늘에 기록된 장자들의 모임과 교회와 만민의 심판자이신 하나님과 및 온전하게 된 의인의 영들과 새 언약의 중보자이신 예수와 및 아벨의 피보다 더 나은 것을 말하는 뿌린 피가 있는 곳입니다(히 12:22~24). 우리는 이미 하나님의 보좌가 있는 그 나라에 이르렀습니다.

마무리로 언약에 따라 성경은 어떻게 읽어야 할까에 대해서 잠시 나누도록 하겠습니다. 모든 성경은 말세를 만난 우리 즉 구원받을 백성을 위하여 기록된 것입니다(롬 15:4, 고전 10:11, 벧전 1:12). 앞에서 나눈 것처럼 하나님께서는 언약들을 통하여 그분이 이루실 구속을 설명하셨습니다. 모든 언약은 그리스도의 언약에서 완성됩니다. 그러므로 하나님의 모든 말씀은 그날을 향하여 있습니다.

창세기의 말씀에서부터 우리는 모든 것의 시작과 타락, 그리고 회복을 위한 하나님의 일들을 볼 수 있습니다. 하나님께서는 구약의 선지자들을 통해서 "그날"에 대해서 많은 말씀을 주셨습니다. 그러므로 우리도 그런 관점으로 성경을 보아야 합니다. 언약과 관련하여 구약의 말씀을 보고, 이스라엘에게 주시는 말씀과 일어난 일들에서 교훈을 얻어야 합니다. 시편과 잠언도 우리를 위한 말씀입니다. 이사야로부터 시작되는 선지서들은 육적 이스라엘에 대한 말씀과 영적 이스라엘에 대한 말씀이 중첩되어 설명됩니다. 그러므로 우리에 대한 많은 말씀이 있습니다.

신약의 말씀은 그리스도께서 오심으로 시작되었습니다. 그러나 아직 새 언약의 날은 되지 않았습니다. 예수님께서도 "그날"을 말씀하셨습니다. 사복음서는 거듭나지 못한 이스라엘에게 하시는 말씀과 하나님의 자녀가 될 우리에게 하시는 말씀이 함께 기록되어 있습니다.

예수님께서는 유대인들을 향해 하나님의 율법의 완전함을 말씀하며 그들이 그것을 지킬 수 없음을 보게 하십니다. 또한 그분의 언약의 피로 이루어질 하나님의 나라를 말씀합니다. 율법과 하나님 나라의 복음은 분명히 다른 것입니다. 율법과 복음을 한데 섞어서 보게 되면 혼란이 옵니다. 그러므로 그것을 구분하여 보아야 합니다. 또한 요한복음은 그리스도를 믿는 믿음과 영생을 말씀합니다.

새 언약의 날인 "그날"의 모습은 사도행전에서 볼 수 있습니다. 새 언약의 성취입니다. 성령을 받고 증인이 되고, 사람들이 돌아와 구원을 받고, 병을 고치고, 마귀가 쫓겨나고, 기쁨이 충만합니다.

서신서는 각 교회에 보내는 편지이지만 대부분 우리 모두에게 주시는 말씀입니다. 그러므로 구약에서 상징으로 약속하셨던 말씀들이 서신서에서는 그리스도 안에 있는 우리의 정체성과 유산으로 분명하게 말씀함을 알 수 있습니다. 우리는 그리스도 안에 존재합니다. 그러므로 그리스도 안에서 내가 누구라고 말씀하는 내용들을 많이 묵상하고 내 것으로 취해야 합니다. 인정하고 고백해야 합니다. 서신서에서 말씀하는 것들은 구약에서 주신 약속들과 짝을 이룹니다. 그러므로 두 말씀을 함께 본다면 그 뜻이 더 명확해질 것입니다.

또한 서신서는 어떤 목적에 의해 각 교회에 보내는 편지이므로 각각 말씀하는 분야가 있습니다. 그러므로 분류해서 본다면 도움이 될 것입니다.

예를 들면 로마서와 갈라디아서는 의를 말씀하고, 에베소서와 골로새서는 머리 되신 그리스도와 몸된 교회에 대한 설명입니다. 히브리서는 구약의 제사를 통해 그리스도의 구속 사역을 설명하고, 베드로전후서는 그리스도인의 고난에 대해서, 야고보서는 행동하는 믿음에 대해서, 요한일서를 하나님의 생명을 가진 자들에 대해서 말씀합니다.

특별히 마지막 서신인 요한계시록은 예수 그리스도의 계시로 그분의 승리로 태어나는 교회의 영광과 그리스도와 연합된 교회가 구속사를 이루는 동안 만나게 되는 일들을 말씀합니다. 그리스도와 연합된 교회는 이기고 이기는 자입니다. 그리스도의 언약을 통한 하나님의 구원은 사탄이 행한 것을 되돌릴 뿐 아니라 더 큰 일을 말씀합니다. 교회는 오직 그리스도 안에 존재합니다.

요약

언약은 죽음이 아니고는 파기할 수 없는 관계의 결속을 의미합니다. 하나님은 언약을 통해 사람에게 하나님의 뜻을 이해시키셨고 그분의 구속사를 이루셨습니다.

1. 창조 언약

하나님께서는 그분이 창조하신 만물을 사람에게 주셔서 다스리게 하셨습니다. 사람은 다스리는 왕입니다.

2. 아담 언약

첫 번째는 그가 지켜야 하는 언약입니다. 하나님께서는 선악을 알게 하는 나무의 열매는 먹지 말라고 말씀하셨습니다. 그러나 그는 뱀의 소리를 듣고 열매를 먹어 사탄과 연합되었습니다.

아담의 두 번째 언약은 하나님께서 하시겠다는 말씀으로 회복에 대한 언약입니다. 여자의 후손이 뱀의 머리를 상하게 할 것입니다. 구원의 복음입니다.

3. 아브라함 언약

하나님은 인류의 구원을 위하여 아브라함과 언약을 맺으십니다. 그가 큰 민족을 이룰 것이며 그가 복이 됨으로 땅의 모든 이방이 그로 말미암아 복을 얻을 것을 얻을 것입니다. 그의 자손은 하늘의 별과 같고 바다의 모래 같을 것입니다. 또한 그의 씨가 대적의 성문을 차지하고 그의 씨로 말미암아 천하 만민이 복을 받을 것입니다. 그 씨는 그리스도입니다. 그러므로 아브라함의 언약은 옛 언약인 모세 언약과 그리스도의 언약으로 이어집니다.

4. 모세 언약

모세 언약은 이스라엘의 조상들과의 언약을 기억하셔서 그들을 속량하시고 맺으시는 언약으로 철저하게 아브라함의 언약에 근거합니다.

그러나 율법의 행위로 그의 앞에 의롭다 하심을 얻을 육체는 없습니다. 아무도 율법책에 기록된 대로 하나도 어기지 않고 항상 행할 자는 없기 때문입니다. 하나님은 아브라함의 언약과 그리스도의 언약에 율법을 더하셔서 모든 입을 막고 온 세상으로 하나님의 심판 아래에 있게 하셨습니다. 이는 예수 그리스도를 믿음으로 말미암는 약속을 믿는 자들에게 주려 함입니다. 율법의 제사들도 하늘에 있는 것의 모형과 그림자로 개혁할 때까지 맡겨 두신 것입니다(히 8:5).

율법은 하나님을 드러내고 사람의 실상을 보여주며 그리스도께서 이루실 일을 보여주어 그리스도께로 이끕니다. 율법은 우리를 그리스도께로 인도하는 초등교사입니다.

5. 그리스도의 언약

그리스도는 모든 인류의 죄를 위한 어린 양으로 오셔서 장래 좋은 일의 대제사장으로 자신의 피를 가지고 참 장막에 들어가셔서 영원한 속죄를 이루셨습니다(히 9:12). 그리고 높은 곳에 계신 지극히 크신 분의 우편에 앉으셨습니다(히 10:12). 언약은 완결되었습니다.

그리스도의 언약은 모형과 예표인 아담처럼 인류의 대표로 오신 그리스도와 하나님 사이의 언약입니다. 하나님은 아담의 범죄에 연합되었던 것처럼 그리스도의 사역에 우리가 연합되게 하는 방식으로 우리를 구원하셨습니다. 그러므로 주님을 영접함으로 우리도 그리스도의 언약에 함께 동참하게 되었습니다.

이 땅을 떠나셨던 하나님의 영은 이제 우리 안에 오셨습니다. 우리는 하나님의 생명 그 영생을 갖게 되었습니다. 하나님의 나라는 우리 안에 임하셔서, 하나님의 성소는 우리 안에 있습니다. 우리는 삼위 하나님의 연합 안에 들어가게 되었습니다.

그리스도의 언약은 아담의 타락으로 잃어버린 모든 것을 회복하는 언약입니다. 또한 우리를 그리스도 안에 두심으로 그분의 모든 것을 함께 누리는 더 좋은 언약입니다.

마치는 말

우리는 로마서의 말씀에 대해서 오해하여 사람의 의지를 무시한 하나님의 예정과 하나님의 주권을 말하였습니다. 그러나 바울의 논지는 오직 율법이냐 믿음이냐입니다. 유대인도 이방인도 오직 믿음으로입니다. 그것은 믿음의 조상 아브라함이 의를 얻은 것과 같은 방법입니다.

또한 우리는 영의 말씀을 육신의 눈으로 이해하려 하였습니다. 영을 배제하고 로마서를 본다면 수수께끼와 같은 말씀이 될 것입니다. 우리가 아담의 죄에 연합되어 죄인이 되고 영이 죽은 자가 되었던 것처럼, 그리스도를 믿는 자는 그리스도와 연합되어 의인이 되고 영으로 산 자가 됩니다. 우리는 육신에 있지 않고 영에 있는 자들입니다. 우리는 아담 안이 아니라 그리스도 안에 존재합니다. 그것이 현재 우리의 위치입니다.

본 저서 『로마서, 믿음으로 이르는 하나님의 의』가 더 풍성한 복음 안으로 이끌 것을 기대합니다.

> "…이 복음으로 너희를 능히 견고하게 하실 지혜로우신 하나님께 예수 그리스도로 말미암아 영광이 세세무궁하도록 있을지어다 아멘"(롬 16:26,27).